Jon E. Lendon

RHETORIK MACHT ROM

Jon E. Lendon

RHETORIK MACHT ROM

Die Kraft der Redekunst im Imperium Romanum

übersetzt von Kai Brodersen

wbg Theiss

Die englische Originalausgabe ist 2021 bei Princeton University Press unter dem Titel *That Tyrant, Persuasion. How Rhetoric Shaped the Roman World* erschienen.

Die Deutsche Nationalbibliothek verzeichnet diese Publikation in der Deutschen Nationalbibliographie; detaillierte bibliographische Daten sind im Internet über www.dnb.de abrufbar.

wbg Theiss ist ein Imprint der wbg.

Die Herausgabe des Werkes wurde durch die Vereinsmitglieder der wbg ermöglicht.
Satz: Kai Brodersen, Erfurt
Herstellung: Arnold & Domnick, Leipzig

Umschlagabbildung: Sprecher auf der Rostra auf dem Forum Romanum,
Rom © akg-images / De Agostini / Biblioteca Ambrosiana
Umschlaggestaltung: www.martinveicht.de
Gedruckt auf säurefreiem und alterungsbeständigem Papier
Printed in Europe

Besuchen Sie uns im Internet: www.wbg-wissenverbindet.de

ISBN 978-3-8062-4625-4

Elektronisch sind folgende Ausgaben erhältlich:
eBook (PDF): ISBN 978-3-8062-4634-6
eBook (epub): ISBN 978-3-8062-4635-3

Inhalt

Einführung

„Das Leben imitiert die Kunst", witzelte einst Oscar Wilde.[1] Jeder kann sich Beispiele ausdenken. Eines meiner persönlichen Lieblingsexempel stammt von Mark Twain, der sich in seinen Erinnerungen an das *Leben am Mississippi* (1883, Kap. 46) im Blick auf die Werke *Don Quichotte* von Miguel de Cervantes (1605) und *Ivanhoe* von Walter Scott (1809) wie folgt beklagte:

> Eine eigenartige Illustration des guten und schlechten Einflusses eines einzigen Buchs zeigt die Wirkung von Don Quichotte und von Ivanhoe. Jener fegte die Bewunderung der Welt für den mittelalterlichen Ritterunsinn hinweg, und dieser stellte sie wieder her. Was unseren [amerikanischen] Süden betrifft, so ist das gute Werk, das Cervantes leistete, fast toter Buchstabe, so wirksam hat Scotts schädliches Werk es untergraben.[2]

Unter der Herrschaft von Sir Walter Scott, die der amerikanische Norden schnell abschüttelte, wurde der Süden anders und seltsam: Scott veranlasste „die Welt, sich in Träume und Hirngespinste zu verlieben ... in die Dummheit und Hohlheit, die unechte Größe, den unechten Prunk, die unechte Ritterlichkeit einer hirn- und wertlosen, längst vergangenen Gesellschaft". Unter dem Einfluss von Scott wurde der Süden besessen von „hohlem Humbug", von Rang und Titel, von Stolz und Ehre und bewahrte das Duellieren, nachdem es im Norden verschwunden war. Zusammenfassend schloss Twain mit einem Augenzwinkern: „Sir Walter [Scott] hatte einen so großen Anteil an der Charakterprägung des Südstaatlers, wie er vor dem [amerikanischen Bürger-]Krieg existierte, dass er in großem Maß für den Krieg verantwortlich ist."[3]

Oder denken wir an das sonnige Kalifornien. So hieß das Reich der Amazonen – der Kriegerinnen, die ohne Männer lebten – in einem frühen gedruckten Ritterroman (1510) mit dem Titel *Las Sergas de*

Esplandián („Die Abenteuer von Esplandián"), in dem das imaginäre *California* nach der Amazonenkönigin benannt wurde, der furchtbaren Calafia. *Las Sergas* war die vierte Fortsetzung des bahnbrechenden Werks *Amadis de Gaulia* (1508) und gehörte zu einer Reihe von Büchern, die ganz zu Beginn des weltlichen Buchdrucks entstanden – das Buch war ein neues Medium, das verzweifelt nach Inhalten suchte, wie wir heute sagen würden. Als solche wurden diese Werke von den gebildeten Laien viel gelesen, bei Bedarf in alle europäischen Sprachen übersetzt und bildeten eine Zeit lang eine gemeinsame literarische Kultur. Dass ein Eroberer Kalifornien nach einem Königreich in einem dieser Bücher benannte, war also nur folgerichtig. Von weitaus größerer Bedeutung als die Onomastik war jedoch die Suche nach echten Amazonen in der Neuen Welt, zu der diese Bücher anregten. Die klassisch Gebildeten konnten natürlich aus ihrer griechischen und lateinischen Lektüre von Amazonen wissen, aber durch das volkstümliche Werk *Las Sergas de Esplandián* wurden die Amazonen viel eindringlicher ins Bewusstsein der Zeitgenossen gerückt. Und so kam es, dass spanische Beamte die Entdecker und Gouverneure in der Neuen Welt fragten, ob sie Amazonen gefunden hätten, und sie aufforderten, sie zu suchen – und die Entdecker in der Neuen Welt berichteten (natürlich) manchmal, dass sie sie tatsächlich gefunden hätten, nicht zuletzt entlang des Flusses Amazonas, der seinen Namen dieser Expedition zu verdanken hat. Die Suche nach solchen exotischen Wesen wurde zu einem kleinen, aber realen Motor für die weitere spanische Erforschung und Eroberung Amerikas.[4]

Die Beispiele für den Einfluss von Kunst – Büchern – auf das Leben lassen sich fast unendlich fortsetzen.[5] In den USA lesen nach wie vor viele Jugendliche die Bücher *Der Herr der Ringe* von J. R. R. Tolkien (1954/55) und *Atlas Shrugged* von Ayn Rand (1957; ins Deutsche übersetzt als *Atlas wirft die Welt ab* oder *Wer ist John Galt?*). Dazu hat man einmal gesagt: „Es gibt zwei Romane, die das Leben eines 14-jährigen Bücherfreundes verändern können: *Der Herr der Ringe* und *Atlas Shrugged*. Der eine ist eine kindliche Phantasie, die oft eine lebenslange Besessenheit von ihren unglaublichen Helden hervorruft und zu einem emotional verkümmerten, sozial verkrüppelten Erwachsenen führt, der mit der realen Welt nicht zurechtkommt. Im anderen Fall geht es natürlich um Orks."[6] Auch in der Antike mangelt es nicht an Beispielen: Alexander der Große eiferte bekanntlich dem Achilleus nach, von dem er durch die Lektüre von Homers *Ilias* erfahren hatte. Spätere Persönlichkeiten – Pompeius, Julian – imitierten ihrerseits Alexander den Großen. Und kürzlich wurde der interessante Vorschlag gemacht, dass Kaiser Tiberius eine ähnliche Beziehung zu dem homerischen Helden Odysseus pflegte.[7]

Der Anthropologe Victor Turner hat in den 1970er Jahren über die potenzielle handlungsauslösende Kraft gemeinsamer Lektüre nachgedacht. Sein Konzept des *root paradigma* – „das Vorhandensein und die Aktivität bestimmter bewusst anerkannter (wenn auch nicht bewusst erfasster) kultureller Modelle in den Köpfen der Hauptakteure" – ist für das Verständnis solcher Phänomene sehr hilfreich. Wertvoll ist auch sein klares Argument, dass solche Modelle im menschlichen Geist so mächtig sein können, dass sie diejenigen, die sie annehmen, dazu bringen können, gegen ihre eigenen praktischen Interessen zu handeln, sogar bis zu dem Punkt, dass sie mit offenen Augen in den Tod gehen.[8]

Die mächtigste Form des gemeinsamen Lesens ist natürlich die gemeinsame Bildung, und das ist das Thema dieses Buchs, das über den Einfluss der Bildung der griechisch-römischen herrschenden Schicht – der Bildung in Rhetorik und ihren Vorstufen – auf die Taten, die öffentlichen *Taten* derer nachdenkt, welche diese Bildung erhielten. Damit steht das Buch recht allein. Die Untersuchung des Einflusses der rhetorischen Ausbildung auf die *Schriften* der Griechen und Römer ist dagegen schon weit über ein Jahrhundert alt, die Tatsache eines solchen Einflusses ist allgemein anerkannt, und die Forschungsliteratur zu diesem Thema ist mittlerweile enorm.[9] Aber während der positive Beweis für den rhetorischen Einfluss auf die antike Literatur leicht zu erbringen ist, und zwar auf anekdotischer Basis, indem man einfach Passagen bei antiken Autoren sammelt, die einen solchen Einfluss zu zeigen scheinen, gibt es keine vereinbarten Prinzipien, um die relative Stärke oder Schwäche eines solchen Einflusses zu beziffern.[10] Hat die gelehrte Rhetorik ihre Wurzeln in jeder antiken literarischen Gattung, jedem antiken Autor und jedem Werk gleich tief geschlagen? Oder beschränkte die Treue zu den Traditionen der verschiedenen Gattungen in einigen Fällen den Einfluss der formalen Rhetorik auf eine glitzernde Oberfläche aus Wintereis, während mächtigere Strömungen den dunklen Fluss darunter antrieben?[11]

Dies ist ein unlösbares Rätsel – und nicht Thema dieses Buchs! Stattdessen soll im Folgenden nach dem Einfluss der rhetorischen Ausbildung nicht auf *Schriften*, sondern auf *Taten* gefragt werden: Auf einen Überblick über die Art und Weise, wie junge Männer in Rhetorik unterrichtet wurden, und über die gesellschaftliche und historische Bedeutung, die Gelehrte diesem Unterricht zugeschrieben haben (Abschnitt I), folgt der Vorschlag, dass die Ermordung Caesars einem Skript folgte, das der rhetorischen Ausbildung entnommen war (Abschnitt II); es wird postuliert, dass die rhetorische Ausbildung einen Einfluss auf den Aufbau bürgerlicher Strukturen im Römischen Reich gehabt haben könnte, insbesondere in den Städten des römischen Ostens (Abschnitt III), und es werden Veränderungen im römischen Recht untersucht, die möglicherweise unter dem Einfluss der Rhetorik stattfanden (Abschnitt IV).

Diese verschiedenen Themen wurden ausgewählt, weil sie unterschiedliche Grade der rhetorischen Beeinflussung von Taten darstellen. Der Mord an Caesar scheint ein klarer Fall für einen solchen Einfluss zu sein; er wurde zudem wegen seiner Berühmtheit ausgewählt. Im Falle der Bauwerke sind die Ergebnisse gemischt: Es wird argumentiert, dass die rhetorische Ausbildung den Bau von zwei Arten von Bauwerken (monumentalen Nymphäen und Säulenstraßen) vorantrieb, während sie bei einem dritten (den während der *pax Romana* errichteten Stadtmauern) keine eindeutigen Ratschläge gab. Obwohl der Autor des vorliegenden Buchs mit allem Einfallsreichtum, den er aufbringen kann (und mit der Unterstützung vieler anderer Gelehrter), für den Einfluss der Rhetorik auf das materielle römische Recht argumentiert, kann er letztlich nur zu dem Schluss kommen, dass dieser Einfluss eher begrenzt war. Das Recht der Römer war kaum unempfindlich gegenüber Veränderungen, die durch rhetorische Schulung angeregt wurden – und es werden viele Beispiele angeführt –, aber die Rhetorik knabberte manchmal am Rande und bewirkte letztlich nur wenige grundlegende Veränderungen in der Logik und den Grundprinzipien dieses Rechts. Die Ermordung Caesars, das öffentliche Bauwesen und das römische Recht sind ebenfalls disparat und können daher (wenn auch unzureichend) die gesamte römische Welt des öffentlichen Handelns repräsentieren. Im abschließenden Kapitel dieses Buchs wird schließlich versucht, dieses vielfältige Bild vom Einfluss der rhetorischen Bildung auf das öffentliche Handeln in der römischen Welt, dem *Imperium*, in dem die rhetorisch gebildeten Anführer zu leben glaubten, und die Folgen dieses imaginären Reichs für das reale Reich der Römer zu verstehen.

Es sollte von vornherein klargestellt werden, dass die Argumentation dieses Buchs spekulativ ist. Bildung spielt eine große Rolle bei der Schaffung der Welt, die wir als normal und erwartet ansehen. Und es ist der Menschheit selten gegeben, hinter diese Bildung zu blicken, um zu erkennen, dass vieles von dem, was sie lehrt, sowohl willkürlich als auch nicht nachvollziehbar ist. Die rhetorische Ausbildung wirkte auf den römischen Verstand auf einer Ebene, die sich dem bewussten Zugriff der Alten entzog, und so wurde der Einfluss dieser Ausbildung auf das Verhalten der Menschen in der realen Welt wahrscheinlich ebenso wenig offen kommentiert wie der Einfluss unserer eigenen Erziehung auf unser Leben. Kein Grieche oder Römer sagt: „Ich habe das so und so gemacht, weil ich es in der Schule gelernt habe.“ Wir müssen Fälle finden, in denen Bildung das Handeln zu beeinflussen scheint, und ich hoffe, anhand von drei sehr unterschiedlichen Handlungsfeldern zeigen zu können, dass dies – mit interessanten Ausnahmen – oft der Fall war.

Schließlich schlägt diese Untersuchung einen neuen Ansatz für die Herausforderung des Einflusses der gelehrten Rhetorik auf literarische Texte vor, denn sie erprobt Möglichkeiten, wie der Einfluss der gelehrten Rhetorik in jedem Bereich blockiert und kanalisiert werden kann. In der realen Welt ist es noch deutlicher als in der Literatur, dass sich die Realität oft wehrt, wenn ein Mensch versucht, nach dem zu handeln, was ihm in der Schule beigebracht wurde. (Einige Dinge, welche die Rhetorik vorschlägt, erweisen sich in der Realität als nicht praktikabel, während andere durch die Logik der Taschenspielertricks schon im Vorfeld als unpraktisch erwiesen werden können.) In anderen Fällen wird der Einfluss der Rhetorik durch bewährte Traditionen konterkariert, welche die von der Rhetorik vorgeschlagenen Pläne bekämpfen und möglicherweise sogar vereiteln. Dieses Buch ist also eine Studie über den Einfluss der Rhetorik auf das reale Leben, aber auch eine Studie über die Einhegungen des Einflusses der Rhetorik – Einhegungen, die *mutatis mutandis* sowohl für die reale Welt als auch für die Welt der Feder gelten können.

I. Die seltsame Welt der Bildung im Römischen Reich

Wer sich über die Macht der Bildung in den Angelegenheiten der Menschen den Kopf zerbricht, wird es vielleicht als angenehm empfinden, über das *Imperium Romanum* nachzudenken. Die formale Bildung der jungen Männer der herrschenden Schichten war lang, gewissermaßen beschränkt und uns fremd, und so sollte ihr Einfluss auf das antike Denken leicht zu erkennen sein: Der Kontrast zu unserer eigenen Bildung bietet ja eine Perspektive.[1] Spätestens ab dem 1. Jahrhundert v. Chr. war diese Bildung von Ort zu Ort – im lateinischsprachigen Westen und im griechischsprachigen Osten, aber auch dazwischen – und über viele Jahrhunderte so ähnlich, dass die Untersuchung ihrer Kraft kaum durch regionale Exzentrizität oder durch die Notwendigkeit behindert wird, Veränderungen im Laufe der Zeit im Mechanismus dieses Einflusses, der Ausbildung in Rhetorik und ihren Voraussetzungen nachzuvollziehen.[2]

1 Bildung im Römischen Reich

Die Bildung zur Zeit des *Imperium Romanum* bestand aus drei Hauptstufen: Zunächst lernten die kleinen Kinder in einer Elementarschule, lateinisch *ludus*, das Alphabet und die Grundrechenarten.[1] Dann, nachdem man Kinderkram – wie Mathematik – beiseitegelegt hatte, stand ab dem Alter von etwa sieben Jahren die Sprache unter dem „Grammatiker" im Zentrum, die vor allem durch die Analyse von Dichtung gelehrt wurde, insbesondere Homers *Ilias* im Osten und (wenn sie verfügbar war) Vergils *Aeneis* im Westen.[2] Nach dem „Grammatiker" folgte bei den Jugendlichen (vielleicht im Alter von 14 oder 15 Jahren) ein mehrjähriger Unterricht bei einem „Rhetor", der die Redekunst und ihre Theorie lehrte.[3] Dies geschah in erster Linie durch „Deklamation", d. h. durch das Halten und Anhören von Reden zu imaginären Themen – Themen, die in Ost und West und über viele Jahrhunderte hinweg ähnlich oder identisch waren.[4] Zumindest im Westen wurden in der Regel zuerst deliberative Themen gelehrt: *suasoriae* oder Ratgeber-Reden, die oft an eine oder in der Gestalt einer berühmten historischen oder mythischen Persönlichkeit gehalten wurden, und dann *controversiae*, imaginäre Gerichtsfälle.[5] Im späten 2. Jahrhundert v. Chr., aber wahrscheinlich schon früher, hatte sich zwischen Grammatik und Rhetorik ein Zwischenlehrplan entwickelt, nämlich eine Abfolge von *Progymnasmata* oder *praeexercitamina*, „Vorübungen" vor der Deklamation.[6]

Obwohl der Lehrplan statisch war, unterschieden sich die Orte, an denen er gelehrt wurde, und die Personen, die ihn unterrichteten, beträchtlich.[7] Die Kinder der Reichen konnten die erste und einige auch die zweite Stufe zu Hause bei Privatlehrern absolvieren; wenn nur die erste Stufe zu Hause angeboten wurde, konnten sie in jüngerem Alter mit der Schule des Grammatikers beginnen.[8] In einflussreichen Familien im lateinischen Westen konnte ein Großteil der frühen Bildung auf Griechisch und anhand griechischer Texte vermittelt werden, um die erhoffte Zweisprachigkeit junger Männer von Rang zu fördern; der griechische Osten erwiderte dieses Kompliment jedoch nicht mit dem Erlernen des Lateinischen, außer in der späten Kaiserzeit und auf einer späteren Stufe der Bildung.[9] Ob der Rhetor oder der Grammatiker die *Progymnasmata* unterrichtete oder wie sie zwischen diesen Würdenträgern aufgeteilt wurden, variierte ebenso wie die Anzahl und Reihenfolge dieser Übungen.[10] Sklaven und die Kinder der Armen blieben beim (billigen) *ludus*, bis sie die Wörter und Zahlen beherrschten, die sie für die Zukunft brauchten, die ihre Eltern oder Herren sich für sie vorstellten, oder bis das Geld ausging (kostenlose Bildung war unbekannt). Sie gelangten nie zum weitaus teureren Grammatiker und Rhetor – dem Privileg der Reichen und sozial Ambitionierten –, der nichts Nützliches für das Geschäft lehrte, es sei denn, es ging um das Geschäft mit der Sprache selbst.[11] Wenn ihr Beruf Rechenfertigkeiten erforderte, die über die des *ludus* hinausgingen, konnten arme Kinder und Sklaven die nicht minder bescheidene Schule des *calculator*, des Lehrers der Arithmetik, besuchen; danach kam, wenn Geld übrig war, die praktische Lehrzeit.[12]

Reiche junge Männer, die den Bildungsweg des Grammatikers und Rhetors bis zum Ende verfolgten, lernten viel Dichtung, lasen viel Redekunst (vor allem Demosthenes, wenn sie griechischsprachig waren, oder Cicero, wenn sie lateinisch sprachen) und konsumierten nebenbei etwas unsystematische Geschichte und Philosophie, wenn die Autoren als gute Stilvorbilder galten (wie es bei Platon und Xenophon der Fall war).[13]

Eine Ausbildung auf dem Niveau des Grammatikers und Rhetors konnte man in jeder größeren Stadt erwarten.[14] Eine systematische Ausbildung aber, z. B. in Philosophie, war eine weitere Stufe der Bildung jenseits des Rhetorikunterrichts und wurde in den meisten Epochen nur von einer winzigen Anzahl von Enthusiasten absolviert; sie erforderte oft einen langen und teuren Aufenthalt in einer weit entfernten Stadt, idealerweise im gefeierten Athen.

Wie sich die Ausbildung in dem einfügt, was wir anachronistisch als „Berufsfelder" bezeichnen, etwa Architektur und vor allem Medizin, können wir, wie wir ehrlich zugeben müssen, nicht klar ersehen (zum Rechtswesen siehe Abschnitt IV).[15] Im Fall der Medizin wissen wir sowohl von Schulen, die Theorie lehrten – die in Alexandria war die berühmteste –, als auch von der Ausbildung durch praktische Lehre. Es ist anzunehmen, dass Anwärter mit niedrigerem sozialen Status Lehrlinge wurden, während die Söhne der Wohlhabenden (Mediziner konnten beide werden) zumindest etwas Rhetorik gelernt hatten, bevor sie zur medizinischen Schule gingen und sich anschließend (so ist zu hoffen!) eine Zeit lang einem praktizierenden Arzt anschlossen.[16] In der Ausbildung desjenigen Arztes, den wir am besten kennen, Galen, sehen wir schemenhaft Spuren einer parallelen Ausbildung, bei der nach der Grammatik die Philosophie die Rhetorik ersetzte.[17] Wie verbreitet dies war – abgesehen davon, dass es weit weniger verbreitet gewesen zu sein scheint als die Ausbildung in Rhetorik –, können wir freilich nicht sagen.

Die Ausbildung auf der Ebene der Deklamation unter dem Rhetor war unter den Söhnen der herrschenden Klasse des Reichs weit verbreitet: den Söhnen der römischen Senatoren, des Ritterstandes und den weitaus zahlreicheren Söhnen der wohlhabenden Schicht, welche die Stadträte, die *curiae* oder *boulai*, bildeten, von denen die Städte des Reichs regiert wurden – und damit in der Praxis das Reich regierten, dessen Verwaltung größtenteils unter seinen Städten aufgeteilt war.[18] Dies waren die Jungen, die heranwuchsen, um einmal die großen Entscheidungen der Stadt und des Reichs zu treffen und, wenn sie dazu geneigt waren, auch literarische Werke zu lesen und zu schreiben, wobei die herrschende und die schreibende Schicht des Reichs größtenteils ununterscheidbar waren.

Die Entwicklung der Rhetorikausbildung

Die Geschichte vom Aufstieg der Rhetorik beginnt in der griechischen Epik mit der Vorliebe der Helden selbst, große Entscheidungen erst nach öffentlichen Debatten und Beratungen zu treffen.[19] Bei Homer, unter dessen blutrünstigen Anführern kaum eine Spur von Demokratie zu finden ist, werden danach öffentliche Versammlungen abgehalten, und die Helden wetteifern in der Beredsamkeit im Rat und bewundern sie.[20] Eine der eindrucksvollsten Passagen Homers beschreibt den Redner Odysseus: „… setzte er … zu reden an, brachen die Worte aus seiner Brust, so dicht wie der Schnee im tiefsten Winter – und wir saßen nur da mit offnem Mund".[21]

Über die endgültigen Ursprünge des formalen Rhetorikunterrichts in Griechenland gibt es eine undurchschaubare Kontroverse; zum Glück spielt das für unsere Fragestellung kaum eine Rolle.[22] Aber ob sie nun Schulklassen vorstanden oder nicht, im späten 5. Jahrhundert v. Chr. gab es in Griechenland Männer – „Sophisten" –, die einem, wenn man es sich leisten konnte, das Reden in der Öffentlichkeit beibringen wollten. Der bekannteste von ihnen ist Gorgias von Leontinoi, der 427 v. Chr. nach Athen – dem späteren Zentrum dieses Unterrichts – kam, als gerade der Peloponnesische Krieg tobte.[23] Es liegt nahe, die Forderung nach einer Ausbildung in der Redekunst mit den Massenversammlungen und den anwaltlosen Gerichten der athenischen Demokratie in Verbindung zu bringen, und dieser Versuchung sollte man nicht allzu sehr widerstehen. Aber jeder griechische Staat, von dem wir wissen, kannte sowohl öffentliche Beratungen durch Debatten als auch Rechtsfälle, die durch Abwägen der konkurrierenden Reden der Prozessparteien entschieden wurden, selbst dort, wo das Wahlrecht auf lokaler Ebene eingeschränkt war: Gorgias war sogar im ungehobelten Thessalien ein Erfolg, und auch in Sparta gab es solche Gepflogenheiten, selbst wenn die spartanischen Männer ihre berühmte „lakonische" Rhetorik praktizierten, in der sie in Kürze und Prägnanz wetteiferten.[24] Vielleicht lässt sich diese spartanische Eigenart auf dieselbe Stelle in der *Ilias* zurückführen, in der die Beredsamkeit des Odysseus gepriesen wird: Menelaos, Homers König von Sparta, „sprach fließend, mit wenigen Worten, aber klar, denn er war nicht wortreich, noch sprach er willkürlich" – und so sprachen auch seine Landsleute, die Spartaner, Jahrhunderte nach ihm.[25]

Es genügt zu sagen, dass die Redekunst in der zweiten Hälfte des 4. Jahrhunderts v. Chr. – in der Zeit der anonymen *Rhetorik an Alexander* und der *Rhetorik* des Aristoteles – eine ausgereifte intellektuelle Disziplin war, die in drei Arten unterteilt wurde: die forensische Rhetorik für die Gerichte, die deliberative Rhetorik für die Versammlungen und Ratssitzungen und für die Beratung der Potentaten und schließlich die demonstrative Rhetorik, meist in der Form der panegyrischen Rhetorik. Es gab einen Lehrplan, und einer der beiden wichtigsten späteren theoretischen Zweige der Redekunst war bereits recht weit entwickelt: die *idea*-Theorie, die Stil und Vortragsweise taxonomierte und schließlich an die zwanzig Kategorien umfasste, darunter „Größe" (*megethos*), „Vehemenz" (*sphodrotes*) und „Süße" (*glykytes*); sie darf nicht mit Platons Ideenlehre verwechselt werden.[26] Die Zeit nach dem Tod Alexanders d. Gr. 323 v. Chr. ist ein „dunkles Zeitalter" in den uns erhaltenen Quellen. Es ist nur sehr wenig pädagogisches Material erhalten. Aber man ist sich darin einig – zumindest für Städte mit einer bedeutenden griechischen Bevölkerung –, dass in dieser Zeit der Unterricht in Rhetorik allgemein verfügbar wurde, zumeist standardisiert war und dass spätestens im 2. Jahrhundert v. Chr. – der Name, den wir damit verbinden, ist Hermagoras – auch der zweite große Zweig der rhetorischen Theorie ausgereift war: die *stasis*-Theorie (griechisch *stasis*, lateinisch s*tatus*). Sie untersucht Grundprobleme, um die es in einer Rede geht, etwa „Ist etwas geschehen?", „Was ist geschehen?", „Was waren die Begleitumstände?"[27] Die Deklamation, die Methode, mit der die fortgeschrittene Rhetorik gelehrt wurde, entwickelte sich ebenfalls in dieser Zeit, hat aber sicherlich ältere Wurzeln.[28] Und wahrscheinlich ist auch in diesem für uns „dunklen Zeitalter" der Bildung ein titanischer Kampf ausgefochten worden, der am Ende den Grammatiker, der sich fernab von der Alltagssprache in der minutiösen Analyse der Dichtersprache verlor, triumphierend an die Spitze des Kanons der mittleren Bildungsebene setzte.[29]

Was wir wirklich wissen wollen, ist natürlich, wie viel Zeit der durchschnittliche griechische oder römische Junge aus einer wohlhabenden Familie in jeder Epoche mit dem Erlernen der Rhetorik verbrachte. Die traditionelle Bildung der Athener Oberschicht war zwischen Literatur, Musik und Athletik aufgeteilt.[30] Die Ausbildung in „Musik" (die Dichtung und ihre Komposition, nicht nur die Rezitation, einschloss) war in der griechischsprachigen hellenistischen Welt weiterhin stark vertreten.[31] Auch die Athletik florierte: Das Gymnasium war eine der charakteristischen Einrichtungen der hellenistischen Stadt, ebenso wie die Ephebie (*ephebeia*), eine ein- bis dreijährige militärische Ausbildung, die in vielen Städten zu finden war.[32] Es mag jedoch bezeichnend sein, dass die Grabreliefs aus dem klassischen Athen die verstorbenen Jugendlichen nackt als Athleten zeigten, während die Grabreliefs junger Männer aus Smyrna im späten 2. Jahrhundert v. Chr. die Verstorbenen bekleidet und mit Buchrollen in der Hand darstellten – mit anderen Worten, ihre literarische Ausbildung betonten.[33] Was ist mit anderen intellektuellen Fächern als Grammatik und Rhetorik? Platon sprach sich dafür aus, dass Jungen in Mathematik unterrichtet werden sollten, die über die für den Gemüsemarkt notwendigen Berechnungen hinausging und auch Zahlentheorie, Geometrie, Astronomie und Musiktheorie umfasste.[34] Nach dem Tod Alexanders hören wir von der *enkyklios paideia*, der „enzyklopädischen", „vollständigen" oder „allgemeinen" Bildung. Dazu gehörten Grammatik und Rhetorik, aber auch Dialektik, Arithmetik, Musiktheorie, Geometrie und Astronomie.[35] Ilsetraut Hadot hat jedoch bereits 1984 gezeigt, dass diese umfassendere Bildung, wenn es sie überhaupt gab, auf Athen und auf diejenigen beschränkt war, die sich auf ein weiterführendes Studium der Philosophie vorbereiteten, welches aber die meisten jungen Männer nicht anstrebten, während der Begriff *enkyklios paideia* (lateinisch *artes liberales*) selbst so vage war, dass er sich auf fast jede formale Bildung beziehen konnte, die von Personen mit höherem sozialen Status absolviert wurde.[36] Die Realität sah offenbar eher so aus wie in der Komödie *Die Wolken*, in der Aristophanes eine bezahlte Ausbildung in Sokrates' *phrontisterion*, der „Denkwerkstatt", über die Natur des Universums, Astronomie, Geometrie, theoretische Geographie, Grammatik, Meteorologie, Biologie und Musiktheorie anbietet, sein angehender Schüler aber nichts anderes als Rhetorik lernen will, um ihm vor Gericht zu helfen und seinen Gläubigern zu entgehen!

Als sich die griechische Bildung in Rom verbreitete, gab es nur noch Grammatik und Rhetorik. Es gab zwei Möglichkeiten, dieses Ziel zu erreichen. Die Abneigung der Römer, sich nackt zu bewegen, und das gesellschaftliche Stigma, das mit theatralischen oder musikalischen Darbietungen in Rom verbunden war, könnten für den Verlust der griechischen Athletik und Musik verantwortlich sein. Auch könnte die Tatsache, dass es bis zur Herrschaft des Augustus keine regelmäßige Ausbildung für römische Soldaten gab, und dann auch nur für die unteren Ränge – die Römer zogen es vor, dass ihre Krieger durch Erfahrung lernten –, eine organisierte militärische Ausbildung wie die griechische Ephebie überflüssig gemacht haben.[37] Alternativ dazu könnte es auch wenig zu ändern gegeben haben. Aus unklaren Gründen werden Inschriften, die griechische Bildungseinrichtungen bezeugen – Honorare für Lehrer, Ehrungen für Gastredner, Wettbewerbe in Athletik und Poesie – im Laufe des 1. Jahrhunderts v. Chr. seltener.[38] Vielleicht ist dies nur eine Frage der epigraphischen Mode, und das hellenistische Bildungssystem könnte immer noch lebendig gewesen sein, wenn auch für uns weniger sichtbar. Es könnte aber auch sein, dass sich die griechische Bildung selbst verengte und dass der römische Lehrplan, der sich hauptsächlich auf Grammatik und Rhetorik beschränkte, nicht das Ergebnis römischen Spießbürgertums und römischer Prüderie war, sondern der Lehrplan, dem die zeitgenössischen griechischen Jungen bereits größtenteils folgten.[39]

Wenn wir Rom betrachten, stellt sich nicht die Frage, seit wann es eine rhetorische Ausbildung gibt – wir sehen sie erstmals 161 v. Chr., als die griechischen Rhetoriklehrer ausgewiesen wurden, und sie war wahrscheinlich viel älter –, sondern wiederum, wie intensiv sie in früheren Zeiten betrieben wurde.[40] In der gehobenen Schicht, von der wir etwas erkennen können, war der Militärdienst, der möglicherweise mit 17 Jahren begann, bis zum späten 2. Jahrhundert v. Chr. obligatorisch (und wurde von denjenigen, die eine politische Karriere anstrebten, am besten so früh wie möglich abgeleistet, da zehn Feldzüge erforderlich waren, bevor man zum Quaestor gewählt werden konnte), während viele junge Männer weiterhin in den Krieg zogen, lange nachdem dieser Dienst nicht mehr obligatorisch war.[41] Der Rhetorikunterricht im Klassenzimmer hatte auch mit dem zu kämpfen, was die Gelehrten traditionell als *tirocinium fori* bezeichnen, einer Lehrzeit im öffentlichen Leben von einem Jahr oder mehr, die darin bestand, einem großen Mann zu folgen – eine Praxis, die in den späten 60er Jahren des 1. Jahrhunderts v. Chr., wahrscheinlich bis in die 40er Jahre und vielleicht auch später noch sehr lebendig war.[42] Die

Tatsache, dass Lehrer für lateinische Rhetorik 92 v. Chr. die formale Missbilligung der Zensoren ertrugen und dass in den 80er Jahren die ersten rhetorischen Abhandlungen in Latein entstanden, die uns erhalten geblieben sind (mit denselben deklamatorischen Themen, die noch Jahrhunderte später verwendet werden sollten), zeigt wiederum, dass eine solche Ausbildung verfügbar war, aber nicht, wie verbreitet sie war; auch gibt es keine anderen direkten Belege.[43] Aber vielleicht gibt es einen Hinweis: Angehörige der Generation römischer Politiker, die um 85 v. Chr. geboren wurden (die Generation von Brutus und Cassius, über die wir viel wissen), und solche, die älter waren als sie, gingen als Erwachsene sehr häufig nach Griechenland, um ihre rhetorische Ausbildung aufzupolieren.[44] Aber von den in den 60er Jahren Geborenen waren es meist Jugendliche, die geschickt wurden. Ciceros eigene Erfahrung, als Erwachsener nach Griechenland zu gehen, und die seines Sohnes und Neffen, die als Jugendliche gingen, dienen als Exempel.[45] Die Implikation der verspäteten zweiten Ausbildung der älteren Generation ist, dass die rhetorische Ausbildung, die sie in Rom vor oder in den 60er Jahren erhalten hatten, irgendwie unbefriedigend war, dass sie das Gefühl hatten, hinter die Jüngeren zurückzufallen.[46] Die vielleicht sparsamste Interpretation ist, dass in den 50er Jahren v. Chr. für die Römer der höchsten Schichten eine Ausbildung, die viel Rhetorik, aber auch viele andere Anforderungen an die Zeit eines jungen Mannes beinhaltete, in eine Ausbildung überging, die hauptsächlich aus Sprache und Rhetorik bestand, einschließlich eines frühen Aufenthalts in Athen.

Man könnte meinen, dass die Rhetorik in den 40er und 30er Jahren des 1. Jahrhunderts v. Chr., als die römische Republik von in Kritik geratenen Magnaten regiert und von Bürgerkriegen zerrissen wurde, und als der schließlich erreichte Frieden die Form des – wenn auch gut versteckten – autokratischen Regimes des Augustus annahm, inmitten des Klirrens von Schwertern auf Schilden und der Entscheidungen, die am Hof des Oberherrn im Geheimen getroffen wurden, weit weniger nützlich gewesen wäre als in der freien Republik, und dass sich ihr Niedergang in einem Wandel und einem Rückgang der rhetorischen Bildung niederschlagen würde. Dem war jedoch nicht so. Die Zeitgenossen beklagten sich zwar gerne über den Niedergang der Redekunst (und taten dies auch noch lange), schickten aber ihre Söhne trotzdem weiterhin zum Rhetorikunterricht. Und wenn überhaupt, dann waren die 40er und 30er Jahre, so vermuten wir, eine Zeit, in der die rhetorische Ausbildung gestärkt und weiter formalisiert wurde.[47] Sobald wir nämlich in der römischen Kaiserzeit ankommen, nimmt eine standardisierte Abfolge von Elementar-, Grammatik- und Rhetorikunterricht eindeutig die gesamte oder fast die gesamte Ausbildungszeit der meisten Jungen der Oberschicht in Anspruch, und der Wandel in der Erziehungspraxis – der nie schnell vonstattenging – wird danach noch langsamer. Auch wurde in der Zeit zwischen den 40er Jahren des 1. Jahrhunderts v. Chr. und der Herrschaft des Augustus ein Kampf um den Stil in der lateinischen Redekunst ausgefochten – eine Gruppe von Puristen, die sich selbst als „Attizisten" bezeichneten, warf den ausgeschmückteren Reden einiger ihrer Zeitgenossen „Asianismus" vor –, der bis zur Erschöpfung geführt wurde.[48] Die Schüler in den Rhetorikschulen jener Zeit mussten sich vermutlich ebenso vorsichtig durch dieses Schlachtfeld bewegen wie durch die zeitgenössischen Schlachtfelder von Krieg und Politik. Und unabhängig davon, wie unbedeutend uns die Kontroverse erscheint, zeugt sie von der intellektuellen Lebendigkeit der Rhetorik in jener Epoche.

Auf griechischer Seite entstand dann im späten 2. oder frühen 3. Jahrhundert n. Chr. das Hermogenes-Corpus von drei – letztendlich fünf – Leitfäden für Lehrer, wobei manche Gelehrte glauben, dass nur zwei von ihnen wirklich von Hermogenes stammen. Die Verwendung dieser Leitfäden wurde in der Spätantike jedenfalls zum Standard, nachdem ein konkurrierendes Modell des Minucianus sich nicht hatte durchsetzen können.[49] Die Rolle der epideiktischen (demonstrativen) Rhetorik – der Schau-Rhetorik des Lobes (häufig) und des Tadels (selten) – im Lehrplan bleibt ein Rätsel.[50] Das *Enkomion* wurde sicherlich unter den *Progymnasmata* gelehrt, noch vor der Deklamation, doch während ein Autor eines Werkes über die *Progymnasmata* stark andeutet, dass das Thema später wieder aufgegriffen wird, vermutlich auf einer höheren Stufe, besteht ein anderer darauf, dass es nur dort gelehrt wurde.[51] Belege für epideiktische Schuldeklamationen (auf der höchsten Stufe des Unterrichts, im Gegensatz zu den grundlegenderen *Progymnasmata*) fehlen darüber hinaus sowohl im Griechischen als auch im Lateinischen, obwohl Deklamationen in den beiden anderen Gattungen natürlich enkomiastische Passagen enthalten könnten.[52] Die beste Erklärung mag wohl sein, dass die progymnasmatische Übung des *Enkomion* im Laufe der Zeit einfach einen immer größeren Teil der Zeit auf dieser Stufe des Unterrichts einnahm.[53] Der Höhepunkt dieses Trends ist vielleicht der Sophist Athanasios von Alexandria aus dem 4. Jahrhundert n. Chr., welcher der Meinung war, dass das *Enkomion* als erstes gelehrt werden sollte und dass die meisten anderen progymnasmatischen Übungen als Teile davon gelehrt werden sollten.[54]

Auf den höchsten Stufen und sowohl im Griechischen als auch im Lateinischen wurde der Lehrplan jedoch weiterhin von der deliberativen Deklamation (*suasoriae*) und vor allem von der forensischen Deklamation (*controversiae*) dominiert.[55] In der ersteren schlug der Lehrer ein Thema vor wie: „Agamemnon überlegt, ob er Iphigenie opfern soll oder nicht", oder: „Rate Sulla in einer öffentlichen Versammlung, ob er seine Diktatur niederlegen soll."[56] Hier musste der Redner sowohl seinen Tonfall an die Figur anpassen, die er ansprach, als auch an die Figur, die er als Redner verkörperte (es ist schwierig für einen Jungen, einen Älteren mit großen Taten und hoher Würde darzustellen). Und er muss auch die *stasis* (s. o. S. 18) beherrschen, vor allem wenn es um Ehre, Zweckmäßigkeit oder Notwendigkeit geht, und er muss die Unterkategorien von jedem kennen. Schließlich muss er auch darauf vorbereitet sein, bei seinen Zuhörern die gesamte Bandbreite an Emotionen zu wecken.[57]

In einer forensischen Deklamation wählte der Lehrer ein oder mehrere Sentenzen aus einer Reihe von traditionellen Gesetzesgrundlagen aus,[58] vielleicht: „Wer ein Grabmal verletzt, kann vor Gericht verklagt werden." Der Lehrer entwarf dann ein Szenario, das dieses Gesetz gegen ein anderes oder gegen die scheinbare Gerechtigkeit stellte: „Ein Held hat seine Waffen im Kampf verloren und leiht sich deshalb Waffen aus dem Grab eines toten Helden. Nachdem er tapfer für seine Stadt gekämpft hat, gibt er die Waffen zurück. Er wird beschuldigt, das Grab geschändet zu haben."[59] Der Deklamator muss den Helden dann entweder anklagen oder verteidigen. In Variationen können die Regeln implizit sein (der Hinweis auf die Unrechtmäßigkeit von Verbrechen wie Mord ist überflüssig) und die Szenarien wunderbar verzwickt:

> Ein Mann hatte einen blinden Sohn, den er zu seinem Erben gemacht hatte. Dann heiratete er eine Stiefmutter [die römische Leserschaft wird wissen, dass Stiefmütter fast immer böse sind] und brachte den Jungen in einen abgelegenen Teil des Hauses. In der Nacht, als er mit der Stiefmutter in seinem Zimmer lag, wurde er ermordet, und am nächsten Tag fand man das Schwert seines Sohnes in der Wunde, und die Wand zwischen seinem Zimmer und dem seines Sohnes war mit Handabdrücken blutig. Der blinde Sohn und die Stiefmutter beschuldigen sich gegenseitig.[60]

Es gab Regeln. Die Fälle sollten so ausgewogen sein, dass beide Seiten überzeugende Reden halten konnten. Die Fakten, die als Grundlage für die Deklamation festgelegt wurden, durften nicht verändert werden: Der Deklamator durfte kein Mordopfer als noch lebendig vorführen. Gesetze aus der realen Welt durften nicht eingeführt werden (obwohl andere rhetorische Gesetze eingeführt werden konnten und viele reale Gesetze rhetorische Entsprechungen hatten); juristische Formalitäten wurden in der Regel vermieden. „Unkünstliche" Beweise – das Aufrufen von (imaginären) Zeugen oder die Behauptung, dass es ein Dokument gibt, das den Fall erledigt – waren nicht zugelassen. Der Wettbewerb bestand darin, eine überzeugende Hintergrundgeschichte zu entwickeln, welche die dargelegten Tatsachen in einen günstigen Kontext stellte (lateinisch *color*), einen Sprachstil beizubehalten, der mit der Natur des Prozessführers, den der Erklärende vorgab zu sein, übereinstimmte (*idea*-Theorie), das Problem oder die Probleme, die auf dem Spiel standen, zu erfassen (*stasis*-Theorie), überzeugend mit Plausibilitäten zu argumentieren, Emotionen beim Zuhörer hervorzurufen und *sententiae* oder eingängige, prägnante, einprägsame Sätze zu erfinden. Abscheuliche Folterungen konnten beschrieben werden, niemals aber Sex. Regionale Akzente waren verpönt, auf Stimme und Diktion wurde streng geachtet, und nur ein begrenztes Lexikon von Wörtern war erlaubt: nichts, was vulgär nach Neuem klang. In der griechischen Welt nahm diese Kontrolle des Wortschatzes schließlich die Form des Attizismus an – nicht zu verwechseln mit dem oben erwähnten „Attizismus" im Lateinischen –, bei dem versucht wurde, kein Wort zu verwenden, das nicht bei athenischen Schriftstellern vor dem Tod Alexanders oder bei den frühen Dichtern, die aus Höflichkeit als attisch galten, zu finden war. Auch die Gesten mussten dem entsprechen.[61]

Es gibt ein beliebtes Corpus antiker Beschwerden über die Deklamation als Unterrichtsform – ein Corpus, zu dem Quintilian selbst, unser bei Weitem bekanntester Lehrer der lateinischen Rhetorik, gerne seinen Beitrag leistete, in dem er sich über die Phantasie der Themen, ihre Unbrauchbarkeit als Training für das tatsächliche Plädieren vor Gericht und den überzogenen Stil, der manchmal in den Schulen gefördert wurde, beschwerte.[62] Aber das sind alles interne Kritiken: Vorschläge, wie der Rhetorikunterricht die vereinbarten Ziele besser erreichen könnte, und keine Vorschläge für wesentlich andere Bildungsziele – vielleicht Mathematik? Hauswirtschaft? – oder andere institutionelle Regelungen. Die Geringfügigkeit nachvollziehbarer Veränderungen im Laufe der Zeit in diesem Unterricht – erstaunlich für uns angesichts des völligen Fehlens zentraler oder offizieller Regelungen, gesetzlicher Vorschriften für die Beschulung von Kindern oder eines Systems öffentlicher Prüfungen, das die Lehrer an denselben Stoff und dieselben Methoden binden würde – deutet auch darauf hin, dass die Eltern recht zufrieden damit waren, da es in ihrer Macht stand, ihre Söhne jederzeit an eine andere Schule zu schicken.[63] Das 3. und 4. Jahrhundert n. Chr. brachten neue Institutionen und Studiengänge mit sich: Nun war es möglich, eine formale Ausbildung in römischem Recht zu absolvieren (in Beirut, Rom und schließlich auch anderswo), Latein zu lernen (wenn man Griechisch sprach) oder Unterricht in Kurzschrift zu nehmen, was für eine kurze Zeit eine hohe Bevorzugung im kaiserlichen Dienst zu versprechen schien.

Libanios von Antiochia, der im 4. Jahrhundert n. Chr. griechische Rhetorik lehrte, wetterte natürlich gegen solche neumodischen Lehren, weshalb auch wir davon wissen. Eine sorgfältige Untersuchung seiner Schriften zeigt jedoch, dass er nicht in erster Linie befürchtete, die Schüler könnten den Rhetor für eine solche Ausbildung verlassen sondern lediglich, dass sie ihre Zeit in seiner Schule verkürzen oder, was wahrscheinlicher ist, diese Studien – wie auch die Philosophie – erst nach Abschluss ihrer rhetorischen Ausbildung aufnehmen würden. Seine Schriften lassen vermuten, dass nur eine kleine Minderheit dies auch tat.[64] Mit anderen Worten: Trotz des zeitgenössischen Gezeters und trotz unserer eigenen Verwunderung scheint die Ausbildung in Grammatik und Rhetorik, nach ihrer Langlebigkeit zu urteilen, die erfolgreichste Form der Bildung in der Geschichte des Abendlandes gewesen zu sein.

2 Die gesellschaftliche und historische Bedeutung der rhetorischen Bildung

Im Jahr 1847, am Rande der europäischen Revolution, brachte Dr. Wilhelm Adolf Schmidt, Professor für Geschichte an der Universität Berlin, in aller Eile seine *Geschichte der Denk- und Glaubensfreiheit im ersten Jahrhundert der Kaiserherrschaft und des Christenthums* zum Druck. Im folgenden Jahr war er Mitglied des kurzlebigen Frankfurter Parlaments, das sich erfolglos um eine liberale repräsentative Regierung in Deutschland bemühte. In weiser Voraussicht nahm er 1851 eine Stelle im sicheren eidgenössischen Zürich an. In seiner *Geschichte der Gedanken- und Glaubensfreiheit* durchforstete er alle Schriften des 1. Jahrhunderts n. Chr. (und vieles davor und danach) nach jeder antimonarchischen Gesinnung, die er finden konnte, und sein Blick fiel natürlich auf die überlieferten Deklamationen über die Beseitigung von Tyrannen (siehe Abschnitt II unten).[1]

Schmidt ging davon aus, dass solche Deklamationen Ausdruck des Protestes und der Rebellion gegen das römische Kaisertum waren: Er bemerkte, dass Caligula einmal einen Rhetor verbannt hatte, der eine Deklamation gegen die Tyrannis gehalten hatte, und dass Domitian einen Redner hinrichten ließ.[2] Eine solche politische Deutung der Deklamation als Angriff auf das kaiserliche System hat gelegentlich Zustimmung gefunden,[3] konnte aber letztlich wenig ausrichten gegen die zahlreichen Hinweise darauf, dass das kaiserliche Regime keine systematischen Anstrengungen unternahm – abgesehen von den vereinzelten Grausamkeiten Caligulas und Domitians –, um Deklamationen gegen die Tyrannis in den Schulen zu unterdrücken, die so populär blieben, dass Juvenal sie als Grundnahrungsmittel eines Lehrers bezeichnen konnte: „Was für eiserne Eingeweide musst du haben, Vettius, … wenn deine drängende Schulklasse wilde Tyrannen erschlägt! … Derselbe Kohl tötet Tag für Tag elende Lehrer!“[4] Tyrannentopik wurde nicht nur nicht unterdrückt, sondern ihre Bekanntheit machte sie zu einem bequemen Werkzeug, mit dem das kaiserliche Regime und seine Anhänger Usurpatoren bekämpften. Früher als „Banditen" und „Piratenhäuptlinge" beschimpft, wurden Usurpatoren ab Konstantin in „Tyrannen" umgewandelt.[5] Und der Vergleich mit derselben vertrauten Figur wurde von den Rednern auch benutzt, um auf böse Beamte einzuprügeln (gewöhnlich erst, wenn diese aus ihren Provinzen abgereist waren – eine Entwicklung also, die ebenfalls als unterstützend für die kaiserliche Herrschaft angesehen wurde, denn die Kaiser der Spätantike waren froh, als Verbündete ihres Volkes gegen die Missbräuche ihrer eigenen Untergebenen angesehen zu werden.[6]

Die Deklamation war kaum eine Form des Aufruhrs gegen das kaiserliche Regime, aber Schmidts Hypothese ist in letzter Zeit wieder aufgetaucht als ähnliche Argumente erneut vorgebracht wurden, nämlich dass die Deklamation die römische Gesellschaftsordnung oder die väterliche Autorität untergrabe. Diese Argumente richten sich gegen eine etwas ältere soziologische Interpretation, wonach die Deklamation die gesellschaftliche Hierarchie verstärkte.

Neben den soziologischen Deutungen gibt es aber auch historische Interpretationen. Über die tiefere Bedeutung der rhetorischen Ausbildung ist man sich nicht einig geworden. Jahrhundertelang akzeptierten die Gelehrten die Deklamation für bare Münze, als eine bloße Form der Bildung (auch wenn sie diese in ihrer Zielsetzung und ihrer Methode oft für pervers hielten) ohne grundlegende gesellschaftliche Bedeutung, und sie waren glücklich, ihr die Ziele zuzugestehen, welche die antiken Lehrer für sie beanspruchten, nämlich die Erzeugung von Beredsamkeit und (in zweiter Linie) moralische Verbesserung.[7] Und sie hatten die mächtige Unterstützung der Renaissance, die ihr Bestes tat, die römische rhetorische Bildung wiederzubeleben, um durch Wiederbelegung der römischen Beredsamkeit die moralische Erhebung der Studenten zu erreichen.[8]

In der Mitte des 20. Jahrhunderts kamen jedoch Zweifel am Wert der Redegewandtheit auf (nachdem man viel Erfahrung damit gemacht hatte, dass sie zum Schlechten eingesetzt wurde) und schließlich auch an der Zweckmäßigkeit (oder Weisheit) des Moralunterrichts in der Schule. Und diese Zweifel wurden auf die römische Erziehung projiziert, um die antiken Aussagen über ihren Wert zu untergraben. So waren die Gelehrten bereit, die Aussagen der Antike über die Funktionen der rhetorischen Ausbildung zu verwerfen, lange bevor moderne Gelehrte etwas fanden, das sie ersetzen konnte. Dies wurde schließlich in den späten 1990er Jahren nachgeliefert, als die Denkschulen der 1960er, 1970er und 1980er Jahre, die meist der Literatur entlehnt waren und schließlich in die Altertumswissenschaft einsickerten, soziologische Analysen und Vorschläge zu den verborgenen Folgen der rhetorischen Ausbildung mitbrachten.[9] „Was" – so fasste eine Wissenschaftlerin 2007 die Frage zusammen – „lehrte die Rhetorik all jene, die sie studierten, ohne politische Führer, berühmte Redenschreiber oder lehrende Sophisten zu werden? War sie wirklich nützlich für Kaiser, Verwalter, Soldaten oder Frauen oder nur eine konventionelle, dekorative Errungenschaft? Auf welche Weise schult die Rhetorik das Denken, das Analysieren und das Kritisieren? Wie wirkte sie sich auf die kognitive Entwicklung derjenigen aus, die sie erlernten, oder auf ihr Selbstverständnis?"[10]

Zumindest lehrte die rhetorische Ausbildung ihre Schüler, wie gebildete Menschen zu sprechen, und zumindest zahlten die Väter dafür, ihre Söhne mit einer markanten und als gesellschaftlich überlegen gekennzeichneten Art zu sprechen vertraut zu machen. Darüber hinaus lehrte die rhetorische Erziehung nicht nur künstliche Sprechgewohnheiten, sondern auch das Verhalten: Haltung, Gang und körperliche Manierismen, dazu auch, welche Gesten man verwenden und welche man als vulgär vermeiden sollte. Auch dies diente dazu, die Schüler gesellschaftlich abzugrenzen und zu erheben.[11]

Es stellt sich die Frage, welche Bedeutung ein solch überlegenes Auftreten in einer Welt (im Gegensatz zu unserer) hatte, in welcher der Status bereits so deutlich und sichtbar markiert war. Die gesellschaftliche Stellung in der römischen Welt war in der Regel unmittelbar an der Kleidung ablesbar: Typ, Applikationen, Zustand und Sauberkeit. Als Lehrer der Rhetorik betont Libanios natürlich die zusätzliche Bedeutung der rhetorischen Ausbildung: „Wenn jemand mit deinen Sklaven nackt und plaudernd zu dir käme und sonst nichts von dir wüsste, würde er es nicht für gerecht halten, dass du Macht über sie hast."[12] Und so, fährt Libanios fort, sollten sich seine Adressaten der Rhetorik widmen, um den entscheidenden gesellschaftlichen Unterschied zwischen freien Menschen und Sklaven zu unterstreichen. Doch das Szenario des Libanios ist hoffnungslos konstruiert. Wie viele der angesehenen Persönlichkeiten einer antiken Stadt – die Personengruppe, an die sich Libanios wendet – würden ihren Mitbürgern unbekannt sein? Wie oft würden der Herr und seine Sklaven allesamt unbekleidet sein? Und selbst wenn sie unbekannt und alle splitterfasernackt wären, wie oft würden sich Herr und Sklaven auf gleicher Augenhöhe vergnügen, anstatt dass die Sklaven dem Herrn dienen und ihm helfen, ein weiteres alltägliches Zeichen des Status?[13] Man mag Libanios zumindest die Erkenntnis abnehmen, dass die Unterscheidung zwischen hoch- und niederrangig wahrscheinlich ein sekundärer Beitrag zur rhetorischen Ausbildung war.[14]

Dennoch waren die römischen Eltern der herrschenden Schicht sehr darauf bedacht, dass ihre Kinder richtig redeten. Sie achteten darauf, dass die Sklaven, die sich selbst um die kleinsten Babys kümmerten, gut sprachen; um gute Sprachbeispiele zu bieten, pflegten einige Eltern – sogar reiche Eltern, die sich leicht Sklaven leisten konnten, welche die schmutzige Arbeit erledigten – ihre kleinen Kinder selbst.[15] Darüber hinaus lieferten zahlreiche *Exempla*, die bei den Römern so mächtig waren – ob sie nun der Wahrheit entsprachen oder nicht –, Modelle dafür, wie Mitglieder der Oberschicht ihre eigenen Kinder unterrichteten: Wir denken an Caesars Mutter und an Cornelia, die Mutter der Gracchen.[16] Eine zusätzliche Schulung der kindlichen Stimme fand im *ludus*, der Elementarschule, mit dem Grammatiker und in der Tat in der gesamten Erziehung wohlhabender Jungen statt.[17] Könnte dies daran liegen, dass hervorragende Leistungen in der Rhetorik – sowohl in der Rede als auch im Auftreten – zusätzlich zu ihrem praktischen Wert in einer Welt der Räte und Gerichte auch als eine Form des Wettbewerbs zwischen relativ Gleichgestellten in der Gesellschaft dienten? Handelte es sich dabei um einen Wettbewerb, der parallel zu dem um öffentliche Ämter oder öffentliche Wohltaten verlief, ein Wettbewerb in einer Gesellschaft, die anscheinend einen unendlichen Appetit auf solche Wettbewerbe hatte?[18] Die Bildung in der römischen Epoche war ja selbst sehr wettbewerbsorientiert.[19]

Eine zufällige Erwähnung zeigt, dass ein Elementarlehrer umgangssprachlich als *harenarius*, als „Arenawärter", bezeichnet wurde, und wir stehen plötzlich vor der beunruhigenden Möglichkeit, dass der eigentliche Sinn von *ludus*, der lateinischen Elementarschule, weniger „Spielplatz" als „Gladiatorenschule" war.[20] Auf einer höheren Ebene war der Wettbewerb in die Struktur der Deklamation eingebettet, etwa wenn ein Junge in *suasoriae*, Beratungsreden, „ja" und sein Gegner „nein" sagte, und wenn ein Junge in *controversiae*, imaginären Gerichtsprozessen, für Schuld und sein Gegner für Unschuld (oder die Schuld eines anderen) argumentierte. Es ist leicht zu vermuten, dass die römischen Väter, die selbst die gleiche Ausbildung durchlaufen hatten, die leidenschaftlichsten Fans und Kritiker ihrer Söhne waren und dass diese Väter ein sehr gutes Gespür dafür hatten, welche Jungen in den Schulen gute und welche schlechte Redner waren, so wie Eltern heute, die sich (zu) sehr in den Sport ihrer Kinder einmischen. So soll es sich, als Cicero noch ein Junge war, zugetragen haben (der Wahrheitsgehalt der Geschichte ist nebensächlich), dass die Väter anderer Jungen, die seine Schule besuchten, um ihn zu hören, ihren eigenen Söhnen mürrische Vorwürfe machten, weil sie ihn bewunderten, anstatt ihn zu übertreffen.[21]

Bei den Erwachsenen können wir aus den Inschriften ersehen, dass rhetorische Spitzenleistungen unter den ganz durchschnittlichen Mitgliedern der bürgerlichen Führungsschichten des Reichs bewundert wurden – und dass man darin wetteiferte, als würde der schulische Wettbewerb nie enden. In der überlieferten Literatur und in den Inschriften beziehen sich fast alle lobenden Verweise auf die Überlegenheit in Bildung oder literarischer Kultur gegenüber relativ Gleichgestellten (und ihre Zahl ist enorm), nicht gegenüber der unwissenden Masse (gegenüber der eine solche Überlegenheit angenommen wurde).[22] Im 4. Jahrhundert n. Chr. wurde von einem Studenten, der von einem Rhetorikstudium in einer entfernten Stadt nach Hause zurückkehrte, erwartet, dass er eine öffentliche Rede hielt, um sein Können vor einer ganzen Kammer rivalisierender Kritiker zu zeigen – eine gefürchtete Erfahrung.[23] Vielleicht diente die rhetorische Ausbildung also eher dazu, sich innerhalb der Wettbewerbskultur der griechischen und römischen Oberschicht voneinander abzugrenzen, als die Oberschicht von der Unterschicht zu unterscheiden.

Im griechischen Osten manifestierte sich dieser Wettbewerb im öffentlichen Reden als Selbstzweck letztendlich in einer kleinen Gruppe von umherreisenden Star-Rhetorikern – den sogenannten „Sophisten" –, so wie die römische Welt Star-Athleten und -Gladiatoren, Star-Mimen und -Pantomimen (Schauspieler), Star-Wagenlenker und Star-Löwen in der Arena kannte. Diese Sophisten konkurrierten untereinander um die Vorherrschaft und konnten bei ihren öffentlichen Auftritten Massen von begeisterten Zuhörern versammeln.[24] Für ihre Darbietungen spezialisierten sie sich auf Reden zu mythischen Vorlagen (die Trojaner nehmen ein Bündnisangebot von Achilleus an) und historischen Themen (Miltiades verteidigt sich, weil es ihm nach Marathon nicht gelungen ist, Paros einzunehmen) – alles Themen aus der Zeit vor dem Tod von Alexander dem Großen. In größerem oder geringerem Ausmaß (aber meist in größerem Ausmaß im Laufe der Zeit) konkurrierten sie auch im strengen Attizismus, wobei sie sich auf das Griechisch der athenischen Schriftsteller aus der Zeit vor Alexander dem Großen beschränkten.[25] Außerordentlich verehrt (nicht zuletzt von ihnen selbst) als Helden der Hochkultur – der abgedroschene, aber unvermeidliche Vergleich ist der mit Star-Tenören – konnten die Sophisten die Ehrerbietung römischer Beamter und sogar der Kaiser auf sich ziehen und so eine gewisse Macht in der Welt außerhalb der Rhetorik ausüben, wobei sie oft ihre Städte bei Gesandtschaften nach Rom vertraten.[26]

Es ist jedoch unwahrscheinlich, dass die Macht in der großen Welt jemals das Hauptziel der rhetorischen Ausbildung oder gar der Karriere als Sophist war; wäre es so gewesen, hätte es auch Sophisten im Westen und mehr als eine Handvoll im Osten gegeben. Vielmehr war es ein beiläufiger Nebeneffekt der Tatsache, dass die rhetorische Ausbildung ab einem bestimmten gesellschaftlichen Niveau nahezu universell war und die rhetorische Ausdrucksweise daher die *lingua franca* der herrschenden Schicht darstellte, dass Statthalter und Kaiser erwarteten, eloquent angesprochen zu werden, dass die Beredsamkeit bewundert wurde und dass daher ihre fähigsten Vertreter von allen

Personen, welche diese Bildung teilten, entsprechend geschätzt und respektiert wurden.

Sieht man sich die überlieferten Reden der Deklamatoren an, so stellt man fest, dass sie nicht nur häufig als Fürsprecher von Menschen auftraten, die ihnen nicht ähnlich waren – Arme, Frauen, Sklaven, Prostituierte –, sondern manchmal sogar mit den Stimmen dieser Personen sprachen (wobei sich der Fürsprecher ihre Äußerungen vorstellte oder das in der Antike übliche Verbot für Frauen und Sklaven, vor Gericht zu plädieren, aufgehoben war, damit sie sich als solche Personen ausgeben konnten). Es wird vermutet, dass dieser Aspekt des Rollenspiels bei der Deklamation (zumindest im lateinischen Fall) dazu diente, reiche junge Männer für ihre spätere Rolle als Oberhaupt einer römischen Familie zu erziehen. Das setzte ein (durch die Darstellung oder sogar Verkörperung in der Deklamation vermitteltes) Verständnis für die Sichtweisen von Frauen, Sklaven und Freigelassenen voraus, also derer, die rechtlich und anderweitig unter ihrem Schutz standen, und auch für die potenziellen Konflikte, die ihrer Rolle innewohnen, zwischen der schrecklichen, vielleicht tödlichen Macht der *patria potestas* und der erwarteten *pietas* und Zuneigung gegenüber Familie und Dienern, welche diese Macht einschränkten.[27]

„Eine humanistische Interpretation dieser gesellschaftlichen Praxis würde davon ausgehen, dass ein solches Rollenspiel durch die Teilnahme als Darsteller und Zuschauer die Perspektiven des Kindes erweitern könnte", so ein Wissenschaftler.[28] Und warum auch nicht? Aber eine solche humanistische Interpretation wurde (selbst vom Verfasser dieser Worte) unter dem Einfluss der theoretischen Methoden der Zeit, in der sie geschrieben wurden, abgelehnt. Um die Funktion des deklamatorischen Rollenspiels mit der Theorie in Einklang zu bringen, dass Rhetorik ein Zeichen gesellschaftlicher Überlegenheit sei, wurde gefordert, dass das Ergebnis eines solchen Rollenspiels (und der Deklamation im Allgemeinen) die endgültige Bestätigung der gesellschaftlichen Rollen sei.[29] Es wurde argumentiert, dass die Themen der Deklamation und ihre Konventionen (wer durfte für sich selbst sprechen, wer musste für sich sprechen lassen?) im Bewusstsein des jungen Deklamators die gesellschaftlichen Hierarchien zwischen Männern und Frauen (und effeminierten Männern), Reichen und Armen, Freien und Sklaven, Römern und Persern sowie Griechen und Nicht-Griechen verstärkten, nicht zuletzt dadurch, dass der zweite Typus in jeder Paarung als böse und gesellschaftlich störend dargestellt wurde.[30]

Woher stammen diese Ideen, die in den 1990er Jahren aufkamen? Für die Argumentation des vorliegenden Buchs, das sich häufig mit den Folgen akademischer Zufälle beschäftigt, ist es von Bedeutung, dass diese Argumente – rhetorische Bildung als Statusmarker und als Erziehung zur Hierarchie – selbst das Ergebnis eines solchen akademischen Zufalls sind. Es handelte sich um die zufällige Übernahme oder Assimilierung (durch Osmose an den Universitäten) der Ansichten von Michel Foucault, Judith Butler und Pierre Bourdieu durch die kleine Zahl von Alterumswissenschaftlern, die sich ursprünglich für Gesellschaftstheorie interessierten, und um die anschließende Verbreitung dieser Ansichten von Person zu Person, von Artikel zu Artikel und von Buch zu Buch unter einer größeren Zahl von Gelehrten, die sich mit der antiken Welt befassen. Clifford Geertz jedoch schrieb zur gleichen Zeit wie Foucault und Bourdieu. Hätten diese Gelehrten statt jener Geertz gelesen, wäre die Interpretation der Deklamation aus einer „humanistischen Perspektive", die es erlaubte, den Geist des Rhetorikstudenten zu erweitern, anstatt ihn einzuengen, möglicherweise nicht verschmäht worden. In einem solchen Fall könnten wir die Deklamation eher als einen Kommentar zur gesellschaftlichen Ordnung lesen, als eine Möglichkeit, die tiefen Strukturen und Widersprüche der Gesellschaft zu verstehen, und als einen Weg, um zu begreifen, wie die verschiedenen Gruppen der Gesellschaft und die Ideale dieser Gruppen in Konflikt geraten oder zusammenarbeiten, wobei dieses Wissen als Selbstzweck und nicht als Mittel zur Machtausübung verstanden wird.[31] Heute wären vielleicht beide Interpretationen gleichermaßen veraltet. Aber ich betone: Die von Foucault, Butler und Bourdieu inspirierte Schule der Lehre von der Hierarchie in der Interpretation der rhetorischen Ausbildung, die lange Zeit vorherrschte, war keineswegs unvermeidlich. Sie war ein Zufall des Lebens in der modernen Universität.

Und nicht weniger zufällig war die Erwiderung. Denn zufällig gab es an den Universitäten zur gleichen Zeit eine rivalisierende Theorie, die Antonio Gramsci und Foucault (und seine Anhänger) mit James C. Scotts *Weapons of the Weak* (1985) vermischte und eine Denkweise hervorbrachte, welche die untersuchten Phänomene nicht als ausnahmslos unterstützend für die bestehenden Machtstrukturen, sondern vielmehr als diese ausnahmslos unterminierend identifizierte.[32] Im Extremfall, wenn „Widerstand" in praktischen Tätigkeiten (wie Teppichknüpfen und Friseurhandwerk) identifiziert wurde, die weder von den vermeintlichen Widerständlern noch von den vermeintlichen Unterdrückern als solche erkannt wurden, stand dieser Ansatz zu Recht unter Verdacht. Aber die Deklamation im Römischen Reich ist kein so extremer und unwahrscheinlicher Fall.[33] Selbst die oberflächlichste Lektüre der überlieferten Deklamationen zeigt, dass der schwächere Partner des Paares von Standardfiguren, die sich im Konflikt befinden – der Arme gegen den Reichen, der Sohn gegen den Vater, die Frau (sofern sie keine Stiefmutter ist) gegen den Mann – sowohl häufiger vertreten ist als auch sympathischer dargestellt wird. Darüber hinaus erheben die Deklamatoren erstaunlich freimütige Vorwürfe gegen missbräuchlich genutzten Reichtum und väterliche und eheliche Grausamkeit – erstaunlich freimütig, wie uns scheint, für eine Welt, die sich mit Hierarchie und *patria potestas* begnügte, in der reiche Väter die Lehrer bezahlten, und eine seltsame Form der Ausbildung für Gerichte, in denen die Richter und ihre Berater genau solche reichen Väter und Ehemänner waren.[34] Hat also die Deklamation die gesellschaftliche Ordnung, in der Schüler und Lehrer lebten, aufgerüttelt, oder konnte sie aufrütteln, oder hat sie zumindest ihre Schüler mit scharfen Stöcken zum Aufrütteln ausgestattet?[35] Dass die Deklamation in der Tat subversiv sein konnte, gestehen die antiken Lehrbücher selbst ein. Wenn ein wirklich gefährliches Thema in Betracht gezogen wurde – vielleicht eine Reflexion über den Kaiser oder seine Familie –, beschreiben die Lehrbücher ausführlich etwas, das als „figurative Sprache" bezeichnet wird, eine Rede, die unschuldig klang, aber von den Eingeweihten in einem anderen oder entgegengesetzten Sinne als die gesprochenen Worte verstanden werden sollte.[36]

Und man könnte anmerken, dass es in den rhetorischen Lehrbüchern keine parallele antike Diskussion – ähnlich der subversiven „figurativen Sprache" – über die Rolle der Deklamation bei der Festigung gesellschaftlicher Hierarchien gibt.

Dennoch fragt man sich nach der Wirkung auf die Gesellschaft. Die antiken Kritiken an der Deklamation, die uns überliefert sind, beklagen die phantastische Qualität der deklamatorischen Themen und die Entfernung der schulischen Deklamation von den tatsächlichen Plädoyers vor Gericht, aber sie beklagen nie, dass die Deklamation die Macht der Väter gefährdet oder die allgemeine gesellschaftliche Ordnung untergräbt. Soweit wir wissen, haben reiche Väter ihre Söhne auch nicht wütend von der Schule genommen, weil ihre Lehrer ihnen Deklamationen auftrugen, in denen sie die Grausamkeit reicher Väter anprangerten. Unabhängig von den Zwecken, die mit der Äußerung subversiver Gefühle in der Deklamation verfolgt wurden, wurde die Praxis der Deklamation als Ganzes weder von den Behörden noch von den Vätern noch von der Gesellschaft insgesamt als subversiv empfunden. Das liegt vielleicht gerade an der Unwirklichkeit, in der sich die Deklamation bewegte, also an der Unwirklichkeit, die eine solche Klage nach sich zog. Da die Deklamation kategorisch als „Fiktion" definiert wurde (wenn wir dieses gefährliche Wort auf eine antike Literatur anwenden dürfen), schützte diese Kategorisierung die Deklamation, ihre Lehrer und ihre Schüler.

Wir verabschieden uns also von den soziologischen Interpretationen der Schuldeklamation und lassen sie in einem hartnäckigen Konfliktzustand zurück, der von scharf gegensätzlichen Standpunkten beherrscht wird: Deklamation, welche die Hierarchie untermauert, gegen Deklamation, welche die Hierarchie untergräbt – ein Patt. Und wir müssen leider feststellen, dass die Existenz eines solchen Streits unter den Gelehrten nicht gerade dazu beiträgt, die Ansichten der einen oder anderen Seite pauschal zu akzeptieren. Dennoch gibt es viel Nützliches mitzunehmen: Die Wettbewerbsqualität und das Rollenspiel der Deklamation zeigen die einfache Kraft und Intensität dieser Form der Bildung. Es wurde viel gelesen, auch auf höherem Niveau (und je mehr, desto besser – da wären sich Quintilian und Libanios einig gewesen), aber diese Lektüre wurde nicht durch einen schriftlichen Aufsatz oder eine Prüfung oder ein monotones Referat nachgewiesen. Das Endprodukt war ein häufiger (vielleicht täglicher) öffentlicher Auftritt des Schülers. Wenn man moderne Analogien sucht, war die Ausbildung in der Deklamation weniger mit dem Besuch einer modernen Schule oder Universität vergleichbar, sondern eher mit dem Unterricht in einem Musikkonservatorium oder einer Schauspielschule, vielleicht auch mit einem Sporttraining.[37] Quintilian enthüllt unbeabsichtigt den Druck, den eine solche Ausbildung auf die Schüler ausübte, wenn er sich darüber beklagt, dass die Schüler zu eifrig waren, die Deklamationen anderer Schüler zu loben, bis hin zu dem Punkt, dass sie rituell aufsprangen und wiederholt mitten in ihren Reden jubelten.[38] Natürlich taten sie das: Jeder Junge wusste, dass er als nächster oder sehr bald sprechen würde. Und ich denke, man kann mit Fug und Recht annehmen, dass ein solcher Unterricht eine tiefere Wirkung auf den Schüler haben würde, als wir es heute von der direkten Betreuung erwarten, und nicht die schwächere Wirkung des heutigen, eher distanzierten Lehrens und Prüfens. Vielleicht war das, was die Studenten lernten, für uns seltsam, aber es sollte betont werden, dass sie das, was sie lernten, tatsächlich sehr intensiv lernten. Dies mag dazu beitragen, die fortgesetzte Praxis der Deklamation im Erwachsenenalter zu erklären, die im Westen bei Seneca dem Älteren und in der griechischen Welt bei den großen konkurrierenden Sophisten zu beobachten ist. Die Deklamation wurde auf einem so tiefgreifenden Niveau gelehrt, dass es oft unmöglich war, die Deklamation hinter sich zu lassen. Sie verfolgte den Geist ihrer Schüler ihr ganzes Leben lang, wie das unablässige Auftauchen rhetorischer Gewohnheiten in der lateinischen Literatur der Kaiserzeit reichlich beweist.[39]

Wie die rhetorische Ausbildung ihre Studenten geformt hat, ist in erster Linie Gegenstand derer, die sich mit der *Literatur* der Antike beschäftigen. Was die rhetorischen Studien *nicht* lehrten – was wir als die Lücken betrachten können, die sie im römischen Intellekt hinterließen –, haben vor allem diejenigen erforscht, die sich mit der *Geschichte* der Antike befassen. Der große Altertumswissenschaftler

Henri-Irénée Marrou wies darauf hin, wie eng diese Ausbildung war, da sie alle bedeutenden mathematischen und naturwissenschaftlichen Kenntnisse ausschloss, und dass das vermittelte humanistische Wissen – Philosophie, Geschichte, Geographie – für den Gebrauch der Rhetorik in Fragmente zerhackt und ohne jegliche Organisation und Systematik gelehrt wurde. Marrou war der Meinung, dass diese pädagogische *sclérose sénile* zum Niedergang des spätrömischen Reichs und damit implizit zum Beginn des Mittelalters beitrug.[40]

Andreas Alföldi, der 1945 Stalins Panzer auf seine Heimatstadt Budapest zurollen sah und kurz davor stand, von deutschen Stabsoffizieren aus seinem Haus vertrieben zu werden, kam auf die Idee, dass die rhetorische Bildung des 3. und 4. Jahrhunderts n. Chr. einen Konflikt zwischen der gebildeten römischen Senatsaristokratie und den kriegerischen Kaisern jener Zeit schuf, insbesondere dem kriegerischen und pragmatischen Valentinian (364–375 n. Chr.). Dieser theoretische Konflikt erklärt nicht nur den Missbrauch, dem diese Kaiser durch die literarische Tradition ausgesetzt waren, sondern auch die Katastrophe, die eintrat, als die Senatoren den Wettstreit um die Nachfolge zugunsten von Valentinians Sohn Gratian entschieden, einem verweichlichten Geschöpf der Senatoren, das aufgrund seiner Bildung nicht in der Lage war, die durch den Westfeldzug der Hunnen ausgelöste Krise an den Grenzen zu bewältigen, die in der verheerenden Schlacht von Adrianopel (378 n. Chr.) gipfelte. Somit ist die rhetorische Ausbildung zumindest teilweise für den Untergang des Imperiums im Westen verantwortlich.[41]

Für Ramsay MacMullen spielte die rhetorische Ausbildung vor allem in der Krise des 3. Jahrhunderts eine Rolle, indem sie die römischen Anführer (die nicht immer gegen eine solche Erziehung immunisiert waren, wie bei Alföldi) dazu zwang, die Krise in moralischen – und nicht etwa in wirtschaftlichen – Begriffen zu sehen, und sie damit unfähig machte, eine nützliche Antwort zu formulieren.[42] Für seine Schülerin Susan Mattern hatte eine solche Erziehung – sowohl die ethnischen Stereotypen, die sie vermittelte, als auch die genauen geographischen Kenntnisse, die sie nicht vermittelte – einen großen und abstoßenden Einfluss darauf, wie die Römer ihre Außenpolitik betrieben.[43]

Ein anderer seiner Schüler, der Autor des vorliegenden Buchs, hat argumentiert, dass die Art und Weise, wie die rhetorische Ausbildung die Ehrfurcht vor der Vergangenheit lehrte, ohne jedoch die Ereignisse der Vergangenheit in eine klare logische und chronologische Abfolge zu bringen, eine reaktionäre militärische Revision inspirieren konnte, die im 2. bis 4. Jahrhundert n. Chr. die römischen Taktiken wieder in Richtung der klassischen Griechen lenkte, wiederum mit düsteren Folgen für das Imperium.[44] Man könnte hinzufügen, dass mit einer Bildung, die dazu neigte, Worte zu verachten und Ereignisse nach dem Tod Alexanders zu ignorieren, die gesamte Geschichte nach diesem Ereignis für einen Griechen mit einer konventionellen rhetorischen Ausbildung ein dunkles Zeitalter war: Wenn er wissen wollte, was später kam, zwischen Alexander und seiner eigenen Zeit, musste er zwangsläufig nach historischen Werken suchen und sie lesen.[45] Die Römer beschäftigten sich weniger mit historischen Themen in der Deklamation, aber soweit wir wissen, endete deren große Zeit mit dem Tod von Cicero.[46] Über die Zeit danach wussten sie aus ihrer rhetorischen Ausbildung nichts, es sei denn, sie suchten selbst nach historischen und antiquarischen Abhandlungen.

Theorien, die sich auf Behauptungen darüber stützen, was die Menschen angeblich *nicht* von der Antike wussten und *nicht* denken konnten, sind dafür bekannt, dass sie oft empirisch unter die Räder kommen. Ein Gelehrter argumentierte einmal mit Leidenschaft und Überzeugungskraft auf der Grundlage antiker Texte, dass die Römer nicht den intellektuellen Apparat besaßen, um eine groß angelegte militärische Strategie zu formulieren, aber ein anderer, noch überzeugenderer und leidenschaftlicherer Gelehrter zeigte anhand anderer antiker Texte, dass sie es doch taten.[47] Wir können keine Beispiele für ein ausgeklügeltes römisches Denken über die kaiserzeitliche Wirtschaft finden – die Autoren über dieses Thema klingen wie wütende Kleinkinder –, aber spätestens im 4. Jahrhundert n. Chr. scheinen sie sich so zu verhalten, als ob sie viel mehr wussten und verstanden, als sie zu diesem Thema schrieben. Es ist auch ein fröhlicher Anachronismus, den Alten Unwissenheit in unseren eigenen akademischen Fächern zu unterstellen und ihnen vorzuwerfen, dass sie nicht so denken wie wir – ein Anachronismus, der auch dann nicht weniger gefährlich ist, wenn er offen zugegeben wird.

Wenn wir die Beiträge der Philologen und der Historiker zusammenfassen – wobei wir uns vor den extremeren Schlussfolgerungen beider scheuen –, können wir vermuten, dass die Studenten der Rhetorik in der Kaiserzeit zwar wussten, was sie eben wussten, und zwar mit großer Kraft und Intensität (also mehr, als wir es von unseren Bildungssystemen gewohnt sind), dass aber das, was sie mit solcher Kraft wussten, nicht das ist, was wir wissen. Selbst wenn wir die Vermutungen der Historiker über eine herrschende Schicht beiseitelassen, die durch ihre Erziehung mit einer drastischen Unkenntnis vieler Wissensinhalte behaftet war, die wir für diese Herrschaft als notwendig erachten, so wird doch das, was den Mitgliedern dieser Schicht durch die rhetorische Ausbildung positiv vermittelt wurde, in ihrem Bewusstsein an erster Stelle gestanden haben und wahrscheinlich prinzipiell den größten historischen Einfluss gehabt haben. Diese Hypothese zu überprüfen, ist der Zweck der weiteren Teile dieses Buchs.

II. Die Ermordung Caesars als eines Tyrannen der Rhetorik

3 Das Attentat

Der Streit war schmutzig, und der Diktator war spät dran.[1] Aber warum sollte Caesar in den Senat eilen, um sich eine Debatte anzuhören – einen peinlichen Streit zwischen zweien seiner eigenen Gefolgsleute –, bei der es genau darum ging, wie illegal eine seiner eigenen Ernennungen war? Außerdem litt Caesars Frau unter Albträumen, seine Ärzte rieten ihm, zu Hause zu bleiben, und seine Wahrsager stimmten ihm zu: Die Vorzeichen waren, kurz gesagt, schlecht. Der Verschwörer Decimus Brutus hatte eine Gruppe von Gladiatoren in der Portikus (Säulenhalle) des Pompeius versammelt, unter dem Vorwand, in dem angeschlossenen Theater Spiele abzuhalten. Der Senat tagte in der *Curia* des Pompeius, dem Senatsgebäude, das ebenfalls neben dieser Portikus lag.[2] Da Decimus Brutus zu Recht eine Verzögerung befürchtete, musste er zu Caesars Haus gehen und ihn herauslocken.[3]

So kam es, dass Caesar sich schließlich aus seinem Haus durch die Straßen, über den Campus Martius, in die Portikus des Pompeius und an den Gladiatoren des Decimus Brutus vorbei locken ließ. Dann ließ er sich im Gespräch vertieft an einer weiteren Reihe armer Auguren vorbeibringen, die direkt vor der Tür der *Curia* auftraten, und schließlich in die Kammer (in die niemand außer den Senatoren hineingehen durfte, wodurch Caesar seines Gefolges beraubt wurde); und dort nahm er schließlich Platz.[4]

Nach dem Plan der Verschwörer wurde Caesars Mitkonsul und Freund Marcus Antonius draußen im Gespräch festgehalten,[5] während Tillius Cimber unter dem Vorwand eines Mitleid erregenden

Bittgesuchs Caesars Toga zu fassen bekam – was sowohl als Signal für den Angriff gedacht war, als auch, um den Diktator während des darauffolgenden Gemetzels an seinem Platz zu halten.[6] Doch dann wurde es merkwürdig. Die Gladiatoren des Decimus Brutus stürmten nicht in die *Curia* des Pompeius, um die Bluttat zu vollziehen. Auch traten nicht ein paar sorgfältig ausgewählte Mitglieder der weit verbreiteten Verschwörung – tapfere Legionsoffiziere, die mit dem Schwert vertraut waren – vor, um Caesar niederzustrecken. Vielmehr scharten sich Caesars Angreifer so dicht um ihr Opfer, dass keiner von ihnen mit den Dolchen, die sie unter ihrer Kleidung hervorholten, einen guten Schlag ausführen konnte. Servilius Casca stach Caesar lediglich in die Schulter, Cassius versetzte dem Diktator einen unbeholfenen Schlag ins Gesicht, und Decimus Brutus stach ihm nur in den Oberschenkel. Inzwischen hatte sich Caesar von Cimber befreit und war aufgestanden und kämpfte.

Er wirbelte herum und schleuderte Casca – der „in seiner Aufregung" auf Griechisch seinen Bruder um Hilfe anflehte – gewaltsam weg. Als Caesar sich drehte, um sich von Casca zu befreien, fand der stärkere Bruder eine Lücke und landete den ersten guten Schlag, einen Stich tief in Caesars Seite. Doch angesichts der energischen Gegenwehr des 55-jährigen geriet das Attentat nun zur Farce. Cassius versuchte noch einmal, Caesar zu erstechen, traf aber nur Marcus Brutus an der Hand, und der undurchsichtige Verschwörer Minucius Basilus stach auf den noch undurchsichtigeren Rubrius Ruga ein.[7] In der Zwischenzeit hatte Caesar den Dolch des ersten Casca-Bruders in die Hände bekommen, und nun entbrannte ein Kampf im Laufschritt, bei dem die Verschwörer versuchten, einen klaren Schlag zu landen, während Caesar sich selbst verteidigte, indem er sich drehte und wendete, rannte und schrie, um sich aus dem Schwarm seiner Angreifer zu befreien.[8]

Schließlich wurde Caesar von der schieren Zahl der Senatoren niedergerungen. Oder, in der romantischeren Erzählung, dass er, als er sogar seinen Schützling Marcus Brutus mit dem Dolch in der Hand herankommen sah – vermutlich in der Hand, die nicht durch den Stich des Cassius verletzt war –, sich einfach in sein Schicksal ergab, indem er auf Griechisch sagte: „Auch du, mein Sohn?", bevor er unter der Statue des Pompeius zusammensank und sich die Toga über den Kopf zog. Nun bedrängten ihn die Mörder wie Köter, und Brutus selbst fügte Caesar eine tiefe Wunde in der Leiste zu.[9] Alle anwesenden Senatoren und die an der Verschwörung beteiligten Senatoren stachen auf Caesar ein, die meisten von ihnen, nachdem er tot war. 35 Wunden wurden später an seinem Körper gezählt.[10] Die Senatoren in der *Curia* das Pompeius, die nicht an der Verschwörung beteiligt waren, ergriffen die Flucht, in der Erwartung, vielleicht das gleiche Schicksal wie Caesar zu erleiden, und verursachten in ihrer Panik ein Gedränge vor der Tür. Viele Mitglieder des Senats waren nämlich Anhänger Caesars, und das wussten sie auch, denn Caesar hatte dieses ehrwürdige Gremium mit seinen Verbündeten vollgestopft und seine Zahl von 600 auf 900 erhöht. Diese Neuzugänge wurden natürlich von den Senatoren alter Abstammung verachtet, und die Namen einiger von ihnen, wie z. B. Fuficius Fango, waren für die Römer zweifellos ebenso komisch wie für uns.[11] Sicherlich würden sich die Mörder nach dem Tod Caesars gegen sie wenden.[12]

Jedem, der auch nur ein rudimentäres Gespür für die Funktionsweise der römischen Politik hat – dafür, wie die Macht in Rom durch Netzwerke der Verwandtschaft und der Dankbarkeit zusammengehalten wurde –, wird die Abschlachtung zumindest der mächtigeren Anhänger Caesars unvermeidlich erschienen sein. Ein solches Vorgehen hatten in der Tat viele der Verschwörer angedroht. Aber der strenge Marcus Brutus (der tüchtige Decimus Brutus war nur ein entfernter Cousin) hatte darauf bestanden, dass niemand außer Caesar allein sterben sollte, und viele dieser Verschwörer waren vor allem wegen ihrer Bewunderung für den Charakter des Marcus Brutus und seine Familientradition, Rom von unerwünschten Monarchen zu befreien, angeworben worden, so dass er seinen Willen bekam.[13] Diese verblüffende Gnade wurde sogar auf Marcus Antonius ausgedehnt, Caesars Mitkonsul und engsten politischen Verbündeten. Obwohl Marcus Antonius, dessen Fäuste allein das Blatt des beinahe verpfuschten Attentats hätten wenden können, als so gefährlich galt, dass er während des Mordes außerhalb des Senatssaals festgehalten werden musste, ließ man ihn dennoch mit den anderen fliehen, nachdem Caesar getötet worden war.[14] Brutus, der anscheinend erwartete, dass der römische Senat irgendwie ahnte, dass die Attentäter keinem von ihnen etwas Böses wollten, ging in den Saal, um eine beruhigende Rede zu halten, nur um dann peinlich berührt festzustellen, dass außer seinen Mitverschwörern keine Senatoren anwesend waren.[15]

Die Flucht fast aller Senatoren hatte in der Tat eine Panik ausgelöst, zunächst im nahe gelegenen Theater des Pompeius, dann in der ganzen Stadt, und schon bald rannten die Menschen vor wilden Gerüchten in alle Richtungen: Gladiatoren schlachten den Senat ab! Die Stadt wurde geplündert! Caesar war ermordet worden! Die Armen plünderten die Märkte, während sich die Reichen in ihren Häusern verschanzten.[16] Marcus Antonius hielt sich bedeckt, während Caesars anderer mächtiger Unterstützer in der Stadt, Marcus Lepidus (der als Reiteroberst den zweiten Rang nach dem Diktator selbst innehatte), die Nachricht von dem Angriff hörte, während er seinen Geschäften auf dem Forum nachging, und zur Tiberinsel eilte, wo eine kleine Einheit von Soldaten – die einzigen, die sofort verfügbar waren – lagerte. Mit ihnen marschierte er zum Campus Martius, wo er auf Marcus Antonius' Anweisungen wartete. Lepidus war ein drittes offensichtliches und notwendiges Ziel für die Verschwörer, aber auch sie hatten keine Pläne, ihn zu töten oder zu ergreifen.[17]

Nachdem die Verschwörer auf mysteriöse Weise die Panik im Senat nicht vorhersehen konnten, hatten sie auf rätselhafte Weise auch die Panik des Volkes nicht vorhergesehen. Als die Attentäter aus der Portikus des Pompeius hervortraten und mit ihren blutigen Dolchen und einer Freiheitskappe auf einem Speer als Fahne zum Forum zogen und die ganze Zeit schrien, dass sie einen Tyrannen erschlagen hätten, sahen sie sich, anstatt als Helden empfangen zu werden, auf die Funktion von blutbefleckten Polizisten reduziert, die versuchten, die Verwirrung zu beruhigen. Die Gladiatoren des Decimus Brutus hatten sich ihnen angeschlossen, sobald sie aus der *Curia* des Pompeius kamen, und auch die Sklaven des Forums, die aus den Häusern der Verschwörer stammten. Auch eine Schar von Senatoren, die bei der Ermordung nicht dabei gewesen waren, sich aber die Lorbeeren teilen wollten, fuchtelte mit Dolchen herum, ebenso wie vermutlich die Mehrheit der Verschwörer, die als Senatoren nicht an der Ermordung hatten teilnehmen können.

In dieser Begleitung stiegen die Verschwörer auf das benachbarte Kapitol und stellten an gefährdeten Stellen Wachen auf.[18] Der Sitz der heiligsten Stätten Roms, wo die Verschwörer einem späten Bericht zufolge den Göttern dankten, war auch eine natürliche Festung.[19] Andere Senatoren schlossen sich ihnen nun auf dem Kapitol an, darunter Cicero, der zwar nicht an der Verschwörung beteiligt war, aber von den Folgen begeistert war. Er drängte Brutus und Cassius, den Senat auf das Kapitol zu rufen, aber es wurde nichts unternommen.[20] Die Verschwörer verbrachten die Nacht auf dem Kapitol, vermutlich in einigem Unbehagen; Marcus Antonius, der sich wieder erholt hatte, verbrachte sie stattdessen damit, Caesars Schatz (nach einer Schätzung über 340 Tonnen schwer) in sein eigenes Haus zu bringen.[21] Am nächsten Morgen wurden die Bürger auf dem Forum versammelt (teilweise gegen Bezahlung) und aufgefordert, lauthals nach Frieden in der Stadt zu schreien. Zunächst hielt der Praetor und Verwandte Caesars, Cornelius Cinna, eine Ansprache, in der er Caesar einen Tyrannen nannte und diejenigen, die ihn getötet hatten, als tugendhafte Tyrannenmörder bezeichnete, die vom Kapitol heruntergerufen und mit einer Belohnung bedacht werden sollten. Aber die Menge (zu viele wurden nicht bestochen) folgte seinen Appellen nicht (in einer Version schrien sie heftig gegen ihn an), und der bezahlte Teil der Menge tat genau das, wofür sie bezahlt worden war: Sie brüllten nach Frieden und sonst nichts.[22]

Auf Cinna folgte der schillernde junge Cornelius Dolabella, der als Konsul gekleidet war: Caesar hatte ihn als Nachfolger für das Konsulat bestimmt, das er selbst in wenigen Tagen niederlegen wollte. Der Senat war am 15. März – den Iden des März – zusammengekommen, um über die Angemessenheit dieser Nachfolge zu debattieren, denn Dolabella war erst 25 Jahre alt (nach dem Gesetz war das Mindestalter für das Konsulat 42); Marcus Antonius verabscheute ihn, lehnte seine Ernennung ab und schwor, seine Macht als Augur einzusetzen, um sie zu verhindern. Nun, da Caesar tot war, erhob sich Dolabella einfach in das gewaltige Amt, das ihm versprochen worden war, stieg vom Kapitol herab und wandte sich an die Menge, wobei er sich Cinnas Bitten anschloss, allerdings mit größerem Erfolg: Schließlich wurden Stimmen laut, die forderten, dass die Anführer des Komplotts selbst herabsteigen und sich an das Volk wenden sollten.[23]

Marcus Brutus und Cassius Longinus kamen schließlich mit einer schweren Eskorte von Gladiatoren herunter – ersterer blutete immer noch sichtlich, nachdem letzterer ihn mit Stichen verwundet hatte – und wandten sich an die Menge, indem sie sich gegenseitig und die anderen Verschwörer lobten und das römische Volk aufforderten, seine alte Freiheit wiederzuerlangen. Doch ihre Reden wurden mit unheimlichem Schweigen quittiert, und sie zogen sich auf das Kapitol zurück. Die Menge auf dem Forum zerstreute sich und bemühte sich um die Sicherheit ihrer eigenen Häuser.[24]

Wir fragen uns nicht so sehr, warum dieser Redenzyklus scheiterte, sondern vielmehr, welches gute Ende die Verschwörer erwarteten, wenn er erfolgreich gewesen wäre. Eines war ja sicher: Das alles brauchte seine Zeit, und die Zeit, das wussten sie sehr wohl, lief gegen die Verschwörer. Zum Zeitpunkt des Attentats war das Gleichgewicht der bewaffneten Kräfte in der Stadt vielleicht ausbalanciert. Auf der Seite der Verschwörer standen die Gladiatoren des Decimus Brutus und der Überraschungseffekt, auf der Seite der Caesarianer die kleine Truppe auf der Tiberinsel, die Lepidus eilig unter sein Kommando gestellt hatte. Aber Rom selbst und alle umliegenden Städte waren voll von Caesars Veteranen – Männern, die für ihre Dienste mit Landzuweisungen in Kolonien im ganzen Reich belohnt worden waren oder darauf warteten, belohnt zu werden. Diejenigen, die sich in der Stadt aufhielten, lagerten in Gruppen auf dem Gelände der Tempel und Heiligtümer, waren in Trupps mit jeweils eigenen Feldzeichen und Offizieren organisiert und im Begriff, aufzubrechen.[25] Und da der Oberbefehlshaber, unter dem ein Veteran gedient hatte, traditionell für die Vergabe von Privilegien wie Land in Kolonien zuständig war, stellte der Tod Caesars die erwarteten Zuwendungen infrage.

Caesars Veteranen – sie waren gefährlich, weil sie nach römischer Art ihre eigene Kriegsausrüstung besaßen – waren wütend über den

Tod ihres Anführers und loyal gegenüber seinen Offizieren. Die einberufenen Veteranen schlossen sich bald Marcus Antonius und Lepidus an, und am Nachmittag oder Abend des 16. März fühlten sich die beiden Caesar-Loyalisten stark genug, um mit ihren Truppen vom Campus Martius auf das Forum Romanum zu marschieren – ein Akt, der der römischen Tradition zuwiderlief, die bewaffneten Soldaten den Zutritt zur Stadt untersagte – und die Verschwörer auf dem benachbarten Kapitol zu belagern.[26] Diejenigen, die gewartet hatten, um zu sehen, welche Seite den Sieg davontragen würde, schöpften aus dieser Machtdemonstration Mut und scharten sich nun um die Caesarianer. Auch einflussreiche Männer, die von Caesars Großzügigkeit profitiert hatten, traten vor Lepidus und Marcus Antonius: In einer Flut von Briefen wurden diese darauf hingewiesen, dass ihr Glück davon abhing, dass Caesars großzügige Taten nicht zunichtegemacht würden. In den Straßen wurde nun offen darüber gesprochen, dass die Ermordung Caesars blutig gerächt werden müsse.[27] All diese Entwicklungen waren schlechte Nachrichten für die Verschwörer. Aber wir müssen fragen: Was hätten sie auch anderes erwarten können?

Jetzt blieb den Verschwörern nichts anderes übrig, als mit Marcus Antonius und Lepidus zu verhandeln, eine Aufgabe, die Brutus und Cassius durch Vermittler übernahmen: gewichtige Männer, ehemalige Konsuln.[28] Marcus Antonius und Lepidus hätten zu diesem Zeitpunkt das Kapitol stürmen können, so vermuten wir, aber nicht ohne viel Blut zu vergießen und die Götter zu erzürnen, deren Tempel den Hügel säumten. Marcus Antonius wird sich auch mit einem Zucken daran erinnert haben, dass er nur drei Jahre zuvor Truppen vom Kapitol auf das Forum geführt hatte – in einem Bericht ist von 800 Toten die Rede –, um die Anhänger des gerissenen Dolabella zu vertreiben (damals ein umtriebiger Tribun, der auf die Abschaffung der Schulden drängte und wahrscheinlich auch der Geliebte von Marcus Antonius' Frau war), und der sich dadurch den Hass der Bürgerschaft zugezogen hatte; jetzt, da die Menge noch unentschieden war, sollte man sie möglichst nicht daran erinnern.[29] Wenn Decimus Brutus dem Kapitol entkam, würde er als designierter Statthalter von Gallien diesseits der Alpen (Norditalien) als erster mit einem großen Heer in Rom eintreffen.[30]

Marcus Antonius und Lepidus lehnten natürlich die Einladung der Attentäter ab, sich auf dem Kapitol mit seiner grimmigen Gladiatorengarde zu beraten.

So einigten sich beide Seiten schließlich darauf, die Angelegenheit in die Hände des Senats zu legen, der von Marcus Antonius als Konsul einberufen wurde, um am frühen Morgen des nächsten Tages im Tellus-Tempel zu tagen, der in sicherer Entfernung vom Kapitol und in der Nähe von Marcus Antonius' eigenem Haus lag. Wären Marcus Antonius und Lepidus ironisch veranlagt gewesen, hätten sie sich vielleicht daran erinnert, dass dieser Tempel just an der Stelle stand, an der das Haus des Spurius Cassius zerstört worden war, der versucht hatte, sich zum König von Rom zu machen, und der mit den verschwörerischen Brüdern Cassius verwandt war. Marcus Antonius ging ohne Soldaten, aber mit einem Brustpanzer unter seiner Toga dorthin. Lepidus war nicht so vertrauensselig: Seine Soldaten umstellten den Tempel mit dem paradoxen Ergebnis, dass die Anhänger der Attentäter – darunter auch Cinna, der unglückliche Redner vom Vortag – sich über die Unstimmigkeit freuen konnten, von Lepidus' caesarischen Truppen vor dem caesarischen Mob gerettet zu werden.[31]

Anders als auf der Straße war die Stimmung im Senat eindeutig zugunsten der Verschwörer. Der Senat gewährte ihnen freies Geleit und lud sie ein, an den Senatssitzungen teilzunehmen; die Anführer der Verschwörung wagten es jedoch nicht, dazu auf das Kapitol zu steigen. Es wurde vorgeschlagen, sie formell als Tyrannenmörder zu bezeichnen und von der Republik zu belohnen. Andere drängten darauf, ihnen lediglich zu danken, da sie die Tat nicht auf der Suche nach einer Belohnung begangen hatten, während wieder andere zu erreichen versuchten, dass ihnen lediglich Straffreiheit für die Tat gewährt werden sollte. Diese Diskussion über die großzügigen Möglichkeiten wurde durch Marcus Antonius' Bemerkung beendet, dass, wenn Caesar zu Recht als Tyrann getötet worden sei, seine Herrschaft und alle seine zahlreichen Erlasse als gesetzlos und ungültig betrachtet werden müssten. Das brachte den Senat in Verwirrung, denn zu diesen Erlassen gehörte – natürlich völlig unrechtmäßig – die Ernennung der römischen Magistrate fünf Jahre im Voraus: Caesar hatte einen Feldzug im Osten geplant und wollte die Dinge in Rom geregelt wissen, bevor er aufbrach. Natürlich wollten die Auserwählten die ihnen versprochenen hohen Ämter nicht verlieren. Besonders erregt und weitschweifig in der Verteidigung von Caesars Taten war der flinke Dolabella, Verbündeter der Attentäter vom Vortag auf dem Forum, der das Konsulat, das Caesar ihm versprochen hatte, bereits angetreten hatte. Während dieser Debatte verließen sowohl Marcus Antonius als auch Lepidus das Gebäude, um die immer größer werdende Menge vor dem Tempel zu ermahnen, die schrie, dass der Mord an Caesar gerächt werden müsse. Dabei kämpften die beiden darum, tatsächliche Gewalt zu verhindern, während sie gleichzeitig die Wut des Pöbels auf einem potenziell nützlichen Siedepunkt hielten.[32] Der schließlich im Senat gefundene Kompromiss bestand darin, dass Caesars Maßnahmen bestätigt werden sollten, seine Mörder aber Straffreiheit für ihre Tat genießen sollten.

Drei Tage später wurde Caesars Testament verlesen, aus dem die römischen Bürger erfuhren, dass er jedem von ihnen 300 Sesterzen und viele seiner Grundstücke entlang des Tibers zur Nutzung als öffentliche Parks überlassen hatte. Zwei Tage später fand das Begräbnis Caesars statt, bei dem der Leichnam des Diktators (oder ein genaues Modell davon) mit all seinen Wunden ausgestellt wurde. Marcus Antonius, der die Grabrede hielt, stachelte die Bürger zum Aufruhr gegen die Verschwörer an.[33] Nun wurden die Attentäter in ihren Häusern belagert, und der Dichter Helvius Cinna wurde auf der Straße in Stücke gerissen, weil er mit dem Verschwörer Cornelius Cinna verwechselt wurde. Vor allem durch diesen Vorfall aufgeschreckt, begannen die Verschwörer, sich heimlich aus der Stadt zu entfernen. Mitte April hatte Marcus Antonius die Kontrolle über Rom übernommen, Lepidus war in die Provinzen aufgebrochen, die Caesar ihm zugestanden und die ihm der Senat bestätigt hatte, und ein hagerer 18-jähriger, der sich gegen die Erkältungen und Infekte, denen er chronisch ausgesetzt war, zu wappnen hatte, war von der Schule in Griechenland zurückgekehrt und zur allgemeinen Überraschung im Testament Caesars zum Erben des Diktators ernannt worden. Sein Name war Gaius Octavius, und niemand nahm ihn wirklich ernst – er sollte erst später als Augustus Karriere machen.[34]

4 Rätsel über die Verschwörung

Im Nachhinein wussten die zeitgenössischen Beobachter, dass die Verschwörung ein heilloses Durcheinander war. Sie wurde, wie Cicero schrieb, mit „männlichem Geist, aber kindlicher Planung“ durchgeführt.[1] Aber warum? Die wichtigsten historischen Fragen welche die Details der Verschwörung aufwerfen, lassen sich wie folgt zusammenfassen:

- Decimus Brutus hatte Gladiatoren in der Nähe der *Curia* des Pompeius bewaffnet. Warum haben sie Caesar nicht getötet?
- Warum wollten alle Verschwörer in der *Curia* Caesar selbst erdolchen, was zu einem verwirrenden Handgemenge führte?[2]
- Warum unternahmen die Verschwörer nichts gegen Marcus Antonius und Marcus Lepidus oder andere Anhänger Caesars, verhafteten sie nicht einmal mit Samthandschuhen als der pedantische Brutus darauf bestand? Vor allem Marcus Antonius am Leben zu lassen, empfand Cicero später als „infantil“.[3]
- Warum dachte Brutus, dass er nach der Ermordung vor dem Senat sprechen könne? Warum erwartete er nicht, dass die Senatoren – die meisten von ihnen Caesar treu ergeben – über die Tat entsetzt sein würden?[4]
- Warum waren die Verschwörer offenbar von der Panik überrascht, die ihre Tat in der Stadt auslöste?
- Warum begaben sich die Verschwörer auf den Kapitolshügel?
- Warum hielten die Verschwörer am 16. März Reden auf dem Forum?[5]
- Warum hatten die Verschwörer – abgesehen davon, dass sie hinabstiegen, um Reden zu halten – offenbar keine Pläne, was sie nach dem Aufstieg auf das Kapitol tun sollten, wo doch die Reaktionen von Lepidus, Marcus Antonius, ihren Truppen und Caesars Veteranen vorhersehbar waren?[6]

Einst wurden einige der Merkwürdigkeiten der Verschwörung gegen Caesar damit erklärt, dass Marcus Brutus ein Rechts- und Verfassungsfanatiker war.[7] Und auch die Römer waren ein juristisch denkendes Volk und hielten sich an juristische Formalitäten – so dachten vor allem die Gelehrten des 19. Jahrhunderts – und viele in der Verschwörung werden Brutus zugestimmt haben, als er Caesar mit dem absoluten Minimum an Beleidigung und Verletzung der Gesetze absetzen wollte.

So hatte sich Caesar, der Diktator auf Lebenszeit geworden war, außerhalb der römischen Verfassung gestellt und konnte daher zu Recht getötet werden.[8] Gegen Marcus Antonius und Lepidus konnten aber keine solch eindeutigen Anschuldigungen erhoben werden, also konnten sie nicht getötet werden.[9] Außerdem würde eine allgemeinere Tötung den rechtmäßigen Zweck der Tat verschleiern: Statt einer moralisch reinen Rechtfertigung der Gesetze würde die Angelegenheit wie eine weitere schäbige Etappe im Kampf zwischen Caesar und den Anhängern des Pompeius (die wahrscheinlich einen Großteil der Verschwörung ausmachten) aussehen.[10] Die merkwürdige Untätigkeit der Verschwörer nach der Ermordung Caesars wurde als Folge der Tatsache angesehen, dass die Verschwörung zwar dicht mit Praetoren (Marcus Brutus, Cassius, Cinna, möglicherweise Cimber und P. Naso) und Tribunen (Cassius' Bruder Lucius und Casca) besetzt war,[11] doch Marcus Antonius Konsul war; dass ein Praetor rechtlich gesehen den Senat nur einberufen konnte, wenn kein Konsul zur Verfügung stand (daher konnte Ciceros Vorschlag, den Senat auf das Kapitol einzuberufen, nicht umgesetzt werden); und dass es dem Konsul Marcus Antonius als höchstem Exekutivbeamten des Staates oblag, den Weg zu weisen.[12] Da ohne Marcus Antonius' Zustimmung verfassungsrechtlich kaum etwas unternommen werden konnte, beschränkten sich die Verschwörer darauf, Boten zu ihm zu schicken, während er und Lepidus, die sich weniger um das Gesetz scherten, ihre Streitkräfte organisierten und Soldaten in die Stadt marschieren ließen. Brutus und seine Gesinnungsgenossen, die sich vorgenommen hatten Caesar zu töten, um das Gesetz zu verteidigen, wurden durch dasselbe Gesetz in eine Falle gelockt, entweder aus Überzeugung oder aus Konsequenz.

Aber war Marcus Brutus wirklich von einer „Manie der Gesetzlichkeit" befallen?[13] Der etwas verrückte Brief des Brutus an Cicero, der üblicherweise zur Unterstützung dieser Behauptung zitiert wird, lautet: „Mögen die Götter und Göttinnen mir alles nehmen von meiner Überzeugung, dass niemand mit meiner Zustimmung mächtiger ist als der Senat und die Gesetze! Ich habe es nicht zugelassen im Falle des Mannes, den ich getötet habe [Caesar], ich werde es nicht zulassen im Falle seines Erben [Octavian], und ich würde es nicht zulassen im Falle meines eigenen Vaters, wenn er wieder lebendig werden würde!" Der Brief wird heute allgemein als gefälscht bezeichnet, und selbst wenn er keine Fälschung sein sollte, wurde er jedenfalls mehr als ein Jahr nach den Ereignissen an den Iden des März geschrieben.[14] Und wenn Brutus und seine Mitverschwörer Gefangene der Gesetzgebung waren, dann waren sie äußerst selektiv. Sueton berichtet, dass Caesar „Das ist ja *vis* (Gewalt), Du!" schrie, als Tillius Cimber ihn zum ersten Mal in der *Curia* des Pompeius packte – eine Dummheit, wenn *vis* im weiteren Sinne verstanden wird als Gewalt jeglicher Art, aber genau richtig, wenn Caesar Cimber beschuldigte, gegen das römische Gesetz verstoßen zu haben, das die Anwendung von Gewalt gegen Beamte unter Strafe stellte.[15] Caesar ohne Gerichtsverfahren zu ermorden, war kaum die Tat von Fanatikern des Legalismus.[16] Und auch andere Teile dieser Theorie zerfallen bei näherer Betrachtung. Dass ein Praetor den Senat nicht einberufen konnte, wenn ein Konsul anwesend war, leuchtete ordentlichen Gelehrten ein, war aber schon bei Mommsen als falsch bekannt.[17] Marcus Antonius war ebenso wie Dolabella rechtlich zu jung, um Konsul zu sein, so dass er im Prinzip von den Rechtsrigoristen ignoriert werden konnte, oder, wenn sie zugaben, dass er ein rechtmäßiger Konsul war, konnten sie mit der gleichen Logik dasselbe für Dolabella behaupten, der das Konsulat übernommen hatte und als Freund der Verschwörer (so dachten sie damals) den Senat für sie einberufen konnte. Ein allgemeiner Sinn für die Rechtfertigung der Gesetze und die Befreiung des Staates, damit die Gesetze und die Verfassung frei wirken konnten, für die Rückkehr der Republik in einen Zustand der *libertas*, wie die Münzen von Brutus und Cassius im Nachhinein propagieren sollten – die *libertas*, die Brutus' Losung in der Schlacht von Philippi war, in der er sich das Leben nahm und die *libertas* endgültig verloren ging –, mag Brutus und andere Verschwörer sicherlich motiviert haben.[18] Aber der Legalismus erklärt nicht die Verwirrungen – die letztlich tödlichen Verwirrungen – des Komplotts zur Ermordung Caesars.

War der unpraktische Enthusiasmus des Marcus Brutus vielleicht eher philosophischer als juristischer Natur? Brutus war nur einer von einigen Dutzend Verschwörern, aber es heißt, er sei der Anführer und das moralische Zentrum des Unternehmens gewesen, und viele hätten sich der Verschwörung wegen seiner Führung angeschlossen.[19] Und er war es, so berichten unsere Autoren, der aus Gründen der Gerechtigkeit, aber vielleicht auch wegen eines unangebrachten Optimismus hinsichtlich des Charakters von Marcus Antonius darauf bestand, dass keine Maßnahmen gegen Marcus Antonius, Lepidus und die übrigen Anhänger Caesars ergriffen wurden. Aus heutiger Sicht ist es schwer zu verstehen ist, warum irgendjemand etwas dagegen einzuwenden hatte, dass sie sanft in ihre Schranken verwiesen wurden, bis die Stadt sicher in den Händen der Verschwörer war.[20] Sie freizulassen war hingegen die Entscheidung, die letztlich die Hoffnungen der Verschwörer zunichte machte.

Brutus' Philosophie kann in der Tat dazu beitragen, sein eigenes Festhalten an der Verschwörung zu erklären, trotz seiner persönlichen Nähe zu Caesar. Der historische Marcus Brutus war nämlich ein Anhänger der sogenannten Alten Akademie, war also ein fundamentalistischer Platoniker.[21] Und der altmodische Platonismus war ein aktiveres Glaubensbekenntnis als der damals vorherrschende Stoizismus (oder übrigens auch der Epikureismus, dem Cassius anhing).[22] Angesichts der Tyrannis bot der Platonismus anders als andere zeitgenössische Philosophien kaum einfache Fluchtmöglichkeiten in den Quietismus.[23] In der Tat gab es bereits eine starke Tradition platonischer Tyrannenmörder und Tyrannenvertreiber, darunter die berühmtesten Taten von Platons Schülern Chion und Leonides, die Klearchos, den Tyrannen von Herakleia, erschlugen (selbst ein Schüler Platons, wobei die Unterscheidung zwischen platonischem „Philosophenkönig" und Tyrann in der Praxis etwas schwierig ist). Und natürlich auch Dion von Syrakus, der heldenhaft den Tyrannen Dionysios den Jüngeren aus dem Ort vertrieb. Dass Dion dann selbst zum Tyrannen wurde und von Kallipos von Athen, einem weiteren Schüler Platons, ermordet wurde, der dann zwangsläufig bis zu seiner eigenen Ermordung kurzzeitig als Tyrann an dessen Stelle trat wurde leicht übersehen.[24]

So seltsam es uns auch erscheinen mag, dass eine so große Zahl von Männern bereit war, Brutus und seiner Philosophie zu folgen, sowohl in seiner Hoffnung, Caesar zu töten (wofür die meisten natürlich auch andere Motive hatten), als auch in seiner perversen Weigerung, irgendjemand anderen zu töten, sollten wir uns daran erinnern, dass von allen Generationen seit Sokrates und bis heute Rom zur Zeit Ciceros und Caesars vielleicht die größte Begeisterung für die Philosophie kannte, die je in einer historischen Führungsschicht zu beobachten war – ja, dass innerhalb dieser sehr kleinen Gruppe die Philosophie so etwas wie ein Massenphänomen war.[25] Und so müssen wir uns vorstellen, dass Brutus von anderen platonistischen Verschwörern unterstützt wurde, die ebenso begierig darauf waren, einen Tyrannen zu erschlagen wie er selbst.[26]

Das Problem ist, dass sein Platonismus zwar helfen mag, die persönliche Motivation von Brutus und einigen seiner Anhänger zu erklären, nicht aber die Pläne (so wie sie waren) für das Attentat. Im Gegenteil: Je mehr wir uns mit dem Platonismus und im weiteren Sinne mit der griechischen Philosophie der Tyrannis befassen, desto rätselhafter werden die Taten der Verschwörer. Platon bestand darauf, dass Menschen zu Tyrannen werden, weil sie tyrannische Seelen haben. Wenn ihnen die Möglichkeit verwehrt wurde, als Tyrannen zu herrschen – wie es in einem wohlgeordneten Staat natürlich der Fall wäre – wurden Männer mit tyrannischen Seelen zu gewöhnlichen Verbrechern. Aber wenn sich die Gelegenheit bot, schlossen sich solche Männer zusammen und erhoben denjenigen unter ihnen, der die tyrannischste Seele besaß, zum eigentlichen Tyrannen über den Staat, während die anderen mit etwas weniger tyrannischen Seelen seine bösen Handlanger wurden. Solche Gefolgsleute konnten also niemals böse werden oder weniger böse werden: Sie waren von Natur aus böse, aufgrund der Qualität ihrer Seelen, und sie fielen in eine kleine

Kategorie von Personen – die „Unheilbaren" –, die niemals (trotz Platons allgemeinem Optimismus bezüglich der Lehrbarkeit der Tugend) besser werden konnten.[27] Nach der platonischen Philosophie, die Brutus vertrat, wäre es also undenkbar, sich mit den (notwendigerweise bösen) ehemaligen Anhängern Caesars wie Decimus Brutus zusammenzutun, und wenn Caesar als Tyrann getötet werden sollte, waren seine derzeitigen Anhänger – Marcus Antonius, Lepidus und ein Großteil des Senats – ebenfalls unrettbar böse, und anstatt sie zu verschonen (worauf Brutus angeblich bestand), hätte Brutus als Erster ihre Vernichtung fordern müssen.

Hätte Brutus – und es gab „keinen einzigen griechischen Philosophen, um es einfach auszudrücken, von dem er nichts wusste oder dem er gleichgültig gegenüberstand" – sich auch an seinen Aristoteles erinnert, hätte er auch dort die Notwendigkeit entdeckt, sorgfältige Pläne für das zu machen, was nach der Ermordung eines Tyrannen geschah.[28] Die Art der Regierung, die nach dem Sturz eines Tyrannen entstand, schrieb Aristoteles in seiner *Politik*, war unvorhersehbar: Sie konnte nicht besser sein, sondern nur eine weitere Tyrannis.[29] Tyrannen spalteten absichtlich und unabsichtlich ihre Untertanen und hetzten sie gegeneinander auf, indem sie alle natürlichen oder von Menschen geschaffenen Bande der Freundschaft und Verwandtschaft zerstörten, und solche Spaltungen im Staat führten typischerweise zu *Stasis*, jenem Zustand der Unruhe oder des Bürgerkriegs, den die Griechen als das ultimative Scheitern der Politik fürchteten.[30] Den Tyrannen einfach zu töten, seine Gefolgsleute zu verschonen und politisch gleichsam die Würfel so fallen zu lassen, wie sie fallen mochten, all das stand ganz im Gegensatz zu den Lehren der griechischen Philosophen.[31]

Die Philosophie mag also, ebenso wie die Gesetzestreue, einige der Mörder motiviert haben, aber sie lieferte ihnen wohl kaum den Grund für ihren Plan. Was ist nun mit der Familientradition des Brutus? Marcus Iunius Brutus und seine Zeitgenossen nahmen an, dass er und sein entfernter Cousin Decimus von Lucius Iunius Brutus abstammten, der in früher Zeit den Aufstand in Rom gegen den römischen König Tarquinius Superbus angeführt und damit die römische

Republik gegründet hatte (mit kreativen Ausweichmanövern wurde erklärt, wie die zeitgenössischen Bruti Plebejer sein konnten, während Lucius Iunius Brutus Patrizier war, und wie der ältere Brutus überhaupt Nachkommen haben konnte, nachdem er seine Söhne als Verräter hingerichtet hatte).[32] Als *triumvir monetalis* in den 50er Jahren v. Chr. hatte Marcus Brutus den alten Brutus auf seinen Münzen abgebildet.[33] Als Volk waren die Römer außerdem stolz auf ihren Hass und ihre Intoleranz gegenüber Königen – eine gesunde Veranlagung, an die sie jedes Jahr am 24. Februar durch die Wiederholung des Ritus des *regifugium* oder der Königsflucht erinnert wurden, mit dem die Vertreibung von Roms letztem Monarchen gefeiert wurde.[34] Wir lesen, dass versucht wurde, Brutus gegen Caesar aufzubringen, indem anonyme Botschaften gekritzelt oder gemalt wurden, in denen Dinge standen wie: „Wärst du doch jetzt bei uns, Brutus!", und „Du bist kein wahrer Brutus!"[35] Dies deutet vielleicht darauf hin, dass die oberen Schichten der Gesellschaft einen echten Druck von unten verspürten, etwas gegen Caesar zu unternehmen.[36]

Vor der Ermordung gab es außerdem den großen Verdacht, dass Caesar tatsächlich monarchische Ambitionen hatte – es wurde mit Kronen und Akklamationen gespielt, von denen einige annahmen, dass Caesar die Stimmung unter den Bürgern testete, um zu sehen, wie die Ausrufung zum König aufgenommen würde.[37] Und in der Tat riefen die Verschwörer in einer Überlieferung, sie hätten einen König getötet.[38] Hat seine Familientradition dazu beigetragen, Brutus gegen Caesar aufzubringen?[39] Haben die antimonarchische Tradition der Römer – und die Führung von Brutus, dessen Familie diese Tradition repräsentierte – einige der anderen Verschwörer angetrieben?[40] Das war durchaus möglich. Aber das erklärt immer noch nicht, wie sie gehandelt haben, denn Tarquinius Superbus und seine Familie wurden aus Rom vertrieben, nicht getötet, und so boten die Einzelheiten der Befreiung Roms von den Tarquiniern den Attentätern keine Orientierung.

Die Legende berichtet außerdem, dass die Tarquinier mindestens drei Versuche unternahmen, ihre Herrschaft in Rom mithilfe von Verbündeten wiederherzustellen (Lars Porsenna von Clusium ist nur der bekannteste). Kein Römer, der über die Tarquinier nachdachte, wäre wahrscheinlich so unbekümmert wie die Verschwörer über das, was nach ihrer Tat geschehen sollte.[41]

Auch drei andere frühe Geschichten über despotische Machtsuchende in Rom, die ein böses Ende nahmen, boten keine brauchbaren Anhaltspunkte.[42] Spurius Maelius, von dem man annahm, dass er nach dem Königtum strebte (439 v. Chr.), wurde der Legende nach von Servilius Ahala mit einem in seiner Achselhöhle versteckten Dolch getötet (daher der Name *Ahala*, „Achselhöhle"). Drei der Verschwörer gegen Caesar konnten für sich in Anspruch nehmen, mit Ahala verwandt zu sein, Brutus durch seine Mutter Servilia und die beiden Brüder Casca (deren *gens*-Name Servilius war), und wir wissen, dass Brutus in seiner Jugend an Ahala dachte, denn als er in den 50er Jahren als Münzmeister tätig war, prägte er auch Münzen, welche diesen antiken Würdenträger darstellten.[43] Aber die Version der Ermordung von Spurius Maelius, die zur Zeit der Verschwörung gegen Caesar kursierte, machte Servilius Ahala zu einem Magistrat – dem Reiteroberst des großen Cincinnatus, der eilig zum Diktator ernannt wurde, um die Krise zu bewältigen –, der von diesem Diktator beauftragt wurde, Maelius zu töten.

Wenn wir die Geschichte aus späteren Berichten etwas erweitern dürfen, hatte Ahala nicht einmal die Absicht, Maelius mit einem Dolch zu töten, sondern griff dazu, als die Bürger Maelius gegen seine Vorladung vor Cincinnatus verteidigten.[44] Für die Mörder Caesars gab es nicht viele Orientierungspunkte, auch nicht das Streben nach königlicher Macht durch Spurius Cassius (486 v. Chr.), der entweder nach dem Urteil der Quaestoren hingerichtet oder von seinem eigenen Vater (von dem Caesars Mörder Cassius abstammte) mit der schrecklichen Macht seiner *patria potestas* getötet wurde; auch nicht M. Manlius Capitolinus (384 v. Chr.), der ebenfalls nach einem Votum des römischen Volkes in der Zenturienversammlung hingerichtet wurde.[45] Solche Tötungen mögen die Verschwörer inspiriert haben, aber die Legende hatte sie alle als formal legale Hinrichtungen dargestellt und gab den Caesar-Attentätern keinen Handlungsrahmen dafür, wie sie vorgehen sollten.[46]

Das Gleiche gilt für die jüngeren, nicht legalen politischen Morde in Rom oder (je nach politischer Überzeugung) für die gerechte und notwendige Beseitigung von Demagogen, die das Königtum oder die Tyrannis anstrebten: Tiberius Gracchus wurde mit Stuhlbeinen erschlagen; sein Bruder Gaius wurde unter dem Deckmantel der Legalität auf Drängen von Roms erstem *senatus consultum ultimum* (Willenserklärung des Senats) getötet; Saturninus wurde mit Dachziegeln beworfen; Livius Drusus wurde bei Nacht zu Tode gebracht (und sein Mörder nie gefunden); Catilina wurde in der Schlacht getötet und seine Anhänger auf Befehl des Konsuls Cicero unter dem Deckmantel eines anderen *senatus consultum ultimum* in einem Kerker hingerichtet.[47] Auch die historische griechische Tradition des Tyrannenmordes bot den Verschwörern wenig Anhaltspunkte, denn die (uns und ihnen) besser bekannten Taten hatten wenig mit den Handlungen derer gemein, die Caesar töteten, obwohl sie vielleicht einen der nicht eingeschlagenen Wege erklären: Einer der Pläne, den die Verschwörer verwarfen, bestand darin, Caesar auf der *Via Sacra* zu ermorden, die in Rom der Panathenäischen Straße in Athen entsprach, auf der Harmodios und Aristogeiton, die berühmtesten (Beinahe-) Tyrannenmörder von allen – sie schafften es, den Bruder des Tyrannen Hipparchos zu töten, aber nicht den Tyrannen Hippias selbst – ihre unsterbliche Tat versuchten.[48]

Tyrannenmord in den Deklamationen

Auch wenn wir die Motive Legalismus, Freiheitsliebe, Philosophie, Brutus' Familientradition, die römische Tradition der Monarchiefeindlichkeit oder die griechische Geschichte nicht ausschließen, müssen wir doch anderswo nach den Umrissen des Plans suchen, Caesar zu töten.[49] Obwohl die Zeitgenossen den Verschwörer Marcus Brutus als Philosophen kannten, kannten sie ihn vielleicht besser als Redner. Ein Talent, für das ihn Cicero in einem Dialog aus dem Jahr 46 v. Chr. lobt, der die Geschichte der Redekunst erzählt, in dem Brutus als einer von Ciceros Gesprächspartnern auftritt und der nach ihm *Brutus* genannt wurde.[50] Redner hatten viel über Tyrannenmord zu sagen. In der Tat verwendeten sie in der rhetorischen Ausbildung schonungslos ein Skript für den Tyrannenmord, das dem, was die Verschwörer gegen Caesar tatsächlich taten, sehr nahekommt.

Wenn wir das Scheitern der Verschwörung, die Rom die Freiheit bringen sollte, auf eine intellektuelle Ansteckung unter den Verschwörern zurückführen wollen, sollten wir uns mit einer Sichtweise befassen, die wahrscheinlich unter den Verschwörern allgemein verbreitet war. Marcus und Decimus Brutus wurden beide (wahrscheinlich) im Jahr 85 v. Chr. geboren, (wahrscheinlich) im Jahr davor Cassius. Die anderen Verschwörer waren, soweit wir dies anhand der Daten ihrer Ämter abschätzen können, etwa gleich alt oder höchstens etwas jünger.[51] Es scheint also, dass die Verschwörer alle in einer Generation zum Mann heranwuchsen, in der die formale Ausbildung in Rhetorik zu einem beträchtlichen Teil der römischen Bildung geworden war, wenn auch nicht (wie es in der römischen Kaiserzeit der Fall sein sollte) fast zur gesamten Bildung. Es ist sehr wahrscheinlich, dass Marcus Brutus und jeder einzelne der anderen Verschwörer während ihrer Schulzeit häufig das allgegenwärtige rhetorische Thema des Tyrannenmordes geprobt hatten.[52]

Controversiae, die forensischen Deklamationen (die meisten rhetorischen Ausbildungen waren forensisch), beruhten auf einer Reihe von Standardfiguren – dem Helden, dem grausamen Vater, dem reichen Mann, dem armen Mann, dem Piraten – und einem Gesetzeswerk, das den Unterschieden zwischen ihnen eine rechtliche Form und damit die Notwendigkeit für Reden wie die gab, die vor Gericht gehalten wurden. Wir interessieren uns hier für ein äußerst beliebtes Paar dieser Stammcharaktere, den Tyrannen und den Tyrannenmörder und die Gesetzesdeklamation, mit der sie gegeneinander ausgespielt wurden: „Wer einen Tyrannen tötet, soll von der Stadt eine Belohnung erhalten."[53] Ein Beispiel: „Ein Maler stellt auf der Straße, wo der Tyrann vorbeizukommen pflegte, ein Gemälde mit den Strafen im Hades auf. Der Tyrann findet es und bringt sich um. Der Maler bittet um die Belohnung, die einem Tyrannenmörder zusteht. Die Stadt weigert sich."[54] Der Deklamator argumentiert entweder für den Maler oder für die Stadt.

Dass die Figur des Tyrannen der Deklamation mindestens seit Caesars Marsch auf Rom Anfang 49 v. Chr. über Caesar schwebte, geht aus Cicero hervor, der im März desselben Jahres an seinen Freund Atticus schrieb, dass er eine Reihe von *theses* (Scheinargumenten) entwickelt hatte – das Einüben von *theses* war eine weitere rhetorische Übung – über das richtige Verhalten des Staatsmannes unter der Tyrannis – *theses*, die er auf beiden Seiten, sowohl auf Griechisch als auch auf Latein, vertrat, um sich von seinen Sorgen abzulenken und über „etwas Nützliches" nachzudenken.[55]

Dass das Thema des rhetorischen Tyrannenmordes auch die Verschwörer beschäftigte, geht aus den historischen Berichten über die Verschwörung hervor. Nicht nur, dass die Attentäter selbst riefen, sie hätten einen Tyrannen getötet.[56] Als Cornelius Cinna sich auf dem Forum an das römische Volk wandte, „nannte er Caesar einen Tyrannen und seine Angreifer Tyrannenmörder" und drängte darauf, dass die Attentäter vom Kapitol heruntergerufen und belohnt würden. Und am nächsten Tag wurde im Senat vorgeschlagen, die Attentäter offiziell als „Tyrannenmörder" zu bezeichnen und wiederum eine Belohnung auszusetzen.[57] Was auch immer die griechischen Autoren, die sich der ihnen vertrauten Terminologie der Tyrannis bedienten, an Verwirrung darüber stiften, was genau im Senat geschrien und gesagt wurde, diese gut belegte, zweimal vorgeschlagene Belohnung stammt direkt aus dem deklamatorischen Gesetz über Tyrannenmord.[58] Und die Existenz dieses Gesetzes in den Köpfen der Verschwörer erklärt eine weitere Merkwürdigkeit der aufgezeichneten Ereignisse. Alle im Senat anwesenden Verschwörer erstachen Caesar; das Gedränge und die daraus resultierende Verwicklung – die Verschwörer erstachen sich versehentlich gegenseitig – hätten Caesar fast entkommen lassen. Warum mussten sie sich *alle* mit ihren eigenen Händen beteiligen?

Es stellt sich heraus, dass die deklamatorischen Themen, die an dem Gesetz hängen, „dass derjenige, der einen Tyrannen tötet, eine Belohnung erhält", manchmal zu Streitigkeiten zwischen *mehreren* Anwärtern auf die Belohnung darüber führten, wer den Tyrannen wirklich getötet hatte. „Ein Mann bestieg die Akropolis, um einen Tyrannen zu töten. Der Tyrann floh, und ein anderer Mann stieß auf ihn und tötete ihn. Die Männer streiten darüber, wer den Preis erhalten soll."[59] Für jeden, der in der Schule über das Thema Tyrannenmord deklamiert hatte, war die Feststellung, wer die Lorbeeren für die Tat erntet, eine völlig vorhersehbare Überlegung. Und so war es auch ganz natürlich, dass der Plan nicht vorsah, dass die Gladiatoren des Decimus Brutus in das Senatshaus eindrangen und Caesar töteten – oder ihn auf dem Weg hinein oder hinaus töteten –, sondern dass alle im Senat anwesenden Mörder Caesar erdolchten, damit sie, unabhängig davon, ob es eine materielle Belohnung für die Tötung Caesars geben sollte oder nicht, alle den Ruhm für sich beanspruchen konnten, echte Tyrannenmörder zu sein, und ihn geringeren Männern wie den Gladiatoren verwehren konnten.[60]

Der Tyrann und sein Tod bildeten ein gut ausgearbeitetes Skript. Der Tyrann war ja vielleicht die am vollständigsten ausgearbeitete Figur im kleinen Zoo von „*personae*" der Deklamation: Der Tyrann aus dem Bestand hatte die umfassendste selbstverständliche Hintergrundgeschichte. Das lag zum Teil daran, dass er sich nur teilweise von den Tyrannen unterschied, von denen in Geschichte und Tragödie erzählt wurde, und vom Tyrannen der Philosophie, und der Redner konnte sich auch auf Gemeinplätze über diese bekannten Figuren berufen.[61] Aber wenn der Tyrann der Deklamation dem Tyrannen der Philosophie moralisch und psychologisch ähnlich war, so unterschied er sich doch durch seinen Handlungsbogen. Die Standardabfolge von Ereignissen (die allerdings selten alle in einer einzigen Deklamation vorkommen) führten ihn von der Ergreifung der Tyrannis bis zu seinem Tod durch das Schwert eines Tyrannenmörders.

Der Tyrann der Deklamation befindet sich unter den Reichen und Wohlhabenden der Stadt: Der deklamatorische Charakter des Reichen steht oft im Verdacht, die Tyrannis anzustreben, und das Streben nach Tyrannis ist ein anerkanntes Verbrechen in der Rhetorik.[62] (Aber war der Reiche wirklich so strebsam? Er hat Waffen und andere „tyrannische Werkzeuge" in seinem Haus versteckt. Deklamiere zu diesem Thema.)[63] Er wird zum Tyrannen, indem er die hohe, befestigte Burg der Stadt, ihre Akropolis oder *arx*, in Besitz nimmt.[64] Dort lebt er im Luxus.[65] Er ist freudvoll grausam und genießt es, diejenigen zu foltern, die er verdächtigt, sich gegen ihn verschworen zu haben, oder jeden anderen, den er in die Finger bekommt.[66] (Mit seinem bedrohlichen Hauptquartier und seinem schadenfrohen Sadismus hat der Tyrann der Deklamation viel mit den extrovertierten Bösewichten gemein, an denen wir uns erfreuen, wenn wir z. B. James-Bond-Filme sehen.)[67] Natürlich hat der Tyrann guten Grund, misstrauisch zu sein, denn ein Strom von Menschen – in der Regel junge Männer, die sich kaum von der deklamatorischen Stammfigur des Helden unterscheiden – versucht, ihn zu töten, um in den Genuss der Belohnung für Tyrannenmord zu kommen, die das Gesetz der Stadt vorsieht, das (wie viele deklamatorische Gesetze) auch dann in Kraft ist, wenn es nicht als das Gesetz genannt wird, auf dem eine bestimmte Deklamation beruht.[68] Die Furcht des Tyrannen ist so groß, dass er manchmal unter sorgfältig ausgehandelten Bedingungen auf seine Tyrannis verzichtet und im Gegenzug Straffreiheit für seine Verbrechen erhält (wobei die Einhaltung dieser Bedingungen – oder auch nicht – weitere Gelegenheiten zur Deklamation bietet).[69] Wenn der Tyrann jedoch tatsächlich getötet wird, wird der Tyrannenmörder in seiner Herrlichkeit von der Burg hinuntergeleitet, um seine Belohnung zu erhalten. Aber jemand klagt, um dies zu verhindern, und der Kläger und sein Gegner müssen versuchen, ihre Fälle vor dem Gericht zu klären. Wer auch immer den Prozess gewinnt, sobald der Tyrann tot ist, kehrt der Staat zu seiner vor-tyrannischen Verfassung und seiner früheren Glückseligkeit zurück, als wäre nie etwas geschehen. Nach den Gepflogenheiten der Deklamation ist es so sicher, dass alles wieder zur Normalität zurückkehrt, dass man sich vorstellen kann, wie die unter einer Tyrannis Leidenden sich gegenseitig mit dem Gedanken trösten, dass „es bald aufhören wird. Wenn er stirbt, werden wir bald frei sein".[70]

Die gängigen Elemente der Geschichte von Tyrann und Tyrannenmord passen so gut zu den historischen Details der Ermordung Caesars, dass es verlockend ist, daraus zu schließen, dass die Ermordung des Tyrannen der Deklamation die Gedanken der Mörder Caesars beherrschte und sozusagen ein Skript für ihre Taten lieferte.[71] Der gängige Tyrann lebt auf der *arx*. Deshalb sahen sich die Verschwörer gezwungen, die Burg Roms, das Kapitol, zu befreien, auf dem sich sogar ein Bereich befand, der als *arx* bezeichnet wurde (obwohl sie wussten, dass er relativ leicht zu verteidigen war, und Wachen aufgestellt hatten).[72] Sie mussten auch auf die *arx* hinaufsteigen, um im Triumph von ihr heruntergeleitet zu werden, auch wenn dieses glückliche Ereignis angesichts des Chaos in der Stadt offenbar nicht eintrat.[73] Die Ermordung des Tyrannen wird mit Jubel begrüßt.[74] Deshalb war Brutus überrascht, als die Senatoren, die nicht an der Verschwörung beteiligt waren, aus der *Curia* flohen. Deshalb rannten die Verschwörer selbst hinaus, fuchtelten mit ihren Dolchen und riefen, dass sie einen Tyrannen getötet hätten. Und deshalb waren sie auch überrascht über das Chaos und den Aufruhr in der Stadt, als sie wieder auftauchten. Dem Skript zufolge sollte Rom sofort zu einem friedlichen, gefügigen Rechtsstaat zurückkehren und in seinem neuen, tyrannenfreien Glück schwelgen.

Marcus Antonius und Lepidus tauchten in diesem Skript nirgends auf, also wurden sie ignoriert.[75] Brutus erklärte, dass die Verschwörer „den Ruhm der Tyrannenmörder erlangen würden, wenn sie *nur* Caesar als König töteten; wenn sie aber seine Freunde töteten, würden sie als Mitglieder von Pompeius' Faktion erscheinen, die aus Hass handelten".[76] Es war auch sicher, Caesars Lakaien zu ignorieren, denn nach dem Skript der Deklamation würde Rom nach der Tyrannenermordung automatisch in einen Zustand der Unschuld zurückkehren, in dem solche Kreaturen keine Bedrohung darstellten. Denn im Gegensatz zum Tyrannen der Philosophie, dessen böse Gefolgsleute ein Hauptthema der philosophischen Behandlung sind, spielten die Handlanger des deklamatorischen Tyrannen, die an sich mächtig waren (ihre Existenz, die Gefahr, die sie darstellten, und etwaige Soldaten, die auf der Tiberinsel lauerten), in der Handlung des deklamatorischen Tyrannenmordes schlichtweg keine große Rolle.[77] In der Rhetorik beseitigt der Tod des Tyrannen implizit automatisch sein gesamtes (undeutlich sichtbares) Regime oder macht es machtlos. Und wenn man sich vorstellt, dass der Staat nach dem Tod des Tyrannen zu einer perfekten konstitutionellen Regierung zurückkehrt, stellt die außerkonstitutionelle Macht der Handlanger des Tyrannen sicherlich keine Gefahr dar. Wie ein deklamatorischer Tyrannenmörder prahlt:

„Schon jetzt genießt du die Früchte meiner Taten! Die Burg ist, wie ihr sehen könnt, leer von bösen Menschen. Keiner gibt Befehle, alles ist friedlich. Alle Gesetze sind in Kraft, die Freiheit ist offenkundig, die Demokratie ist gefestigt, die Ehen werden nicht geschändet, die Kinder sind frei von Angst, die Jungfrauen sind sicher, und die Stadt erfreut sich ihres gemeinsamen Glücks.“[78]

Jetzt verstehen wir, warum die Verschwörer gegen Caesar keine brauchbaren Pläne für die Zeit danach machten: In der Deklamation kehrt die Stadt nach dem Tod des Tyrannen *automatisch* und ohne weitere Anstrengung zu ihrer freien Verfassung zurück.[79] Warum nahm die Deklamation diese Rückkehr als selbstverständlich hin? Weil es in der realen Welt der Deklamatoren und ihrer Lehrer darum geht, konkurrierende Reden über den Preis für die Tötung des Tyrannen zu halten. Daher ist eine scharfe Rückkehr zur bürgerlichen Normalität durch die imaginäre Stadt der Deklamation notwendig, damit die Stadt in der Lage ist, diese Reden zu hören und den Preis zu gewähren oder zu verweigern. Jedes Hindernis in der Geschichte, das die Abhaltung dieser Reden behindert – wie z. B. das Überleben böser tyrannischer Schergen – muss den realen Anforderungen der pädagogischen Deklamation weichen und somit verschwinden.

Und die Reden: Brutus hatte eine Rede für den Senat vorbereitet, denn von einem Tyrannenmörder wurde erwartet, dass er nach seiner Tat eine Rede (die Deklamation) hält. Diese Erwartung einer Rede war tief in den Köpfen derjenigen verankert, die darüber nachdachten, Tyrannen zu töten. In seinem Bericht über die Ermordung von Nabis, dem Tyrannen von Sparta, im Jahr 192 v. Chr., nach der sich die Spartaner ungeordnet, aber bewaffnet versammelten und die Mörder aus der Stadt vertrieben, schreibt Livius: „Es wäre auch nicht zu diesem Aufruhr gekommen, wenn das Volk sofort zu einer Versammlung zusammengerufen worden wäre – die Waffen wurden beiseite gelegt – und wenn Alexamenos, der Anführer des Komplotts gegen Nabis, eine dem Anlass angemessene Rede gehalten hätte.“ Das Chaos in Sparta wurde erst beendet, als Philopoimen, der Held des achäischen Bundes, eintraf und, „nachdem er die führenden Männer zusammengerufen hatte, eine Rede hielt, wie sie Alexamenos hätte halten sollen".[80] Und Cicero, der im Nachhinein viel an den Handlungen der Verschwörer zu bemängeln hatte, nachdem Caesar tot war, hebt besonders die verpassten Gelegenheiten für Reden hervor: Eine Ansprache an das Volk hätte gehalten werden müssen, meinte er, und er behauptet, dass er damals die Praetoren (darunter sowohl Brutus als auch Cassius) dazu drängte, den Senat auf das Kapitol zu rufen.[81]

Dass Cicero sich vorstellte, dass entweder die Senatoren, die geflohen waren, während Brutus versuchte, sie anzusprechen, oder das aufgewühlte Volk sich sofort versammelt hätten, um so angesprochen zu werden (sogar von dem wortgewandten Cicero), zeigt, wie unverrückbar die Annahme war, dass auf einen Tyrannenmord eine Rede folgen musste (oder zeigt Ciceros nicht minder unverrückbare Selbstauffassung).[82] Abgesehen von den Details waren sich die Verschwörer mit Cicero einig, dass sie Reden halten mussten, und Reden hielten sie auch, oder sie versuchten es zumindest: zuerst Marcus Brutus, erfolglos vor dem Senat, und dann die Reden, die Cinna, Dolabella, Brutus und Cassius am nächsten Tag vor dem Volk hielten. In der Deklamation beendete das Halten von Reden das Skript und brachte die Geschichte zu einem Ende. Die Verschwörer folgten diesem Skript treu und hielten ihre Reden, doch als sie kein Ende fanden, blieb ihnen nichts anderes übrig, als die letzte Seite des Deklamationsmanuskripts noch einmal zu lesen und noch mehr Reden zu halten, in der Hoffnung, dass die Magie schließlich wirken würde.

5 Wer hat rhetorisch gedacht?

Die Leserschaft wird seit einigen Seiten beunruhigt sein, dass der Autor des vorliegenden Buchs die offensichtliche Interpretation der Ähnlichkeiten zwischen den Ereignissen von 44 v. Chr. und dem tief in der Deklamation verankerten Skript zum Tyrannenmord nicht zu erkennen scheint: dass die offensichtlichen Parallelen darauf zurückzuführen sind, dass unsere sechs Hauptquellen – Nikolaos von Damaskos, Plutarchs *Brutus* und sein etwas anderer *Caesar*, Sueton, Appian und Cassius Dio bzw. deren Vorlagen, die alle außer Nikolaos mindestens anderthalb Jahrhunderte nach den von ihnen beschriebenen Ereignissen geschrieben wurden – die Ereignisse der Geschichte bewusst oder unbewusst an das Modell der rhetorischen Tyrannis angepasst haben, welches *diese* Autoren in der Schule gelernt haben. Mit anderen Worten: Inwieweit klingen unsere Berichte über die Ermordung Caesars wie Tyrannenmord in der Deklamation aufgrund des Einflusses ihrer Erziehung auf das Schreiben unserer Autoren und nicht aufgrund des Einflusses ihrer Erziehung auf die Taten der historischen Akteure?

Darauf könnten wir zunächst etwas frech antworten: Warum sollte man annehmen, dass die Erziehung der Menschen einen größeren Einfluss auf das hat, was sie schreiben, als auf das, was sie tun? Ist ein solches Denken nicht anachronistisch, ein Produkt unserer eigenen Annahme, dass Literatur ein unabhängiger Bereich ist, der in erster Linie andere Literatur beeinflusst? Aber zweitens gibt es in der historischen Überlieferung durchaus Details, bei denen diese Art von literarischem Einfluss stark zu vermuten ist, und diese Ausschmückungen sind so offensichtlich, dass sie dazu beitragen, das Argument zu stärken, dass der Rest der Überlieferung solide ist, ebenso wie das Fehlen deklamatorischer Vereinfachung oder Vergrößerung, wo diese nützlich gewesen wären oder reizvolle, ja virtuose Ergänzungen hätten darstellen können.

In seinem *Brutus* (keine andere Quelle – nicht einmal der *Caesar* desselben Autors – stimmt dem zu) lässt Plutarch Brutus am Tag des

Attentats auf dem Kapitol eine Ansprache an das römische Volk halten und dann alle Verschwörer in einer Prozession den Hügel hinabsteigen, wobei Brutus „von vielen der vornehmsten Männer umgeben, mit großer Pracht von der Burg eskortiert und auf die Rostra gesetzt" wird, und lässt Brutus dann in „guter Ordnung und Stille" erneut eine Rede halten. Aber Cicero sagt, dass an diesem Tag auf dem Kapitol keine derartigen Reden an das Volk gehalten wurden, und der glorreiche Zug von der *arx* hinunter klingt sehr nach einer Deklamation, zu der ein solcher Zug von der *arx* hinunter gehörte.[1] Zum ersten Mal taucht bei unserer letzten Hauptautorität, Cassius Dio, die Vermutung auf, dass die Waffen, mit denen Caesar getötet wurde, nicht von den Verschwörern in den Senat getragen wurden, sondern in Aktenkisten. Es liegt die Vermutung nahe, dass diese Interpolation der Überlieferung auf die (in den Deklamationen immer wieder auftauchende) Angst zurückzuführen ist, Waffen an den Wachen des Tyrannen vorbeizuschmuggeln.[2]

Noch bemerkenswerter ist die Geschichte von Brutus' Frau Porcia und der Prüfung, der sie sich unterzog – eine Geschichte, die in groben Zügen bereits zur Zeit des Kaisers Tiberius im frühen 1. Jahrhundert n. Chr. bekannt war, die sich aber zur Zeit von Cassius Dio im frühen 3. Jahrhundert erheblich verändert hatte.[3] Porcia war die Tochter des strengen Traditionalisten Cato des Jüngeren, der 46 v. Chr. während der Bürgerkriege, die Caesar die Vorherrschaft in Rom einbrachten, in Utica Suizid begangen hatte. Im Jahr 44 v. Chr. ahnte Porcia, wie Cassius Dio erzählt, dass etwas nicht stimmte, als sie ihren Mann Brutus tief nachdenklich beobachtete, und sie ahnte auch, was das Geheimnis sein könnte. Aber Brutus wollte es ihr nicht verraten, als sie ihn fragte. Porcia schloss daraus, dass er befürchtete, sie könnte das Komplott verraten, wenn sie von Caesar ergriffen und gefoltert würde. Sie nahm ein Messer und schnitt sich tief in den Oberschenkel. Nachdem sie den Schmerz besiegt hatte, zeigte sie die Wunde ihrem Mann und erklärte, dass dies ein Beweis für ihre Standhaftigkeit im Angesicht der Folter sei. Brutus, gerührt von der Überwindung ihrer weiblichen körperlichen Schwäche durch ihren starken Willen, verriet ihr das Komplott.[4]

Aus historischer Sicht scheint Porcias Angst vor der Folter unwahrscheinlich. Caesar war ein Mann mit nicht wenigen Lastern, aber die Folterung von Damen der römischen Aristokratie gehört nicht dazu: Tatsächlich scheint der historische Caesar eine geradezu unrömische Abneigung gegen die Folter gehabt zu haben.[5] Caesar war in der Tat nachgerade unklugerweise gütig und nachsichtig mit seinen Feinden; wahrscheinlich brachte sich Porcias Vater Cato in Utica um, um Caesars Barmherzigkeit, nicht seiner Grausamkeit, zu entgehen und es war die Folge von Caesars berühmter Politik der Milde gegenüber seinen Feinden, dass Marcus Brutus und viele andere ehemalige Bürgerkriegsgegner und Anhänger von Pompeius 44 v. Chr. noch am Leben und in der Lage waren, eine Verschwörung zu organisieren, um ihn zu ermorden.[6]

Porcias Angst vor der Folter durch Caesar fehlt in der Version der Geschichte, die Valerius Maximus in tiberianischer Zeit erzählt: Dort verletzt sich Porcia selbst in Kenntnis des Komplotts, um zu beweisen, dass sie den Mut hat, Suizid zu begehen, sollte das Komplott scheitern. In den Versionen von Plutarch und Polyainos aus dem 2. Jahrhundert schneidet sich Porcia lediglich, um zu beweisen, dass sie stark genug ist, um des Vertrauens von Brutus würdig zu sein – würdig, über das Komplott informiert zu werden. Plutarch gibt übrigens eine Quelle für seine Version an und deutet an, dass er sie aus einem überlieferten Buch entnommen hat, das Porcias Sohn Bibulus (von einem früheren Ehemann) über seine Mutter geschrieben hat.[7] Wie hat also die Folter ihren Weg in die Geschichte gefunden? Folter, und nicht selten die Folterung von Frauen, war ein ganz typisches Verhalten des Tyrannen der Deklamation: Sie schuf Konflikte darüber, welche Reden gehalten werden konnten. Angenommen, ein Tyrann foltert eine Frau, um Informationen über ihren Ehemann zu erhalten, und sie verrät nichts, wird aber durch die Qualen unfruchtbar? Dann lässt sich ihr undankbarer Ehemann von ihr scheiden, weil sie ihm keine Kinder schenken kann, und sie verklagt ihn: ein schönes deklamatorisches Szenario.[8] Und die Worte, die Cassius Dio Porcia in den Mund legt, klingen, als seien sie aus dem Vortrag einer studentischen Deklamation entnommen: „Weder Feuer noch Peitschen noch Stacheln werden mich dazu bringen, etwas zu verraten! In diesem Maße bin ich nicht als Frau geboren worden! Wenn ihr mir immer noch nicht traut, ist es für mich edler zu sterben als zu leben! Sonst soll mich niemand für die Tochter des Cato oder die Frau des Brutus halten!"[9]

Aber da wir relativ leicht Details aus der Deklamation wie diese, die in die Geschichte der Tötung Caesars Eingang gefunden haben, erraten und aus der Geschichte streichen können, wird unser Vertrauen in den Rest gestärkt. Und eine weitere Möglichkeit, die grundsätzliche Richtigkeit der Überlieferung zu bestätigen, besteht darin, sich zu fragen, warum die Autoren, wenn sie unter deklamatorischem Einfluss standen, dies nicht besser gemacht haben. Ein starker deklamatorischer Einfluss auf die historische Überlieferung würde dazu ermutigen, viel zu glätten, zu vereinfachen und zu bereinigen: nicht nur die vielen unnötigen Charaktere herauszuschneiden (all die verwirrenden Namen der Verschwörer und ihre Ämter!), sondern auch ablenkende Elemente zu eliminieren – wie die Gladiatoren des Decimus Brutus –, die, wie sich herausstellt, keine bedeutende Rolle in der Geschichte spielen.[10] Die Deklamation verlangte, dass zwei Personen (und nicht 35 Personen) über den Preis für den Tyrannenmord streiten oder dass einer gegen das Recht eines anderen argumentiert, ihn zu erhalten. Die Deklamation hätte die Schar der eifrigen Caesar-Erdolcher auf einen (dessen Anspruch auf den Preis bestritten würde) oder zwei (die Rivalen um den Preis wären) reduziert. All die unwirksamen Reden, die in der Überlieferung erwähnt werden, würden auf eine oder zwei wirksame Reden reduziert werden, die vollständig niedergeschrieben werden. Marcus Brutus und Cassius Longinus hätten leicht in die Rolle der beiden Anwärter auf den Preis schlüpfen können (oder einer von ihnen hätte den Preis für sich beansprucht, und Marcus Antonius oder Lepidus hätten gegen ihn gesprochen), aber das wurde nicht getan.

In der Deklamation endet die Handlung des Tyrannenmordes mit forensischer (vor Gericht gehaltener) Rhetorik über den Preis. In unseren späteren, längeren Berichten haben die Autoren Reden für die Figuren geschrieben: Appian gibt Marcus Antonius eine Rede vor dem Senat im Tempel des Tellus, Brutus eine Rede vor dem Volk auf dem Kapitol und Marcus Antonius eine Leichenrede auf Caesar, während bei Cassius Dio Cicero eine endlose Rede im Tempel des Tellus und Marcus Antonius eine nicht minder gewaltige Lobrede auf Caesar hält. Doch diese Reden beziehen sich, wenn überhaupt, nur flüchtig auf die Frage der Belohnung der Mörder; sie sind eigentlich ganz konventionelle Reden politischer Ratschläge (deliberativ) oder im Fall der Lobrede des Marcus Antonius eine Rede der Zurschaustellung (demonstrativ), beides Arten von Reden, welche die Historiker umtreiben, und nicht die forensischen (Gerichts-)Reden, die das Thema des Tyrannenmordes in der Deklamation erfordert.[11]

Ein rhetorischer Tyrann soll auf der *arx* ermordet werden, und die Tyrannenmörder sollen die *arx* nicht erst besuchen, nachdem er tot ist. Die Geschichte von der Ermordung Caesars wurde wegen der Ironie, dass Caesar ausgerechnet dort und unter der Statue des Pompeius sterben sollte, fest mit der *Curia* des Pompeius verbunden. Aber eine gründliche Umformatierung der Geschichte, um sie mit dem deklamatorischen Tyrannenmordkomplott in Einklang zu bringen, hätte Caesar aus der *Curia* des Pompeius herausreißen und ihn auf der *arx* sterben lassen können. Ein solches Schicksal ereilte wahrscheinlich den frühen Demagogen und Anwärter auf den Königstitel Manlius Capitolinus: Bei Livius spielt sich seine Geschichte hauptsächlich auf dem Forum ab, aber zur Zeit des Cassius Dio hatte sich sein Verbrechen auf einen Versuch verlagert, das Kapitol zu erobern.[12] Der Tod Caesars wurde jedoch nie auf die *arx* verlegt.

Ein rhetorischer Tyrann soll von Leibwächtern beschützt werden, die der Tyrannenmörder oft töten, sich an ihnen vorbeischleichen oder sie überlisten muss. Caesar mit einer solchen notwendigen Begleitung auszustatten, war trivial: Die Überlieferung hätte vergessen können, dass Caesar seine spanische Leibwache entließ, sich seine Liktoren als Leibwächter vorstellen können oder etwas aus der verworrenen Geschichte machen können, die bei Cassius Dio auftaucht, nämlich dass Caesar, nachdem er seine spanische Garde entlassen hatte, von einer Gruppe von Senatoren und *Equites* geschützt wurde. Vielleicht ist ja ein rhetorischer Gemeinplatz der eigentliche Ursprung dieser nur Dio bekannten Garde angesehener Personen. Aber

Dio weist diese Garde als etwas ab, das nur „im Wort“ existierte, und so weigerte sich die Tradition letztlich, Caesar eine tyrannische Garde zu geben, und ließ ihn ohne Schutz seinem Schicksal entgegengehen, was gegen die Konventionen des rhetorischen Tyrannenmords verstieß.[13]

Die Ermordung des Tyrannen in der Deklamation soll außerdem mit öffentlicher Freude aufgenommen werden, und die Flucht des Senats und das Chaos in der Stadt hätten leicht aus der Geschichte wegretouchiert werden können, wurden es aber nicht. In der Deklamation sollen die glücklichen Folgen der Tötung des Tyrannen nicht von den überlebenden Anhängern des Tyrannen rückgängig gemacht werden, aber genau das ist in der uns überlieferten Geschichte erlaubt. All dies deutet darauf hin, dass es die historischen Akteure selbst waren und nicht die späteren Autoren, die sich so sehr bemühten, das deklamatorische Skript zu befolgen, wobei es den Autoren freistand, die Geschichte zurechtzurücken, damit die Ereignisse besser zum Skript passten, nicht aber den Akteuren.

Der Kern der Geschichte bleibt also unangetastet: die vielen Attentäter, der Umzug auf das Kapitol, die versuchten Reden, die Gleichgültigkeit gegenüber Marcus Antonius und Lepidus (den Schergen des Tyrannen) und vor allem das Fehlen eines Plans, was nach dem Mord geschehen sollte – ein Kern, der sich auch durch Ciceros zeitgenössische Zeugnisse bestätigen lässt.[14] Die Verschwörung scheiterte letztlich daran, dass die Verschwörer am Ende ihres deklamatorischen Skripts erwarteten, dass eine literarische Konvention – die bösen Schergen verschwinden und die Stadt kehrt ohne weitere Anstrengung zur Normalität zurück – auch in der realen Welt gelten würde. Und tatsächlich kamen sie zum Ende ihres Skripts, versuchten das Ende mehrmals zu wiederholen, in der Hoffnung auf ein besseres Ergebnis (Reden auf dem Forum), und fielen schließlich aus ihrem Skript in die reale Welt, die von Marcus Antonius und Lepidus und ihren Soldaten bewohnt wurde. Das mag das Ende der Ereignisse in der realen Welt sein, aber es ist keine Geschichte, die Autoren, die den Mord an Caesar zu einem deklamatorischen Tyrannenmord ausschmücken, jemals erzählen würden.

Domitian und der Tyrann der Deklamationen

Nach anderthalb Jahrhunderten können wir dieses Problem des Verhältnisses zwischen literarischen Berichten und der Realität am Beispiel des Kaisers Domitian (81–96 n. Chr.) ein zweites Mal angehen. Für Domitian stützen wir uns in hohem Maße auf die erhaltene Biographie des Kaisers von Sueton. Und hier lässt sich besonders gut zeigen, dass Sueton den Tyrannen der Deklamation sehr genau vor Augen hatte.[15] Wie dieses Vorbild ist Domitian bei Sueton ständig ängstlich und misstrauisch, er verkleidet sogar einen Säulengang mit auf Hochglanz poliertem Stein, damit er hinter sich sehen kann, wenn er hindurchgeht.[16] Er lebt zurückgezogen und tötet Fliegen mit einem angespitzten Griffel. Er verhört sogar Gefangene allein, wobei er ihre Ketten in den Händen hält.[17] Wie der Tyrann der Deklamation ist Domitian geizig und nimmt das Eigentum anderer in Beschlag.[18] Er ist einfallsreich und grausam, lässt einen Kritiker von Hunden verschlingen, foltert gerne, auch Personen von hohem Rang, und verstümmelt seine Feinde – all das sind die besonderen Vergnügungen des Tyrannen der Deklamation.[19] Ebenfalls dem Vorbild entsprechend ist Domitian arrogant,[20] lüstern, sexuell pervers und nutzt seine Macht zur Befriedigung seiner bösen Gelüste.[21] Von allen gehasst und gefürchtet,[22] lässt Domitian schließlich einen großen Teil des Palatinhügels räumen, um einen riesigen, befestigten Palast zu errichten: die richtige luxuriöse, aber sichere Burg, die der Tyrann der Deklamation verdiente, die Rom aber nie besessen hatte.[23] Plinius der Jüngere, der sich bei der Beschreibung Domitians in seinem *Panegyricus* über Trajan nicht minder auf das Tyrannenmodell stützt, nennt Domitians Palast eine *arx*, die Bastion des deklamatorischen Tyrannen, und bemerkt die Sicherheitsvorkehrungen, die Mauern, die Türen, die Engstellen die geheimen Räume.[24] Das einzige Problem, das man hat, wenn man das alles als rein literarisches Porträt abtut, ist die Tatsache, dass der Palast des Domitian auf dem Palatin natürlich *real* ist.

Der Palast des Domitian ist in gewaltigen Ruinen (s. Abb. 1–2) erhalten – ob allerdings die Sicherheitsvorkehrungen in den archäologischen Befunden zu erkennen sind, ist umstritten.[25] Die Unzulänglichkeit des Kapitols, der antiken, mit Heiligtümern überfüllten *arx* Roms, als tyrannische Burg war jedem Beobachter klar, besonders aber Domitian, der dort 69 n. Chr. mit seinem Onkel vor den Soldaten des Vitellius Zuflucht gesucht hatte und sich bei der Erstürmung des Hügels – der gar nicht so einfach zu verteidigen war – verstecken und dann als Isis-Verehrer verkleidet davonschleichen musste.[26] Domitian nutzte den Brand in Rom im Jahr 80 n. Chr., der die kleinere Villa (im Endstadium nicht mehr als bescheidene 15.000 Quadratmeter) zerstörte, in der die julisch-claudischen Kaiser vor Nero gewohnt hatten. Sein neuer Palast, der den größten Teil des Palatinhügels einnahm, erstreckte sich über etwa 49.000 Quadratmeter.[27]

Angesichts einer solchen Struktur, einer so greifbaren, gigantischen Realität, wird unsere literarische Selbstgefälligkeit erschüttert. In welchem Maße auch immer der Geist des Sueton vom Bild des Tyrannen der Deklamation durchdrungen war, es scheint, dass Domitians Geist in ähnlicher Weise durchdrungen war, zumindest in dem Maße, in dem er die Art von überaus großartigem und uneinnehmbarem Bauwerk errichtete, wie es das Skript des Tyrannen der Deklamation vorsieht. Domitian hatte, wie andere römische Kaiser auch, nicht nur ein zwiespältiges Verhältnis zum Tyrannen der Deklamation, sondern einen regelrechten Komplex. Alle Kaiser, mit Ausnahme vielleicht einiger weniger, die im 3. Jahrhundert n. Chr. aus niedrigen Verhältnissen stammten, waren mit dieser Figur von ihrer Ausbildung her vertraut; alle hatten als Jungen über Tyrannen und Tyrannenmord deklamiert. Um seine eigenen Kinder zu unterrichten, engagierte Domitian natürlich niemand Geringeren als den großen Rhetoriklehrer Quintilian. Und es gibt keinen Grund zu der Annahme, dass die kaiserlichen Prinzen eine andere Erziehung genossen als ihre Altersgenossen, die jungen Männer, die den Senat und den Ritterstand bilden sollten.[28]

Alle Kaiser wussten, dass ihre Zeitgenossen stets den Tyrannen der Deklamation im Kopf hatten und dieses Modell auf den Autokraten anwenden konnten, der in ihrer Mitte lebte.[29] Alle Kaiser wussten außerdem, dass es gefährlich war, als deklamatorischer Tyrann angesehen zu werden, denn das bei Weitem häufigste Schicksal, ja der Hauptzweck dieses Tyrannen war es, ermordet zu werden. Und die Kaiser

Abb. 1: Rom, Ruinen des Palastes des Domitian.
Radierung von G. B. Piranesi, Rom 1756 (DeAgostini Bildbibliothek/UIG).

wussten, dass Deklamationen über die Tyrannei getarnte Anspielungen auf sie selbst sein konnten. Man erinnere sich daran, dass Caligula Rhetoriker, die eine solche Deklamation abgaben, verbannte und Domitian sie hinrichtete, obwohl es offenbar keine umfassenderen kaiserlichen Versuche gab, das Thema zu unterdrücken.[30] Meistens scheuten die Kaiser ostentativ vor den charakteristischen Verhaltensweisen rhetorischer Tyrannen zurück und versuchten, die Verbindung zu unterbrechen – oder sie zumindest herunterzuspielen.[31] Im Fall von Domitian kann die Menge an Zeit, Geld und Aufmerksamkeit, die er der römischen Religion widmete, vielleicht zum Teil so verstanden werden, dass er diesen Kontrast markieren wollte – sakrilegischer Tempelraub war eine charakteristische Aktivität des Tyrannen der Deklamation.[32] Tyrannen waren im Allgemeinen moralisch verwerflich, besonders im sexuellen Bereich. Könnte das Domitians Programm der moralischen Reformen erklären, sein Verbot der Kastration, seine Durchsetzung des Gesetzes gegen Päderastie und seine Bestrafung unartiger Vestalinnen auf alte, grausame Weise?[33] Während Tyrannen furchtsam waren, war Domitian ständig auf dem Vormarsch.[34] Isola-

Abb. 2: Rom, Rekonstruktion des Domitians-Palastes in der flavischen Phase (Zeichnung von J. Denkinger nach einem 3D-Modell von A. Müller, das nach den Angaben von U. Wulf-Rheidt und J. Pflug erstellt wurde.) Mit freundlicher Genehmigung von J. Denkinger und dem Deutschen Archäologischen Institut.

tion war eine weitere tyrannische Angewohnheit, die Domitian, wenn wir unseren schriftlichen Quellen Glauben schenken können, sogar bei den Mahlzeiten ausübte. Könnte das zum Teil der Grund sein, warum er so gewaltige Spiele im Zirkus und im Amphitheater veranstaltete und besuchte? So viele öffentliche und private Bankette in Rom veranstaltete? Charakteristisch für den Tyrannen war auch der Geiz, und wir hören – zumindest zu Beginn seiner Herrschaft – von Domitian, dass er sich weigerte, Vermächtnisse anzunehmen und Rechtsfälle, die der Staatskasse zugutekommen könnten, abschlägig beschied und während seiner gesamten Regierungszeit seine gigantischen Bauprojekte in Rom zum Wohle der Allgemeinheit vorantrieb.[35]

Aber dennoch: Wenn ein Mann vom Schicksal dazu verurteilt würde, sein Leben in einem Raum mit einem Kostüm zu verbringen, würde er es nie anprobieren? Und anders als der elende Tyrann der Philosophie war der Tyrann der Deklamation – trotz seiner ständigen Angst um sein Leben – oft ein glücklicher Mensch: Er genoss den Luxus, den Sex, den Sadismus.[36] Können wir uns nicht vorstellen, dass einige Kaiser, denen das Kostüm der Tyrannis außerordentlich gut passte – Domitian oder etwa auch der isolierte Tiberius – manchmal zu dem Schluss kamen, dass er, wenn ihn sowieso alle für einen Tyrannen halten, nicht genauso gut ein Tyrann sein und es genießen könnte? Und könnte sich der Kaiser, der von einem so mächtigen literarischen Vorbild beeinflusst wurde, auf einer unbewussten Ebene nicht wie der Tyrann der Deklamation verhalten, weil dies das prominenteste Modell autokratischer Herrschaft war, das er im Kopf hatte? Die Beziehung zwischen römischen Autokraten und dem Tyrannen der Rhetorik war also eine, bei der man erwarten konnte, dass sie zwischen der ostentativen Vermeidung der Verhaltensweisen des Tyrannen der Rhetorik und ihrer Umarmung hin und her schwankten. Dies scheint bei Domitian der Fall gewesen zu sein – mit seinem religiösen Eifer, seinem Tempelbau, seinen Banketten, aber auch mit seiner gewaltigen, tyrannischen *arx*.

Zurück zu Caesar

Der historische Caesar zeigt das gleiche Schwanken der Verhaltensweisen zwischen Anziehung und Abstoßung gegenüber dem Tyrannen der Deklamation. Einer seiner Lieblingssätze war ein ironischer Spruch von Euripides: „Wenn man etwas Schlechtes tun muss, ist es am schönsten, etwas Schlechtes um der Tyrannis willen zu tun."[37] Aber er scheute auch manchmal vor den abscheulicheren Eigenschaften des Tyrannen zurück.[38] Caesar besaß eine Leibwache von Soldaten aus

Spanien, die er aber irgendwann nach seiner letzten Rückkehr nach Rom – im Oktober 45 v. Chr. – entließ.[39] Das war merkwürdig, denn er würde bald wieder eine Leibwache brauchen. Caesar verhehlte nicht, dass er Rom verlassen wollte, um im Osten einen Feldzug gegen die Parther zu führen, sobald es die Jahreszeit erlaubte: Tatsächlich musste er an den Iden des März getötet werden, weil er drei Tage später, am 18. März 44 v. Chr., Rom zu verlassen gedachte und dann wieder eine bewaffnete Leibwache haben würde.[40] Dennoch schickte er die Spanier weg, und der plausibelste Grund dafür ist, dass eine Leibwache fest zum unverzichtbaren Inventar eines Tyrannen gehörte.[41]

Allerdings scheint Caesar manchmal auch verzweifelt versucht zu haben, dem Archetypus des Tyrannen und dem damit verbundenen unausweichlichen Untergang zu entkommen. Nach dem berühmt-berüchtigten Ereignis, als er es versäumte, aufzustehen und dem Senat den gebührenden Respekt zu erweisen – der Moment, der in der Überlieferung als Höhepunkt seiner Hybris bezeichnet wird –, als er erkannte, was er getan hatte, riss er sich laut Plutarch die Toga vom Hals und rief, er sei bereit, seine Kehle jedem anzubieten, der sie durchschneiden wolle.[42]

Sueton berichtet, dass ein seltsamer Fatalismus den Diktator überkam, als das Datum seiner Ermordung näher rückte.[43] Ihm wurde wiederholt berichtet, dass Pläne zu seiner Ermordung im Gange seien (was nicht verwunderlich ist, da eine so große Verschwörung zwangsläufig durchsickern musste), aber er unternahm nichts dagegen. Wenn man Sueton glauben darf, verkündete er lediglich durch ein öffentliches Edikt, dass er von dem Komplott wisse.[44] Er kümmerte sich auch nicht um die Vorzeichen des Unheils, die sich vor und am Tag seiner Ermordung häuften.[45] Als er sich auf den Weg zu Pompeius' Haus des Senats machte, wurde ihm ein Dokument in die Hand gedrückt, welches das Komplott enthüllte; er weigerte sich, es zu lesen.[46] Als er am Abend vor seiner Ermordung bei einem Essen mit Lepidus gefragt wurde, was seiner Meinung nach die beste Todesart sei, antwortete er: „Die Unerwartete".[47]

Man kann sich nur schwer des Verdachts erwehren, dass, so wie die Verschwörer in gewisser Weise im Skript des deklamatorischen Tyrannenmords gefangen waren, auch Caesar selbst darin gefangen war, dass „der Tod, der ihn ereilte, dem von ihm gewünschten sehr nahe kam".[48] Nicht, dass er sich bewusst wünschte, ermordet zu werden, aber die psychologische Kraft des rhetorischen Modells war so groß, dass es auch ihn unter den Zwang setzte, ihm zu folgen und so nicht einmal die offensichtlichsten Maßnahmen zu seinem eigenen Schutz zu ergreifen: gegen die Verschwörer vorzugehen oder auf zwei Wahrsager, seine Ärzte oder seine Frau zu hören, die ihn warnten und baten, sich in Acht zu nehmen und an den Iden des März sicherheitshalber zu Hause zu bleiben.[49]

III. Die seltsamen Kinder der Rhetorik: Bauten in den Städten des Römischen Reichs

Die öffentlichen Gebäude der Städte des Römischen Reichs sind uns wohlvertraut. Aber warum sind es gerade diese Gebäude, und warum sind sie trotz großer regionaler Unterschiede so ähnlich von Stadt zu Stadt?[1] Dieser Abschnitt untersucht drei Arten von öffentlichen Gebäuden – monumentale Nymphäen (riesige, spektakuläre Brunnen), in Friedenszeiten errichtete Stadtmauern sowie Säulenstraßen – und bringt sie mit der rhetorischen Ausbildung der Männer in Verbindung, welche die Entscheidungen zu ihrem Bau trafen.

Diese drei Beispiele wurden ausgewählt, weil sie in rhetorischen Abhandlungen und Werken häufig genug vorkommen, so dass wir uns trotz der Dürftigkeit dieser Quellen ein angemessenes Bild davon machen können, wie die Rhetorik sie behandelt hat, und weil sie in der modernen Archäologie genügend Interesse geweckt haben, so dass wir ihre Chronologie – im Falle der Mauern zugegebenermaßen weniger gut – und die Entwicklung ihrer Gestaltung nachvollziehen können. Im Falle der Nymphäen und der Säulenstraßen – beides nicht gänzlich unnütze Bauwerke, aber es ist unwahrscheinlich, dass eine moderne Kosten-Nutzen-Analyse ihren Bau befürworten würde – wird argumentiert, dass die Ausbildung in der Rhetorik des Lobes, insbesondere Übungen in Lobpreis und Vergleich (Aspekte der Rhetorik der Zurschaustellung, „demonstrativ" oder „epideiktisch") ihren Bau förderte. Stadtmauern sind so etwas wie ein Gegenbeispiel. Die Ausbildung in demonstrativer Rhetorik schuf nur eine milde Strömung, die den Bau solcher Mauern begünstigte. Aber eine stärkere Tradition der „deliberativen" (oder „symbouleutischen") Rhetorik, die in der Bildung stärker ausgeprägt war als die demonstrative Rhetorik, wirkte dem Bau von Stadtmauern eher entgegen. Nichtsdestotrotz überwanden andere Kräfte oft sowohl diese rhetorische Abschreckung als auch alle praktischen Einwände, und die Stadtmauern wurden trotzdem gebaut, sogar an Orten und zu Zeiten, in denen sich kein lebender Mensch mehr an die Art von schrecklichen Ereignissen erinnern konnte, für die sie vielleicht gebraucht wurden. Fügen wir der forensischen Rhetorik des letzten Kapitels die epideiktische und die deliberative Rhetorik hinzu, so schließen wir den Kreis der drei Gattungen der Rhetorik, welche die antike Theorie kannte. Dieser Abschnitt schließt mit dem Versuch, die Umrisse eines in der rhetorischen Ausbildung implizierten Systems zum Vergleich ungleicher Bauwerke zu skizzieren, eines Systems zur Bewertung des Wettbewerbs beim Bau rivalisierender Monumentalbauten, den die Städte im griechischen Osten im 2. und frühen 3. Jahrhundert n. Chr. unternahmen.

6 Monumentale Nymphäen

Ein monumentales Nymphäum (s. Abb. 3 auf S. 104) ist etwas im Grunde Einfaches, Elegantes und Praktisches – ein Brunnen –, der erweitert und verziert und in ein Objekt verwandelt wurde, das je nach Geschmack entweder prächtig in seinem reichen Luxus oder abstoßend in seinem Exzess ist, die Hölle der klassischen Architektur schlechthin, das perfekte Aushängeschild für ihr Gegenteil, den modernistischen Brutalismus.[1] In der üblichsten Ausführung bot ein offenes Becken dem Publikum Wasser an, während sich dahinter (und vielleicht an den Flanken) mehrere Stockwerke mit Säulen aus seltenem Marmor erhoben – ganz ähnlich wie die Fassade hinter der Bühne eines römischen Theaters –, während die Zwischenräume zwischen den Säulen mit Statuen bevölkert waren. Ein monumentales Nymphäum benötigte eine große Menge Wasser, das manchmal durch ein nur für diesen einen Zweck genutztes Aquädukt bereitgestellt wurde, und verschwendete den größten Teil davon, da die zum Himmel hin offenen Wasserbecken (der Fachbegriff lautet „hypäthral") die Verdunstung des Wassers zuließen. Das Wasser, das nicht in die Krüge der Bürger floss oder in den Himmel verdunstete, versickerte größtenteils (da es keine Möglichkeit gab, die Wasserzufuhr abzustellen), in den Städten, die über eine Kanalisation verfügten, in den Zierkanälen, die an einigen Orten entlang der Säulenstraßen verliefen, oder einfach über den Rand des Beckens auf die Straße, wo es seinen eigenen glitschigen Weg in die entfernten Abwasserkanäle oder die Straßen hinunter und aus der Stadt heraus fand – für uns eine unverzeihliche Verschwendung, aber für den Erbauer des Nymphäums zur Schau gestellte Sorglosigkeit: Es gab Wasser im Überfluss, das er verschwenden konnte.[2] Die Konzentration von so viel Wasser in einem gigantischen Nymphäum ging auf Kosten der bequemeren Verteilung des Wassers durch kleinere Brunnen in der Nachbarschaft (wie in Pompeji), so dass diejenigen, die das Wasser brauchten, das schwere Nass über lange Strecken tragen mussten.[3] Um eine maximale Sichtbarkeit zu erreichen (und nebenbei auch maximale Unannehmlichkeiten für die Benutzer), wurden viele Nymphäen an den Grenzen der Städte aufgestellt, einige sogar ganz außerhalb.[4] Die letztlich mangelnde Nützlichkeit monumentaler Nymphäen wird durch die unromantischen Leute der Spätantike angedeutet, die Löcher in die Nymphäen früherer Generationen bohrten und Rohre von ihnen in ihre Häuser und Geschäfte legten.[5]

Für die Architekturhistorie stellen sich natürlich naheliegende Fragen: Waren Nymphäen in erster Linie praktisch oder symbolisch? Politisch, religiös oder säkular? Welchen Platz nahmen sie in der Stadtgestaltung ein?[6] Und diejenigen, die zur römischen Geschichte forschen, haben eigene Fragen: Inschriften deuten darauf hin, dass der Anstoß für derartige Projekte in Kleinasien – dem Ursprung und Zentrum der Mode – in erster Linie lokal (und nicht von Rom aus) erfolgte und dass derartige Bauwerke größtenteils von den Städten selbst oder von reichen, mit den Städten verbundenen Spendern finanziert wurden.[7]

Aber warum entschieden sich Spender für den Bau gigantischer Brunnen in einer Welt, in der es so viele andere Möglichkeiten für bürgerliche Wohltätigkeit gab – von denen viele, zumindest für uns, weitaus nützlicher oder angenehmer für die Stadtbewohner zu sein scheinen? (Um es noch einmal zu betonen: Die Frage lautet nicht: „Warum wurden Brunnen gebaut?", denn jede Stadt brauchte Brunnen, sondern: „Warum wurden die Brunnen so groß und prunkvoll gebaut?") Was veranlasste die Erfindung monumentaler Nymphäen in der flavischen Periode (69-96 n. Chr.) und bescheinigte ihnen, dass sie als neuer Gebäudetypus würdig waren, in den Kanon der öffentlichen Gebäude aufgenommen zu werden, welche die Städte Kleinasiens schmückten? Warum begann der Trend, monumentale Nymphäen zu bauen gerade in dieser Zeit und in dieser Region (im späten 1. Jahrhundert n. Chr. an der Westküste Kleinasiens) und warum erreichte er seine Blüte gerade im 2. und frühen 3. Jahrhundert n. Chr. in ganz Kleinasien und im Nahen Osten? Und warum setzte sich dieser Trend bis in die Spätantike mit überraschender Stärke fort, wobei alte Strukturen bis weit ins 6. Jahrhundert hinein repariert und neue bis ins 5. Jahrhundert hinein gebaut wurden, zusätzlich zur Umgestaltung anderer Gebäude in Brunnenhäuser (die Bibliothek des Celsus in Ephesos ist das berühmteste)?[8] Warum breitete sich die Gewohnheit, monumentale Brunnen zu bauen, nie wesentlich in den lateinischen Westen aus, mit Ausnahme der Stadt Rom selbst, ihrer unmittelbaren Umgebung und einiger Städte in Nordafrika?[9] Und warum verbreiteten sich derartige Monumentalbauten östlich von Kleinasien, in Syrien und der Levante, aber nur in geringerem Maße im unmittelbaren Westen, in der griechischen Metropole?[10] Und schließlich, ganz allgemein, warum entschieden sich die Römer und Griechen für die Monumentalisierung *dieser* Bauwerke, die sie errichteten, und nicht für andere?[11]

Monumentale Nymphäen waren keine offensichtliche oder notwendige Entwicklung, die erst dann auftrat, als die notwendige Wasserbau-Technik sie ermöglichte. Viele hingen direkt oder indirekt von römischen Aquädukten ab, aber römische Aquädukte kamen unter Augustus nach Kleinasien, während monumentale Nymphäen sogar erst unter den Flaviern auftauchten; die römische Wassertechnologie mag oft monumentale Nymphäen ermöglicht, aber nicht ausgelöst haben.[12]

Auch die monumentalen Nymphäen Kleinasiens scheinen sich nicht offensichtlich unter den Flaviern aus früheren lokalen Formen von Brunnen entwickelt zu haben. Ältere – hellenistische und julisch-claudische – Brunnen in Kleinasien, zumindest diejenigen, die mit Blick auf das Aussehen gebaut wurden, waren ganz anders. Sie waren kleiner und bestanden vielleicht aus einer Statue, die Wasser in ein Becken spritzte, wobei das Becken oft halbmondförmig war; oder sie sahen manchmal wie eine kleine Stoa (Säulenhalle) aus, die überdacht war, um die Verdunstung des Wassers zu begrenzen, wobei das Dach von einem Säulenschirm davor gestützt wurde; oder manchmal wie ein kleiner Rundtempel, wiederum mit einem von Säulen gestützten Dach.[13] Es ist auch nicht erwiesen, dass die kleinasiatischen Nymphäen römische Vorbilder kopierten, denn die großen öffentlichen Brunnen in Rom, vor allem die *meta sudans*, die kegelförmige „schwitzende Wendemarke“, scheinen ganz anders ausgesehen zu haben.[14]

Und schließlich spiegeln die monumentalen Nymphäen auch nicht einfach die Entwicklungsgeschichte anderer wichtiger Gebäudetypen im römischen Kleinasien wider, was bedeuten würde, dass eine universelle Kraft den Bau aller Gebäudetypen unwillkürlich vorantrieb. Im 2. Jahrhundert n. Chr. kam es in vielen Städten der Region zu einer starken Zunahme des Baus öffentlicher Gebäude, an der auch die monumentalen Nymphäen ihren Anteil hatten. Einige Bautypen – wie etwa die Göttertempel – knüpften jedoch nahtlos an die klassischen und hellenistischen griechischen Traditionen an; andere, wie etwa die Tempel des Kaiserkults, entstanden unter Augustus und entwickelten sich seit seiner Zeit weiter. Basiliken, diese eindeutig römische Form, scheinen ebenfalls unter Augustus in der Region aufgetaucht zu sein, während sich die Thermen (Badeanlagen) im Laufe der julisch-claudischen Dynastie langsam von griechischen zu römischen Entwürfen wandelten.[15] Zwei Bauwerksklassen, die in etwa dieselbe Geschichte wie die monumentalen Nymphäen in Kleinasien zu haben scheinen – ein Beginn in flavischer Zeit und eine Explosion im 2. Jahrhundert n. Chr. –, sind der monumentale Bade- und Sportkomplex und die Säulenstraße.[16] Auf Letztere werden wir weiter unten zurückkommen.

Ich behaupte, dass monumentale Nymphäen mit der Zeit als neuer Gebäudetypus anerkannt wurden, der große und wachsende Ausgaben von Städten und Wohltätern rechtfertigte, und zwar nicht in erster Linie aufgrund eines überlegenen praktischen Nutzens oder einer starken symbolischen Aufladung, sondern vielmehr aufgrund der Besonderheiten der rhetorischen Bildung. Ich behaupte, dass ein Zufall in der Geschichte der Bildung im späten 1. Jahrhundert n. Chr. zu einer Veränderung in der Art und Weise führte, wie die Mitglieder der griechisch-römischen herrschenden Schicht – insbesondere die griechischsprachige herrschende Schicht – ihre Städte und die Einrichtungen dieser Städte betrachteten. Dieser Zufall führte zu einer subtilen Anpassung des Selbstverständnisses der Städte, eine Anpassung, die in der öffentlichen Redekunst und anderer Literatur dieser Zeit deutlich wird, mit dem Ergebnis, dass ihre Bewohner sich zunehmend nicht nur um ihre Wasserversorgung kümmerten (eine immerwährende bürgerliche Sorge in jeder mediterranen Stadt), sondern sich vor allem auf ihre Wasserversorgung als Objekt des Stolzes, der Zurschaustellung und insbesondere des Wettbewerbs mit anderen Städten konzentrierten. Dieser Wandel äußerte sich dann in dem Wunsch, den Wasserreichtum zur Schau zu stellen, und um diese Funktion zu erfüllen, entstand eine neue Art von Gebäude, das monumentale Nymphäum. Und als die ersten monumentalen Nymphäen gebaut wurden, war die Anziehungskraft dieses neuen städtischen Bauwerks für diejenigen, welche dieselbe Bildung wie die ersten Stifter hatten, so offensichtlich, dass andere Stifter und ihre Städte die Nymphäen schnell und selbstverständlich als geeignete Objekte für den städtischen und individuellen Wettstreit übernahmen.[17]

Städtelob

Hier kommen wir von der forensischen Deklamation, die Gegenstand des vorherigen Abschnitts war, zur demonstrativen Redekunst, der Redekunst der Zurschaustellung, und vor allem zu ihrem größten Teil, dem *Enkomion* oder Panegyrik, der Redekunst des Lobes. Wir wissen nicht, wie (oder ob) dies den ältesten und tüchtigsten Schülern beigebracht wurde. Es gibt jedoch zahlreiche Belege dafür, dass die Jungen in den *progymnasmata* („Vorübungen"), der Stufe der rhetorischen Ausbildung, die auf das Studium bei den Grammatikern folgte und der letzten Stufe der Deklamation vorausging, die Techniken des Lobens oder Tadelns eines Menschen oder einer Stadt erlernten.[18] Unabhängig davon, in welchem Alter den Jungen die Elemente der demonstrativen Redekunst beigebracht wurden, war das Hauptthema dieser Redekunst die Lobpreisung von Personen, ein Unterfangen, das häufig praktische Anwendung fand: Kaiserliche Geburtstage und bürgerliche Feste jeder Art erforderten Reden zum Lob des Kaisers, während die Wanderung römischer Statthalter und anderer großer Männer durch die Provinzen von unablässigen Lobreden zu ihren Ehren begleitet wurde. Solche Reden schmückten auch die Hochzeiten und Begräbnisse prominenter Persönlichkeiten und in der Tat fast jeden öffentlichen Anlass. Es war daher nur natürlich, dass die Rhetoriklehrer Protokolle für solche Reden entwickelten: die zu behandelnden Themen und die Reihenfolge der Behandlung – Heimatstadt, Eltern, Bildung, Tugenden. Diese Protokolle wurden den Jungen in der Schule beigebracht und standen in Handbüchern zur Verfügung (von denen einige bis heute überlebt haben), falls Erwachsene daran erinnert werden mussten.[19]

Personen waren gewiss nicht die einzigen Objekte, die gepriesen wurden. Auch die Götter verlangten bei ihren Festen nach Preisungen, und große menschliche Werke, wie Häfen und Tempel, verdienten dasselbe. Paradoxe Themen konnten in der Enkomiastik als erzieherische Übung oder als öffentliche Zurschaustellung von Exzellenz aufgegriffen werden: Es gab berühmte sophistische Lobpreisungen der Glatze und eines Papageis.[20] Aber angesichts der überwältigenden Bedeutung des Lobes von Personen – und daher der Konzentration der Ausbildung darauf – war es vielleicht kaum überraschend, dass, als die Professoren irgendwann in der zweiten Hälfte des 1. Jahrhunderts n. Chr. Regeln für das Lob des zweithäufigsten Gegenstands der Panegyrik, nämlich der Stadt, aufstellten, beschlossen wurde, dass Städte in der Regel nach denselben Formeln wie Personen gelobt werden: *laudantur urbes similiter atque homines* („Städte werden ähnlich wie Menschen gelobt"). Quintilian (ca. 95 n. Chr.) liefert die erste überlieferte Beschreibung dieser Methode.

> Städte werden ähnlich wie Menschen gelobt. Denn der Gründer tritt an die Stelle der Eltern, und das Alter erhöht die Autorität erheblich, wie bei denen, von denen man sagt, sie seien dem Boden entsprungen. Die Tugenden und Laster, die ihre Geschichte offenbart, sind die gleichen wie bei Privatpersonen; aber die Vorzüge, die mit der Lage und der Befestigung zusammenhängen, sind nur den Städten eigen. Die Bürger sind eine Ehre für die Städte, wie die Kinder für den Einzelnen. Auch öffentliche Bauwerke können gelobt werden, wobei man auf die Vornehmheit, die Nützlichkeit, die Schönheit und den Schöpfer des Gebäudes achtet. Tempel zum Beispiel sind wegen ihrer Besonderheit zu loben, Mauern wegen ihrer Nützlichkeit, und beides wegen ihrer Schönheit und ihres Schöpfers.[21]

Die Reihenfolge der anzusprechenden Themen war zu Quintilians Zeiten noch etwas ungeklärt. Aber die Rhetoriker hielten an der Formel *laudantur urbes similiter atque homines* wie an einem Rettungsring beim Schiffbruch fest und verfeinerten im Laufe der Zeit ihre Regeln für diese Praxis.[22] Und so kam es, dass die Rhetoriklehrer festlegten, dass eine Lobrede auf eine Stadt wie folgt aufgebaut sein sollte:[23]

- Ortslage (*thesis*), an deren Stelle bei einer Person die „Heimatstadt" trat
- Abstammung (*genos*, Gründer und Stifter, Vorfahren einer Person)
- Erziehung oder Lebensweise (*trophe, epitedeumata,* moralische Geschichte, genau wie die einer Person; die Verfassung einer Stadt funktioniert hier gut)
- Handlungen (*erga, praxeis,* wie eine Person) unter den vier kanonischen Tugenden:
- Gerechtigkeit (*dikaiosyne*)
- Selbstbeherrschung (*sophrosyne*)
- Weisheit (*phronesis, sophia*)
- Mut (*andreia*)

Wir sehen, dass diese Protokolle in den überlieferten griechischen Reden von Dion von Prusa, genannt Chrysostomos („Goldmund"), der zur selben Generation wie der lateinische Quintilian gehört, eindeutig verwendet wurden. Elemente dieses Systems lassen sich bis ins 5. und 4. Jahrhundert v. Chr. zurückverfolgen, und so überrascht es nicht, dass frühere Geographen und Historiker die Städte nach den vier kanonischen Tugenden bewerteten und sich für die *Thesis* der Stadt in ihrem Umland (*Chora*) interessierten.[24] Aber der französische Historiker der epideiktischen Redekunst Laurent Pernot hat wahrscheinlich Recht, wenn er aufgrund der weitgehend unterschiedlichen Themen, Argumente und Organisation, mit denen Städte und Landschaften in der früheren Literatur gepriesen werden (siehe unten), zu dem Schluss kommt, dass das, was zur Standardformel *lau-*

dantur urbes similiter atque homines werden sollte, nicht allzu lange vor Quintilians Beschreibung in den 90er Jahren n. Chr. liegt.[25]

Es sollte betont werden, dass die Formulierung der Rhetorikprofessoren, dass Städte wie Personen gepriesen werden sollten, so intellektuell elegant und lehrreich sie auch sein mochte, nicht ohne Schwierigkeiten für die Praktiker war, von denen erwartet wurde, dass sie unter jeder der geforderten Rubriken beträchtliche Dinge über die Stadt aufführen konnten. Das Thema „Mut" war nicht schwierig: Man konnte die Siege der Stadt im Krieg aufzählen, bevor die Römer dem einen Riegel vorschoben.[26] Aber was war mit der „Gerechtigkeit", die in Gerechtigkeit gegenüber den Menschen, Gerechtigkeit gegenüber den Göttern und Gerechtigkeit gegenüber den Toten unterteilt war? Vor allem, nachdem die Ausbreitung des römischen Rechts viele lokale Exzentrizitäten ausgeglichen hatte? Ein Redner könnte sich dabei ertappen, wie er die Athener für ihre skrupellose Angewohnheit lobt, Leichen vor Sonnenaufgang aufzubahren, oder unter dem Thema „Selbstbeherrschung" erwähnt, dass es Frauen in der Stadt nicht erlaubt war, Geschäfte zu besitzen, was offensichtlich als eine zweifelhafte Praxis galt, oder unter „Weisheit" die lokalen Erbschaftsgesetze lobt.[27]

Schlimmer noch, in einer nach dieser Formel gehaltenen Rede gab es keinen angemessenen Platz für die Erörterung grandioser öffentlicher Gebäude, denn obwohl dies ein Thema war, von dem jeder wusste, dass es viel Aufmerksamkeit verdiente, wurde das parallele Thema in der Lobrede auf Einzelpersonen – die persönliche Erscheinung – als nicht sehr wichtig erachtet und in der Regel recht schnell übergangen.[28] Ein Großteil von Quintilians früher Beschreibung, wie man Lobreden auf Städte halten sollte (s. o. S. 86), wird damit verbracht, sich über dieses Problem Gedanken zu machen. Und im Laufe der Zeit drängten verschiedene Professoren auf unterschiedliche Lösungen: Die Gebäude einer Stadt konnten als eine Art Prolog vorangestellt oder am Ende der Rede als Epilog hinzugefügt werden.[29]

Das Thema der *Thesis* (Ortslage) einer Stadt scheint für die Praktiker ein besonderes Problem dargestellt zu haben, da es zwar kanonisch als erstes Thema behandelt wurde und somit kaum zu umgehen war, aber nicht offensichtlich reich an Möglichkeiten war. Natürlich haben sich die Rhetoriklehrer mit hilfreichen Vorschlägen eingebracht:

> Die nächste Komponente des Begriffs *Thesis* ist die Lage im Verhältnis zum umliegenden Gebiet und zu den benachbarten Gebieten. In Bezug auf das umliegende Gebiet ist darauf zu achten, ob die Stadt am Anfang, in der Mitte oder am Ende liegt. Liegt sie am Anfang, so ist sie mit einem Gesicht zu vergleichen, welches das Gebiet im Inneren schützt, wie das Tor eines einzelnen Hauses. Liegt es in der Mitte, so ist es wie eine königliche Residenz oder ein Regierungssitz oder ein Schildbuckel – wie Aristides sagte – oder wie das Zeichen, das den Mittelpunkt eines Kreises bezeichnet. Befindet es sich am Ende, „flieht es vor denen, die sich ihm nähern, als wäre es ein Mädchen, das vor den Lüstlingen flieht".[30]

Ist es kalt oder heiß? Neblig oder klar? Welche Produkte bringt das Land hervor? In der Nähe des Meeres und seiner Ladungen? Weit weg vom Meer und seinen Plünderern? Auf einer Ebene oder einem Hügel oder einem Berg? In der Nähe berühmter Städte, die zu seinem Glanz beitragen? Oder, wenn eine Stadt überhaupt keine Vorzüge hat, kann der Redner ihre Bewohner dafür loben, dass sie so tiefsinnige Philosophen sind, dass sie an einem so verlassenen Ort wohnen.[31]

Dennoch scheint es, dass der Krückstock, auf den sich Lehrer und Redner besonders gerne stützten, um das geforderte Thema der *Thesis* (Ortslage) einer Stadt auszufüllen, das Wasser war: Die Vorzüglichkeit der Position einer Stadt wurde dadurch illustriert, wie gut sie bewässert war. In den Handbüchern nehmen die Wasserversorgung und die entsprechenden Belege in den Rezepten der Lehrer für die Stadtkommentare eine Rolle ein, die in keinem angemessenen Verhältnis zu den anderen Themen steht, die sie behandeln.[32]

> Als nächstes müssen wir uns mit den Gewässern des Gebiets befassen. Die Wasserquellen sollten in drei Kategorien eingeteilt werden: Quellen, Flüsse oder Seen. Diese müssen (wie alles andere) nach Ver-

> gnügen und Nützlichkeit beurteilt werden; eine weitere Unterteilung kann in Bezug auf ihre Anzahl und ihren natürlichen Charakter vorgenommen werden. An einigen Orten gibt es außerdem heiße Quellen.[33]

In den tatsächlich überlieferten Reden spielt die Wasserversorgung die gleiche übertriebene Rolle wie in den Anweisungen der Lehrer.[34] Die Diskussion über das Wasser ermöglichte es dem Redner, die Flüsse und Quellen, welche die Stadt speisten, zu katalogisieren und von ihrer Form, ihren bescheidenen Gewohnheiten (keine lästigen Überschwemmungen), ihrer Schönheit und ihrer Geschichte zu erzählen – und so lange über ihre Mythen, ihre Nymphen und ihre Göttinnen zu reden, wie er wollte.[35] Das Wasser bot einen ausgezeichneten Füllstoff für eine schwer zu füllende Rubrik. Und so ist es kaum verwunderlich, dass Dion von Prusa (Chrysostomos) sich darüber mokieren konnte, was für ein abgedroschenes Thema die städtische Wasserversorgung in den *Enkomia* seiner Zeit bereits geworden war.[36]

Die rhetorische Verwendung des Wassers wurde sogar so nützlich, dass es die Grenzen der Lobreden auf Städte und Territorien sprengte und in Reden anderer Art Eingang fand.[37] So konnte der Hochzeitsgast, der einem lokalen Redner bei einer Hochzeitsrede zuhörte – einer Gattung, bei der die Gefahr bestand, dass sie „langatmig" war –, dennoch viel von Quellen und Flüssen und ihren Lieben und Mythen hören.[38] Aber die Hochzeitsgäste waren tolerant: Nach der Hochzeitsrede galt es noch, die Schlafzimmerrede des Redners zu ertragen, in der er das junge Paar zu ihren amourösen Pflichten ermahnte, wobei er auf eine (für uns eher erschreckende) Reihe von Beispielen aus dem Krieg und dem Rennsport zurückgriff, aber auch eine Hymne auf den Herbstregen nicht ausschloss, falls die Hochzeit in dieser Jahreszeit stattfand.[39] Ein wichtiger Mann, der eine Stadt verließ und eine „Abschiedsrede" (*Syntaktikos*) hielt, lobte natürlich die Stadt, die er verließ, und ihre „Häfen, Flüsse und Quellen".[40] Ein Redner, der eine Lobrede auf Apollon Smintheus (*Sminthiakos*) hielt, lobte die Region, die Stadt, das Fest, den Tempel, die Statue des Gottes und schließlich „den Hain, die nahen Flüsse und die Quellen".[41]

Darüber hinaus konnte Wasser indirekt in eine Rede eindringen, wenn die Formel für die Lobreden auf die Städte als Teil von Lobreden auf andere Themen angepasst wurde. Wenn man beispielsweise eine Lobrede auf ein Fest hielt oder einen Statthalter zu einem Fest einlud, war die *Thesis* der gastgebenden Stadt ein erwartetes Thema, und natürlich lenkte der hilfsbereite Rhetorikprofessor den Blick des Redners auf das vielversprechende Thema der Flüsse der gastgebenden Stadt.[42] Die häufigste Art von Lobreden, die von Einzelpersonen, erforderte ebenfalls eine Passage über die Herkunftsstadt der Person (und, im Falle des Besuchs eines Statthalters, nicht nur ein Lob der Heimatstadt des Statthalters, sondern auch der besuchten Stadt). Es handelte sich dabei um verkürzte Versionen des Lobpreises einer Stadt, für welche die Regeln dieses Lobpreises galten.[43] So konnte es passieren, dass die wässrige Formel des Lobpreises von Städten, die auf der Formel des Lobpreises von Einzelpersonen basierte, von der Formel verschluckt und wieder hochgewürgt wurde, von der sie ihren Ursprung hatte.

Überlaufendes Interesse an Wasser

Die Entscheidung der Lehrer, die Städte zu loben, als wären sie Menschen, war ein Zufall des späten 1. Jahrhunderts n. Chr. Er hatte zur Folge, dass die städtische Wasserversorgung immer stärker in das Bewusstsein der Entscheidungsträger des Römischen Reichs rückte, und zwar sowohl während ihrer Ausbildung als auch danach, während der erstaunlich langen Zeit, die sie offenbar damit verbrachten, Panegyrik über ihre Städte und andere Reden zu hören, in welche die Wasserthematik direkt durch einen spezifischen Anlass oder auf Umwegen eingeflossen war.

Die weitreichenden Auswirkungen dieser neuen Ausbildung lassen sich bei der Lektüre von Werken anderer Gattungen beobachten und zeitlich annähernd fixieren, denn wir werden dort Zeuge eines Übergangs von einer literarischen Welt, in der das Wasser in all seinen Formen bei den Autoren auftaucht, wenn es in irgendeiner Weise von Bedeutung ist, zu einer Welt, in der das Wasser auftaucht, ob es von Bedeutung ist oder nicht, weil seine Erwähnung zu einem obligatorischen Gattungselement der Beschreibung von Ländern und Städten geworden ist. Außergewöhnliche Wasservorräte oder merkwürdige Formen von Wasser oder aber sein Fehlen hatten schon immer die Aufmerksamkeit der antiken Beobachter auf sich gezogen – bei Homer hatte Argos bereits den Beinamen „sehr durstig" – ebenso wie Wasser, wenn der Kontext es verlangte: Flüsse erscheinen bei Thukydides, wenn sie eine nützliche geographische Markierung darstellen oder sich als Hindernis für marschierende Armeen erweisen, aber nicht, wenn sie für die Handlung der Geschichte unnötig sind.[44] In dem fragmentarischen hellenistischen Reisebericht, der Herakleides Kritikos zugeschrieben wird, werden Wasser und seine Verfügbarkeit (und mürrische Klagen über seinen Mangel) ebenso erwähnt wie die Sicherheit von Straßen und Übernachtungsplätzen, denn er schreibt nicht zuletzt, um denjenigen Ratschläge zu erteilen, welche dieselben Routen wie er bereisten, und Athen – so empfand und berichtete er – war schlecht mit Wasser für Reisende versorgt.[45] Aber (zum Beispiel) in Ciceros Lobrede auf Sizilien in seiner zweiten Rede gegen Verres erwähnt er, obwohl der Redner die Fruchtbarkeit der Provinz anpreist, keine Orte, an denen Süßwasser entspringt, keinen Fluss, keine Quelle, keinen Brunnen: Eine solche Erwähnung wurde zu Ciceros Zeit offensichtlich noch nicht erwartet –[46] auch nicht in der frühen Kaiserzeit. Die tiberischen bzw. claudischen geographischen Autoren Strabon und Pomponius Mela erwähnen Wasser vor allem dann, wenn es etwas Bemerkenswertes an ihm gibt: Wenn es sehr kalt ist oder heilend wirkt oder einen Wasserfall hinunterstürzt, oder wenn es Homer widerlegt, als er Argos „durstig" nannte, oder wenn es von alters her berühmt ist, wie der Peirene-Brunnen in Korinth, oder wenn es, obwohl es im Landesinneren liegt, mit den Gezeiten zu steigen und zu fallen scheint, oder wenn es als Geburtsort der Minerva behauptet wird, oder wenn es sich einer schwimmenden Insel erfreut oder in den Tiefen einer unergründlichen Höhle wohnt.[47]

Aber spätestens in der flavischen Zeit gab es einen gewaltigen Schub an Interesse am Wasser und ein verändertes Denken über das Wasser. In den geographischen Abschnitten der *Naturkunde* von Plinius dem

Älteren wird bemerkenswertes Wasser immer noch erwähnt, aber auch unauffälliges Wasser, weil Wasser nun enger mit Städten verbunden ist und daher als normaler Teil von Plinius' Beschreibungen erscheint. Auch Plinius war kein Exzentriker: Die städtische Wasserversorgung war auch für den Reisenden Pausanias im 2. Jahrhundert n. Chr. ein Thema von überraschender Wichtigkeit (etwas unerwartet, da seine Interessen hauptsächlich in anderen Bereichen lagen), und Quellen und Flüsse werden zu einer positiven Fixierung bei dem Geographen und Wundererzähler Solinus aus dem 3. Jahrhundert n. Chr.[48] Letzterer widmet dem Bezirk Böotien in Griechenland nicht mehr als 225 Wörter, aber er schafft es dennoch, die Quellen Arethusa, Oidipodia, Psamathe, Dirke, Aganippe und Hippokrene zu erwähnen (und auch, dass Dichter behaupteten, dass Aganippe denen, die von ihr tranken, poetische Inspiration verlieh, und dass Hippokrene durch den Abdruck des Hufes von Pegasos entstanden sei), die Flüsse Ismenos und Kephisos und zwei weitere Flüsse (die nicht benannt sind, aber von denen Varro berichtet), von denen einer die Schafe, die aus ihm tranken, dunkel und der andere weiß färbte. Ein Brunnen in der gleichen Gegend (vielleicht war Solinus wegen der ständig wechselnden Schafe verwirrt und verärgert?) tötete einfach jeden, der daraus trank.[49] Solinus bietet natürlich größtenteils Unfug, und schlimmer noch, abgeleiteten Unfug; aber dieser Unfug scheint in einem beträchtlichen See von literarischem Wasser zu schwimmen.

Einen Weg zurück ins Klassenzimmer für das ständig steigende Wasser in den Texten bietet die Abhandlung *Über Flüsse und Berge und die darin gefundenen Dinge* aus dem 2. Jahrhundert n. Chr., die im Corpus von Plutarch überliefert ist, obwohl sie sicherlich nicht von seiner Hand stammt.[50] Dieses Werk beschreibt 25 Flüsse, jeder mit einem dazugehörigen Charakteristikum (gewöhnlich eine Pflanze), sowie einen oder mehrere Berge, ebenfalls mit Charakteristikum (Pflanzen oder Steine). Es ist ein Sammelsurium von Überlieferungen, die zum Teil konventionell, zum Teil aber auch selbst nach den Maßstäben antiker Wundermärchen albern sind und offensichtlich als solche erkannt werden sollen; selbst der gutgläubigste Leser wird durch Zitate aus (meist) imaginären naturphilosophischen Werken auf den

Witz aufmerksam gemacht. *Über Flüsse und Berge* ist offensichtlich eine Parodie, und nach der sich wiederholenden Struktur zu urteilen – Fluss, Charakteristikum, Berg, Charakteristikum – vermutlich eine Parodie auf eine langweilige Schulübung, eine Parodie auf die pädagogische Praxis, zu Zwecken der Anpreisung die besonderen Vorzüge aller Flüsse der bekannten Welt auswendig lernen zu müssen.[51]

Derselbe Gesinnungswandel vollzog sich zur gleichen Zeit auf einer niedrigeren intellektuellen Ebene, in der alltäglichen Stadtverwaltung. Die Stadtoberhäupter und Wohltäter begannen, anders über ihre Städte zu denken: Die Wasserversorgung (natürlich immer eine praktische Notwendigkeit in jeder Stadt, wie die Versorgung mit Getreide oder Öl oder einer Reihe anderer Erfordernisse) wurde ein immer größerer Teil des Selbstverständnisses der Stadt und ihrer Bürger. Der Zeitpunkt dieses geistigen Wandels lässt sich anhand der städtischen Münzprägung in den griechischen Städten des Reichs nachvollziehen. Während der Herrschaft Neros war Smyrna der einzige Ort, der eine Personifikation eines lokalen Flussgottes auf seine Münzen setzte; das ägyptische Alexandria prägte unter Titus Münzen mit dem Nil, und unter Domitian setzte Ephesos den Marnas (einen Fluss, auf den wir gleich noch zurückkommen werden) auf seine Münzen. Diese Praxis, lokale Flüsse auf Münzen zu prägen, brach dann unter den Adoptivkaisern aus.[52] Auf diese Weise warben die Städte in der Welt (und rühmten sich gegenüber ihren Konkurrenten), wie gut sie bewässert waren, gerade als die ersten großen Nymphäen an der Westküste Kleinasiens zu entstehen begannen.

Die Skulpturen, welche diese Nymphäen schmückten, stellten dieselbe Verbindung zum Reichtum des örtlichen Wassers her, indem sie manchmal Schwärme von Wasserwesen und -geistern darstellten, und manchmal, so scheint es, sogar dieselben Flussgötter wie auf den Münzen der Stadt.[53] Eine der allerersten Fassadennymphäen überhaupt, das *Hydrekdocheion* des C. Laecanius Bassus in Ephesos (79–82 n. Chr.), war mit zwei Statuen von Flussgöttern geschmückt.[54] Ein domitianisches Nymphäum in Ephesos hatte (neben einem Zeus) auch zwei Personifikationen von Flussgöttern, die als Marnas und Klaisas interpretiert wurden, die Quellen des Aquädukts, das den Brunnen speiste (und eines der Aquädukte von Ephesos wurde „Neuer Marnas" genannt).[55] In Perge lehnte eine Statue, die als der lokale Flussgott Kestros gedeutet wurde, auf dem Sturz des Wasserspeiers des (in der Archäologie als „F3" bezeichneten) Hadrianischen Nymphäum, des Brunnens, dessen übergelaufenes Wasser einen künstlichen, sprudelnden Bach in der Mitte der mit Säulen versehenen Hauptstraße der Stadt bildete.[56]

Das Ausmaß dieser zunehmenden Fixierung auf die örtliche Wasserversorgung lässt sich am besten an ihrem Ende veranschaulichen, wofür es zwei eindrucksvolle Beispiele aus dem 4. Jahrhundert n. Chr. gibt. Eines davon ist eine Inschrift, welche die Wiederherstellung des Stadtstatus für die kleine phrygische Stadt Orkistos durch Konstantin dokumentiert und eine Paraphrase der Petition der Leute von Orkistos enthält. Ihr Plädoyer für den Stadtstatus bestand aus folgenden Behauptungen:

- Sie hatten in der Vergangenheit einen solchen Status inne.
- Ihre Stadt liegt an einer Kreuzung, die für die Unterhaltung von Beamten geeignet ist, und verfügt über offizielle Unterkünfte für sie.
- Es gibt reichlich Wasser.
- Es gibt sowohl öffentliche als auch private Bäder.
- Es gibt ein Forum mit Statuen ehemaliger Kaiser.
- Es gibt eine ausreichend große Bevölkerung.
- Es gibt viele Wassermühlen, die von den umliegenden Bächen angetrieben werden.

Drei ihrer sieben Forderungen beziehen sich also auf ihre Wasserversorgung. Das war es, was der Kaiser ihrer Meinung nach wissen wollte, wenn er über ihre Ernennung zur Stadt nachdachte, und es ist besonders auffällig, wenn sie auch nachweisen wollten, dass ihre Stadt eine Reihe von offiziellen Kriterien für diesen Status erfüllte.[57]

Ein noch dramatischeres, man könnte sogar sagen zwanghaftes Beispiel für den intellektuellen Wasserdruck ist die Lobrede des Redners Libanios auf seine Heimatstadt Antiochia, die eine eingehendere Betrachtung verdient.[58] Nach seinem Vorwort verkündet Libanios seine

Absicht, die glorreiche Vergangenheit der Stadt zu erörtern, dann ihre glorreiche Gegenwart (Abschnitt 11). Doch schon vorher muss die *Thesis* der Stadt behandelt werden, die, wie Libanios ankündigt, die Fruchtbarkeit des Bodens und die Wasserversorgung einschließen wird (12). Und noch bevor die Wasserversorgung direkt angesprochen wird, fließen die Ströme des Territoriums in die Diskussion über die Qualität des Bodens ein (19). Dann die Wasserversorgung selbst: „Wer könnte die Flüsse zählen, die das Land durchziehen? Die großen, die kleinen, ganzjährig fließenden und diejenigen, die nur der Winter hervorbringt? Sie sind alle gleich nützlich: die, die in den Bergen entspringen, und die, die in den Ebenen entspringen; die, die sich in andere Flüsse ergießen, die, die zum See fließen, und die, die zum Meer fließen. Unsere Quellen und ihr Reichtum sind in der Tat unser Wahrzeichen, und niemand ist so kühn und so stolz auf die Nymphen seiner Stadt, als dass er sich rühmen könnte, mit uns in diesem Reich gleich zu sein" (27–28).

So hat das Wasser für Libanios die gnädige Aufgabe erfüllt, die ihm von den Lehrern der Rhetorik zugewiesen wurde: die tiefe Urne der *Thesis* auffüllen zu helfen. Man könnte meinen, dass das Thema Wasser nun beiseitegelegt werden könnte. Dem ist nicht so. Die Rede wechselt von der *Thesis* zur mythischen Geschichte von Antiochia, zu Inachos und Io und den weitwandernden Söhnen des Herakles (44).

Und dann kommt Alexander der Große, der bei seiner Verfolgung des fliehenden Dareios lange genug innehielt, um das köstliche Wasser einer örtlichen Quelle zu trinken. Es erinnerte ihn an die Milch seiner Mutterbrust, sagte er zu seinen Begleitern, und so benannte er die Quelle nach dieser beeindruckenden Dame Olympias und machte daraus einen Brunnen in der Nähe eines Heiligtums des Zeus Bottiaios. Ein früherer Dareios, daran erinnert Libanios seine Zuhörer, hatte auf seinem Feldzug in Thrakien den Fluss Tearos für den schönsten von allen gehalten und ein entsprechendes Schild angebracht. Libanios betont, dass Alexander die Quelle von Antiochia *nicht* in diesen Wettbewerb der Wasserläufe einbezog (72–74), obwohl er uns damit daran erinnert, dass Gewässer immer als miteinander konkurrierend angesehen werden können.[59]

Alexanders Nachfolger Seleukos, für den modernen Geschichtsschreiber der eigentliche Gründer von Antiochia, wäre bei diesem Gründungsakt beinahe gescheitert, so berichtet Libanios. Seleukos opferte in Antigoneia, ein paar Meilen entfernt. Doch Zeus schickte einen riesigen Vogel, der das brennende Opfer wegtrug und es auf den Altar des Zeus Bottiaios fallen ließ, direkt neben (wie Libanios uns erinnert) Alexanders geliebter Quelle (85–88). Und Seleukos verstand den Wink und baute die Stadt Antiochia an der angegebenen Stelle (90).

Nach dem Tod des Seleukos folgten auf diesen König eine Reihe würdiger Monarchen, welche die Stadt mit Tempeln, Theatern, Ratsgebäuden und natürlich Wasserleitungen schmückten. Libanios führt sorgfältig aus, dass einige Könige Wasser aus den Vorstädten in die Stadt brachten, während andere Quellwasser aus Teilen der Stadt in weniger gut versorgte Teile verlegten (125). Schließlich geriet die Stadt friedlich unter römische Herrschaft. Als sich ein großes römisches Heer dort versammelte, versiegten die Wasserquellen von Antiochia (wie Libanios zu betonen pflegt) *nicht*, anders als die Flüsse in Thrakien, als Xerxes in Griechenland einmarschierte (178).

Libanios wendet sich dann von der Geschichte zu einer physischen Beschreibung der Stadt selbst (196). Und hier wird das Plätschern des Wassers immer lauter, wie ein Bach, der zu einem Fluss wird. Zuerst hören wir von den Quellen auf dem Berg, der Antiochia überragt (200), und der Fluss Orontes wird erwähnt (202). Ein riesiges Fassadennymphäum (von der modernen Archäologie noch nicht lokalisiert)[60] steht im Zentrum der Metropole (202). Der Orontes taucht wieder auf und bildet eine Insel der sogenannten „neuen Stadt“ (203), und der Kaiser kann von seinem Palast aus auf den Fluss hinunterblicken (206).

Bäder sind in der Stadt verteilt (212), einige für den Winter, andere für den Sommer (220); es gibt Quellen in den Vorstädten (234); und besonders herrlich sind die Quellen von Daphne, wahre „Paläste der Nymphen“, die das reinste und klarste Wasser hervorbringen (240), Wasser, das wunderbar anzusehen, zu berühren, zu baden und zu trinken ist (242).[61] Wenn die Nymphen manchmal andere Quellen bewohnen, so tun sie dies nur als Touristen, bevor sie in ihre Heimat, die Quellen der Daphne, zurückkehren (241). Und das Wasser der Daphne fließt in Kanälen in die Stadt (243). Die Viertel der Stadt sind freundliche Rivalen: Das östliche Viertel rühmt sich des Olympias-Brunnens von Alexander, der noch einmal erwähnt wird (250).

Libanios fasst zusammen: „Und das ist der Punkt, in dem wir über alle triumphieren, nämlich, dass unsere Stadt absolut mit Wasser fließt. Und selbst wenn jemand über unsere Stadt in anderer Hinsicht unverschämt sein sollte, müssen alle bei der Erwähnung unseres Wassers vor uns zurückweichen. Wir besiegen diejenigen, die schönes Wasser haben, durch die Fülle des unseren, und diejenigen, die eine Fülle haben, durch die Schönheit des unseren, oder, besser gesagt, wir besiegen ihre Fülle mit unserer Fülle und ihr Wasser von gefälligem Aussehen mit der Schönheit des unseren" (244). Das Wasser in den öffentlichen Bädern fließt reichlich, das in den privaten kaum weniger; die Stadtteile wetteifern in der Ausschmückung ihrer Nachbarschaftsbäder (245).[62] Fast jedes Haus hat seinen Privatbrunnen, so dass die öffentlichen Brunnen vor allem der Schau dienen (247). Bei uns, sagt Libanios, gibt es nicht das schäbige Gedränge, das sich in anderen Städten um die Brunnen herum entwickelt, bei dem jeder Einwohner versucht, zuerst Wasser zu schöpfen, was zu Flüchen, zerbrochenen Krügen und zerschlagenen Köpfen führt (247).[63] Und das Wasser in unseren Brunnen ist so klar, dass es fast unsichtbar ist (248). Selbst jetzt, wo seine Rede in die letzte ihrer vielen Minuten geht, ist Libanios mit dem Wasser noch nicht fertig. Das Meer bringt seinen Reichtum hervor – Antiochia hat einen herrlichen künstlichen Hafen (263) – ebenso wie der See und der Orontes, der ebenfalls alle Güter der Welt nach Antiochia trägt (258–260, 265). Wehe dem Volk von Ägypten, dessen Nilschifffahrt oft durch Felsen unterbrochen wird! Wehe dem Volk von Thesprotien, dessen Fluss in die falsche Richtung fließt (261–262)!

Dann folgt das Schlusswort: „Welche Stadt ist würdig, sich neben diese zu stellen?" Aber hier ist Libanios' Begeisterung mit ihm durchgegangen. Denn es gab mindestens zwei Städte, von denen alle wussten, dass sie größer waren: Rom und Konstantinopel. Wie löst man das Problem? Wie können die nur notdürftig ausgebesserten hellenistischen Mauern von Antiochia beispielsweise mit den prächtigen Festungsanlagen von Konstantinopel konkurrieren? „Wenn wir von irgendeiner Stadt in Bezug auf unsere Mauern geschlagen werden, sind wir größer als diese Stadt wegen" – was? – „der Fülle unseres Wassers!" (270).[64]

Als wäre die offene Erwähnung des Wassers in Libanios' Rede nicht schon genug, dominiert es auch die Figuren und Metaphern der Rede. Es war nicht unbedingt notwendig, dass der Redner in seiner Erörterung der enormen Bevölkerung Antiochias die Menschenmenge auf dem Markt mit einem Fluss vergleicht, der über Felsen fließt (172), denn die Bewegungen von Menschenmassen und tosenden Flüssen sind (wenn man darüber nachdenkt) recht unterschiedlich. Es war auch nicht zu erwarten (und auch nicht weniger ausgeklügelt), dass er die Säulenstraßen von Antiochia mit Flüssen und die Seitenstraßen mit aus ihnen fließenden Strömen verglich, noch dass eine Querstraße, welche die Seitenstraßen miteinander verband, mit einem Kanal verglichen wurde (201), noch dass die Ankunft der Soldaten, die nach Antiochia kamen, um im Perserkrieg ab 337 n. Chr. zu kämpfen, mit Flüssen verglichen wurde, die ins Meer flossen (178).[65] Auch war es nicht unbedingt erforderlich, dass der freundliche Wind Zephyros Antiochia kühlt, indem er durch die Stadt „fließt" und nicht „weht" (225).[66] Aber der Redner greift am leichtesten zu den freundlichsten, mithin wässrigen Metaphern.

War Libanios einfach nur verrückt? Wenn ja, teilte er seinen Wahnsinn nicht nur mit seinen eigenen Mitbürgern, sondern auch mit vielen oder den meisten anderen gebildeten Einwohnern des Römischen Reichs seiner Zeit. Wassermotive waren auf Mosaiken in Privathäusern in der ganzen römischen Welt üblich, auch wenn sie in Antiochia besonders verbreitet gewesen zu sein scheinen.[67] Zwei Jahrhunderte später schrieb Johannes Malalas, der ebenfalls aus Antiochia stammte, eine Geschichte von Adam bis zu seiner eigenen Zeit, wobei er Antiochia und seine Gebäude, insbesondere die Bäder, besonders hervorhob. Aber er veranschaulicht auch das breitere spätantike Interesse am Wasser, indem er mühsam die kaiserlichen Schenkungen von Brunnen, Bädern und Wasserbauten auch in anderen östlichen Städten auflistet.[68]

Und Wasser, sowohl natürlich in Quellen, Bächen und Flüssen als auch dargestellt in Brunnen und Bädern, scheint in der Literatur der Spätantike einfach einen größeren Platz einzunehmen als in der Literatur früherer Zeiten.[69]

Wettbewerb im Nymphäenbau

Im späten 1. Jahrhundert n. Chr. hatte eine neuartige Formel für die Anpreisung von Städten Eingang in die Praxis und das Bildungswesen gefunden, die das Interesse der griechisch-römischen herrschenden Schicht an der städtischen Wasserversorgung als Element der städtischen Identität noch verstärkte. Die daraus resultierende Leidenschaft für die Darstellung des städtischen Wassers inspirierte die Darstellung lokaler Flüsse auf Münzen im späten 1. und 2. Jahrhundert n. Chr. und gipfelte in der Orkistos-Inschrift und der Lobrede des Libanios auf Antiochia. Und da riesige Brunnen das Wasser einer Stadt mit dem größten Spektakel und Nachdruck anpriesen (indem sie es in der Öffentlichkeit verspritzten, anstatt es wie ein Bad oder ein Aquädukt zu verstecken), ermutigte diese neuartige Formel für Anpreisungen die Städte zum Bau von Nymphäen, zunächst im westlichen Kleinasien, dann in Kleinasien im Allgemeinen, in Syrien und in der Levante.

In seinen Anfängen lässt sich der Bau von Nymphäen gut in die Geographie der Zweiten Sophistik im engeren Sinne einordnen, d. h. in die normalen Wohn- und Auftrittsstädte der in Philostratos' *Leben der Sophisten* beschriebenen Redner und in die Städte, welche die Sophisten und Rhetoren in Inschriften ehrten.[70] In solchen Städten würde die Redekunst, die den Bau von Nymphäen vorantrieb, am häufigsten gelehrt und gelernt, gehört und geschätzt werden. Und der größte der Sophisten, Herodes Atticus, baute in der Mitte des 2. Jahrhunderts selbst zwei große Nymphäen, eines davon in Olympia.[71] Aber Nymphäen waren wahrscheinlich keine Folge oder Ursache der Zweiten Sophistik: Sie waren das Ergebnis von Veränderungen in der elitären

Bildung, die sowohl die Sophistik als auch die Riesenbrunnen inspirierten, wenn auch auf unterschiedliche Weise.

Sobald die Rhetorik monumentale Nymphäen als legitime öffentliche Gebäude kanonisierte, wurde der Bau solcher Strukturen rasch aufgegriffen und in den Strudel einer der mächtigsten historischen Kräfte im Römischen Reich geworfen: des Wettbewerbs um den Status zwischen den Städten Kleinasiens.[72] Die Vorstellung, dass Brunnen in einer Rangordnung zueinander stehen, ist alt: Ein ptolemäischer Papyrus bewahrt eine Liste der „schönsten Brunnen".[73] In römischer Zeit, so Aelius Aristides, „sind alle anderen Wettbewerbe aufgegeben worden, aber ein einziger Wettbewerb hält alle Städte zusammen: dass jede als die schönste und reizvollste erscheinen möge. Und alles ist vollgestopft mit Sportstätten und Brunnen und Toren und Tempeln."[74] Das Nymphäum einer Stadt inspirierte den sofortigen Bau eines solchen in der nächsten Stadt, die vielleicht die erste in Größe, Design oder Dekoration übertreffen wollte, wobei dieser Erfolg die erste Stadt manchmal dazu inspirierte, einen weiteren Brunnen zu bauen, um ihren Vorsprung vor dem Rivalen wiederherzustellen. In der Tat bauten Städte Nymphäen in der Nähe ihrer Tore oder an den Straßen, die zu diesen rivalisierenden Städten führten.[75] Und gerade in Stadtpaaren, in denen die Rivalität am stärksten war, konnten sich die Nymphäen sowohl vervielfältigen als auch am größten werden: In seinem Wettbewerb mit dem nahe gelegenen Laodikeia baute das phrygische Hierapolis den größten Brunnen in Kleinasien, das Nymphäum der Tritonen, mit einer mehr als 60 Meter langen Fassade.[76] Mit einem solchen Bauwerk, das als *zweites* großes Nymphäum von Hierapolis fungierte – ganz abgesehen von den berühmten heißen Quellen der Stadt, die auch heute noch von Touristen besucht werden –, war das Epigramm im Theater der Stadt völlig gerechtfertigt, das forderte: „Hierapolis, mögest du dich von allen Städten des hervorragendsten Landes im weiten Asien erfreuen, oh du Stadt des Goldes, Herrin der Nymphen, geschmückt mit prächtigen Quellen."[77] Die Städte – vor allem die des frühen 3. Jahrhunderts n. Chr. – zeigten ihre neuen Nymphäen stolz auf ihren Münzen, damit alle sie kennen und beneiden konnten.[78] Und in einigen Städten mit mehreren Nymphäen – vor allem in Ephesos – scheint die Errichtung solcher Gebäude auch zu einer Form der internen Rivalität geworden zu sein, nicht nur ein Wettbewerb zwischen Städten, sondern ein Wettbewerb zwischen den Wohltätern einer einzigen Stadt.[79]

Die so bezeugte Bauwut deckt sich mit dem Eindruck der Wissenschaftler, dass der Wettbewerb der Städte um ihren Status durch Bauvorhaben in Kleinasien wesentlich heftiger war als in anderen Teilen des Römischen Reichs. Die starke Kultur der *Philotimia*, die für die Region charakteristisch war, erklärt vielleicht, warum das Phänomen der monumentalen Nymphäen in Kleinasien sowie in Syrien und der Levante, welche diese Kultur offenbar teilten, am stärksten ausgeprägt war. Im alten Griechenland hingegen tendierte der Wettbewerb zwischen den Städten dazu, ihre antiken Monumente in den Vordergrund zu stellen. Anstatt neue Brunnen zu bauen, wurden oft berühmte alte Brunnen renoviert und verschönert: Das auffälligste Beispiel ist die ehrwürdige und oft wiederaufgebaute Peirene in Korinth.[80] Und aus einem späten Lehrtext geht hervor, dass man davon ausging, dass die antiken Brunnen Griechenlands immer noch mit viel späteren, größeren Bauwerken mithalten konnten.[81] Daraus ergibt sich vielleicht, neben der Armut der Region, eine Erklärung für den geringeren Umfang des Baus monumentaler Nymphäen in Griechenland.[82]

In den westlichen Provinzen war der Bau monumentaler Nymphäen, soweit wir wissen, auf die Region um Rom und Nordafrika beschränkt. Die nächstliegende Erklärung dafür ist das Klima. Ein Wettbewerb bei der Zurschaustellung von Wasser war nur in trockenen Regionen sinnvoll. In Nordwesteuropa, wo die meisten römischen Städte an Flüssen lagen und wo das Ingenieursgenie der Römer darauf ausgerichtet war, Überschwemmungen zu verhindern und Feuchtgebiete zu entwässern, hatte es etwas Absurdes, den Reichtum des kalten Wassers einer Stadt zu präsentieren.[83] Diese pragmatischere Haltung gegenüber einer reichlich vorhandenen Ressource führte vielleicht zu einem vergleichbaren Ergebnis beim Bau römischer Bäder, von denen es in den nördlichen Provinzen viele bescheidene Versionen gab, aber nur wenige gigantische Monumentalbäder –

denn auch Bäder zeigten den Wasserreichtum einer Stadt, wie aus der Orkistos-Inschrift und der oben referierten Rede des Libanios hervorgeht. Die Bewohner der nördlichen Provinzen badeten genauso gerne wie alle anderen Bewohner des Reichs, hatten aber weniger Geduld für riesige Bäder, die ihr Wasser zur Schau stellten, weil sie diese Präsentation weniger nötig hatten. Vielleicht war es deshalb auch zu erwarten, dass außerhalb Roms die kleinasiatischen Städte die monumentalsten Bäder bauten und sie oft mit den Sportstätten zu gewaltigen Bauwerken kombinierten.[84]

Aber ein zweiter Grund für das Fehlen monumentaler Nymphäen im römischen Westen war der Mangel an Vorbildern aus dem 1. und 2. Jahrhundert n. Chr., entweder in Rom selbst oder anderswo im Westen.[85] Die beiden Gebiete des Westens, die sich schließlich am Wettbewerb des Nymphäum-Baus beteiligten, taten dies erst mit Verspätung. Zuerst kam Rom selbst, das unter Septimius Severus mit dem gewaltigen dreistöckigen Septizodium in den Wettbewerb stürmte, dem größten Nymphäum der Welt, mit einer mindestens 90, vielleicht sogar 150 Meter langen Fassade.[86] Ammianus Marcellinus wusste, was er davon zu halten hatte (auch wenn er glaubte, dass Marcus Aurelius es gebaut hatte): Er nannte es *operis ambitiosi nymphaeum*, ein „Nymphäum der ehrgeizigen Arbeit". Dieses Bauwerk wurde offensichtlich in Anlehnung an die großen kleinasiatischen Nymphäen, in Konkurrenz zu ihnen und in triumphalem Sieg über sie errichtet. Der lateinische Westen, in dem ohne ein früheres Beispiel aus Rom die Aufforderung zum Wettbewerb beim Bau von Nymphäen weder niedergeschlagen noch von den Provinzstädten aufgegriffen wurde, mag nun doppelt gezögert haben, mit dem römischen Ungetüm in Konkurrenz zu treten. Doch Nordafrika war die Ausnahme. Denn hier baute Septimius Severus in seiner Heimatstadt Lepcis Magna ein großes Nymphäum – groß, aber kaum so unübertrefflich wie das Septizodium in Rom. Der Wettbewerb im Bau von Nymphäen, der in Kleinasien in flavischer Zeit begonnen hatte und der das Rom des Severus zum Wettstreit und zum Triumph verleitete, löste im frühen 3. Jahrhundert n. Chr. einen Wettbewerb zweiter Ordnung in Nordafrika aus, und in der Folge entstanden rivalisierende Brunnen in weit entfernten nordafrikanischen Städten wie Timgad, Lambaesis, Volubilis, Cuicul und Simithus.[87] In einer vielleicht parallelen Entwicklung begannen die Städte Nordafrikas seit der Herrschaft Hadrians, vor allem aber während der Severerzeit, große, spektakuläre Bäder zu bauen, vielleicht auch, um mit ihrem Wasserreichtum zu prahlen.[88]

Das Septizodium schüchterte auch nicht die ganze Welt ein: Es scheint die Wettbewerbsmotoren in Kleinasien wieder angekurbelt zu haben, wo Side bald ein dreistöckiges Nymphäum errichtete, das dem römischen Riesen unheimlich ähnlich sah, und unter Gordian III. (241–244 n. Chr.) wurde dem bis dahin ehrwürdigen Nymphäum in Milet (Abb. 3) ein drittes Stockwerk hinzugefügt.[89]

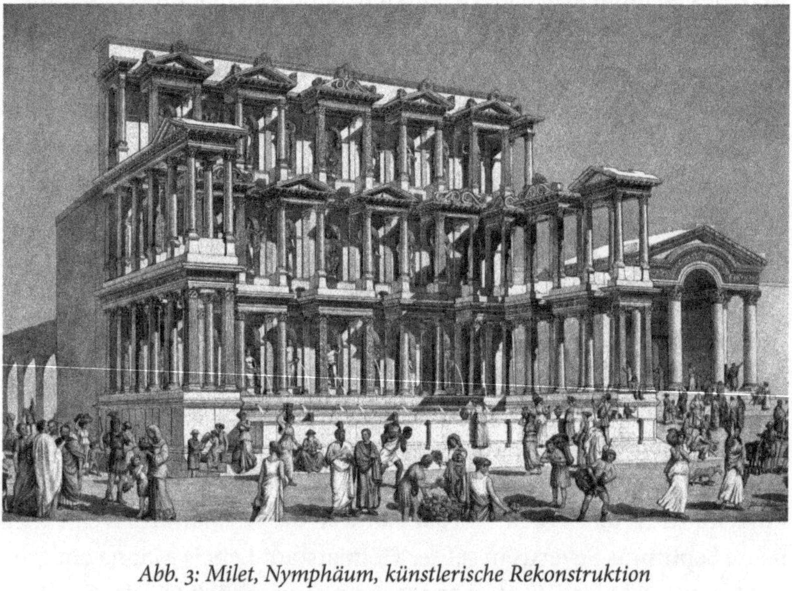

Abb. 3: Milet, Nymphäum, künstlerische Rekonstruktion (Th. Wiegand: Milet, Ergebnisse der Ausgrabung und Untersuchungen seit dem Jahre 1899. Berlin, 1919. Heft V Tafeln, Tafel 63).

Zwischenfazit

Die oft künstliche Art und Weise, in der Wissen strukturiert wird, um es zu lehren, kann Folgen für die reale Welt haben. Die Praxis, Lobreden auf Städte zu halten – oder Jungen beizubringen, wie man Lobreden auf Städte hält –, hatte nichts damit zu tun, dass die städtische Wasserversorgung in den Köpfen derer, welche diese Ausbildung erhielten, einen unnatürlichen Stellenwert einnahm. Es war das Ergebnis einer eigenwilligen Entscheidung, die von Rhetoriklehrern des späten 1. Jahrhunderts n. Chr. getroffen und popularisiert wurde, deren Namen und Werke uns verloren gegangen sind – einer Entscheidung, dass Städte nach der gleichen, so wenig wie möglich angepassten Formel gelobt werden sollten wie prominente Männer. Aber sobald diese Regel der Rhetorik festgelegt und akzeptiert war, folgte der Bau von monumentalen Nymphäen in einem Prozess, der zwar nicht unausweichlich war, aber sicherlich einer vertrauteren Logik folgte. Denn die neue Lehre änderte die Art und Weise, wie die rhetorisch gebildete herrschende Schicht des Reichs – zumindest in den trockeneren Gebieten – ihre Städte und die Annehmlichkeiten, über die sie verfügen sollten, betrachtete. Wasser, so dachten sie, sollte nicht nur vorhanden sein oder nur zum Trinken und Baden genutzt werden: Es sollte möglichst ostentativ zur Schau gestellt werden. Wenn man den Jungen beibrachte, Brunnen in Reden zu erwähnen, ermutigte man sie offenbar, als Erwachsene dann Brunnen bauen zu lassen.

7 Stadtmauern, Säulenstraßen und das rhetorische Kalkül des bürgerlichen Verdienstes

Stadtmauern

In seiner kurzen Beschreibung, wie man Lobreden auf Städte halten sollte, hatte Quintilian Stadtmauern als besonderes Thema herausgegriffen: Sie sollten für ihren Nutzen, ihre Schönheit und ihren Erbauer gelobt werden.[1] Mit dem, was wir über Nymphäen wissen, könnte man sich fragen, ob die rhetorische Ausbildung im demonstrativen Modus auch den Bau von Stadtmauern förderte. Doch abgesehen von Quintilian finden wir in den *Enkomia* – sowohl in der Theorie als auch in der Praxis – weniger Aufmerksamkeit für Stadtmauern als für die Wasserversorgung; in einigen Fällen scheint es fast so, als würden Stadtmauern dort nur widerwillig erwähnt, wo man dies eigentlich erwarten könnte. Die Spekulation, die hier angestellt wird, ist, dass der Bau von Stadtmauern im Römischen Reich ein Gegenbeispiel für die Ermutigung monumentaler Nymphäen durch das *Enkomion* darstellt, dass der positive Einfluss der demonstrativen Rhetorik durch eine andere, nicht weniger starke rhetorische Tradition konterkariert wurde, die aus einem anderen Zweig der rhetorischen Ausbildung – der deliberativen Rhetorik – eingewandert war, eine Tradition, die jahrhundertelang die Erwähnung von Stadtmauern in der Rhetorik stark einschränkte und damit erst recht den Einfluss des *Enkomion* auf den tatsächlichen Bau von Mauern. Wenn Stadtmauern gebaut wurden, so geschah dies durch andere Kräfte als die Rhetorik. Wir werden zunächst untersuchen, wie die rhetorische Ausbildung in der Lobrede den Bau von Mauern förderte, dann, wie sie davon abhielt, und schließlich, warum Mauern trotzdem gebaut wurden.

Der Bau von Mauern durch Städte im Römischen Reich ist ein bekanntes archäologisches Rätsel. Wir können leicht nachvollziehen, warum Städte, die von nahen Barbaren bedroht wurden, Mauern brauchten, und wie im späten 3. Jahrhundert n. Chr. jede Stadt des

Reichs sich nach mächtigen Zinnen sehnen konnte. Schwerer zu verstehen ist die Praxis des Baus von Stadtmauern – dem teuersten zivilen Projekt, das die antike Welt kannte – weit weg von den Grenzen, tief im sicheren Inneren des Reichs, und während der Ruhe der *pax Romana*, seit der Herrschaft von Augustus bis zum frühen 3. Jahrhundert n. Chr. Auf den ersten Blick scheint dies ein noch perverseres und unpraktischeres Unterfangen zu sein als der Bau monumentaler Nymphäen, noch merkwürdiger als das Sammeln einer riesigen Menge Wasser an einem Ort, damit es in einem gigantischen offenen Brunnen verdunstet oder auf die Straßen überschwappt.[2] Diese geheimnisvollen Mauern der Friedenszeiten wurden natürlich hauptsächlich im Westen untersucht, wo brandneue (oft datierbare) Stadtmauern unsere Aufmerksamkeit erregen.[3] Viele Städte im griechischsprachigen Osten besaßen bereits klassische oder hellenistische Mauern, aber wir vermuten, dass der Ersatz oder Wiederaufbau dieser Mauern in römischer Zeit (manchmal nach Erdbeben), ihre regelmäßige Instandsetzung und ihre Ausgestaltung und Verzierung mit spektakulären Toren Teil desselben verwirrenden Phänomens des Mauerbaus in Friedenszeiten sind.[4] Ein kürzlich in Jordanien entdecktes Fresko feiert die Gründung der römischen Stadt Capitolias (97 oder 98 n. Chr.) und zeigt stolz ihren glänzenden Mauerring.[5]

Bei Mauern ist es schwieriger abzuschätzen, wer sie bezahlt hat – die Stadt, ihre reichsten Bürger, römische Beamte oder der Kaiser.[6] Aber wir können ziemlich sicher sein, dass Personen mit rhetorischer Ausbildung die Entscheidungen getroffen haben. Wie konnte eine Ausbildung in der demonstrativen Redekunst der Zurschaustellung den Bau von Stadtmauern fördern? Ganz einfach: Selbst wenn Mauern nicht wegen ihrer eigenen Vorzüge gepriesen wurden, wie Quintilian vorschlug, war die Größe einer Stadt ein überwältigend häufiger Gegenstand rhetorischen Lobes.[7] Und es war eine alte Konvention, die Größe einer Stadt anhand des Umfangs ihrer Mauern zu schätzen.[8] In einer Rede im Corpus des Aelius Aristides werden die Mauern von Rhodos (die gerade von einem Erdbeben zerstört worden waren) vor allem dafür gelobt, dass die bebaute Stadt selbst bis zu ihnen reichte, denn es war durchaus üblich, dass antike Stadtmauern ein weitaus größeres Gebiet umfassten als die eigentliche Agglomeration.[9] Tatsächlich fällt auf, dass einige der in Friedenszeiten errichteten Mauern, insbesondere im augusteischen Gallien, viel größer zu sein scheinen als die von ihnen umschlossenen Städte, was die eigentliche Verteidigung der Stadt gegen einen konzertierten Angriff schwierig oder unmöglich machte, da es kaum genügend Soldaten oder Einwohner geben konnte, um sie zu bemannen. Der Bau eines überdimensionierten Mauerrings sollte die Stadt vermutlich größer erscheinen lassen, als sie war.[10] Auch das Alter einer Stadt verschaffte ihr Prestige, wie Quintilian sagte. So ist es nicht verwunderlich, dass Aphrodisias in der Mitte des 4. Jahrhunderts n. Chr. Mauern mit einer Steinmetztechnik und viereckigen Türmen baute, die sie spätklassisch oder hellenistisch aussehen ließen.[11]

Eine verwandte Kategorie, unter der Mauern prinzipiell hätten gelobt werden können, war die „Erziehung", was ein weitaus einfacheres Unterfangen war, wenn eine Person und nicht eine Stadt Gegenstand des Lobes war, da Städte nicht in einer sehr offensichtlichen Weise „erzogen" oder gebildet wurden.[12] Aber wie Kinder wachsen auch Städte, und dieses Wachstum wurde gelobt, und die edlen Dimensionen, welche dieses Wachstum mit sich brachte, konnten im Prinzip durch die edle Ausdehnung der Stadtmauern belegt werden.[13] Die Redner betonten auch das harmonische Erscheinungsbild einer Stadt, das die innere moralische Harmonie der Stadt widerspiegelte, die unter den Tugenden der Stadt als Aspekt der Gerechtigkeit oder Selbstbeherrschung gepriesen wurde. Auch hier wäre ein eleganter Anzug aus Mauern ein geeignetes Thema gewesen.[14]

Aber im Großen und Ganzen geschah nichts von alledem. Stadtmauern wurden in der Panegyrik vergleichsweise vernachlässigt, sowohl als eigenständiges Thema (wie Quintilian vorschlug) als auch als potenzielles Material zur Illustration von Tugenden nach der Formel *laudantur urbes similiter atque homines* (s. o. S. 86). Wenn wir in die späteren rhetorischen Handbücher schauen, finden wir Hinweise auf Mauern, aber seltener als auf andere Formen von Gebäuden, und Mauern fehlen oft dort, wo wir sie erwarten.[15] Menander listet bewundernswerte Gebäude einer Stadt auf – „Kolonnaden, Häfen, eine Akropolis, extravagante Tempel, Statuen, den Musen gewidmete Bauten, Theater" – aber keine Mauern.[16] Obwohl Stadtmauern in den erhaltenen hochkaiserlichen Anpreisungen von Städten kaum ausgelassen werden, sind sie kein unveränderliches oder gar ein besonders häufiges Thema und fehlen zum Beispiel in Aristides' Redenreihe über Smyrna, dessen Mauern bemerkenswert waren, und sogar in seiner Anpreisung von Kyzikos, einer Stadt, deren Mauern positiv bekannt waren.[17]

In ähnlicher Weise können Mauern in Aufzählungen von Gebäudetypen, die für eine Stadt bewundernswert sind und die in den Reden überliefert sind, – was aber nicht zwangsläufig der Fall ist.[18] Genauso wie Libanios' Rede über Antiochia sich geradezu verrenkt, um Wasser – Brunnen, Flüsse, Bäder – an jeder möglichen Stelle zu erwähnen, scheint dieser Redner fast den gleichen Einfallsreichtum aufzubringen, um die Erwähnung der Mauern von Antiochia zu vermeiden.[19] Antiochia hatte Mauern, an denen sowohl hellenistische Monarchen als auch römische Kaiser arbeiteten.[20] Aber in seinem ausführlichen Bericht über die Geschichte der Stadt – fast die Hälfte der Länge dieser sehr langen Rede (Abschnitte 44–130) – erwähnt Libanios den Bau von Befestigungsmauern nur zweimal. Als er die Stadt gründete, so Libanios, ließ Seleukos seine Elefanten im Umkreis umherlaufen, damit er sich vorstellen konnte, wo die Türme auf den Mauern stehen sollten (90), und auch die Erweiterung der Stadt und ihrer Befestigungen durch Antiochos den Großen wird nur am Rande erwähnt (119). Später in der Rede tauchen Tore auf (die vermutlich in die Mauern eingelassen sind, aber die Mauern selbst werden nicht erwähnt), aber nur, um die Bevölkerung der Stadt zu demonstrieren, die sich unbequem durch sie hindurchzwängen muss und darauf wartet, sich hineinzudrängen (170, 172). Glücklich derjenige, der das westliche Viertel betritt, wo es Gärten, Brunnen, Villen gibt – reizvolle Schauspiele, die zu sehen sind, nachdem man durch die Tore gegangen ist, die Libanios in den Mauern erwähnt – Mauern übrigens, die er gar nicht erwähnt (234). Der Besucher, der neu in der Stadt ankommt, sieht eine Fülle von Waren, Bädern, Märkten, Blumen, Bäumen; er bewundert das Klima, die Menschenmassen; aber er schafft es, die Stadtmauern nicht zu bemerken (266). Antiochia ist physisch die größte Stadt der Welt, sagt Libanios – aber nicht der Umfang der Mauern wird als Beweis dafür angeführt, sondern die Länge der großen Säulenstraßen, die ausführlich beschrieben werden (196–202; vgl. 218), worauf wir zurückkommen werden. Wenn Libanios den Bezirk der Neuen Stadt, die befestigte Insel im Orontes, beschreibt, gesteht er ihr zwar einen Mauerring zu, erwähnt aber nicht, wer sie gebaut hat. Auch hier wird die Ausdehnung dieses Bezirks betont, indem nicht die Mauern, sondern eine weitere Reihe von Säulenstraßen beschrieben wird (203–204).[21] In einem *jeu d'esprit* stellt sich Libanios die verschiedenen Stadtteile vor, die miteinander wetteifern – vergeblich, denn sie erweisen sich als gleichwertig, so hervorragend sind sie alle: das Zentrum, die östlichen und westlichen Bezirke, die Hügelseite und die insulare Neustadt. Letztere hebt ihre Stadtmauer als besonderes Verdienst hervor – und unterstreicht damit erneut, dass Libanios den gewaltigen Mauerkomplex, der die Stadt als Ganzes schützte, offenbar übersehen hatte.

Warum diese seltsame Zurückhaltung bei der Erwähnung von Stadtmauern in der Lobrede? Libanios war gezwungen zuzugeben (270), dass andere Städte bessere Mauern hatten als Antiochia – das mag seine besondere Scheu bei diesem Thema erklären.[22] Aber das erklärt kaum die allgemeine Vernachlässigung des Themas seitens der Redner, und es ist nicht weniger wahrscheinlich, dass Libanios' Zurückhaltung bei den Mauern von Antiochia die allgemeine Zurückhaltung der rhetorischen Tradition widerspiegelt.

Es stellte sich heraus, dass es in der rhetorischen Ausbildung eine potenzielle Gegenströmung zum Lob der Mauern in der Panegyrik gab: die Verunglimpfung der Stadtmauern in der deliberativen Redekunst. Die deliberative Rhetorik – simulierte Reden zur Beeinflussung eines großen Mannes oder einer souveränen Versammlung, die oft in der Person einer berühmten mythischen oder historischen Person gehalten wurden – war ein weitaus größerer Teil der Ausbildung als die epideiktische Gattung, zu der die Panegyrik gehörte, und wurde sicherlich auf der letzten und höchsten Stufe der rhetorischen Ausbildung, der Deklamation, praktiziert.[23] Und was die deliberative Rhetorik über den Bau von Stadtmauern zu sagen hatte, war bestenfalls zweideutig und griff eine sehr alte Anti-Mauer-Tradition auf. „Kriegerische Männer sind die Türme der Stadt", sang der archaische Dichter Alkaios.[24] Zu Thukydides' Zeiten bedeutete dies, dass tapfere Männer eine bessere Verteidigung darstellten als Mauern.[25] Dies wurde in den spartanischen Mythos aufgenommen, da Sparta so lange ohne Mauern gewesen und stolz darauf war. „Wo sind die Mauern von Sparta?", fragt ein Tölpel bei Plutarch (weit in die Zeit unserer Rhetorik hinein). „*Das* sind die Mauern der Lakedämonier", soll Spartas König Agesilaos grunzend erwidern und auf seine Soldaten zeigen.[26] Und in die rhetorische Ausbildung kam dieses Vorurteil mit dem *Progymnasma*: „Soll man eine Mauer um seine Stadt bauen?" Das positive Argument, dass man in der Tat Mauern bauen sollte, überlebt in den *Progymnasmata* des Libanios und hat eine apologetische, wenig überzeugende Qualität, was darauf hindeutet, dass in den Schulen das „Nein"-Argument zum Bau von Mauern als stärker angesehen wurde als das „Ja"-Argument. Dieses negative Argument betonte die Kosten von Mauern und wie sie Feiglingen Zuflucht gewährten.[27] Und dieses Thema, oft in der Form: „Als die Perser kommen, debattieren die Spartaner, ob sie eine Mauer [um Sparta] bauen sollen", war sowohl bei erwachsenen Deklamatoren als auch bei jüngeren Rhetorikstudenten beliebt.[28] Was uns als gesunder Menschenverstand erscheinen würde (unterstützt durch unser privilegiertes Wissen, dass die *pax Romana* nicht ewig dauern würde), nämlich dass eine Stadt tatsächlich Mauern bauen sollte, wenn sie reichlich Geld hat, wurde durch die Praxis von Generationen von Schülern und erwachsenen Deklamatoren infrage gestellt, die viele Stunden damit verbracht hatten, Argumente für genau das Gegenteil zu entwickeln.

Die Geschichte und Geographie des Stadtmauerbaus während der *pax Romana* bestätigt unsere Zweifel am positiven Einfluss der Rednerausbildung auf diesen Bau. Unter Augustus herrschte in Italien, Gallien und Spanien eine rege Bautätigkeit, die dann im Laufe der Zeit abnahm (in Italien und Südgallien gab es im 2. Jahrhundert offenbar nichts Neues), während sie in Afrika, Gallia Belgica und Germania weiter tröpfeln und im späten 2. Jahrhundert n. Chr. in Germania wieder auflebte und in Britannien sogar noch intensiver wurde (einschließlich der Befestigung zahlreicher Siedlungen unterhalb der Stadtebene, so dass man annehmen könnte, dass sie weniger geeignet waren, dem Konkurrenzdenken zu frönen). Wie auch immer wir uns die Chronologie und Geographie des Interesses an der Rhetorik des Lobpreises vorstellen, sie passt nicht gut dazu: Auf der Grundlage der vorliegenden Belege müssen wir uns zu sehr auf die verstreuten Prunktore in Kleinasien und die Mauern in der Levante stützen, um die Welt der Rhetorik mit der des Mauerbaus in Einklang zu bringen, und erröten angesichts der Tatsache, dass Prunktore auch in Städten in der Nähe des Rheins und der Mosel (wie die Porta Nigra in Trier, Abb. 4) – wohl kaum die bevorzugten Vergnügungsgärten der Musen – fast zur gleichen Zeit errichtet wurden.[29]

Abb. 4. Trier, Porta Nigra (erbaut nach 170 n. Chr.), ein noch erhaltenes Tor der römischen Stadtmauer. Holzstich, 1864 (iStock.com/ZU_09).

Wie lässt sich der Bau von Mauern in Friedenszeiten erklären? Diejenigen, die an den Grenzen oder in immer unruhigen Gegenden (wie Britannien) lebten, brauchten Mauern und errichteten sie daher häufig.[30] Im Prinzip konnten selbst diejenigen, die in den ruhigen Tiefen des Römischen Reichs lebten, nicht sicher sein, dass die gelegentlichen Ausbrüche von Rebellion und Bürgerkrieg tatsächlich nur gelegentlich auftraten und dass die römischen Armeen an den Grenzen die Barbaren tatsächlich fernhielten; Mauern konnten auch Städte vor lokalen Aufständen, Plünderern und Banditen schützen.[31] In Zeiten des Wohlstands – von Augustus bis ins frühe 3. Jahrhundert n. Chr. – haben die Städte vielleicht auch Mauern zum Schutz gebaut, die sie sich vorher nicht leisten konnten, oder ältere Anlagen repariert.[32] Diesen Überlegungen müssen wir jedoch die Tatsachen gegenüberstellen, dass die große Mehrheit der Städte im Westen im 1., 2. und frühen 3. Jahrhundert n. Chr. tatsächlich unbefestigt blieb[33] und dass wir nach den Unruhen der Jahre 68–70 n. Chr. und 193–197 n. Chr. keine explosionsartige Zunahme des Mauerbaus beobachten können; und wir müssen Aussagen von Zeitgenossen zur Kenntnis nehmen, die zeigen, dass die Menschen, die in der römischen Kaiserzeit lebten, wussten, dass sie in einer Zeit des Friedens lebten und dass die Mauern ihrer Städte in der Tat nicht zur Verteidigung benötigt wurden.[34] Hinzu kommt die häufige Vernachlässigung oder Zerstörung bestehender Stadtmauern (Letzteres ging beispielsweise mit der augusteischen Explosion des Mauerbaus einher, so dass eine Stadt Mauern errichtete, während ihre Nachbarn sie abrissen) und die Angewohnheit, Privatpersonen zu gestatten, Bauwerke über und auf Mauern zu errichten (um die schöne Aussicht zu genießen), sie zu durchschneiden, Steine von ihnen zu nehmen, um sie für andere öffentliche oder private Bauwerke zu verwenden, und Gebäude an sie zu lehnen, was alles die Verteidigungsfunktion der Mauern beeinträchtigte; vor allem in Italien wurden Mauerabschnitte entfernt, weil der von ihnen eingenommene Platz für Theater und Amphitheater als nützlicher erachtet wurde.[35] Auch in Zeiten des Wohlstands dehnten sich die Städte weit über ihre bestehenden Mauern hinaus aus, und in den meisten Fällen wurden keine Anstrengungen unternommen, diese Mauern zu erweitern, um die neuen Vorstädte einzubeziehen.[36]

Ideologische Motive für den Bau von Mauern sind daher wahrscheinlich notwendig, um die nur teilweise angemessenen praktischen, defensiven Motive zu untermauern. Bei den Griechen gab es eine bis zu Homer zurückreichende Tradition, dass Städte Mauern haben sollten, und soweit wir wissen, hatten die meisten archaischen und klassischen griechischen Städte solche Schutzbauten.[37] Eine Stadt war wie ein Mensch etwas Würdevolles, und eine Stadt sollte Mauern haben, welche dieser Würde angemessen waren.[38] Dieses Gefühl, dass es für eine Stadt irgendwie „richtig" war, Mauern zu haben, setzte sich im Osten fort und verbreitete sich im lateinischen Westen: Wenn ein visuelles Symbol für eine Stadt gebraucht wurde, sei es auf einer Münze oder auf einem Bild, dann war dieses Symbol häufig das Bild eines Mauerrings.[39]

Die symbolische Qualität von Mauern wurde durch den Bau von Prunktoren unterstrichen, vor allem im 2. Jahrhundert n. Chr. sowohl im Westen als auch in Kleinasien und weiter östlich.[40] Diese wurden in der Regel in bestehende Mauerringe eingefügt (selbst wenn die Mauern an sich nicht in einem verteidigungsfähigen Zustand waren), aber manchmal wurden sie auch getrennt von Mauern oder dort gebaut, wo Hauptstraßen in Städte führten, die überhaupt keine Mauern besaßen, als symbolische Stellvertreter für Mauern.

Die Römer und diejenigen, die der römischen Kultur angehörten oder sie anstrebten, hatten noch andere Gründe für den Bau von Stadtmauern. In den meisten Städten, die von den Römern gegründet wurden (mit Ausnahme Roms), markierten die Befestigungsmauern (sofern sie existierten) das *Pomerium*, die heilige Grenze der Stadt; die Mauern und Tore selbst waren daher in gewisser Weise heilig; und der Wunsch, die religiöse Unterscheidung zwischen der Stadt und dem dahinter liegenden Raum zu unterstreichen, wird sich auf den Bau von Mauern ausgewirkt und diesen gefördert haben.[41] Das Betreten und Verlassen einer Stadt waren Momente von symbolischer und psychologischer Bedeutung: Eine scharfe architektonische Abgrenzung – eine Mauer – gab den Römern auf eine für uns vielleicht unerklärliche Weise Trost.[42] Schließlich markierten Mauern die Unterscheidung zwischen den Lebenden und den Toten (die außerhalb der Mauern begraben wurden), wo Müll nicht wahllos abgeladen werden konnte und wo schon, und trennten einen Bereich der Sicherheit im Inneren von einem zweifelhaften, dunklen und gefährlichen Jenseits.[43]

Es gab noch eine zweite wichtige römische Tradition, die den Bau von Stadtmauern förderte. Die lange Eroberung Italiens durch Rom wurde durch die Ansiedlung von Kolonien römischer und befreundeter lateinischer Bürger an strategischen Orten und in den Gebieten von Völkern verankert, die bewacht werden mussten oder zur Strafe einen Teil ihres Landes an die Kolonisten abtreten mussten. Diese Kolonien befanden sich fast immer inmitten von potenziell feindlichen Völkern und waren dementsprechend in der Regel ummauert.[44] So wurden auch, teilweise aus denselben Gründen und nun teilweise aus Gewohnheit, viele der Kolonien von Veteranen in Italien und den Provinzen während der späten Republik gegründet (die berühmteste Ausnahme war Caesars Kolonie in Karthago).

Die zur architektonischen Konvention herangewachsene Gewohnheit, bei der Gründung einer *Colonia* eine Mauer zu errichten, setzte sich unter Augustus und bis in die römische Kaiserzeit hinein fort (mit Ausnahmen, und manchmal dauerte es ein Jahrhundert, bis die Befestigungen fertiggestellt waren, oder sie wurden nie fertiggestellt, oder sie wurden lediglich durch kurze Mauerabschnitte mit flankierenden Toren oder auch nur mit Toren angedeutet).[45] Diese Verbindung mit Veteranenkolonien erklärt vielleicht die auffällige Explosion des Mauerbaus unter Augustus, der solche Kolonien natürlich über ganz Italien, Südgallien und Spanien verstreute.[46] Und diese Gewohnheit, Mauern zu bauen, wurde später (wenn auch wiederum nicht ausnahmslos) von Städten übernommen, die durch einen kaiserlichen Segen in den rechtlichen Status einer lateinischen oder römischen Kolonie erhoben wurden.[47] Dies erklärt einen Großteil des Mauerbaus im Westen während der Kaiserzeit: Der Status als *Colonia* erforderte eine Mauer, um ihn zu demonstrieren und zu feiern, und die Mauern der *Coloniae* inspirierten den konkurrierenden Mauerbau in einer gewissen Anzahl von Nicht-*Coloniae*.[48]

Genug davon! Es ist zu hoffen, dass diese Erklärungen dafür, dass die Städte des Reichs in Friedenszeiten kriegerische Mauern errichteten, ausreichen, um das verwirrende Phänomen ansatzweise zu erklären. Denn die beiden rhetorischen Traditionen, die demonstrative zugunsten der Mauern und die deliberative gegen sie, prallten aufeinander und verwirrten sich gegenseitig. Das Ergebnis war, dass Mauern bis zur Wende zum 5. Jahrhundert n. Chr. – anders als die Wasserversorgung – weder in der Lehre noch in der Praxis einen festen Platz im Kanon der erwarteten Themen für die Stadtpanegyrik einnahmen. Andere Gründe als die rhetorische Bildung, sowohl praktische als auch ideologische, ließen die Städte des Reichs Mauern bauen. Im 5. Jahrhundert jedoch zwang die überwältigende praktische Notwendigkeit von Mauern in einer umkämpften Ära und die tatsächliche Einmauerung oder Ummauerung vieler Hundert Städte schließlich die rhetorische Lehre in die Knie, und die rhetorische Tradition der Mauerbefürworter besiegte die Gegner.[49] Und so trafen die Welten der Realität und der Rhetorik wieder einmal unaufhaltsam aufeinander, wie bei einem Liebespaar, obwohl in diesem Fall die Realität die Rhetorik verführte und nicht umgekehrt.

Säulenstraßen

In Libanios' Lobrede auf Antiochia zeugten eher die Säulenstraßen (s. S. 118 Abb. 5) als die Stadtmauern von der Größe der Stadt – das ewige Thema in der Lobrede. Und das nicht nur in dieser Rede: Libanios tut dasselbe in seiner *Monodie über Nikomedia.*[50] Und in der Tat lohnt es sich, über den Einfluss der rhetorischen Bildung auf den Bau von Säulenstraßen in Nordafrika und in den griechischsprachigen Provinzen des Reichs nachzudenken. Es drängt sich nämlich die Vermutung auf, dass Säulenstraßen dem Redner nicht nur in einer, sondern in drei Kategorien seines Lobes über eine Stadt dienlich waren, und dass die rhetorische Bildung die Stadtoberhäupter und Wohltäter aus diesem Grund zu ihrem Bau veranlasst haben könnte.

Die Daten und die geographische Lage des Baus von Säulenstraßen stimmen im Gegensatz zu denen der Stadtmauern mit denen der monumentalen Nymphäen überein, was darauf schließen lässt, dass ihre Verbreitung ähnlichen Einflüssen unterlag. Kolonnadenbauten – Säulenhallen (*stoai*), Portiken – gab es im Osten wie im Westen schon lange; die Veränderung bestand darin, dass man die Kolonnaden von den einzelnen Gebäuden löste und sie auf beiden Seiten der Hauptstraßen einer Stadt anlegte.[51] Es mag mehr frühere Beispiele für Säulenstraßen geben als riesige Nymphäen: Das hellenistische Alexandria könnte solche Straßen gehabt haben, auch wird von einem frühen Beispiel in Antiochia berichtet, das angeblich von Herodes dem Großen (gest. 4 v. Chr.) gebaut wurde. Aber beides ist archäologisch nicht bestätigt.[52] Sicher sind Beispiele aus dem späten 1. Jahrhundert n. Chr., und dann immer mehr im 2. und frühen 3. Jahrhundert.[53] Wie die Nymphäen kommen sie in Kleinasien, Syrien und der Levante, Nordafrika und Rom vor. In den nordwestlichen Provinzen gab es größtenteils keine Säulenstraßen, ebenso wenig wie in den Nymphäen und im alten Griechenland.[54]

Wie die Nymphäen scheinen auch die Säulenstraßen größtenteils mit lokalem Geld, mit städtischen Mitteln oder von Wohltätern gebaut worden zu sein: In Palmyra und anderen syrischen Städten konnte der Name des Spenders – oder der Mitglieder einer Vereinigung, die gemeinsam einen Beitrag leisteten – in den gespendeten oder reparierten Abschnitt der Säulenstraße eingetragen werden, und dem Spender konnte eine kleine Statue (von ihm selbst oder von einem Menschen oder Gott, den er ehren wollte) auf ein (von einer der Säulen ausgehenden) Gesims gestellt werden (die Gesimse sind noch zu sehen, s. Abb. 5).[55]

Der Hauptunterschied zwischen den allgemeinen Mustern des Baus von Säulenstraßen und Nymphäen scheint darin zu bestehen, dass Kleinasien, Syrien, die Levante und Nordafrika nach heutigem Kenntnisstand fast gleichzeitig mit dem Bau von Säulenstraßen begannen, im Gegensatz zu den Nymphäen, bei denen Nordafrika zurückblieb.[56] Und Kaiser Septimius Severus spielt eine etwas andere Rolle: Er hat vielleicht die erste große Säulenstraße in Rom gebaut (es wird spekuliert, dass er die letzten Abschnitte der *Via Nova*, die zu seinem Septizodium führten, mit Säulen versehen hat), und er tat

Abb. 5 Palmyra, Kolonnadenstraße
(W. Wright: An Account of Palmyra and Zenobia: With Travels and Adventures in Bashan and the Desert. New York, 1895. Tafel S. 104-105).

dies mit Sicherheit in seiner Heimatstadt Lepcis Magna. Und anstatt, wie sein Nymphäum in Lepcis, einen Ansturm von Sekundärbauten in Nordafrika auszulösen (wo viele Städte bereits über Säulenstraßen verfügten), findet ein solcher Ansturm stattdessen in der Levante statt. Das antike Tyros war die Mutterstadt von Lepcis Magna. Möglicherweise baute der Kaiser in Tyros eine zweite Säulenstraße (die Stadt hatte bereits eine, wie es scheint), oder Tyros selbst handelte in Rivalität mit dem begünstigten Lepcis; auf jeden Fall scheinen eine Reihe von Städten in der Levante in derselben Zeit Säulenstraßen gebaut zu haben, vielleicht aus Rivalität mit Tyros.[57]

Ein Blick in die rhetorischen Traktate zeigt, dass sich die Rhetorikprofessoren wesentlich mehr für Kolonnaden als für Stadtmauern interessierten.[58] In der *Ekphrasis* über das Serapeion in Alexandria, die in den *Progymnasmata* des Aphthonios enthalten ist, macht die ausführliche Beschreibung der zahlreichen und sich kreuzenden Kolonnaden den Text fast unverständlich.[59] Und dieselbe Vorliebe für

Kolonnaden taucht auch in den erhaltenen Lobreden auf Städte auf, seien es Kolonnaden als isolierte Bauwerke, Kolonnaden, die öffentliche Plätze begrenzen, oder (vor allem) Kolonnaden, die Straßen säumen.[60] Aber auch wenn wir annehmen können, dass die Lobpreisungsrhetorik im Allgemeinen mehr an Kolonnaden als an Mauern interessiert war, sagen uns die Lehrbücher nicht, warum. Dion von Prusa (Chrysostomos) versuchte jedoch in den Jahren kurz vor 100 n. Chr., in seiner Heimatstadt Prusa eine Säulenstraße zu bauen. Seine scharfsinnigen Reden zu diesem Thema sind überliefert und können mit den Ausführungen von Libanios über die Vorzüge der Säulenstraße in Antiochia verglichen werden.[61]

Dion rechtfertigt seinen Bau (gegen den es heftigen Widerstand gab, weil er anscheinend ein beträchtliches Maß an Zerstörung bestehender Gebäude mit sich brachte, von Schreinen und Gräbern ganz zu schweigen) im Allgemeinen mit dem Wunsch, das Ansehen von Prusa zu steigern, was zu größerem Respekt seitens der römischen Behörden führen würde, und insbesondere mit der Konkurrenz zu anderen Städten, die Kolonnaden besaßen, wobei er insbesondere die von Antiochia erwähnt.[62] Aber wenn er über die Kolonnaden selbst spricht, geht es ihm vor allem um das Klima: bessere Luft, Schatten im Sommer und ein Dach, um die schwache Wintersonne besser genießen zu können.[63] Wir erkennen sofort die anpreisende Kategorie der *Thesis* einer Stadt, die so oft in Bezug auf ihr Klima diskutiert wird, so auch bei Libanios in seiner Rede über Antiochia, wo die Kolonnaden nicht nur die Größe der Stadt beweisen, sondern auch die Einwohner vor schlechtem Wetter schützen.[64] Doch dann macht Libanios einen intellektuellen Sprung: Die Kolonnaden von Antiochia prägen auch den Charakter der Bewohner der Stadt. Libanios hatte die geforderten Themen der moralischen Vorzüge der Stadt abgehandelt, indem er die Tugenden elegant zwischen dem Stadtrat (Weisheit, Mut und Gerechtigkeit) und dem Volk (Selbstbeherrschung und Gerechtigkeit) aufteilte und auch dem Ganzen Mut zuschrieb, wie die spontane Niederschlagung des Aufstands des Eugenios im Jahre 303 n. Chr. beweist, und – man möge ihm verzeihen – auch die Rhetorikschulen der Stadt unter den Überschriften Weisheit und Gerechtigkeit behandelte.[65] Gleich danach sagt Libanios, er werde sich der Größe und Lage (*Thesis*) der Stadt zuwenden.[66] Doch das ist ein Taschenspielertrick. Wie wir oben gesehen haben, behandelt er die *Thesis* tatsächlich ausführlich am Anfang der Rede, an ihrem normalen Platz, und das Thema der Größe bezieht sich weitgehend auf … ja: Kolonnaden. Säulenstraßen weisen auf die Größe der Stadt hin; Querstraßen ziehen sich vom Berg aus und enden in den Kolonnaden; die Säulenstraßen sind wie Flüsse; die Säulenstraßen sind lang genug für drei Städte; sie verbinden sich in Bögen; ein Nymphäum steht entlang einer der Kolonnaden; die Neue Stadt auf der Insel hat ihre eigenen Kolonnaden, die sich kreuzen, drei enden an den Mauern und eine am Palast; die Palastmauer selbst hat Säulen wie eine Kolonnade; es gibt weitere Kolonnaden innerhalb des Palastkomplexes. Es folgen einige Worte über die Form der Stadt; aber zurück zu den Kolonnaden! Würde man die Kolonnaden der Stadt aneinanderreihen, bräuchte man einen ganzen Tag, um sie abzugehen. Privathäuser und öffentliche Gebäude mischen sich entlang der Kolonnaden; die Türen der ersteren öffnen sich direkt auf die Kolonnaden.[67] Und dies ist nicht nur die Begeisterung eines Redners für die berühmten Säulenstraßen in seiner Heimatstadt Antiochia. Es geht um mehr als nur um die Veranschaulichung der Größe der Stadt (selbst ein ehrwürdiges Thema der Anpreisung, wie wir gesehen haben): „Warum tue ich das? Warum habe ich so lange über die Kolonnaden geredet?“ (Libanios' Leserschaft hat sich dasselbe schon seit einiger Zeit gefragt.) „Weil es mir scheint, dass das Angenehmste in den Städten, und ich würde sagen, sogar das Nützlichste“ – die übliche Paarung von Angenehmem und Nützlichem – „die Zusammenkünfte und das Beisammensein der Menschen sind.“[68] Diese Begegnungen und Zusammenkünfte werden durch die Kolonnaden ermöglicht, die es den Menschen in Antiochia erlauben, bei jedem Wetter zusammenzukommen: Wer in einer Stadt ohne Kolonnaden lebt, ist wie ein Gefangener in seinem Haus, phantasiert Libanios, oder so isoliert wie jemand, der eine lange Reise hinter sich hat, obwohl er zu Hause wohnt. Aber die Menschen von Antiochia treffen sich bei jedem Wetter, geben sich gegenseitig kluge Ratschläge, und die Freundschaft blüht.[69]

Es handelt sich also nicht um eine wahnwitzige Aneinanderreihung von Details über Kolonnaden oder gar über die Größe der Stadt. Dies ist der Höhepunkt von Libanios' Bericht über die Tugenden der Antiochener. Die Durchmischung, „das Nützlichste für die Städte", macht die Menschen in Antiochia überragend, und die Kolonnaden schaffen diese Durchmischung.[70] Dions Kolonnade hielt nur den Regen ab; sie machte die Menschen in Prusa nicht besser,[71] aber die Kolonnaden von Antiochia leisten sogar das noch!

Obwohl er die Kolonnaden gerne zum geforderten enkomiastischen Thema der *Thesis* von Antiochia und dem Lob der Größe der Stadt beitragen lässt, geht es Libanios vor allem darum, die Kolonnaden als Material für das nicht minder obligatorische Thema der moralischen Vorzüge der Stadt zu verwenden.[72]

Die unheimliche Ähnlichkeit des Denkens von Libanios über die Interaktion der Bewohner einer Stadt mit den heutigen Vorstellungen im Bereich der Stadtplanung, wo „Städte für Menschen" gefordert werden, die für Fußgänger gebaut werden, und ein Ende der isolierenden modernistischen „Türme im Park", wird vielen auffallen.[73] Und es mag uns hinsichtlich des Fortschritts der Menschheit beruhigen, dass wir mehr als 1700 Jahre später durch jahrzehntelange katastrophale architektonische Experimente mühsam wiederentdeckt haben, was ein einfacher Lehrer der Rhetorik, Libanios, bereits wusste.

Das rhetorische Kalkül des bürgerlichen Verdienstes

Die Ruinen von Perge und Side, die etwa 50 km voneinander entfernt liegen, werden heute oft gemeinsam in einem angenehmen Tagesausflug vom türkischen Touristenort Antalya aus besucht. Doch in römischer Zeit waren diese beiden Städte der Provinz Lykien-Pamphylien an der Südküste Kleinasiens erbitterte Rivalen. Diese Rivalität äußerte sich, wie so oft, darin, dass sie den Römern den Titel der ersten Stadt der Provinz streitig machten, den der Sieger durch das Anbringen eines Alpha (der Buchstabe steht auch für die Zahl Eins) auf seinen Münzen kennzeichnete. Schließlich gestanden die erschöpften Römer sowohl Perge als auch Side diesen Titel zu.

Die Städte wetteiferten auch um den Titel „Metropole“ und die Bezeichnung – am besten wiederkehrend! – *neokoros*, „Tempelvorsteher“ des Kaiserkults; und sie konkurrierten um die Erlaubnis, Spiele zu veranstalten und ihre Spiele auf der Rangleiter, die größere von kleineren Spielen unterschied, nach oben zu bringen.[74] Eine merkwürdige Inschrift hält fest, dass die Einwohner von Perge die Ansprüche ihrer Stadt auf ihren Status skandierten: „Ein Hoch auf Perge, viermal *neokoros*!“, „Ein Hoch auf Perge, das allein das Recht des heiligen Asyls hat!“ – anders als das unglückliche Side, sollen wir verstehen. „Ein Hoch auf Perge, die mit der heiligen Standarte geehrt wird!“ – wir haben keine Ahnung, was das ist, aber Side hatte auch eine. „Ein Hoch auf Perge, die nicht lügt: *unsere* Rechte werden vom Senat bestätigt!“ – ein Tiefschlag, der andeutet, dass Side sich der erbärmlichen Praxis schuldig gemacht hat, sich selbst Titel zu verleihen, die dann aber von den römischen Behörden nicht genehmigt wurden.[75]

Perge und Side waren auch bei der Errichtung spektakulärer Bauwerke Konkurrenten. Wir können dies beweisen – obwohl wir es auch ohne einen solchen Beweis vermuten könnten, da solche Streitigkeiten ja üblich sind –, weil sie sich ein eigenartiges Bauwerk teilten: Perge baute eine Säulenstraße mit einem in der Mitte verlaufenden Zierkanal, eine Seltenheit in der römischen Welt, und Side ahmte Perge mit ähnlichen sprudelnden Säulenstraßen nach, wenn auch mit bescheideneren Kanälen an den Seiten, vielleicht eher wie die reizvollen „Bächle“ von Freiburg im Breisgau (oder Side hat zuerst gehandelt: Uns fehlen gute Daten). Aber obwohl ein solcher Wettstreit in der römischen Welt durchaus üblich war – wir haben ihn beim Bau von Nymphäen gesehen, und Perge und Side haben vielleicht auch im Wettstreit Theater und Märkte gebaut –, konkurrierten die Städte ebenso häufig mit ungleichen Bauwerken: Zwischen Hadrian und den Severern baute Perge eine Säulenstraße, aber vier Nymphäen, während Side ein riesiges Nymphäum, aber drei Säulenstraßen baute.[76]

Doch wenn rivalisierende Städte rivalisierende Gebäude unterschiedlicher Art bauten, wie konnte man dann feststellen, wer den Wettbewerb gewann? Welchen relativen Wert hatten ein Nymphäum, ein Theater oder eine 100 Meter lange Säulenstraße? Die langfristige

Existenz, Ausbreitung und der Aufstieg zum vollen Fieber des wettbewerbsorientierten Bauens durch den Bau verschiedener Strukturen (wenn auch innerhalb eines engen Kanons von Typen) scheint eine Möglichkeit zu erfordern, Ungleiches zu vergleichen und diese Vergleiche irgendwie zu einer allgemeinen Rangordnung zusammenzufassen.

Die Rangfolge von Menschen, Orten und Dingen innerhalb ihrer Kategorien war bei den Griechen alt: So konnte Achilleus der beste der Achäer sein, Sestos die beste der Städte des thrakischen Chersones, und die lusinischen Schnecken die besten der Welt (zum Essen, nimmt man an, nicht zum Rennen).[77] Und auch der grobe Vergleich von Sammlungen von Unikaten hat frühere Menschen nicht besiegt: Herodot beschrieb Ägypten als „mit mehr Wundern als jedes andere Land und mehr menschlichen Werken, die sich jeder Beschreibung entziehen".[78] Und so auch der Historiker Diodoros von Sizilien aus der Zeit Caesars, der die Paläste, Werften, Häfen, Einweihungen und bemerkenswerten Bauwerke von Alexandria zitiert, „mit dem Ergebnis, dass es jetzt gewöhnlich als die erste oder zweite der Städte der *Oikumene* angesehen wird".[79] Aber eine so grobe Methode konnte den Stadtvätern von Perge wohl kaum bei der Entscheidung helfen, ob sie eine zweite Säulenstraße oder ein weiteres Nymphäum bauen sollten, um an ihrem verhassten Rivalen Side vorbeizuziehen.

Eine Technik, um Städte mit unterschiedlichen Qualitäten gegeneinander abzugrenzen, war glücklicherweise in der Lobrede implizit enthalten. Denn eine Regel der Rhetorik verlangte von denjenigen, die Lobreden auf Städte hielten, unerwartete Ehrlichkeit: Ein Redner, der eine Stadt lobte, musste *alle* kanonischen Themen abdecken. Menander Rhetor sagt über die Ursprünge der Städte: „Über die ruhmreicheren Themen sollte man mehr sagen, über die weniger ruhmreichen weniger, aber unter allen Umständen ist dies ein absolut notwendiges Thema für einen Redner, wenn er eine Stadt lobt".[80] Der Redner war außerdem angehalten, so zu sprechen, dass er deutlich machte, dass er tatsächlich alle vorgeschriebenen Themen behandelt hatte.[81] Innerhalb der vorgegebenen Struktur der geforderten Themen würde sich der Redner natürlich bemühen, die von ihm gepriesene Stadt so hervorragend wie möglich erscheinen zu lassen: Mängel könnten nicht ausgelassen werden, aber „es ist notwendig zu zeigen, dass diese Probleme nicht existieren oder dass sie in diesem Fall nicht schwerwiegend sind."[82] Wenn ein Ort zu trocken ist, soll er als „feurig wie der Äther und das Firmament (denn das Firmament ist trocken und feurig)" gepriesen werden. Wenn ein Ort zu heiß ist, verdammt man kalte Orte; wenn er zu kalt ist, beschreibt man detailverliebt die Schrecken der Hitze. Ein Ort, der weit vom Meer entfernt und schwer zu erreichen ist, wird als sicher gepriesen; eine neue Stadt inmitten der berühmten alten wird als ihre Beschützerin und blühend wie eine Jungfrau gepriesen.[83] Oder Laster können mit Vorzügen aufgewogen werden: „Am besten ist es, das Vorhandensein von Tugenden und das Fehlen aller Laster zu zeigen, oder wenigstens, dass es mehr Tugenden als Laster gibt."[84] Auch wenn eine Stadt klein ist (was zugegeben werden muss), kann sie schön und einflussreich sein.[85] Wenn eine Stadt von einem großen Mann gegründet wurde, kann sie dafür gelobt werden; wenn sie aber von einem Schurken gegründet wurde (was wiederum zugegeben werden muss), muss sein Verdienst in der Gründung der Stadt liegen, oder seine Schlechtigkeit zumindest durch die Gründung der Stadt ausgeglichen werden.[86] Es gab zahllose Ausweichmanöver, aber selbst wenn man die Übertreibung der guten Eigenschaften und die Verharmlosung der schlechten in Kauf nimmt, hat die Vorschrift, dass alle kanonischen Themen abgedeckt werden müssen, eine breite Rangordnung geschaffen, die ungefähre Unterscheidungen zwischen den Verdiensten ganzer Städte zulässt: Die Regeln der Lobpreisung erlaubten es Askra nicht, mit Antiochia gleichzuziehen, und setzten die rivalisierenden Städte Side und Perge gewiss über den Rang ihrer nächsten Nachbarin: das bescheidene Sillyon.

Aber wie konnten relativ Gleichgestellte wie Side und Perge wissen, wo sie standen und wie sie sich in ihrem Wettbewerb verbessern konnten? In der zweiten Abhandlung, die Menander Rhetor zugeschrieben wird, wird dem Leser, der eine Stadt loben will, gesagt, er solle „für jede der Tugenden einen Vergleich anstellen, mit einer konkurrierenden Stadt für jede Tugend, und dann alle zu einem Ganzen zusammenfassen und einen Vergleich von Stadt zu Stadt anstellen, wobei alles berücksichtigt wird: … Natur, Erziehung, kulturelle Leistungen, Taten".[87] Auffallend ist die beiläufige Annahme, dass eine Synthese der *verschiedenen* bürgerlichen Qualitäten möglich ist und dass ein Vergleich der Gesamtsummen für jede Stadt prinzipiell möglich ist. Wie der Redner das anstellen soll, sagt diese Abhandlung allerdings nicht.[88]

Das war auch nicht nötig: Der Redner wusste es bereits. Denn diese Technik wurde in der rhetorischen Ausbildung an anderer Stelle gelehrt, in den *Progymnasmata,* des Vergleichs (griechisch *synkrisis*, lateinisch *comparatio*), wo genau die Kunst gelehrt wurde, Objekte – auch Städte – mit unterschiedlichen und gegensätzlichen Eigenschaften zu bewerten.[89] Die *synkrisis* lehrte den Vergleich von Ganzen durch den Vergleich ihrer Teile und durch die Erstellung einer Gesamtsumme auf beiden Seiten für eine abschließende Bewertung – genau das, was die Stadtoberhäupter von Perge und Side tun mussten, wenn sie den relativen Beitrag ihrer öffentlichen Gebäude zu ihrem Ansehen bewerten wollten.[90] Zunächst wurden offensichtliche Ähnlichkeiten verglichen: bei Achilleus und Hektor ihre Geburten (gleich, da beide von Zeus abstammten). Dann die Ähnlichkeiten, die durch den Redner geschaffen wurden: Angenehme Geräusche zum Beispiel, wenn er das Landleben mit dem Stadtleben vergleicht, indem er behauptet, dass die Geräusche von Tierbabys – Kälbern, Zicklein und Lämmern – den von Menschen gemachten Melodien der Städte überlegen sind; oder Schönheit, indem er behauptet, dass die schönen Blumen des Landes und das Schauspiel der „Zikaden, die auf den Trieben sitzen", schöner sind als jede städtische Kleckserei; oder Gelehrsamkeit, indem er das ländliche Wissen über die Wege der Natur dem überzogenen städtischen Fachwissen in Rhetorik vorzieht (das ist ein kleiner Witz in einem antiken rhetorischen Traktat: Man möge ihn schätzen!).[91] Wenn ein Redner ein Vielfaches mit einem Vielfachen vergleichen muss (das Beispiel ist der Vergleich von Männern mit Frauen, aber es funktioniert nicht weniger gut für mehrere Nymphäen gegenüber mehreren Kolonnaden), vergleicht er entweder das beste Einzelstück in jeder Schicht oder (stillschweigend akzeptierend, dass die Schichten *per se* gleichwertig sind) zählt die

Anzahl der Stücke in jeder Schicht und vergibt den Siegespreis an die höhere Anzahl.[92]

Das beste Einzelstück oder die größte Anzahl davon: Das klingt genau nach der Art von Logik, die Side ermutigen würde, immer mehr Kolonnaden zu bauen und Perge immer mehr prächtige Nymphäen. Ein solches Denken gab zwar klare Anweisungen – mehr oder besser zu bauen –, lieferte aber kein allzu genaues Urteil darüber, wer den Wettbewerb gewonnen hatte: Wir haben mehr! Könnte die eine Stadt prahlen, worauf die andere antworten könnte: Wir haben bessere! Die rhetorische Lehre der *Synkrisis* bot eine ultimative Unbestimmtheit innerhalb einer umfassenderen Determiniertheit, die sowohl den Wettbewerb förderte als auch den fast Gleichen erlaubte, immer zu behaupten, dass sie vorne lagen.

Zwischenfazit

Die Ausbildung in der demonstrativen Rhetorik hat in den römischen Provinzen keinen Bauwettbewerb ausgelöst; dieses gigantische Unterfangen hatte viele Wurzeln. Aber es ist verlockend anzunehmen, dass die rhetorische Ausbildung im Laufe der Zeit diesen Wettbewerb auf bestimmte Strukturen – Nymphäen und Säulenstraßen – lenkte und nicht auf andere, wie etwa Stadtmauern, oder sogar davon weg. Und es scheint möglich, dass die rhetorische Ausbildung auch die intellektuellen Mechanismen für den Vergleich und die Einstufung von Städten nach ihren verschiedenen öffentlichen Bauwerken lieferte, die dem Wettbewerb im öffentlichen Bauwesen eine umfassende Logik verliehen. Hätten die Männer, die darüber entschieden, ob und was in ihren Städten gebaut werden sollte, nicht seit der flavischen Zeit eine gemeinsame Ausbildung in Rhetorik einer ganz besonderen und kuriosen Art besessen, wäre das Phänomen des wettbewerbsorientierten Bauens wahrscheinlich in andere Richtungen gegangen, und die Städte, in deren Ruinen wir heute wandeln, hätten andere Bauten errichtet, als sie es taten, und sie wären von Stadt zu Stadt unterschiedlicher. Denn die Realität des römischen Provinzbaus – die Variation innerhalb eines relativ engen Kanons – könnte auch das Ergebnis einer rhetorischen Schulung gewesen sein. Die Städte des Reichs sahen in der Tat unterschiedlich aus, aber in den Köpfen der Stadtväter waren sie alle ein Abbild der perfekten Stadt, die sie in der Schule zu preisen gelernt hatten.

IV. Eidechsen und andere Abenteuer der Rhetorik und des römischen Rechts

Die Sterneidechse (Schleuderschwanz, Hardun) – lateinisch *stellio* – ist eine bemerkenswerte mediterrane Eidechse, die über einen Meter lang werden kann und ihren Namen von den sternförmigen Flecken hat, die ihren Rücken zieren. Im Jahr 2012 wurde sie aus dem vulgären Gedränge der Gattung *Laudakia* herausgehoben und präsentiert sich nun als einziges Mitglied der neuen Gattung *Stellagama*. Die Sterneidechse häutet sich, wechselt die Farbe und ist äußerst bescheiden. Sie taucht schnell in eine Felsspalte, wenn sich etwas Furchterregendes nähert. Die Alten hielten sie für giftig und für den Erzfeind des Skorpions. Wir wissen nicht, welche dieser Eigenschaften sie den Geschäftsleuten im alten Rom als Metapher für einen finanziellen Betrug empfahl, obwohl Plinius der Ältere andeutet, dass es die böse Angewohnheit der Sterneidechse war, ihre Haut zu verschlingen, um die Menschheit ihres Nutzens zu berauben, da die Haut der Sterneidechse ein hervorragendes Mittel gegen Epilepsie war, sogar wirksamer als das Gehirn eines Wiesels.[1] Aber spätestens im 2. Jahrhundert n. Chr. war *stellionatus*, das Tun der Sterneidechse, in Rom ein anerkanntes Vergehen, eine Art von Betrug im Zusammenhang mit Pfändern (*pignora*), wobei entweder ein Schuldner seinem Gläubiger etwas als Sicherheit anbietet, das er eigentlich nicht besitzt, oder ein Schuldner zwei oder mehr Gläubigern dieselbe Sicherheit anbietet. Wahrscheinlich hatte der Jurist Marcellus den Begriff um 160 n. Chr. benutzt, Paulus – ein anderer Jurist – verwendete ihn um die Wende zum 3. Jahrhundert, der große Ulpian im frühen 3. Jahrhundert und Modestinus in der Mitte jenes Jahrhunderts. Der *stellionatus* hatte auch die etwas exzentrische Eigenschaft, dass er nicht als Privatklage (*privatum*) oder als reguläres öffentliches Vergehen (*publicum*) verhandelt werden konnte, sondern nur im Rahmen der *cognitio extra ordinem*, dem fast unbegrenzten Vorrecht eines Beamten, in der Regel eines Provinzstatthalters.[2]

Es gibt jedoch eine konkurrierende Tradition. Derselbe Ulpian definierte *stellionatus* auch als eine Anklage, die gegen jemanden erhoben werden konnte, der etwas mit Hinterlist (*dolo*) getan hatte, gegen den aber kein bestehendes Verbrechen vorgebracht werden konnte. „Wo es also keinen Namen für das Verbrechen gibt (*titulus criminis deficit*), erheben wir eine Anklage wegen *stellionatus*."[3] Und das offensichtliche Scheitern der Verbindung zwischen dieser Formulierung – dem Verbrechen ohne Namen – und der lebhaften alternativen Definition von Betrug mit Versprechen hat in der modernen Erforschung des römischen Rechts viel gelehrtes Kopfzerbrechen hervorgerufen.[4] Aber selbst wenn die letztgenannte Formulierung im römischen Recht merkwürdig war, war sie dies für römische Juristen kaum, denn Ulpian – ja, jeder Gebildete in Ulpians Generation – war mit dem Begriff bestens vertraut, vielleicht sogar bis zum Überdruss, denn ein populäres Gesetz, das die Deklamationen ihrer Jugend beherrschte, lautete *inscripti maleficii sit actio* („eine böse Tat, die nicht als ungesetzlich niedergeschrieben ist, kann rechtlich verfolgt werden"), also im Wesentlichen, dass es kein bestehendes Gesetz gegen eine böse Tat geben musste, damit sie rechtlich zur Kenntnis genommen werden konnte. Die Rhetorikprofessoren mochten dieses Gesetz, weil es hervorragend erfundene und gestellte Fälle zuließ: „Ein Mann, der Schiffbruch erlitten und seine Frau und drei Kinder bei einem Hausbrand verloren hatte, erhängte sich. Jemand, der zufällig vorbeikam, schnitt die Schlinge durch. Der Retter wird von dem Mann, den er gerettet hat, wegen einer bösen Tat angeklagt."[5]

Wie der große Zivilrechtsgelehrte Jacques Cujas – der Lehrer von Scaliger – zu Beginn des 16. Jahrhunderts feststellte, hatte dieses deklamatorische Gesetz, wie viele seiner Artgenossen, wahrscheinlich seinen Ursprung in der athenischen Rechtsprechung des 4. Jahrhunderts v. Chr., die ein Auffanggesetz gegen „nicht als rechtswidrig niedergeschriebene Untaten" und „neuartige Verbrechen" kannte. Und im Laufe der Zeit wurde es sowohl zu einem griechischen als auch zu einem lateinischen deklamatorischen Thema, während es zumindest im frühen 1. Jahrhundert n. Chr. gewiss nicht Teil des römischen Rechts war.[6] Letzteres wissen wir aus einem grausamen Scherz, den sich der berühmte Advokat Cassius Severus (gest. 32 n. Chr.) mit einem Rhetoriklehrer erlaubte, indem er ihn vor einen echten römischen Praetor zitierte, um ihn genau wegen einer „nicht als ungesetzlich niedergeschriebenen Tat" zu verklagen. Der Lehrer war so erschrocken und verärgert, dass er um einen Aufschub des Prozesses bat – so tief war er in die Welt der Schuldeklamation eingetaucht und so unwissend in Bezug auf das wirkliche römische Recht, dass er (wir nehmen an: trotz des Lachens aller Anwesenden, einschließlich des Praetors selbst) nicht erkannte, dass der Praetor eine solche Klage nicht erheben konnte, weil die Regel *inscripti maleficii sit actio* seinerzeit nur in den Schulen galt.[7]

Aber aus den Schulen war das Thema offenbar zur Zeit Ulpians – im frühen 3. Jahrhundert n. Chr. – entwichen. Denn die nächstliegende Erklärung für Ulpians alternative Definition des *stellionatus* ist, dass ein Prozessbeteiligter sich an die Regel *inscripti maleficii sit actio* aus seiner rhetorischen Ausbildung erinnerte und sie vor einem römischen Richter in der Praxis ausprobierte, und die Frage, ob sie erlaubt sein sollte, gelangte zu Ulpian (denn das war es, was die Juristen taten, nämlich Fragen zum Gesetz zu beantworten). Er entschied sich dafür – vielleicht, weil es in der Praxis auf elegante Weise das weitreichende Vorrecht, das ein römischer Statthalter ohnehin hatte, wenn er im Rahmen der *cognitio extraordinaria* urteilte, wiederholte – und fügte es einfach zu einer bestehenden Form des Betrugs, dem *stellionatus*, hinzu, wobei er dieses besondere Vergehen wählte, weil der *stellionatus* ein seltenes Delikt war, das nur im Rahmen der *cognitio extraordinaria* von römischen Beamten behandelt wurde.[8]

Diese Definition des *stellionatus* als ungeschriebenes Verbrechen tauchte, so vermuten wir, zuerst in einer Antwort auf einen Fragesteller auf, wurde aber später in Ulpians juristischer Abhandlung *De officio proconsulis* („Über die Pflichten eines Prokonsuls") übernommen, die schnell als eines der maßgeblichen Werke der römischen Rechtstradition angesehen wurde.[9] Diese Schrift wurde umfassend exzerpiert für die *Digesten* Justinians im 6. Jahrhundert n. Chr. – ein Werk, das die Meinungen der römischen Juristen von der späten Republik bis zum frühen 4. Jahrhundert n. Chr. (mit einem Schwerpunkt auf dem frühen 3. Jahrhundert und den Werken der severischen Juristen wie Ulpian) zusammenfasste –, weshalb wir es kennen. Die Aufnahme in die *Digesten* deutet darauf hin, dass Ulpians Definition des *stellionatus* als namenloses Verbrechen der Rhetorik auch bei anderen Juristen Anklang gefunden hatte und wahrscheinlich lange vor Justinian den Übergang von der Rhetorik zur Meinung eines einzelnen Rechtsexperten zu einem akzeptierten Teil des formellen und materiellen Rechts der Römer geschafft hatte.

8 Rhetorik und römisches Recht

In diesem Abschnitt wird der Einfluss der in der Deklamation verwendeten Gesetze auf das römische Recht untersucht. Wenn ein überzeugender Beweis für einen solchen Einfluss erbracht werden kann, wird dies viel über die Macht der rhetorischen Ausbildung über diejenigen aussagen, die das römische Recht schrieben, studierten und kommentierten – Männer wie Ulpian – und über den römischen Geist im Allgemeinen.

Wir werden wie folgt vorgehen: In diesem Kapitel wird die Beziehung zwischen Rechtsprechung und Rhetorik untersucht; dann werden die Gesetze, welche die Deklamation beherrschen, als Gruppe untersucht. Danach (Kapitel 9) werden die Gründe für einen möglichen Einfluss der Deklamationsgesetze auf das römische Recht anhand von Beispielen (Gesetze über *raptus* und Ehebruch, Dankbarkeit und Rache) dargelegt: Die Anziehungskraft der Deklamationsgesetze auf das römische Moralempfinden war manchmal größer als die der echten römischen Jurisprudenz.[1] Anschließend (Kapitel 10) geht es um die potenzielle Anziehungskraft des rhetorischen Rechts für Rhetoriker und vielleicht auch Juristen, die sich mit den Problemen des realen römischen Rechts auseinandersetzen, und darum, dass das deklamatorische Recht Praktikern und Richtern manchmal vertrauter war als das formale römische Recht. Schließlich bewerten wir anhand der deklamatorischen Gesetze, die es nicht geschafft haben, in das reale römische Recht einzudringen, den Grad des Einflusses der Ausbildung in Deklamation auf das römische Recht.

Eine solche Untersuchung ist nützlich, weil man gemeinhin davon ausgeht, dass das römische Recht lange Zeit gegenüber dem Einfluss der Rhetorik einzigartig resistent war und seine intellektuelle und stilistische Unabhängigkeit (das, was seine Anhänger als „Klassizismus“ bezeichnen) bis in die späte Regierungszeit Diokletians bewahrte.[2] Als die Rhetorik über die Mauern kletterte und jede andere römische literarische oder geistige Stadt und Bastion plünderte, war das römische Recht – so die Geschichte – die letzte Burg, stark und unangreifbar. Über Jahrhunderte hinweg blieben die Autoren des römischen Rechts, wenn man die längeren Passagen in den *Digesten* von Justinian betrachtet, präzise, knapp und unbezwingbar; ihr Stil, die Art der Argumente, die sie verwendeten, und ihre allgemeine Geisteshaltung unterschieden sich deutlich von der der rhetorikgetränkten Welt um sie herum.[3] Ein Jurist, der einen einzigen Begriff aus der Rhetorik verwendet, kann zwei Jahrhunderte des Staunens und der gegenseitigen Verwunderung der Gelehrten auslösen, so selten sind eindeutige Fälle dieses Phänomens.[4] Soweit wir zurückblicken können, waren das Wissen und die Auslegung des römischen Rechts die Domäne einer kleinen Clique von *iurisconsulti* oder *iurisprudentes*, deren Wissen in der Tat manchmal von Vater zu Sohn weitergegeben wurde. Als solches entwickelte sich das klassische römische Recht (so heißt es) durch interne Debatten unter einigen wenigen Gelehrten und nicht durch den Druck der großen Kräfte der Außenwelt. Erfinden wir eine Metapher für diese Auffassung: Das klassische römische Recht wurde in einem Labor-Reinraum erarbeitet, in dem die wenigen mageren Zellen republikanischer oder frühkaiserzeitlicher Rechtsmaterie – die Zwölftafeln, die vom römischen Volk verabschiedeten Gesetze, das praetorische Edikt – in Zentrifugen auf ihre rechtliche Essenz reduziert und dann über die Jahrhunderte durch die Interpretationen der *iurisprudentes* kultiviert wurden. Unter den severischen Juristen erreichte das Recht sowohl intellektuelle Vollkommenheit als auch reiche Masse, wurde aber durch Luftschleusen geschützt, die keinen unreinen Bestandteil von außen eindringen ließen. Es ist auch üblich, den scharfen Unterschied zwischen den erhabenen Rechtsgelehrten und den mit Spucke besudelten Advokaten – Männern wie Cicero – zu betonen, die sich demütig an die Rechtsexperten wandten, wenn sie einen Fall hatten, der eine Rechtsfrage aufwarf.[5] Im Laufe der Zeit wurden einige und dann alle Antworten auf juristische Anfragen im Namen des Kaisers und nicht im Namen seiner Juristen gegeben: Aber auch wenn wir die Namen der *iurisconsulti* nicht mehr kennen, haben die Gelehrten keinen Grund für die Annahme gesehen, dass sich die Grundstruktur des Berufsstands – winzig, elitär, arrogant, intern zerstritten und in der Nähe des Sitzes der Macht versammelt, um zu beraten – von der späten Republik bis zur Zeit Diokletians wesentlich verändert hat.[6]

Diese Geschichte hat jedoch ein tragisches Ende. Denn im 4. und 5. Jahrhundert n. Chr., bevor Justinians klassizistische Wiederbelebung im 6. Jahrhundert eine partielle Renaissance bewirkte, wurde das römische Recht dieses bösen Zeitalters – „vulgäres Recht" war der wunderbare und spöttische Name, den ihm die Gelehrten gaben – von „lästigem Unkraut", „abscheulichem Schwulst der Rhetorik" sowie von jeder anderen möglichen Form korrumpierender Einflüsse, insbesondere aus dem griechischsprachigen Osten und seinen unsauberen Rechtsgewohnheiten, verschmutzt und bald überwuchert.[7] Man vergleiche nur die scharfe Klarheit der Juristen in den *Digesten* mit der gigantischen Ungeheuerlichkeit der kaiserlichen Konstitutionen, die im *Codex Theodosianus* (438 n. Chr.) niedergelegt sind, mit seinem „trostlosen Ruf" für den Stil, wo man manchmal vergeblich inmitten des dampfenden Geblubbers nach irgendeinem Gesetz, irgendeinem Sinn oder auch nur einer Andeutung dessen sucht, was den Kaiser ärgerte und seine Rhetoriker dazu veranlasste, seinen kaiserlichen Willen bis zum Erbrechen zu verkünden.[8]

Diese Sichtweise der konventionellen Geschichte des römischen Rechts ist eine Karikatur: Nur wenige von denen, die sich heute wissenschaftlich mit dem römischen Recht befassen, würden solche Ansichten zugeben. Sie haben die Geschichte eines rein internen, von außen unbeeinflussten Marsches zur juristischen Perfektion unter den Severern längst aufgegeben und lassen nun im Prinzip (zumindest, wenn jemand zuschaut) den Einfluss von außen auf das römische Recht in jeder Phase seiner Existenz zu. Es gibt sogar eine Bewegung, die römischen Rechtstexte als Literatur zu lesen.[9] Auch glauben sie nicht mehr an einen spätantiken Zusammenbruch in juristische Dekadenz unter der Last revoltierender Ansteckungen von außen: Sie verwenden nicht mehr den Begriff „vulgäres Recht" (zumindest nicht im Druck), und in dem, was sie jetzt „postklassische Jurisprudenz" nennen, haben sie, trotz ihrer rhetorischen Ausdrucksweise, spürbare Versuche gefunden, die feine alte geistige Maschinerie der römischen Rechtswissenschaft zu bewahren.[10] Aber es gibt einige Zweifel an der Aufrichtigkeit dieser Bekehrung, und ihre Auswirkungen sind zweifelhaft. Die alte Geschichte vom Aufstieg und Niedergang des römischen Rechts liegt vielen Studien noch immer unsichtbar zugrunde, und obwohl der äußere Einfluss auf das frühere klassische Recht theoretisch zugegeben werden mag, werden Vorschläge für konkrete Fälle des Einflusses oft noch immer abgewehrt oder (viel häufiger) einfach ignoriert.[11]

Trotz dieses allgemein feindseligen Umfelds sind viele Behauptungen aufgestellt worden, dass das römische Recht in erheblichem Maße von außen beeinflusst wurde,[12] durch die tatsächliche Praxis und die Rechtsgewohnheiten in den *Fora* und römischen Gerichten Italiens und des Reichs;[13] durch die Meinungen der arbeitenden Richter;[14] durch die alltägliche Moral und ihre Veränderungen; durch die Moral der einfachen Leute; durch den Druck jener einfachen Leute, die an den Kaiser schrieben und sich nach dem Recht erkundigten;[15] aus den sich wandelnden wirtschaftlichen Gegebenheiten;[16] aus den politischen Differenzen unter den Juristen;[17] aus den bereits bestehenden nicht-römischen Gesetzen und Rechtsbräuchen in den westlichen und vor allem östlichen Provinzen Roms;[18] aus den Kategorien der Philosophie und ihren Denk- und Argumentationsweisen;[19] aus den Theorien der Grammatik;[20] aus den Theorien der Medizin;[21] aus der Altertumswissenschaft und ihrer Handlangerin, der Etymologie;[22] und aus dem Christentum.[23]

Unser besonderes Interesse gilt hier den Behauptungen über den Einfluss der Rhetorik auf das römische Recht,[24] die sehr zahlreich sind, einschließlich des Einflusses der rhetorischen Theorien der *aequitas*, der *stasis*-Theorie (Unterscheidung des Streitpunkts; s. o. S. 24),[25] der Theorie der *Topica* (wie in Ciceros *Topica*),[26] der Einfluss der Definition,[27] der Argumentation und des Beweises,[28] der „humanen" Auslegung des Rechts,[29] der Formulierung des Rechts in prägnanten Maximen (*regulae*),[30] des *color*, der Einordnung des Sachverhalts in einen vorteilhaften Kontext,[31] und der Gewohnheit, Rechtsgutachten in Traktaten niederzuschreiben.[32] Die Argumente, die für den Einfluss der Rhetorik (und der meisten anderen potenziellen äußeren Einflüsse, mit Ausnahme des lokalen Rechts der griechischsprachigen

Provinzen Roms) auf das römische Recht vorgebracht wurden, haben sich leider meist auf einer hohen Abstraktionsebene bewegt und eine allgemeine Auswirkung auf juristische Denkmuster behauptet. Es ist durchaus möglich, dass das römische Recht z. B. seine Vorstellungen von Fairness aus Griechenland durch rhetorische Schulung übernommen hat, wie Johannes Stroux, der das berühmteste Argument in dieser Richtung vorbrachte, zu Beginn des letzten Jahrhunderts behauptete. Es könnte sie aber auch direkt oder auf dem Umweg über die Philosophie aus Griechenland übernommen haben oder aber einfach von alters her aus obskuren, unbekannten Ursprüngen besitzen, da unser Verständnis der frühen römischen Gesellschaft und des Rechts so schlecht ist. Argumente auf einer solch allgemeinen Ebene sind naturgemäß nicht schlüssig, und selbst beim besten Willen ist es schwer, von Andeutungen von Mustern, die so hoch oben in den Wolken zu sehen sind, völlig überzeugt zu sein. Auch für die Gelehrten des römischen Rechts sind solche Argumente nicht mehr als ein höfliches Nicken im Vorbeigehen wert, wenn sie, wie sie es so lange getan haben, die Geschichte und Entwicklung des römischen Rechts in der Logik des römischen Rechts selbst suchen.[33]

In jüngerer Zeit wurden Argumente, die einen rhetorischen Einfluss auf das Recht behaupten, im entgegengesetzten Extrem der Allgemeinheit vorgebracht: Eine genaue philologische Untersuchung hat rhetorische Merkmale in den Schriften bestimmter Juristen gefunden.[34] Aber auch dieser Ansatz ist geeignet, sich selbst zu zerstören. Über die Ergebnisse, die so mühsam mit abgebrochenen Fingernägeln aus der Erde der *Digesten* ausgegraben wurden, lässt sich nicht streiten, aber das magere rhetorische Gold, das auf diese Weise gewonnen wurde, und die immense Mühe, es zu bergen, lassen selbst einen wohlgesonnenen Beobachter dazu neigen, sich über das Fehlen, nicht über die Fülle, des rhetorischen Einflusses auf die klassischen Juristen zu wundern.

In der Hoffnung auf eine größere Überzeugungskraft zum Preis eines geringeren Gewinns wird in diesem Abschnitt nach den Auswirkungen der tatsächlichen Gesetze und Rechtsgrundsätze, welche die Deklamation regeln, auf das römische Recht gesucht. Der potenzielle Gewinn ist geringer, weil Gesetze, die Deklamationen beherrschen, das römische Recht nur in den Bereichen beeinflussen können, in denen es Gesetze der Deklamation gab. Denn so wie die Deklamation jahrhundertelang mit einer winzigen Anzahl von Personal auskam, so begnügte sie sich auch mit einer geringen Anzahl von Gesetzen.[35] Die meisten dieser Gesetze betrafen dramatische Situationen innerhalb von Familien, und so ist ihr potenzieller Einfluss in erster Linie einer auf das römische Recht, das sich mit dramatischen Situationen innerhalb von Familien befasste.[36] Deklamatoren interessierten sich seltsamerweise nie für Nießbrauch oder bäuerliche Dienstbarkeiten, und so ist der potenzielle Einfluss des deklamatorischen Rechts auf das römische Recht des Nießbrauchs oder der bäuerlichen Dienstbarkeiten – die jeweils ein ganzes Buch der *Digesten* einnehmen – gleich Null.

Diese Untersuchung birgt auch noch andere Gefahren. Die große Masse des überlieferten römischen Rechts ist nicht älter als das späte 2. oder frühe 3. Jahrhundert n. Chr., während die meisten überlieferten lateinischen Deklamationen früher entstanden sind.[37] Was wie ein in der Deklamation verwendetes Gesetz aussieht, das in das römische Recht übernommen wurde, könnte daher ein frühes Gesetz der Römer sein, für das uns (wie so oft) Beweise fehlen und das in umgekehrter Richtung in die Deklamation übernommen wurde; in der Tat waren die römischen Deklamatoren der römischen Kaiserzeit besonders geneigt, sich nicht vom römischen Recht ihrer eigenen Zeit, sondern vom Recht der Republik inspirieren zu lassen.[38] Oder es könnte sich um ein griechisches Gesetz handeln, ein altes oder neues, das sowohl in das römische Recht als auch in das Recht der Deklamation aufgenommen wurde.[39] Oder, da, wie bereits angedeutet, die Gesetze der Deklamation oft die *giuridicizzazione dell'etica* darstellen – den Ausdruck der Alltagsethik in fiktiven rechtlichen Begriffen –, könnte dieselbe Ethik ihren Weg in das römische Recht ganz unabhängig von der Deklamation gefunden haben.[40]

Die Gesetze der Deklamation

Die Gesetze, die in der lateinischen Deklamation verwendet werden, sind in einigen Fällen eindeutig dem römischen Recht entnommen, und einige von ihnen – wie das oben erwähnte *inscripti maleficii sit actio* und die Belohnung für Tyrannenmörder (Kapitel 4) – stammen eindeutig aus dem Griechischen, während einige von den antiken Autoren (wenn auch manchmal zu Unrecht) ausdrücklich als fiktive Schöpfungen der Deklamationsschulen bezeichnet werden. Aber in den meisten Fällen können wir uns einfach nicht sicher sein. Einst war die Suche nach den historischen Ursprüngen der deklamatorischen Gesetze Gegenstand akuten wissenschaftlichen Interesses.[41] Dass viele der deklamatorischen Gesetze auf verlorenen altrömischen Gesetzen beruhten, war die Annahme einer ganzen gelehrten Tradition – dem breiten Stamm aller Studien zum deklamatorischen Recht –, welche die Deklamation nach altrömischen Rechtsmaterien durchforsteten.[42] Die neuere Forschung betrachtet die gesamte Suche nach altrömischem Recht im deklamatorischen Recht als Glasperlenspiel, ja sogar als leicht komisch.[43] Doch die unermüdliche gelehrte Suche nach Parallelen zwischen dem Deklamationsrecht und dem römischen Recht ist höchst nützlich, wenn wir die Annahmen der alten Sucher umkehren: Während sie die Ursprünge des Deklamationsrechts im römischen Recht suchten, können wir die von ihnen entdeckten Ähnlichkeiten nutzen, um den Einfluss des Deklamationsrechts und der deklamatorischen Rechtskonzepte auf die römische Rechtswissenschaft zu untersuchen.[44]

Das rechtliche Umfeld, in dem sich die lateinische Deklamation abspielte, war mit Sicherheit nicht das des Forum Romanum oder eines römischen Bürgergerichts. Nur ein einziges echtes römisches Gesetz, die *lex Voconia* von 169 v. Chr., wird in der Vorrede namentlich erwähnt, in der die Gesetze dargelegt werden, welche die Übung in dem umfangreichen Corpus der uns überlieferten lateinischen Deklamation regeln.[45] Die Charaktere in der lateinischen Deklamation verstoßen die ganze Zeit über ruhig gegen das römische Recht, ohne zu erwarten, dass sie darauf angesprochen werden, und zwar nicht einmal auf die obskureren Bestimmungen, sondern auf diejenigen, die jeder gebildete Römer kennen würde. Tatsächlich gehörte die häufigste Paarung von Gegnern in den imaginären Gerichten der lateinischen Deklamation, die des Sohnes gegen den Vater oder des Vaters gegen den Sohn, zu den am wenigsten wahrscheinlichen in den realen römischen Gerichten, wo Söhne, von wenigen Ausnahmen abgesehen, ihre Väter nicht verklagen konnten, selbst wenn sie von der *patria potestas* ihres Vaters emanzipiert waren, und wo Väter im Prinzip mit den Missetaten von Söhnen, die an der Macht waren (die aber noch unter der *patria potestas* standen), kraft dieser *patria potestas* privat umgehen konnten.[46] Livius lässt eine Figur sagen: „Nichts könnte kürzer sein als eine Verhandlung zwischen einem Vater und einem Sohn. Mit diesen wenigen Worten würde sie enden: ‚Wenn der Sohn seinem Vater nicht gehorcht, wird es ihm schlecht ergehen!'"[47] Aufgrund der Konzentration der Deklamation auf Streitigkeiten innerhalb der Familie ist es besonders erstaunlich, dass das grundlegende römische Rechtsprinzip der *patria potestas* und seine geschmacklichen Verfeinerungen mit ihren Auswirkungen auf so viele andere Aspekte des römischen Rechts und Lebens – Kinder in oder außerhalb der Macht, die Rechtsunfähigkeit der Ersteren, ihre Emanzipation und ihre testamentarischen Folgen, *peculium* in seinen bunten Varianten und die Ehe mit oder ohne *manus* – in den für die lateinische Deklamation festgelegten Themen kaum vorkommen. Wenn ein Vater seinen Sohn in der lateinischen Deklamation hinrichten will (es wurden 22 Fälle gezählt), klagt er ihn etwa in der Hälfte der Fälle vor Gericht wegen eines Kapitalverbrechens an, offenbar in Unkenntnis seines Rechts, ein unmündiges Kind aufgrund der berüchtigten *potestas vitae necisque*, welche die *patria potestas* einem römischen Vater verlieh, selbst hinzurichten (ein Recht, das in der römischen Vorstellung mächtig blieb, auch wenn es in der römischen Realität fast nie ausgeübt wurde). Und wenn er die Tötung selbst vornehmen will, wird sein Recht dazu nicht vorausgesetzt, sondern muss in der Regel in einem Gesetz über die Deklamation festgelegt werden – *indemnatos liberos liceat occidere* („Es ist erlaubt, [die eigenen] Kinder ohne Gerichtsverfahren hinzurichten") –, und zwar aus Gründen, die weiter unten behandelt werden.[48]

Das imaginäre rechtliche Umfeld der lateinischen Deklamation war weniger das Roms als vielmehr das einer imaginären Mischwelt, die einige Gesetze und ethische Grundsätze aus Rom (vor allem aus der Republik), einige – einschließlich der Tyrannen – aus dem historischen Griechenland, Stammfiguren aus der griechischen Neuen Komödie – den Kriegshelden, den reichen Mann, den armen Mann, den verschwenderischen Sohn – und vieles aus der obskuren Welt der griechischen Volksmärchen, die zum griechischen Roman erblühten, übernahm, insbesondere die Piraten und bösen Stiefmütter, die in der Deklamation allgegenwärtig sind.[49] Vor allem aber übernahm die Deklamation die Traditionen und Konventionen der Deklamation selbst, wie sie sich im Laufe der Jahrhunderte entwickelt und verkrustet hatten, einschließlich ihrer Gesetze, nicht zuletzt deshalb, weil ein Deklamator davon ausgehen durfte, dass andere Gesetze aus dem Corpus der deklamatorischen Gesetze auf einen bestimmten Fall anwendbar waren, selbst wenn diese anderen Gesetze nicht in der formellen Vorrede zur Übung erwähnt wurden, in der die Gesetze genannt wurden, auf die sich der Fall bezog.[50]

Da die Gesetze und Rechtsgrundsätze der Deklamation die *giuridicizzazione dell'etica* darstellen, bestand immer die Möglichkeit, dass das Deklamationsrecht dem moralischen Empfinden und den gesellschaftlichen Erwartungen der Bewohner des Römischen Reichs näher stand als das römische Recht, das von Juristen, also Intellektuellen, geleitet wurde, die einer unabhängigen intellektuellen Tradition mit einer eigenen Logik folgten, die von der Alltagssensibilität etwas entfernt war.[51] Und es ist reizvoll, darüber zu spekulieren, dass Fälle, in denen das Recht der Rhetorik besser zu den gesellschaftlichen Erwartungen zu passen schien als das römische Recht, einen Teil des Einflusses des Deklamationsrechts auf das römische Recht erklären. Als Nächstes betrachten wir einen solchen Fall, nämlich den des *raptus*, des römischen Gesetzes über den Raub und die Vergewaltigung einer Frau – ein seltener Fall, in dem wir mehrere Phasen des Duells eines deklamatorischen Gesetzes mit dem römischen Recht sehen können.

9 Die Anziehungskraft des Rechts der Deklamationen

Für Rhetoriklehrer und diejenigen, die zur Schau oder zu ihrem eigenen Vergnügen deklamierten, war eines der fruchtbarsten imaginären Gesetze, die zu Deklamationen führten, dass ein Mädchen, das „geraubt" worden war, das Recht hatte, den Tod ihres Entführers und Vergewaltigers zu verlangen – oder ihn zu heiraten. (Sowohl in der Deklamation als auch im römischen Recht liegt der Schwerpunkt auf der Entführung und nicht auf dem Sexualverbrechen, das freilich impliziert war.) Nehmen wir an … nehmen wir an … ein Mann hat in derselben Nacht zwei Frauen „geraubt"! Und die eine verlangt seinen Tod, die andere will ihn heiraten! Die Deklamatoren setzen sich für die widersprüchlichen Rechte der „geraubten" Frauen ein. Oder nehmen wir an, das Opfer entscheidet sich für die Ehe, aber als ihr verurteilter Vergewaltiger sein Verbrechen schamlos leugnet, möchte sie ihre Wahl in den Tod ändern: Sollte man ihr das erlauben? Oder nehmen wir an, der „Räuber" ist bereits verheiratet, aber das Opfer entscheidet sich für die Ehe und zwingt ihn, sich von seiner ursprünglichen Frau scheiden zu lassen, woraufhin die geschädigte Matrone ihn nach einem zweiten deklamatorischen Gesetz verklagt – viele Deklamationen betrafen zwei oder mehr Gesetze, die oft miteinander kollidierten –, „dass eine Klage wegen ungerechter Scheidung zulässig ist".[1] Das deklamatorische Gesetz, das es dem Opfer einer Vergewaltigung erlaubte, das Schicksal des Angreifers zu wählen, war so bekannt, dass es in Kurzform als *raptarum lex*, „Gesetz der Geraubten", bezeichnet werden konnte.[2]

Raptarum lex

Das römische Recht kannte ursprünglich keine solche Wahlmöglichkeit für Opfer sexueller Gewalt.[3] Ja, soweit wir wissen, kannte das römische Recht jahrhundertelang *raptus* nicht als eigenständiges Verbrechen. Zur Zeit der römischen Republik und danach (so die gängige Meinung) konnte der Täter einer solchen Tat wegen *iniuria* (schwere

Beleidigung, vielleicht mit Gewalt) verklagt werden. Später, wenn die Tat die Stufe des *stuprum* (Beziehungen zu einer unverheirateten oder verwitweten Dame von gehobener gesellschaftlicher Stellung) ohne Zustimmung, aber auch ohne Gewalt erreichte und als Vergehen nach den Bestimmungen des augusteischen Ehebruchgesetzes, der *lex Iulia de adulteriis coercendis* von 18 oder 17 v. Chr., verfolgt wurde, war die Strafe der Verfall der Hälfte des Vermögens des Verbrechers an den Staat und seines Erbrechts, während nach der *lex Iulia de vi* (Gewalt) die Strafe für erzwungenes *stuprum* die Todesstrafe war.[4] Aber erst der Jurist Marcian taucht im frühen 3. Jahrhundert n. Chr. mit dem Wort *raptus* im Gesetz auf, und er wollte es aus dem Bereich des Ehebruchs in den Bereich der *vis* verschieben.[5] Er verwendete den Begriff zwar, war sich aber nicht sicher, wie er rechtlich behandelt werden sollte, und er betrachtete *raptus* nicht als eigenständiges Verbrechen. Das sollte erst zur Zeit Konstantins kommen, und es ist ein Rätsel, wie das geschehen konnte, wenn man bedenkt, dass es bereits eine Reihe von Möglichkeiten gab, das Vergehen zu verfolgen.[6]

In derselben Passage stellte Marcian fest, dass die Strafe für *raptus*, unabhängig von der rechtlichen Kategorie, in die er fiel, die Todesstrafe war; und dies wurde von Konstantin 326 n. Chr. und erneut 349 n. Chr. unter Constantius bestätigt.[7] Eine solche Wiederholung der Strafe, so dürfen wir vermuten, deutet darauf hin, dass in der realen Welt oft etwas ganz anderes geschah, und zwar über viele Jahre hinweg, und dass infolgedessen in der realen Welt verwirrte Menschen nach Rom schrieben und die Behörden fragten, was nach dem römischen Recht in Fällen von *raptus* eigentlich zu tun sei.

Was war also an den Gerichtshöfen des Reichs los? In einer weiteren Bekräftigung, dass *raptus* in der Tat ein Kapitalverbrechen war, fügt Justinian hilfreich hinzu: „Es steht weder einer Jungfrau noch einer Witwe noch irgendeiner Frau zu, zu verlangen, dass der *raptor* ihr Ehemann wird.“[8] Und wir bemerken auch, dass das spätantike Kirchenrecht es manchmal als selbstverständlich ansah, dass *raptus* in einer Ehe endete – und zwar in einer von der Kirche gesegneten Ehe.[9] Aha! Da draußen in der realen Welt, so vermuten wir, hatte die *lex raptarum* die Türen der Rhetorikschulen durchschritten und war zu den Gerichten hinabgestiegen – und die Richter akzeptierten sie in konkreten Fällen.[10] Und warum auch nicht? Jeder gebildete Mensch im Römischen Reich – sei es ein Statthalter oder sein Legat, ein Assessor, ein Anwalt oder ein Prozessbeteiligter – war mit diesem „Gesetz“ vertraut, weil er es in seiner Jugend deklamiert und erklärt bekommen hatte.

In einer traditionellen Gesellschaft waren die Chancen eines Opfers einer sexuellen Entführung, eine vorteilhafte Ehe einzugehen, gering, und die Aussicht auf eine Heirat mit ihrem *raptor*, vor allem wenn er wohlhabend war und wahrscheinlich ohne die Notwendigkeit, dass ihr Vater eine Mitgift anbieten musste – denn eine solche war eine häufige Bestimmung der *raptarum lex*, wie es in der Deklamation erscheint –, wird in vielen Fällen, so schrecklich es uns auch erscheinen mag, die beste Option für das Opfer und seine Familie gewesen sein.[11] Einem römischen Richter wird es also angesichts der vereinten Argumente des Opfers, ihrer Familie, ihres Entführers und seiner Familie sowie all ihrer Freunde und Verbindungen und höchstwahrscheinlich auch seines eigenen, durch seine rhetorische Ausbildung geprägten moralischen Empfindens sehr leicht gefallen sein, vor seinem Gerichtshof die ihm aus seiner Schulzeit bekannte *raptarum lex* anzuwenden.

Zunächst versuchten die Behörden in Rom, dies zu verhindern. Aus diesem Grund bestanden Marcian, Konstantin und Constantius, die alle das aus der Rhetorik bekannte Wort *raptus* verwendeten (und mit diesem Wort wohl speziell die in der realen Welt angewandte rhetorische *raptarum lex* missbilligten), auf einer Todesstrafe, wobei Konstantin hinzufügte, dass die späteren Bitten des Opfers (wie sie sich aus der *raptarum lex* ergeben würden, wenn das Opfer die Ehe wählt) irrelevant seien, außer dass sie es ebenfalls in das Verbrechen verwickeln würden.[12] Es sollte keine Wahl geben. Doch schließlich wurden die zentralen Behörden schwächer und gaben zum Teil dem nach, was im Reich tatsächlich geschah. Im Jahr 374 n. Chr. setzten die Kaiser Valentinian, Valens und Gratian eine Frist von fünf Jahren für die Anfechtung der Gültigkeit von Ehen, die durch *raptus* geschlossen wurden. Wurde die Ehe innerhalb dieser Frist nicht angefochten, galt sie als rechtmäßig und die daraus resultierenden Nachkommen als legitim. Die Kaiser boten, kurz gesagt, einen legalen Übergang vom *raptus* zur Ehe an, und es scheint plausibel, dass es sich bei den fraglichen Ehen um solche handelte, die aus der alltäglichen Anwendung der *raptarum lex* in den Gerichten des Reichs resultierten: Nach fünf Jahren war die rhetorische *raptarum lex* als römisches Recht durchsetzbar.[13] Woher kam die Idee einer Fünfjahresfrist für Klagen? Es ist überzeugend argumentiert worden, dass das Verbot der Klageerhebung nach einem bestimmten Zeitraum, die *longi temporis praescriptio*, selbst ein Import aus der Welt der Rhetorik war oder durch die römische Rhetorikausbildung aus dem griechischen Recht importiert wurde.[14]

Soweit wir sehen können, blieb der Kompromiss von 374 n. Chr., der ein Deklamationsrecht im römischen Recht verankerte und die *longi temporis praescriptio* einfügte, bis zur Herrschaft des traditionsbewussten und ordentlich denkenden Justinian in Kraft, der erneut bekräftigte, dass eine Frau ihren *raptor* nicht heiraten dürfe.[15] Doch 30 Jahre später kapitulierte ein älterer, weiserer Justinian und gab in der verblüffenden Art der römischen Kaiser sowohl das alte Recht wieder auf als auch zu, dass sich niemand daran hielt. In einer *Novelle* von 563 n. Chr. bekräftigte er nachdrücklich, dass *raptus* ein Kapitalverbrechen sei, beklagte sich dann aber in derselben Verfassung darüber, dass eine *rapta* immer noch ihren *raptor* heiratete, und „wie sehr wundern wir uns, dass einige", notwendigerweise Richter, „gegen den Sinn unseres Gesetzes" solchen Frauen sogar gestatteten, von ihren *raptor*-Ehemännern zu erben. Dem sollte ein Ende gesetzt werden: Nach dem Tod des Ehemannes sollte sein Vermögen an die Eltern der Frau gehen, sofern sie der Heirat nicht zugestimmt hatten, oder, wenn sie tot waren, vom kaiserlichen Fiskus eingezogen werden.[16] Justinian akzeptierte also, dass in vielen Fällen die *raptores* nicht hingerichtet wurden, es sei denn, ihre Opfer lehnten es ab, sie zu heiraten, und unterfütterte so die (offensichtlich beiläufig vollstreckte) Todesstrafe für *raptus* mit einer rein finanziellen Strafe. Mit anderen Worten: Die Beliebtheit der *raptarum lex* an den Gerichtshöfen des Reichs zermürbte schließlich selbst das steinerne Herz Justinians. Am Ende siegte das Gesetz der Deklamation, zumindest teilweise.

Die Unvollkommenheit dieses Sieges wird durch das unterschiedliche Schicksal zweier Varianten der *raptarum lex* gut illustriert. Ein deklamatorisches Gesetz lautete: „Der Räuber soll umkommen, wenn er nicht innerhalb von 30 Tagen die Begnadigung sowohl seines eigenen Vaters als auch des Vaters der *rapta* erwirkt hat.“[17] Soweit wir wissen, wurde die Vermeidung der Strafe durch die Begnadigung des Vaters des Opfers nach dem römischen Recht nie sanktioniert. Aber offensichtlich kam es in der Praxis vor, und das musste unterbunden werden. Denn in der gleichen Passage von Marcian, die wir oben behandelt haben, bemerkt dieser Jurist aus dem 3. Jahrhundert n. Chr., dass nach dem römischen Recht die Räuber *nicht* der Strafe entgehen sollten, selbst wenn ihnen der Vater des Opfers vergibt, und verwendet sogar dasselbe eher ungewöhnliche Wort, *exorare*, für den Akt des Bettelns um Verzeihung, ein Wort, das im Recht der Deklamatoren zu finden ist.[18] Aber erfolgreicher war das deklamatorische Recht: „Lasst das Opfer eines Räubers den Tod des Räubers oder sein Eigentum wählen.“[19] Unter der *lex Iulia de adulteriis coercendis* ging die Geldstrafe des Verbrechers an den Staat, ebenso wie unter der *lex Iulia de vi publica*. Aber zur Zeit Justinians sollte das Eigentum eines *raptor* idealerweise an sein Opfer gehen, und das römische Recht, so ist es schön zu denken, stimmte endlich mit dem Recht der Deklamation überein.[20]

Ehebruch

In der Regel können wir nicht so viele Etappen der Belagerung des römischen Rechts durch ein Deklamationsgesetz sehen oder erahnen wie im Fall der *raptarum lex*. Aber wir können andere Fälle sehen, in denen das römische Recht vor den Deklamatoren kapituliert zu haben scheint, vielleicht, weil das deklamatorische Recht den römischen Moralbegriff besser ansprach als das römische Recht. Nehmen wir den Ehebruch. In der späten römischen Republik galt offenbar das Gesetz, dass ein Ehemann seine Frau töten konnte, wenn sie beim

Ehebruch ertappt wurde, außerdem auch ihren Liebhaber, sofern er beide tötete.[21] Dieses Recht verlor er unter Augustus' *lex Iulia de adulteriis coercendis* (18 oder 17 v. Chr.), die es dem Ehemann verbot, seine Frau zu töten – das war Mord – und festlegte, dass er ihren Liebhaber nur dann töten durfte, wenn dieser einer degradierten gesellschaftlichen Kategorie angehörte (ein Sklave, ein Freigelassener, ein Schauspieler).[22] Die lateinische Deklamation folgte dem nicht und hielt an dem alten Gesetz fest: „Wer [und das ist immer ein Ehemann] einen Ehebrecher mit einer Ehebrecherin ergreift, hat kein Verbrechen begangen, solange er sie beide tötet."[23] Und das alte Gesetz, das durch die Deklamation im Bewusstsein der Öffentlichkeit gehalten wurde, scheint einen ständigen Druck auf das neue ausgeübt zu haben. Kaiser Antoninus Pius, so lesen wir, nutzte einfach sein kaiserliches Vorrecht, um einige Ehemänner zu begnadigen, die in einem Wutanfall ihre Frauen töteten, die sie beim Ehebruch ertappt hatten, und anderen solchen Ehemännern die Todesstrafe zu erlassen: Wenn sie von hohem Rang waren, wurden sie lediglich für eine bestimmte Zeit auf eine Insel verbannt. Die Kaiser Marcus Aurelius und Commodus scheinen die formellen Strafen weiter abgeschwächt zu haben. Und unter Majorian wurde, zumindest im Westen, ein Ehemann, der seine ehebrecherische Frau tötete, überhaupt nicht mehr bestraft, solange Ehebrecher und Ehebrecherin gemeinsam getötet wurden.[24] Das Gesetz der Rhetorik scheint sich durchgesetzt zu haben.[25] Und es setzte sich durch, vermutlich mit der starken Hilfe des römischen Gefühls im Allgemeinen, für welches das Gesetz der Deklamation die authentische Rechtstradition der Römer darstellte, in die sich Augustus unerhört eingemischt hatte, und mit einem starken moralischen Gefühl, dass die von Augustus vorgenommenen Einschränkungen des ehrwürdigen Rechts der Ehemänner, ehebrecherische Ehefrauen zu töten, ungerecht und unnatürlich waren.[26]

Nicht nur die Gesunden hatten ehebrecherische Ehefrauen. Wie wir weiter unten feststellen werden, bildeten die Verstümmelten eine wichtige Bevölkerungsgruppe in der Deklamation. Man stelle sich einen Kriegshelden vor, der im Laufe seines heldenhaften Kampfes für sein Land seine Hände verloren hat. Als er seine Frau beim Ehebruch ertappte und nicht in der Lage war, sie selbst zu töten – er hatte ja keine Hände –, rief er seinen Sohn auf, dies an seiner Stelle zu tun. Als der Sohn sich weigerte, seine Mutter zu töten, wurde er von seinem Vater enterbt, und die Deklamation folgte unweigerlich. Diese ausgeklügelte Handlung erforderte natürlich ein spezielles Deklamationsgesetz, das es einem Sohn erlaubte, seine Mutter zu töten, wenn sie beim Ehebruch ertappt wurde.[27] Nun war ein solches Recht von Söhnen, Mütter zu töten, die beim Ehebruch ertappt wurden, nicht, wie man sich naiv vorstellen könnte, ein Gesetz, das in der realen Welt viel Anwendung fand; aber egal: Unter Severus Alexander dürfen Söhne Ehebrecherinnen als Vertreter ihres Vaters töten. Es ist nicht unvorstellbar, dass dies ein Ergebnis des Einflusses des Deklamationsgesetzes ist, das solche Handlungen erlaubt.[28]

Ehebruch wurde zum ersten Mal unter der *lex Iulia* zu einem öffentlichen Vergehen, und nach ihren Bestimmungen sollten Ehebrecher auf Inseln verbannt werden – natürlich auf verschiedene Inseln, damit sie nicht weiterhin gemeinsam unartig waren –, und wenn die Verurteilte eine Frau war, verlor sie ein Drittel ihres Besitzes und die Hälfte ihrer Mitgift, und wenn sie ein Mann war, die Hälfte seines Besitzes: strenge Strafen, aber keine für ein Kapitalverbrechen.[29] Es scheint jedoch, dass Ehebruch unter Konstantin zu einem solchen Verbrechen wurde und tatsächlich zu einer ausgewählten Gruppe grausamer Schurkereien gehörte, für die der normale Berufungsweg versperrt war und die von den Osteramnestien ausgeschlossen waren, welche die Kaiser für geringere Vergehen verhängten.[30] Dafür gibt es eine Reihe möglicher Gründe: Konstantin war mürrisch – viele Verbrechen wurden in seiner Regierungszeit härter bestraft – und dem Christentum zugeneigt, das den Ehebruch noch strenger verurteilte als Augustus.[31] Aber es ist vielleicht auch erwähnenswert, dass eines der grausamen Verbrechen, mit dem der Ehebruch unter Konstantin und seinen Nachfolgern gleichgesetzt wurde, *veneficium* (Vergiftung; manchmal in Verbindung mit Zauberei), auch in der Deklamation mit ihm verbunden wurde: Es gibt nicht weniger als 14 überlieferte Deklamationsfälle, in denen Ehebruch und Gift vermischt wurden. Das Szenario in fast allen Fällen ist, dass eine Mutter sich heftig gegen eine für ihre Tochter geplante Heirat wehrt und schreit: „Sie wird sterben, bevor sie ihn heiratet!" Und das tut die Tochter dann auch prompt, mit Vergiftungserscheinungen. Ein Sklave, der gefoltert wird, enthüllt eine ehebrecherische Affäre zwischen der Mutter und dem Freier seiner Tochter. Die Mutter wird des Mordes oder der Vergiftung beschuldigt – und es kommt nun zur Deklamation.[32] Könnte der traditionelle Zusammenhang zwischen Ehebruch und Gift, der in den Schulen so oft rezitiert wurde, Konstantin oder seinen Juristen suggeriert haben, dass sie zusammengehören und dass es einen solchen Zusammenhang auch im formellen Recht geben sollte?[33] Es wurde beobachtet, dass eine Erörterung des *veneficium* bei Marcian – einem Juristen, der, wie wir oben gesehen haben, offen für Anleihen bei der Rhetorik war – an Formulierungen des Themas in der Deklamation zu erinnern scheint und daher vielleicht darauf zurückgeht.[34]

Dankbarkeit und *Talio*

Seneca der Jüngere identifizierte das populäre deklamatorische allgemeine Gesetz gegen Undankbarkeit – „Wer sich undankbar verhält, kann vor Gericht verklagt werden" (*ingrati sit actio*) – als ein Angehöriger der rhetorischen Schulen, wobei er beiläufig anmerkte, dass in der realen Welt nur Makedonien ein solches Gesetz hatte. Wahrscheinlich hat er sich mit Makedonien geirrt: Das Gesetz ist wohl attischen Ursprungs, denn die Athener erlaubten älteren Eltern, ihre Kinder aufgrund einer ähnlichen Bestimmung auf Unterhalt zu verklagen.[35] Und obwohl er Recht hatte, dass es zu seiner Zeit in Rom kein allgemeines Gesetz gegen Undankbarkeit gab, gab es eine Bestimmung – Teil der *lex Aelia Sentia* von 4 n. Chr. –, die für Freigelassene galt, die sich ihren früheren Herren gegenüber respektlos oder ungehorsam verhielten und die dafür bestraft werden konnten, eventuell durch Widerruf der Freilassung und Rückführung in die Sklaverei (es ist allerdings unbekannt, wann diese Strafe formell in das Gesetz aufgenommen wurde).[36] Und dieses Thema blieb im Bewusstsein der Öffentlichkeit: Claudius soll „undankbare" Freigelassene in die Sklaverei zurückgeschickt haben, wobei er vermutlich seine kaiserliche Willkür nutzte und damit andeutete, dass dies noch nicht das reguläre Gesetz war, und im Jahr 56 n. Chr. debattierte der Senat darüber, ob die Herren das Recht haben sollten, missratene Freigelassene wieder zu versklaven.[37] Wir können kaum sicher sein, dass das römische Gesetz *accusatio ingrati liberti* durch das allgemeinere Gesetz in der Deklamation inspiriert wurde, aber es ist interessant, dass die Anklage dasselbe Wort, *ingratus*, verwendet wie das Deklamationsgesetz, denn es ist zwar nichts Unnatürliches daran, das Verbrechen des Freigelassenen als einen Akt der Undankbarkeit für seine Manumission zu verstehen (und nicht etwa als einen Akt der Respektlosigkeit oder Beleidigung), aber es ist auch nichts Unvermeidliches daran.[38] Und die Deklamation (wie die römische Gesellschaft im Allgemeinen) hielt die Dankbarkeit der Freigelassenen gegenüber denen, die sie befreit hatten, für selbstverständlich.[39]

Der andere frühe kaiserliche Zweig des Denkens über Undankbarkeit in der Welt der Gerechtigkeit betraf Testamente. Caligula erklärte die Testamente hochrangiger Zenturionen (sie waren sehr hoch bezahlt: Allein ihr Ruhestandseinkommen machte sie zu Rittern), die es versäumt hatten, Tiberius oder sich selbst zu ihren Erben zu zählen, aus Gründen des Undanks für ungültig.[40] Nero, so erfahren wir, dehnte den Vorwand des „Undanks" aus, um die Güter jedes Erblassers, der ihm ins Auge fiel, für den Fiskus zu beschlagnahmen.[41] Plinius der Jüngere deutet nachdrücklich an, dass auch Domitian Testamente für ungültig erklärte und Güter beschlagnahmte, weil sie ihm gegenüber „undankbar" waren.[42] In jedem Fall wird die Tat als ungeheuerlich dargestellt, aber in jedem Fall ist Undankbarkeit der respektable Deckmantel, den der Kaiser über seine böse Tat legt, was bedeutet, dass die senatorische Gesellschaft im Allgemeinen „dankbare" Testamente guthieß und erwartete, dass sie so waren. Und seit der Regierungszeit Diokletians (obwohl es durchaus älter sein könnte) sehen wir im formellen Recht die Forderung, dass Kinder „dankbar" sein müssen, wenn sie ein Testament, von dem sie ausgeschlossen waren, für ungültig erklären wollen, und dass die Verteidiger des Testaments die Undankbarkeit solcher Kinder zu dessen Verteidigung geltend machen können.[43] Ob das Deklamationsrecht zu der Erwartung beigetragen hat, dass Testamente und diejenigen, die sich von ihnen etwas erhoffen, dankbar sein müssen, können wir wiederum nur spekulieren.

Das Deklamationsrecht galt für jeden unverschämten Akt der Undankbarkeit, unabhängig von der Beziehung zwischen den Parteien. In der lateinischen Deklamation sehen wir, wie es zweimal von Ehefrauen geltend gemacht wird; in einem Fall wehrt sich eine Frau gegen die schrecklichen Folterungen eines Tyrannen, um ihren Mann zu retten, wird aber durch die erlittenen Verletzungen unfruchtbar und lässt sich deshalb scheiden und verklagt ihren unglücklichen Ehemann wegen Undankbarkeit. Einmal wird es von einem Schwiegervater gegen einen Schwiegersohn angeführt; und in einem Fall verklagt ein reicher Mann einen nicht verwandten armen Mann.[44] So stellte es sich auch Seneca der Jüngere vor, als er sich unter Nero die Frage stellte (und sie in mühsamer Kleinarbeit verneinte), ob das Gesetz gegen Undankbarkeit, „das in den Schulen gilt", auch in der wirklichen Welt durchgesetzt werden sollte.[45] Seine Vorstellungen zu diesem Thema erinnern uns daran, dass die Reziprozität das Herzstück des römischen Moralempfindens war.[46] Jedes deklamatorische Gesetz, das auf der Reziprozität beruhte oder das die Gebote der Reziprozität besser widerzuspiegeln schien als das bestehende römische Recht, konnte sich mithilfe seiner tiefen Verwurzelung im römischen Moralempfinden in das römische Recht hineindrängen.

Es ist daher kaum verwunderlich, dass sich das römische Recht der Undankbarkeit schließlich von seiner Beschränkung auf Freigelassene und Testamente löste und sich dem Recht anpasste, wie es in der Deklamation bestand. Im Jahr 367 n. Chr. verfügten Valentinian, Valens und Gratian – wieder diese Kaiser –, dass Kindern, die ihre Eltern verbal oder körperlich misshandelten, die Emanzipation entzogen und sie wieder unter die *patria potestas* gestellt werden konnten. Der kurze überlieferte Gesetzestext enthält keinen direkten Hinweis auf Undankbarkeit, aber die Redakteure sowohl des *Codex Theodosianus* im frühen 5. Jahrhundert n. Chr. als auch des *Codex Iustinianus* im frühen 6. Jahrhundert n. Chr. ordneten dieses Gesetz unter der Überschrift „Über undankbare Kinder" ein.[47] Und in diesem späteren

Werk geht Justinian 530 n. Chr. davon aus, dass es ein allgemeines Gesetz gegen Undankbarkeit gibt, ein Gesetz, das auch zwischen Personen gilt, die nicht durch das Eltern-Kind-Band oder das Band zwischen Patron und Freigelassenem miteinander verwandt sind, und er zählt die Fälle auf, in denen es geltend gemacht und eine *donatio* zurückgefordert werden kann: wenn der Empfänger den Geber auf unverschämte Weise beleidigt oder geschlagen hat oder sich verschworen hat, dass er eine große Geldsumme verliert, oder ihn in Todesgefahr gebracht hat. All dies sind Umstände, die sehr danach klingen, als seien sie aus, nun ja, Deklamationen entnommen, die dem rhetorischen Gesetz gegen Undankbarkeit unterliegen.[48]

Thematisch verwandt und ebenfalls auf der Erwartung von Dankbarkeit beruhend ist das verbreitete deklamatorische Gesetz „Kinder müssen ihre Eltern unterstützen oder sie werden eingesperrt", ein Gesetz, das wahrscheinlich ebenfalls griechischen Ursprungs ist und zu einem schönen rhetorischen Dilemma führen kann, wenn z. B. ein Vater seinen Sohn auf Unterhalt verklagt; der Vater hatte zuvor eine solche Unterstützung unmöglich gemacht, indem er den Piraten, die den Sohn gefangen genommen hatten, das Doppelte des Lösegelds anbot, das sie für die Freiheit des Sohnes gefordert hatten, wenn sie stattdessen die Hände des Sohnes abhacken würden (was sie taten), Hände, die der Sohn benutzt hatte, um den anderen Sohn des Vaters zu töten, der zufällig ein Tyrann war.[49] Eine sehr ähnliche Verpflichtung für Kinder, ihre Eltern zu unterstützen (wenn auch ohne Gefängnisstrafe und ohne Piraten, aber mit viel Diskussion über *pietas* und andere konventionelle Werte), erscheinen im römischen Recht die Regierungszeiten von Antoninus Pius und Marcus Aurelius.[50] Dies ist eine merkwürdige Bestimmung, die den Einfluss des rhetorischen Rechts auf das reale Recht besonders deutlich macht, weil sie vielen etablierten Prinzipien des römischen Rechts zuwiderläuft. Es scheint aus mehreren Gründen widersprüchlich zu sein, von einem Sohn in der Macht zu verlangen, seinen Vater zu unterstützen: weil der Vater ohnehin das gesamte Vermögen des Sohnes besitzt; ein emanzipierter Sohn sollte nicht verpflichtet sein, seinen Vater zu unterstützen, weil die Emanzipation die agnatische Verbindung unterbricht; und ein Sohn im Heer sollte nicht verpflichtet sein, seinen Vater zu unterstützen, weil ein Teil des Sinns seines *peculium castrense* – der finanzielle Ertrag seines Militärdienstes – genau darin besteht, dass er vor seinem Vater geschützt wurde.[51] Dieses Deklamationsrecht ist als ein besonders deutlicher Fall der *giuridicizzazione dell'etica* hervorgehoben worden, wo das Recht der Rhetorik eine anerkannte moralische Pflicht zum Ausdruck brachte, die jahrhundertelang niemand für notwendig hielt, in das formale römische Recht aufgenommen zu werden.[52] Aber schließlich drängte das Deklamationsrecht mithilfe dieser ethischen Vertrautheit in das Recht der Römer.

Das übergeordnete Prinzip, das hinter der rhetorischen *actio ingrati* und der Verpflichtung der Kinder, ihre Eltern zu unterstützen, stand, war die Gegenseitigkeit, und in diesem Bereich finden wir auch das deklamatorische Gesetz: „Wer ein Kind anerkennt, das er ausgesetzt hat, kann das Kind zurückfordern, nachdem er die Kosten für die Erziehung des Kindes bezahlt hat (*solutis alimentis*)." Beispiel: Ein solcher Sohn wird von seinem reichen Vater freigekauft, zieht aber die arme Familie vor, in der er eigentlich aufgewachsen ist, und will die Tochter seines armen Stiefvaters heiraten, woraufhin der reiche Vater ihn enterbt. Eine Deklamation folgt. Dieses Gesetz der Rhetorik scheint unter Diokletian Eingang in das römische Recht gefunden zu haben, indem er Worte – *alimentorum solutione* – verwendete, die an das rhetorische Gesetz erinnern.[53]

Eine grausamere Gegenseitigkeit war auch in der Deklamation beliebt: die *talio* – „Klage um *talio*" – und besonders in Fällen von Blindheit: Auge um Auge.[54] Nun war die *talio* ein sehr altes Prinzip des römischen Rechts, das in den Zwölftafeln auftaucht: Wenn einer einem anderen den Arm brach und die beiden sich nicht auf eine Entschädigung einigen konnten, konnte man ihm im Gegenzug den eigenen Arm brechen.[55] In der Mitte des 2. Jahrhunderts n. Chr., dem Zeitalter der pedantischen Diskussionen, die Aulus Gellius in seinen *Attischen Nächten* schildert, war es jedoch möglich, dass selbst ein Jurist die rechtliche Bedeutung des Wortes *talio* nicht mehr kannte, so sehr war diese Praxis überholt.[56] In der frühen römischen Kaiserzeit überlebten Strafen, die den *talio* widerspiegelten, meist als unregelmäßige Einzelfälle, die manchmal in Spektakeln verwendet wurden, wie zum Beispiel, als ein Bandit, der die Gegend um den Ätna verwüstet hatte, auf ein kunstvolles Modell des Ätna auf dem Forum Romanum gesetzt wurde, ein Bauwerk, das auf Befehl zusammenbrach und ihn den Bestien übergab, die ihn verschlangen.[57]

Aber in den rhetorischen Schulen herrschte die *talio*, die den Bedürfnissen der Rhetoriker angepasst war. „Der falsche Ankläger soll die gleiche Strafe erleiden, die der Angeklagte erlitten hätte, wenn er verurteilt worden wäre", so lautete das rhetorische Gesetz.[58] In einer Welt, in der Spitzel und gierige Denunziatoren (*delatores*) verhasst und gefürchtet waren, erregte diese angenehme Vorstellung, ob aus der Rhetorik oder anderswo, die Phantasie der Öffentlichkeit. Und so stellte (oder beschrieb?) sich Plinius der Jüngere vor, dass diejenigen, die unter Domitian *delatores* waren, nun der gleichen Strafe ausgesetzt waren wie ihre Opfer, indem sie selbst ins Exil geschickt wurden – diejenigen, welche die Stürme und Unwetter einer solchen Reise überlebten –, um „auf kahlen Felsen und an einer unfreundlichen Küste zu wohnen". Er fährt fort: „Jene Inseln, die einst von Senatoren bevölkert waren, waren nun voll von *delatores*. … Sie wollten andere Männer um ihr Geld bringen: Jetzt sollen sie ihr eigenes verlieren. … Jetzt können sie die Angst spüren, die sie einst ausgelöst haben."[59] Und die Anwendung des *talio* auf falsche Ankläger fand schließlich Eingang in das geschriebene Gesetz: Wenn jemand behauptet, dass ihm ein Hof mit Gewalt (*vis*) genommen wurde – sagte Konstantin – aber diese Behauptung nicht beweisen kann, wird der falsche Ankläger die Strafe für *vis* erleiden.[60] Wenn eine falsche Anschuldigung wegen Hochverrats, *maiestas*, erhoben und der Angeklagte gefoltert wurde (und nicht einmal die Höchsten im Land waren in Fällen von *maiestas* vor Folter gefeit), der Angeklagte aber freigesprochen wurde, dann sollten der Ankläger und seine Kumpane ihrerseits gefoltert werden.[61] Noch bevor eine förmliche Anklage wegen Mordes erhoben wurde, so die Kaiser im Jahr 383 n. Chr., musste sich der Ankläger schriftlich verpflichten, sich der Strafe für Mord zu unterziehen, wenn er seinen Fall nicht beweisen konnte.[62] Die genaue Parallele zum Deklamationsrecht, dass *jeder* erfolglose Ankläger die Strafe für das Verbrechen erlitt, dessen er einen anderen beschuldigte, wurde schließlich von Honorius und Theodosius im Jahr 423 n. Chr. erlassen.[63]

Mit der *talio* verwandt ist das, was wir als anatomisch angemessene Strafen bezeichnen könnten, welche unter Konstantin ihre Blütezeit erlebten: Setze einen Fuß falsch – benutze ihn, um über die Grenze zu den Barbaren zu fliehen, wenn du ein Sklave bist – und zack! ist der Fuß weg. Benutze eine offizielle Hand, um zu stehlen, und zack! ist die Hand weg. Beleidige den Kaiser– und zack! verlierst du deine Zunge. Locke ein Mädchen mit Schmeicheleien in die Hände eines Wüstlings, und – gurgel! würg! – lass dir den Mund mit geschmolzenem Blei verstopfen.[64] „Dieses abscheuliche Übel, das größte Übel im menschlichen Leben, der böswillige Ankläger [*delator*]", schimpfte Konstantin im feinen Stil seiner Generation, „lass seinen Versuch in seiner Kehle erwürgen, während er beginnt! Man möge seine neidische Zunge von der Wurzel her abschneiden und herausreißen!" Alles nur Geschwätz, wie sich herausstellte, denn der Kaiser setzte (lediglich) die Todesstrafe fest. Doch als das Gesetz später ausgelegt wurde, waren das Erwürgen und das (postmortale) Entfernen der Zunge erschreckend real geworden.[65]

Eine dem Verbrechen entsprechende Bestrafung ist in vielen verschiedenen Rechtstraditionen keine Seltenheit, nicht zuletzt im Kodex des Hammurabi, im Alten Testament und in der islamischen Rechtsprechung. Aber soweit wir wissen, spielten solche anatomisch angemessenen Strafen im klassischen römischen Recht oder seiner juristischen Auslegung kaum eine Rolle.[66] Wenn man davon ausgeht, dass die römischen Strafen unter Konstantin und danach generell härter wurden, war es kaum eine notwendige oder natürliche Entwicklung des bestehenden römischen Rechts, dass die Strafen *auf diese Weise* härter wurden. Aber gebildete Römer waren mit solchen angemessenen Strafen kaum unvertraut: Sie waren ein Grundbestandteil der Deklamation, einer Welt, in der der Mann, der einen anderen blind machte, erwarten konnte – wenn er nicht selbst geblendet werden wollte – für den Rest seiner Tage als Führer des Blinden zu dienen; derjenige, der seinen Vater schlug, verlor die

Hand, die ihm den Schlag versetzte, und derjenige, der Tempelschätze stahl, verlor die Hände, die sie ergriffen hatten.[67]

Es handelt sich hier um einen Fall, in dem die Gesetze der Deklamation offenbar eine allgemeine Inspiration für das römische Recht darstellten, und nicht um spezifische deklamatorische Gesetze, die in das römische Recht übernommen wurden: Denn obwohl im spätrömischen Recht tatsächlich Hände abgehackt wurden, waren es nicht die eines Sohnes, der seinen Vater geschlagen hatte, noch wurde im römischen Recht derjenige geblendet der einem anderen das Augenlicht genommen hatte. Was sich also aus der Deklamation ergibt, ist die allgemeine Vorstellung von der Verstümmelung als einer dem Verbrechen angemessenen Strafe, und darüber hinaus – und ebenfalls sehr gegen den Geist des klassischen römischen Rechts – die Vorstellung, dass die Verstümmelung im Allgemeinen etwas Normales sei, etwas, das durchaus vorkommen könne und das daher als gerichtliche Strafe angenommen werden könne. Denn nicht nur die Verstümmelung als Strafe in der Deklamation war üblich, sondern auch die vorherige Verstümmelung einer Person – und insbesondere amputierte Hände – als Teil der Szenarien, die zu einer Deklamation führten: Manchmal hat man den Eindruck, dass die gesamte imaginäre Stadt der Deklamation mit Personen gefüllt war, die entweder zuvor verstümmelt worden waren oder der Verstümmelung unterlagen.[68]

10 Rechtsrätsel, bekannte Gesetze und vom römischen Recht abgelehnte Gesetze der Rhetorik

In einer der von Seneca dem Älteren aufgezeichneten Deklamationen lautet das geltende Recht: „Es sei eine Klage wegen *iniuria*“ (Verletzung oder schwere Beleidigung). Aber die Art der angeblichen Verletzung ist spezifisch römisch. Der Sohn eines armen Mannes, der überzeugt war, dass ein reicher Mann seinen Vater getötet hatte, aber nicht die Mittel hatte, gerichtlich gegen ihn vorzugehen, war dem reichen Mann in Trauerkleidung gefolgt. Wegen der daraus resultierenden Schande hatte der Reiche eine Wahl verloren und verklagte den Sohn des Armen wegen *iniuria*. Ihre Reden sind die Deklamationen.[1] Was die Aufmerksamkeit moderner Studien zum römischen Recht auf sich gezogen hat, ist die relative juristische Formalität einiger der vorgebrachten Argumente. Einer der Deklamatoren, die das Thema behandelten, bestritt, dass das Herumlaufen eines Mannes *iniuria* sei: „Alle Arten von *iniuria* sind im Gesetz enthalten (d. h.: und keine anderen): Man darf einen Mann nicht schlagen und man darf ihn nicht gegen die guten Sitten beschimpfen“, während ein anderer den Vorwurf sarkastisch als Schaffung einer „neuen *formula* für das Vergehen der *iniuria*“ bezeichnete: „dass er gegen die guten Sitten geweint hat“.[2] Dies ist interessant, weil die praetorischen Heilmittel für *iniuria* – der städtische Praetor erlaubte durch sein sich langsam entwickelndes Edikt Maßnahmen für Vergehen, die nicht unter das strenge Gesetz fielen – fast zur gleichen Zeit umstritten waren. Eine der Bestimmungen des Praetorenedikts lautete: „Es gebe keinen Grund für Verleumdungen in irgendeiner Hinsicht. Wer dagegen verstößt, den werde ich entsprechend der Schwere der Tat bestrafen.“ Aber der große augusteische Jurist Labeo – ein Zeitgenosse der Deklamatoren bei Seneca – hielt diese Bestimmung für „überflüssig, weil wir nach der Regel gegen *iniuria* im allgemeinen Edikt vorgehen können“.[3] War die Bestimmung des Praetors neu, und wies Labeo deshalb darauf hin, dass sie nicht benötigt wurde? Oder war sie alt und Teil von Labeos umfassenderer Kampagne, die Beleidigung in das Gesetz der *iniuria* einzubinden? Wir können es nicht sagen.[4] Aber es scheint unbestreitbar, dass die Deklamatoren in diesem Fall über eine echte zeitgenössische Rechtsfrage stritten. Und wenn die Juristen dies bemerkten?

Der Sklavenjunge von Brundisium

In seinem Werk *Leben der Grammatiker und Rhetoren* vermerkte Sueton, dass einige Themen für Deklamationen realen Ereignissen in der römischen Rechtsgeschichte entnommen waren, und führte einen Fall in Brundisium an, in dem der Sklavenhändler, um den hohen Zoll für einen frischen, jungen, attraktiven – und daher wertvollen – Sklavenjungen nicht zahlen zu müssen, ihn mit der *toga praetexta* und der *bulla* eines freien römischen Bürgers gekleidet hatte, auf den kein Zoll erhoben wurde. Als der Junge in Rom ankam, wurde seine Freiheit mit der Begründung eingeklagt, dass der Sklavenhändler, indem er ihn als frei gekleidet hatte und ihn als frei behandeln ließ, versehentlich einen Willen – eine *voluntas* – bekundet hatte, dass er tatsächlich frei sein sollte.[5]

Es ist nur eine einzige lateinische Deklamation zu genau diesem Thema überliefert, obwohl wir aufgrund der Erwähnung des Falles bei Sueton vermuten können, dass er häufiger vorkam, als es uns scheint. In dieser Deklamation wird das Gesetz wie folgt wiedergegeben: „Wer durch den Willen (*voluntas*) seines Herrn befreit wurde, der sei frei", und dieses Gesetz wird auch in einer zweiten Deklamation zitiert.[6] Einige Gelehrte haben behauptet, dies sei ein Zitat aus den Worten, mit denen der Praetor diejenigen schützte, die unter der Republik informell freigelassen worden waren; andere aus der rätselhaften *lex Iunia* von 19 oder 17 v. Chr., dem echten römischen Gesetz, das einige Freigelassene in den minderwertigen Status der junianischen Latiner versetzte.[7] Beides ist nicht unmöglich, aber der Streit entsteht, weil das deklamatorische Gesetz nicht besonders nach dem klingt, was wir von beiden kennen. Es klingt wie der Jurist Pomponius aus dem 2. Jahrhundert n. Chr., der erklärt, dass eine versehentliche Manumission (wie genau so etwas passieren konnte, bleibt uns überlassen) ungültig sei, und der in einem Versuch der Klarstellung anbietet, dass ein Sklave „nur dann durch den Willen des Herrn frei ist, wenn sein Freiheitsbesitz mit dem Willen des Herrn übereinstimmt".[8] Die einfachste Lösung ist nicht nur, dass Pomponius seine Formulierung dem bekannten Deklamationsrecht entnommen hat, sondern Pomponius hat sich so sehr in sein Latein eingewickelt, dass seine Formulierung nur dann wirklich Sinn ergibt, wenn sein Leser mit dem Deklamationsrecht so vertraut ist, dass er es als Glosse beisteuern kann.[9] Es scheint, dass der Fall des Knaben von Brundisium in die Deklamation aufgenommen wurde und dort über viele Jahrzehnte einsickerte, und dass ein Jurist, als er den Rechtsgrundsatz ausdrücken musste, den dieser reale Fall darstellte, einfach eine Formulierung übernahm, zu der die Deklamatoren bereits gelangt waren.

Malleolus und die *querela inofficiosi testamenti*

Ein paar Jahre vor 100 v. Chr. ermordete ein Römer namens Malleolus seine Mutter. Als er wegen dieses schrecklichen Verbrechens verurteilt wurde, wurde die seltsame und grausame römische Strafe für Vatermord in die Tat umgesetzt: Sein Kopf wurde in das Fell eines Wolfes gesteckt, und seine Füße wurden mit speziellen Holzschuhen versehen. Er sollte in einem Sack ertränkt werden, aber es dauerte seine Zeit, bis der kleine Zoo von Tieren (ein Hahn, ein Hund und eine Schlange? Die antiken Autoritäten sind sich nicht einig) gefunden war, mit denen er nach ehrwürdigem Brauch den Sack teilen sollte, und so wurde er, während die Suche nach den Tieren im Gange war, im *carcer*, dem römischen Gefängnis, eingesperrt. Während der Verzögerung eilten seine Freunde mit Wachstafeln zum Gefängnis: An diesem dunklen Ort machte er sein Testament mit allen juristischen Spitzfindigkeiten und den notwendigen Zeugen und enterbte seinen jüngeren Bruder (der einer seiner Ankläger war). Als die Tiere endlich gefunden wurden, wurde er auf einem von schwarzen Ochsen gezogenen Karren zu einem fließenden Gewässer gebracht, in den Sack mit den tadellosen kleineren Geschöpfen gebunden und dort mit aller gebotenen Feierlichkeit ertränkt.[10]

Wir kennen diese Geschichte, weil das Testament eine berühmte juristische Kontroverse auslöste. Die Begünstigten, die Malleolus in seinem Testament aufgeführt hatte, kamen in den Besitz seines Vermögens, aber sein jüngerer Bruder klagte mit der Begründung, dass das Testament trotz der exquisiten juristischen Sorgfalt, mit der es erstellt worden war, ungültig sei. Sein Argument scheint gewesen zu sein, dass ein Mann, der seine Mutter ermordet hat, *ipso facto* als verrückt, als *furiosus*, zu betrachten sei, und dass das Vermögen eines *furiosus* unter der Kontrolle der Verwandten väterlicherseits, kurz gesagt, seines jüngeren Bruders, stehen müsse. Die Gegenseite wird munter zugegeben haben, dass Malleolus verrückt war, als er die schreckliche Tat beging, aber das allein mache sein Testament in jenen Tagen nicht ungültig. Ein solch hartnäckiger Rechtskonflikt klingt sehr nach einer Sache, welche die Deklamation liebte, und in der Tat ist die Geschichte zu dem Zeitpunkt, an dem wir sie hören – bei dem jungen Cicero und in den anonymen *Rhetorica ad Herennium* – bereits zu einem deklamatorischen Thema verarbeitet worden.[11]

Springen wir einige Jahrhunderte weiter. Jetzt können wir das Verfahren, mit dem der Bruder von Malleolus das Testament anficht, besser nachvollziehen. Im frühen kaiserlichen Sprachgebrauch war dies die *querela inofficiosi testamenti* oder „Beschwerde über ein pflichtwidriges Testament", die vor dem ehrwürdigen Gericht der *centumviri* verhandelt wurde.[12] Der Jurist Ulpius Marcellus aus dem 2. Jahrhundert n. Chr. kommentierte die Unzurechnungsfähigkeit als möglichen Grund für die *querela inofficiosi testamenti* und bezeichnete sie als *color*, den rhetorischen Fachausdruck für die Umstände, die ein Erklärer erfindet, um den Sachverhalt ins beste Licht zu rücken – eine seltene juristische Verwendung eines rhetorischen Begriffs. Dieser *color insaniae* war oder wurde zu einer juristischen Fiktion, die dazu diente, anfechtbare Testamente zu kippen, auch wenn der Erblasser nicht verrückt war, wie Marcian im 3. Jahrhundert unter Verwendung desselben Wortes, *color*, erklärte (er hatte also wahrscheinlich Marcellus' Kommentar im Sinn): Wenn der Erblasser in Wirklichkeit offensichtlich verrückt war, war sein Testament einfach ungültig, und die Regeln der Erbfolge ohne Testament kamen zur Anwendung.[13]

Woher kommt dieser *color*? Und woher kam der intellektuelle Sprung zur Behauptung des Wahnsinns (vielleicht die allererste Verwendung eines solchen Arguments unter diesen Umständen) im konkreten Fall des Testaments von Malleolus? Wahrscheinlich aus der volkstümlichen deklamatorischen *actio dementiae*, der Anklage eines Sohnes gegen seinen lebenden Vater wegen Wahnsinns, um sich seines Vermögens zu bemächtigen.[14] Diese Art von Klage, die *dike paranoias*, gab es in Griechenland wirklich: Sophokles wurde bekanntlich auf dieser Grundlage angeklagt. Sie wurde zu einem Gesetz der lateinischen Deklamation, fand aber, wie wir weiter unten sehen werden, nie direkten Eingang in das römische Recht, das es einem Sohn nie erlaubte, seinen lebenden Vater wegen Wahnsinns zu belangen. Nichtsdestotrotz schwirrte es in den Köpfen gebildeter Römer herum, hatte seinen Einfluss auf die Juristen, die Wahnsinn als *color* beschrieben, und beeinflusste die Art und Weise, wie Fälle von *querela inofficiosi testamenti* argumentiert wurden; und vielleicht hatte es viele Jahre zuvor die Argumente des unglücklichen Bruders des monströsen Muttermörders Malleolus inspiriert.

Die testamentarischen Folgen der Selbsttötung

Wir wenden uns vom Vatermord dem Suizid zu. Kurz nach dem Beginn des 1. Jahrhundert n. Chr. rief C. Albucius Silus, der ein erfolgreicher Lehrer und Redner in Rom und ein Bekannter von Seneca dem Älteren gewesen war, sich aber im Alter in seine Heimatstadt Novara in Norditalien zurückgezogen hatte, die Bürger der Stadt zusammen und hielt eine lange Rede, in der er begründete, warum er sich das Leben nehmen wollte: Er litt, wie er erklärte, an einem unheilbaren Abszess. Nachdem er seine Rede beendet hatte, ging er nach Hause und ließ sich zu Tode hungern.[15] Und so starb er, wie er gelebt hatte, denn er passte zu dem beliebten deklamatorischen Gesetz: „Wer seinen Suizid nicht vor dem Senat begründet, wird ohne Begräbnis verstoßen."[16]

Wie der zu Beginn dieses Kapitels erwähnte Rhetoriker, dessen Unkenntnis des römischen Rechts von dem geistreichen Anwalt Cassius Severus auf komische Weise ausgenutzt wurde, hatte Albucius immer Schwierigkeiten, Schule und Wirklichkeit auseinanderzuhalten. „Schwöre!", forderte er einmal einen Prozessbeteiligten in einer realen Gerichtsverhandlung auf, „schwöre auf die Asche deines Vaters und deiner Mutter, die Asche, die unbestattet liegt!" Daraufhin tat der Kläger genau das und gewann den Prozess. Albucius hatte vergessen, dass es in echten römischen Gerichten Gegner gab, die auf solch windige rhetorische Herausforderungen reagieren konnten, und war sich nicht bewusst, dass er versehentlich ein *iusiurandum* angeboten hatte, eine Aufforderung, einen Eid abzulegen, der, wenn er angenommen wurde, den Fall für den Eidesleistenden gewann.[17]

Das deklamatorische Gesetz, das von angehenden Selbstmördern verlangte, sich vor einer öffentlichen Körperschaft zu erklären und in einigen Versionen deren Erlaubnis einzuholen, damit der Täter begraben werden durfte, war wegen seines Potenzials für Paradoxien und exzessives Selbstmitleid sehr beliebt und wurde möglicherweise von den Deklamatoren von einem realen Gesetz übernommen, das in einigen griechischen Städten existierte.[18] Aber soweit wir wissen, fand es nie Eingang in das römische Recht. Was wir jedoch haben, sind Hinweise darauf, dass es das römische Recht beeinflusst hat, das sich mit der Gültigkeit der Testamente derjenigen befasste, die unter rechtlicher Bedrohung Suizid begingen.[19] In diesem Bereich schwankte das Recht zwischen der Position, dass ein Suizid potenzielle Anklagen oder vielleicht sogar bereits erhobene Anklagen auslöschte – daher die häufigen vorweggenommenen Suizide von Personen, die bei Tacitus der *maiestas* beschuldigt wurden – mit dem Ergebnis, dass das Testament einer solchen Person gültig war, und der Position, dass ein Suizid unter solchen Umständen ein Geständnis darstellte, mit dem Ergebnis, dass das Testament ungültig war und das Eigentum des Angeklagten vom Staat beschlagnahmt wurde.[20]

Als unter den Adoptivkaisern Gesetzestexte verfügbar wurden, neigte das Gesetz zur letzteren, härteren Position, und die Adoptivkaiser schlugen vor, es durch eine Reihe von Einschränkungen und Ausnahmen zu mildern. Dem Suizid musste eine förmliche Anklage vorausgegangen sein, damit er als Geständnis gewertet werden konnte; und die Anklage musste so beschaffen sein, dass eine Verurteilung in diesem Fall den Verlust des Eigentums des Verurteilten zur Folge gehabt hätte. Der Suizid musste aus Furcht vor einer gerichtlichen Verurteilung geschehen sein, nicht um den Schmerzen einer Krankheit oder eines *taedium vitae* zu entgehen.[21] Hätte ein Vater seinen Sohn getötet, schrieb Hadrian, wäre sein Suizid nicht auf die Furcht vor einer Bestrafung zurückzuführen gewesen, sondern auf die Trauer über den Verlust des Sohnes – und plötzlich befinden wir uns in der Welt der Deklamation, in der die Tötung von Söhnen genau die Art von Gründen ist, aus denen Väter, von Reue verzehrt, einen imaginären Senat über ihre Absicht informieren, Suizid zu begehen.[22] Und die Juristen griffen dasselbe Thema auf: Ulpian befasste sich mit der Frage der Gültigkeit des Willens derjenigen, die Suizid begingen, nachdem sie des Vatermordes beschuldigt worden waren (was sicherlich nicht alltäglich ist – außer in der Deklamation).[23] Marcian, der die barmherzigen Bestimmungen der Kaiser in diesem Bereich kommentiert, ergänzt frei: „Und derjenige wird zu Recht bestraft, der seine Hand ohne triftigen Grund gegen sich selbst richtet, denn wenn er sich selbst nicht verschont hat, wie kann er dann anderen gegenüber barmherzig sein?" Es ist, als hätte er gerade Seneca den Älteren gelesen, sich aber nicht genau daran erinnert: „Was mag der gewagt haben, der sich selbst töten konnte?", ein Satz, den Ulpian noch genauer nachahmt, wenn er den Suizid eines Sklaven betrachtet.[24] Es hat den Anschein, als hätten Kaiser und Juristen die Deklamation im Sinn gehabt, als sie über die rechtlichen Aspekte des Suizides nachdachten. So überrascht es kaum, dass Antoninus Pius zwar den Erben eines Mannes, der Suizid beging während er eines Verbrechens angeklagt war, eine formelle Anhörung gewährte und das Testament des Verstorbenen gültig blieb, eine formelle Anhörung, wobei sein Testament gültig war, wenn sie seine Unschuld an dem Verbrechen selbst beweisen konnten. Zur Zeit Diokletians mussten die Erben lediglich beweisen, dass der Suizid nicht durch die Angst vor Strafe motiviert war, damit das Testament gültig war.[25] Das römische Recht hat die Pflicht des Selbstmörders, seine Motive vor seinem Tod zu erklären, nie ganz erreicht, aber es kam ihr sehr nahe, indem es den Erben erlaubte, die Motive des Selbstmörders an seiner Stelle zu erklären.

Bienen und andere Instanzen

Und dann sind da noch die Bienen, kleine Kreaturen, die von den Rechtsgelehrten sowohl in der gemeinrechtlichen als auch in der zivilrechtlichen Tradition sehr geliebt werden. Die Bienen und ihr trauriges Schicksal sind das Thema der 13. pseudo-quintilianischen *Größeren Deklamation*. Die schönen Blumen eines reichen Mannes wurden von den Bienen eines armen Mannes befallen. Der Reiche bespritzte die Blumen mit Gift und tötete die Bienen: Der Arme verklagt den Reichen auf Schadenersatz, und die Rede des Armen ist die Deklamation.[26] Zufällig sind Spuren einer Kontroverse zwischen Juristen aus dem frühen 2. Jahrhundert n. Chr. über Bienen und die Haftung für deren Vernichtung erhalten. Frühere Juristen sagten, dass es keine solche Haftung gebe, weil Bienen nicht eigentumsfähig seien, da sie weder zahm noch eingesperrt seien. Der Jurist Celsus erwiderte jedoch, dass eine Maßnahme erlaubt sei, da Bienen – wie Tauben – die Angewohnheit hätten, nach Hause zurückzukehren, und man aus ihnen einen Gewinn ziehen könne.[27]

Nun stellt sich heraus, dass die Argumente, die der Arme in der 13. *Größeren Deklamation* vorbringt (und die von der anderen Seite vorweggenommen werden), denen in der juristischen Kontroverse merkwürdig ähnlich sind, und es gibt sogar einige gemeinsame Wörter, und Diktions-Merkmale der Deklamation finden sich an anderer Stelle bei Celsus und können in dieser Deklamation selbst parallelisiert werden. Der kluge Dario Mantovani hat vermutet, dass Celsus in seiner juristischen Antwort auf eben diese Deklamation zurückgriff.[28] Mantovani hat intellektuelle Kinder gehabt. So wird in jüngster Zeit behauptet, dass aus dem Denken in der Deklamation die römische Rechtslehre entstanden sei, wonach die Ehefrau vor allen anderen Gläubigern das Recht habe, ihre Mitgift aus den Resten des Vermögens oder des Nachlasses ihres Mannes zurückzubekommen, wenn dessen Schulden sein Vermögen übersteigen oder wenn sich herausstellt, dass er als Sklave, der dies nicht zugegeben hat, rechtlich überhaupt kein Eigentum besitzen konnte.[29] Und auch in der Deklamation wurden juristische Überlegungen über die Art der Schande angestellt, die einen reichen Römer von den ehrenvollen ersten 14 Reihen des Theaters verbannen könnte, die durch die *lex Roscia theatralis* (67 v. Chr.) für solche Würdenträger reserviert waren. Es gibt eine überlieferte Deklamation über die Frage, ob einem Mann, der Gladiator (ein berüchtigter Beruf) aus dem tugendhaften Grund wurde, dass er Geld für die Beerdigung seines Vaters aufbringen musste, dieser Sitzplatz dennoch verwehrt werden sollte, nachdem er ein entsprechendes Vermögen erworben hatte.[30] Einige Gelehrte gehen aufgrund solcher Parallelen zu einer Position über, welche die Deklamation als eine Art *moot court* ansieht, bei dem Juristen ihre Argumente in Zusammenarbeit mit Deklamatoren ausarbeiteten und gegen Kollegen erprobten, bevor die Juristen sie in dem viel anders gearteten Stil der schriftlichen juristischen Meinung zum Ausdruck brachten.[31]

Die Macht der Vertrautheit

Einige deklamatorische Gesetze fanden ihren Weg in das römische Recht, weil sie an das moralische Empfinden der Römer appellierten; sie „fühlten sich richtig an", in manchen Fällen richtiger als das eigentliche römische Recht. Andere fanden Eingang, weil die Deklamatoren (darunter vielleicht auch Juristen) die Deklamation als Laboratorium zur Lösung rechtlicher Probleme nutzten und die Juristen diese Lösungen dann in das Gesetz einfügten. Aber schließlich muss man zugeben, dass es andere Fälle gibt, wie die Möglichkeit, dass Ulpian dem *stellionatus* das *inscripti maleficii sit actio* beifügte, wie zu Beginn dieses Abschnitts argumentiert wurde, für die es schwer ist, einen anderen positiven Grund zu finden als die größere Vertrautheit des Deklamationsrechts im Gegensatz zum Recht der Römer.

Wir haben gerade im Fall von Malleolus die traditionelle, aufwendige *poena cullei* (Sackstrafe) für das grausame Verbrechen des Vatermordes gesehen.[32] Aber während der Kaiserzeit kam dies aus der Mode, und im Zeitalter der klassischen Juristen wurde Vatermord auf andere Weise bestraft, durch das Schwert oder durch Verbrennen bei lebendigem Leibe oder durch Verfütterung an Tiere – vollkommen konventionelle Formen der Hinrichtung. Konstantin führte die *poena cullei* wieder ein.[33] Warum? Ein Ort, an dem der Sack und seine unglücklichen Insassen nie aus der Mode gekommen waren, war die Deklamation, wo sie immer die Strafe für den Vatermord blieb und immer zur Verfügung stand, um einen Kaiser daran zu erinnern, wie die Strafe für den Vatermord wirklich aussehen sollte.[34] Auch die Römer im Allgemeinen, ein konservatives Volk, wenn es je eines gab, werden wahrscheinlich nichts gegen die Wiedereinführung einer geheiligten, überlieferten Strafe gehabt haben. Vielleicht hatte die Rückkehr des *culleus* von der Rhetorik zur Realität also den Wind der Tradition im Rücken.

Die Wiedereinführung der Sackstrafe unter Konstantin steht jedoch im Gegensatz zur rechtlichen Behandlung anderer Formen der Tötung innerhalb der Familie. Es ist allgemein anerkannt, dass das grausame *ius vitae necisque* des römischen Vaters – das Recht, Kinder aufgrund der seiner *patria potestas* innewohnenden Macht zu töten – in der Praxis der Kaiserzeit kaum ausgeübt worden zu sein scheint, und dass das römische Recht impliziert, dass es üblicher wurde, vor Gericht zu gehen, um mit erwachsenen Kindern umzugehen, die der Hinrichtung zu bedürfen schienen, und dass es schließlich zur Pflicht wurde, dies zu tun.[35] Wir haben oben gesehen, dass die *patria potestas* in der Deklamation nur in einer abgeschwächten Form existierte und dass in der Deklamation Väter, die ihre Söhne töten wollen, in der Regel vor Gericht gehen, um dies zu tun.[36] Könnte die Veränderung der realen Praxis und des Rechts eine Folge des Einflusses der Deklamation gewesen sein? Wenn ja, hat die Deklamation in diesem Fall *gegen* die römische Tradition verstoßen, sich aber durchgesetzt.

Es scheint tatsächlich eine schwache Strömung gegeben zu haben, die alle deklamatorischen Gesetze gleichermaßen in das römische Recht drängte. Und diese Strömung entstand wahrscheinlich aus der einfachen Vertrautheit mit den deklamatorischen Gesetzen, die in den meisten Fällen größer war als die Vertrautheit mit dem römischen Zivilrecht. Die römischen Statthalter, die als Richter fungierten, hatten in den meisten Fällen keine juristische Ausbildung, und es war kaum üblich, dass sie sich mit Beratern ausstatteten, welche diese hatten. Da sie *extra ordinem* agierten, wurden sie geradezu ermutigt, Rechtsangelegenheiten in den Provinzen auf der Grundlage des lokalen Rechts oder ihres eigenen moralischen Empfindens und nicht nach dem strengen römischen Recht zu entscheiden.[37] Wenn sich in den Provinzen eine Frage des römischen Rechts stellte (nicht unbedingt eine alltägliche Angelegenheit, da das römische Recht im Prinzip und vielleicht auch tatsächlich nur für römische Bürger galt, und von denen gab es mit jedem Schritt weg von Italien weniger, bis Kaiser Caracalla 212 n. Chr. die meisten freien Menschen im Reich zu römischen Bürgern machte), konnten schriftliche Abhandlungen von Rechtsgelehrten konsultiert werden, wenn sie verfügbar waren, was der Fall sein konnte oder auch nicht, obwohl ein römischer Beamter davon ausgehen konnte, dass Ulpians Bände über die Pflichten verschiedener römischer Magistrate beispielsweise im großen Ephesos zugänglich sein würden.[38] Oder man schickte eine Anfrage an einen Rechtsgelehrten in Rom oder an den Kaiser, welche dieser vielleicht beantwortete (oder angesichts des Andrangs solcher Anfragen eher nicht), wobei ihm ein Jurist über die purpurne Schulter schaute, um ihn zu beraten.[39] Aber fast jede hochgestellte Person, die im Römischen Reich im Osten oder Westen vor Gericht auftrat, sei es ein Richter – ein Statthalter oder sein Legat –, ein Beisitzer, ein Advokat oder ein Prozessbeteiligter, hatte in der Schule deklamiert und war mit den Gesetzen der Deklamation gut vertraut. Bis ins 4. Jahrhundert n. Chr. waren die Personen in den Provinzen des Reichs, die mit dem Deklamationsrecht vertraut waren, hundertmal zahlreicher als die im römischen Recht ausgebildeten Personen. Kein Wunder, dass die deklamatorischen Gesetze die tatsächliche Rechtspraxis infizierten. Selbst wenn wir die optimistischsten Argumente zeitgenössischer Gelehrter akzeptieren, die meinen, dass sich das römische Recht schneller im Reich verbreitete als die römische Staatsbürgerschaft, so war das römische Recht doch immer die Sache einiger weniger, während die Rhetorik aufgrund der Bildungskonventionen im gemeinsamen Besitz der gesamten herrschenden Schicht des Reichs war.[40]

Römisches Recht gegen Recht in den Deklamationen

Abschließend werfen wir einen Blick auf einige wichtige Fälle, in denen das römische Recht das Deklamationsrecht ablehnte. In seinen *Institutionen* widmet Quintilian drei Deklamationsgesetzen besondere Aufmerksamkeit, weil sie dem römischen Recht sehr nahestehen und sich daher besonders gut für die Ausbildung angehender Juristen eignen. Es handelt sich dabei um die *abdicatio* (Verzicht und Enterbung eines Kindes), die *actio malae tractationis* („Misshandlung", in der Regel einer Ehefrau durch einen Ehemann) und die *actio dementiae* (ein Sohn beschuldigt seinen lebenden Vater der Unzurechnungsfähigkeit in der Hoffnung, dessen Vermögen zu übernehmen). Quintilian bezeichnet *abdicatio* als ein gutes Training für Fälle von unrechtmäßiger Enterbung vor dem centumviralen Gericht, das sich mit solchen Angelegenheiten befasste, „Misshandlung" ahmt auf nützliche Weise die Probleme in Scheidungsfällen nach, und die Beschuldigung der Unzurechnungsfähigkeit erfordert ähnliche Argumente wie der Antrag auf die Ernennung eines Vormunds, eines *curator*, für einen Wahnsinnigen.[41] Von solchen Gesetzen hätte man vor allem erwarten können, dass sie ihren Weg in das römische Recht finden. Nichts davon geschah.

Wir sind bereits mit der rhetorischen *actio dementiae* vertraut, die das häufig verwendete Argument (oder die Behauptung) inspiriert haben mag, ein Erblasser sei verrückt gewesen, so dass sein Testament aufgehoben oder postmortal berichtigt werden sollte (der *color insaniae* der *querela inofficiosi testamenti*). Aber die *actio dementiae* selbst, die auf ein bekanntes athenisches Gesetz zurückging und bei den Deklamatoren sehr beliebt war, ging, so vermuten wir, in das römische Rechtsprinzip der *patria potestas* ein – das, obwohl seine groteskeren Aspekte nicht mehr verwendet wurden (falls Handlungen wie die Hinrichtung der eigenen Kinder jemals üblich waren), ein grundlegendes theoretisches Prinzip des römischen Rechts blieb.[42] Außer unter außergewöhnlichen Umständen konnte ein römischer Sohn seinen Vater nicht verklagen. Wenn ein römischer Sohn enterbt wurde oder sich anderweitig durch das Testament seines Vaters benachteiligt fühlte, musste er bis nach dem Tod seines Vaters warten und dann seinen Anteil am Erbe einfordern, indem er die *querela* machte. Der Praetor oder ein Statthalter konnte, wie Quintilian sagte, einen *curator* für einen Verrückten ernennen, aber er sollte einen älteren Verwandten in der männlichen Linie oder einen Bruder ernennen, wenn möglich, und bis zur Herrschaft von Antoninus Pius (die Änderung selbst geschah vielleicht unter rhetorischem Einfluss) scheint es nicht einmal möglich gewesen zu sein, einen Sohn zum *curator* seines Vaters zu machen, denn „es schien irgendwie unschicklich für einen Sohn, über seinen Vater zu herrschen". Selbst wenn ein Sohn zum Nachlassverwalter ernannt wurde, waren die Befugnisse des *curator* begrenzt und seine finanzielle Gefahr, wenn er nicht im besten Interesse des Verrückten handelte, sehr groß.[43] Eine direktere Übertragung von Befugnissen vom Vater auf den Sohn scheint konzeptionell äußerst schwierig zu sein, wenn die *patria potestas* und alle damit verbundenen moralischen Annahmen respektiert werden sollen.

Die Akzeptanz der *actio malae tractationis* im römischen Recht war wahrscheinlich aus einer ganzen Reihe von Gründen blockiert.[44] Trotz Quintilian ist die häufigste Verwendung der *actio malae tractationis* in der Deklamation, dass eine Ehefrau ihren Mann verklagt, weil er eines ihrer Kinder getötet hat, eine Handlung, die nach der *patria potestas* außerhalb der Prozessrechte einer Ehefrau lag.[45] Die *actio* beklagte auch einige der Taten, die das römische Recht als *iniuria* einstufte, und war damit teilweise überflüssig.[46] Auch konnte sie nicht ohne Weiteres die *actio rei uxoriae* des römischen Rechts ersetzen, eine Klage auf Rückforderung der Mitgift bei Scheidung: Quintilian identifizierte sie als eine gute Ausbildung. Denn das römische Recht der Rückforderung der Mitgift bei einer Scheidung war äußerst kompliziert; 1899 konnte ein gelehrtes Buch über römisches Recht von 466 Seiten allein diesem Thema gewidmet werden.[47] Und die Deklamation war ungeduldig gegenüber Formalitäten. Ihre Gesetze mussten schließlich nur einen einzigen Satz lang sein. Wenn also das Deklamationsrecht in ein kompliziertes Gebiet des römischen Rechts einzugreifen drohte, waren das römische Recht und seine Praktiker, wie wir vermuten, gut gewappnet, sich zu wehren. Die Deklamatoren konnten mit etwas so Höllischem wie der historischen *lex Iulia et Papia* (18 v. Chr. und 9 n. Chr.) nichts anfangen, welche die Größe der Vermächtnisse regelte, die Personen von Personen erhalten konnten, mit denen sie nicht eng verwandt waren, je nachdem, ob sie verheiratet waren und Kinder hatten. Die Deklamation konnte also keinen Einfluss auf solche Gesetze haben.[48]

Am rätselhaftesten ist jedoch, dass Diokletian und Maximian im Jahr 287 n. Chr. die Rechtmäßigkeit der deklamatorischen Rechtspraxis der *abdicatio*, der „Absage", der Verstoßung aus dem Haushalt und der Enterbung eines Kindes, entschieden ablehnten, eine Handlung, die in der Deklamation einem automatischen Prozess unterworfen war, in dem die Gerechtigkeit der Handlung vom Vater und dem verbannten Kind (das natürlich von den Deklamatoren verkörpert wurde) argumentiert wurde.[49] Eine solche Verstoßung eines Kindes (allerdings ohne die Spur einer unmittelbaren Gerichtsverhandlung) scheint in der griechischen Welt unter dem Namen *apokeryxis* immer möglich gewesen zu sein, und aus dem spätrömischen Ägypten sind einige zornerfüllte Zeugnisse dafür erhalten: „Ich verwerfe und verabscheue euch von nun an bis zum Ende aller Zeiten als Ausgestoßene und Bastarde und niedriger als Sklaven … lasse Raben … dein Fleisch verschlingen und deine Augen aushacken", und „Ich erkläre, indem ich den schrecklichsten Eid auf alle Fürstentümer, Mächte, Throne und Herrschaften leiste, dass ich euch verstoße, dass ich euch verleugnet habe und dass ich euch schon heute auf jede legale Weise verleugnet habe, für den ganzen Lauf der Sonne, von nun an, für Jahrhunderte und für unendliche Zeit."[50] Die Kaiser glossieren den Begriff *abdicatio* hilfreich mit dem griechischen *apokeryxis*.[51] Tatsächlich konnte ein römischer Vater das gleiche Ziel wie die *abdicatio* mit zwei Rechtsakten erreichen, der *relegatio*, dem förmlichen Ausschluss des Kindes aus dem Haushalt (obwohl ein einfacher Rauswurf durch kräftige Sklaven auch funktionieren würde), gefolgt von der Enterbung des Kindes in seinem Testament; und er musste auch nicht vor Gericht gegen sein Kind ziehen, um beides zu tun.[52] Quintilian stellt außerdem eine Verbindung zwischen dem realen römischen Rechtsverfahren der Enterbung und der *abdicatio* her, stellt aber klar, dass *abdicatio* ein auf „die Schulen" – also die Rhetorik – beschränkter Begriff für das in der realen Welt als *exheredatio* bekannte Verfahren war.[53] Er hatte wahrscheinlich Recht, denn das Wort *abdicatio* kommt in den *Digesten* in diesem Sinne nie vor, während *exheredatio* und daraus gebildete verwandte Wörter mehr als 300-mal erscheinen.

Aber wenn der Begriff *abdicatio* auf die Schulen beschränkt war, so war er doch dort weit verbreitet, denn die automatische Anrufung eines Gerichts war der häufigste Vorwand für die lateinischen Deklamationen, deren Themen uns überliefert sind (obwohl, wie oben erwähnt, ein Rechtsfall, der einen Sohn gegen einen lebenden Vater aufbrachte, in der römischen Realität äußerst unwahrscheinlich war).[54] Viele merkwürdige Unfälle und Grausamkeiten – einige von ihnen in der Art der Deklamation hochgradig erfunden – konnten zu einer *abdicatio* führen, aber am häufigsten weigert sich ein Sohn, einem ungeheuerlichen oder unmöglichen Befehl seines Vaters zu gehorchen, wird zurückgewiesen, und dann halten die Deklamatoren, die den Vater und den Sohn vertreten, Reden vor dem Gericht, das entscheidet, ob die *abdicatio* Bestand haben soll. Ein Beispiel: Ein junger Mann wird von Seeräubern gefangen genommen. Er bittet seinen Vater schriftlich um ein Lösegeld für ihn, aber sein geiziger Vater weigert sich. Die Tochter des Piratenkapitäns lässt den jungen Mann schwören, sie zu heiraten, wenn er ohne Lösegeld freigelassen wird. Er tut es, und das glückliche Paar kehrt in die Stadt des jungen Mannes zurück. Sein Vater präsentiert nun ein reiches Waisenmädchen und verlangt, dass sein Sohn sich von seiner Retterin scheiden lässt und stattdessen die reiche Erbin heiratet. Er weigert sich. Sein Vater verstößt ihn.[55] Oder in einer Deklamation, die berühmt ist, weil überliefert ist, wie der junge Ovid an sie herangegangen ist, schwören sich ein Ehemann und eine Ehefrau, dass, sollte einer von ihnen sterben, der andere Suizid begehen wird. Der Ehemann, der sich auf einer Reise befindet, teilt seiner Frau mit, dass er tot sei – aus Gründen, über welche die Deklamatoren nur spekulieren können. Die Frau stürzt sich treuherzig von einer Klippe, um sich zu töten, aber es gelingt ihr nicht, zu sterben. Ihr Vater befiehlt ihr, ihren Mann zu verlassen, der inzwischen in blühender Gesundheit zurückgekehrt ist. Sie weigert sich, und ihr Vater verstößt sie.[56] In der griechischen Tradition schließlich, wo das Thema der Verstoßung oft für komische Zwecke genutzt wurde, fällt ein mürrischer Mann um und verstößt seinen Sohn, weil er lacht, oder ein Geizhals, dessen Sohn dem Asklepios ein Talent (6000 Drachmen, also eine gewaltige Menge) Silber gelobt hat, falls sein Vater von einer Krankheit genesen sollte, wird tatsächlich gesund und verstößt den Sohn dann, weil er das Silber verschwendet hat.[57]

Auffällig ist – um auf das Jahr 287 n. Chr. zurückzukommen –, dass Diokletian und Maximian in ihrer Verfassung nicht die Terminologie des römischen Rechts, *exheredatio*, sondern den Begriff der rhetorischen Schulen, *abdicatio*, verwenden. Die Kaiser wollten in der realen Welt eine Praxis verbieten, die im Jargon der Deklamation enthalten ist. Offensichtlich wurden Fälle von *abdicatio* vor den Gerichten des Reichs verhandelt, und (ob in diesem oder in anderen Fällen) schrieben die Untertanen des Kaisers, um herauszufinden, ob *abdicatio* legal war. Der wahrscheinlichste Grund für Hermogenes, den Empfänger von Diokletians Antwort, an den Kaiser zu schreiben, war, dass er eines seiner Kinder verstoßen wollte oder Opfer eines solchen Verstoßens geworden war und einen Anteil am Erbe haben wollte. Auch hier hatte ein Deklamationsgesetz Einzug in die Rechtspraxis gehalten, und der Kaiser wollte, dass dies aufhört.[58]

Die *abdicatio* stand jahrhundertelang im Widerspruch zur juristischen Realität. Denn obwohl der Begriff bei den Juristen nicht vorkommt, taucht er gelegentlich in Werken anderer Gattungen auf. Sowohl Plinius der Ältere als auch Sueton berichten, dass Augustus seinen Adoptivsohn Agrippa Postumus, der sich als „aufsässig" erwies, der *abdicatio* unterwarf.[59] Ob diese Autoren einfach einen Begriff aus der Rhetorik entliehen haben, um eine besonders gewaltsame Trennung zwischen Vater und Sohn zu beschreiben, oder ob der Begriff einen zornigen und im Wesentlichen extralegalen Akt beschrieb, der im Nachhinein durch *exheredatio* formalisiert werden musste, oder ob *abdicatio* in irgendeiner Form eine reale rechtliche Existenz hatte, bevor Diokletian und Maximian sie verboten, sind alles Positionen, die von angesehenen Gelehrten vertreten wurden.[60]

Ich vermute, dass die letzte die unwahrscheinlichste ist: egal. Aber alle Möglichkeiten veranschaulichen gemeinsam, wie sich das Konzept aus der Rhetorik (seinem häufigsten Einsatzgebiet) in die weitere römische Welt ausbreitete, und alle tragen dazu bei, zu erklären, wie jemand kurz vor 287 n. Chr. versuchen konnte, eine *abdicatio* in der realen Welt durchzuführen und damit den Zorn von Diokletian und Maximian auf sich zu ziehen.

Warum hat das römische Recht nicht einfach die *abdicatio* zugelassen, oder, was wahrscheinlicher ist, eine leicht abgewandelte Version, bei der der unmittelbare Rechtsstreit zwischen Sohn und Vater entfällt (was in der römischen Rechtstradition fast unmöglich ist)? Abgesehen von der unmittelbaren Gerichtsverhandlung scheint die *abdicatio* sehr gut mit der römischen Rechtskultur übereinzustimmen – insbesondere mit der mächtigen *patria potestas* – und wäre nützlich gewesen, um mit der für römische Juristen so gefürchteten Figur des ausschweifenden Sohnes umzugehen, der in der Deklamation so oft der *abdicatio* unterworfen wurde, im realen römischen Recht aber durch ausgeklügelte juristische Umgehungen in Schach gehalten werden musste.[61] In einer Welt, in der Väter ihre Kinder nicht mehr hinrichteten und die *abdicatio* von einem Deklamator als „der ultimative Donnerschlag der *patria potestas*" bezeichnet wurde, könnte die Übernahme der *abdicatio* in das Gesetz sogar geradezu notwendig erscheinen.[62] Dennoch konnte sich die *abdicatio*, obwohl sie in der Rhetorik weit verbreitet war, im materiellen römischen Recht nicht durchsetzen, und wir können nur sagen, dass das römische Recht seine eigenen Traditionen hatte, dass die römischen Juristen die Art und Weise mochten, wie sie die Dinge handhabten, und dass diese Traditionen in diesem Fall über den Einfluss der Rhetorik siegten.[63]

Zwischenfazit

Wie hat das Recht der Rhetorik Einfluss auf das römische Recht ausgeübt – und wie ist es manchmal auch in dieses eingedrungen? Es gibt einige Fälle, wie im Fall von Celsus und seinem Gutachten über Bienen, in denen verbale Anklänge an eine Deklamation in einem

Rechtsgutachten darauf hindeuten, dass ein Jurist direkt von seiner eigenen deklamatorischen Ausbildung oder Erfahrung Gebrauch gemacht haben könnte. Und einige Juristen – wie Marcian – mögen für einen solchen Einfluss empfänglicher gewesen sein als andere. Aber in den meisten Fällen, so vermuten wir, wird die Anwendung des rhetorischen Rechts auf einen realen Fall zuerst in einem Provinzgericht stattgefunden haben, wo dieses Recht vertrauter war als die echte römische Rechtsprechung. Für Nicht-Bürger (die große Mehrheit vor 212 n. Chr.) sollten die Provinzgerichte auf der Grundlage des lokalen Rechts Recht sprechen. Kürzlich wurde die Vermutung geäußert, dass sie tatsächlich oft römisches Recht anwandten und Nicht-Bürgern aus Gründen der rechtlichen Bequemlichkeit eine flüchtige fiktive Staatsbürgerschaft zuerkannten. Da ich die Kenntnis des römischen Rechts außerhalb Italiens als minimalistisch ansehe, bin ich geneigt, dies zu bezweifeln.[64] Ich vermute vielmehr, dass die Prozessparteien, Anwälte und Richter an den Provinzgerichten in der Praxis oft einfach das benutzten, was sie am besten kannten: deklamatorisches Recht, lateinisch im Westen, griechisch im Osten. In einem Bruchteil solcher Fälle schrieb jemand – vermutlich oft jemand, der nach dem Deklamationsrecht verloren hatte – nach Rom, um sich zu erkundigen, ob es richtig sei, ein solches Recht anzuwenden, und dann wird ein Jurist (in seinem eigenen Namen oder später im Namen des Kaisers) in voller Kenntnis dessen, was er tat (denn auch er hatte eine rhetorische Ausbildung), entschieden haben, ob das Deklamationsrecht oder der Rechtsbegriff in die römische Rechtsprechung aufgenommen werden sollte oder nicht. Wurde es abgelehnt (was wohl meistens der Fall war), konnte es immer wieder anklopfen, bis es schließlich, wie im Fall der *raptarum lex*, in die heiligen Hallen aufgenommen wurde.

Das deklamatorische Gesetz über *raptus* kämpfte lange um die Aufnahme in das römische Recht und erzwang schließlich seinen Einzug. Noch erfolgreicher waren die deklamatorischen Gesetze, die sich mit Ehebruch, Manumission, der Freilassung ausgesetzter Kinder, der Verpflichtung von Kindern, ihren Eltern dankbar zu sein und sie zu unterstützen, der Verurteilung eines falschen Anklägers zur Strafe für das von ihm behauptete Verbrechen und dem Gesetz gegen ungeschriebene Missetaten befassten. Und dort, wo es keine vollständigen Gesetze gab, fanden auch einige Begriffe aus dem rhetorischen Recht Eingang in das römische Recht: anatomisch angemessene Strafen für Verbrechen, die Wiederbelebung der seltsamen, alten Strafe für Vatermord, die Abschwächung des Rechts des Vaters, seine unmündigen Kinder hinzurichten, die rechtliche Behandlung von Suizid, die verwirrende rechtliche Behandlung von Bienen, die Rückforderung der Mitgift und die Frage, wer wo im Theater sitzen durfte. Aber in den meisten Fällen hat das Recht der Deklamatoren natürlich keinen Einzug gehalten. Das überlieferte Corpus der lateinischen Deklamationen kennt etwa 160 Gesetze. Von diesen war vielleicht die Hälfte geeignet, in das römische Recht aufgenommen zu werden.[65] Unsere Untersuchung hat etwa 20 deklamatorische Gesetze zutage gefördert, von denen man annehmen kann, dass sie in das römische Recht Eingang gefunden oder es in irgendeiner Weise beeinflusst haben: ein Viertel. Auf eine solche Zahl kann man sich nicht unbedingt verlassen. Es gibt zweifellos Fälle, in denen ich (und die Gelehrten, auf die ich mich so sehr gestützt habe) mögliche Einflüsse übersehen habe, welche diese Zahl noch erhöhen würden. Andererseits kann kein einziger der von mir angeführten Fälle als sicher gelten, und ein traditioneller Gelehrter im Bereich des römischen Rechts könnte eine ganze Reihe – ja, die meisten oder gar alle – der hier angeführten Fälle von Einflussnahme verwerfen. Aber nehmen wir der Argumentation halber an, dass ein Viertel kein unmöglicher Abstand zum tatsächlichen Verhältnis ist. Das bedeutet, dass nicht nur die drei Gesetze, die ich als abgelehnt angeführt habe – die *actio dementiae*, die *actio malae tractationis* und die *abdicatio* – vom römischen Recht abgelehnt wurden, sondern fast 60 weitere. Der Angriff auf die römischen Gesetze durch die Deklamationsgesetze war zwar kein völliger Misserfolg, aber doch ein weitgehend erfolgloser. Soweit wir sehen können, hat das Recht der Juristen dem Recht der Deklamatoren größtenteils widerstanden. Und das ist nicht überraschend. Der lange Widerstand des römischen Rechts gegen den rhetorischen Stil hat uns darauf aufmerksam gemacht, dass es für die Rhetorik schwer sein würde, das römische Recht zu erobern, und so war es auch.

Rhetorik macht die Welt

Der berühmteste Prozess des 2. Jahrhunderts n. Chr. fand Mitte der 170er Jahre in Sirmium im kühlen Pannonien statt, wo sich Kaiser Marcus Aurelius von seinen langen, fiebrigen Kriegen gegen die groben Germanen an der Donau erholte. Vor dem kaiserlichen Tribunal an diesem düsteren Ort – einer der Türme der Stadt war am Tag vor der Verhandlung vom Blitz getroffen worden – wurde kein Geringerer als Herodes Atticus angeklagt, einst Konsul in Rom, aber noch bekannter als einer der reichsten Männer des Reichs. Herodes war ein öffentlicher Wohltäter von gigantischem Ausmaß – wir haben in Kapitel 6 sein Nymphäum in Olympia erwähnt, und noch heute können wir in seinem Odeon in Athen die Oper besuchen – und außerdem der berühmteste griechische Sophist, Show-Rhetoriker und Lehrer der Rhetorik seiner Zeit.

Es scheint, dass Herodes neben anderen zweifelhaften Taten versucht hatte, seinen ohnehin schon übergroßen Einfluss auf seine Heimatstadt Athen heimlich zu vergrößern, indem er die Söhne seiner Freigelassenen in die Führungsgremien der athenischen Republik einschleuste – eine Entweihung dieser geheiligten Körperschaft, für die er verklagt wurde und die, wie Marcus Aurelius bekräftigte, verboten war. Doch der Kaiser bestrafte nur die Freigelassenen, nicht aber Herodes selbst, obwohl der Sophist in seiner Schmährede Marcus Aurelius offen angegriffen hatte. Herodes war wohl durch die Tatsache aus dem Gleichgewicht gebracht worden, dass zwei seiner Lieblingsdiener in der Nacht zuvor durch einen Blitzschlag getötet worden waren, und hatte es daher versäumt, eine taktvolle „figurative Rede“ (s. o. S. 35) zu halten. Stattdessen erging er sich in einer derart wüsten Schimpftirade, dass der Prätorianerpräfekt ihn verdutzt fragte, ob er lebensmüde sei. „Ein alter Mann fürchtet sich wenig“, brummte Herodes und stürmte von dannen, während seine Gegner ungehört blieben. Es blieb dem kultivierten Kaiser überlassen, den Nimbus der Würde und Eleganz, der einen griechischen Sophisten umgeben sollte, wiederherzustellen. „Glücklich die, die während der Pest gestorben sind", seufzte er, als die Anklage gegen Herodes von den Anwälten der Athener detailliert vorgetragen wurde: Vermutlich meinte er die athenische Pest von 430 v. Chr.[1]

Uns heute als Gelehrten, die sich mit dem Einfluss der rhetorischen Erziehung befassen, fällt natürlich auf, dass die zahlreichen und unterschiedlichen Anklagen gegen Herodes in dem allgemeinen Vorwurf verpackt zu sein scheinen, der Sophist führe sich in Athen wie ein Tyrann auf.[2] Es war auch nicht das erste Mal, dass seine Familie mit einem solchen Vorwurf konfrontiert wurde: Herodes' Großvater, mit dem leider suggestiven Namen Hipparchos, war „wegen Tyrannis" verurteilt und sein Vermögen beschlagnahmt worden.[3] In Anbetracht der Allgegenwart von Tyrannen und Tyrannenthemen in der antiken Erziehung und dem, was wir über den Einfluss dieser Erziehung auf die römische Justiz wissen, ist es nicht überraschend, dass solche Anklagen in der realen Welt vor Gericht landeten: Der Prozess vor Marcus Aurelius war lediglich ein sanfterer Nachhall derselben deklamatorischen Tyrannenthemen, welche die Mörder von Caesar leiteten.

Das Schimpfwort „Tyrann" wurde sowohl in lateinischen als auch in griechischen Schmähschriften und in Papyrusbriefen aus der römischen Periode in Ägypten unablässig verwendet; selbst die Verlierer kleinstädtischer Auseinandersetzungen beschuldigen diejenigen, die sie geschlagen haben, sich wie Tyrannen zu verhalten.[4] Erstaunlich ist jedoch die *Seltenheit* juristischer Anklagen wegen Tyrannis und auch die Seltenheit, dass im Römischen Reich selbst unaufgeregte, sachliche Behauptungen zu finden sind, dass ein Mann seine Stadt wie ein Tyrann regiert.[5] Wir können Städte identifizieren, die scheinbar ein Monopol besaßen, wie das frühkaiserzeitliche Sparta unter C. Iulius Eurykles und seiner Familie, wo eine Einzelperson oder eine Familie eine so vorherrschende Stellung genossen zu haben scheint, dass wir zu der Annahme berechtigt sind, dass ohne ihr Einverständnis wenig geschah.[6] Aber solche Männer mit vorherrschender lokaler Macht wurden nicht nüchtern als Tyrannen bezeichnet.

Wenn uns das Fehlen offensichtlicher, identifizierter Tyrannen in den Städten des Römischen Reichs nicht überrascht, so liegt das daran, dass wir davon ausgehen, dass das Reich zwar auf der Ebene des Kaisers und des Provinzstatthalters eine Autokratie war, die einzelnen Städte, aus denen das Reich größtenteils bestand, jedoch als konstitutionelle Republiken funktionierten, in denen Entscheidungen durch Beratungen und Abstimmungen getroffen und die Beamten durch jährliche Wahlen bestimmt wurden. Inwieweit diese Republiken in der Praxis von der halb vererbten Oligarchie reicher Männer beherrscht wurden, die den Stadtrat, die *curia* oder *boule*, bildeten, und inwieweit ihre Macht durch die der übrigen männlichen Bürgerschaft, die in der Versammlung agierte, ausgeglichen wurde, ist umstritten und wird es wahrscheinlich auch bleiben.[7] Aber das ist für uns nicht von Belang: Wir stellen lediglich fest, dass die offene und offensichtliche Führung einer Stadt durch eine Einzelperson oder eine einzelne Familie, wie auch immer beschrieben, nahezu unbekannt gewesen zu sein scheint (das Funktionieren der konventionellen bürgerlichen Mechanismen verdeckte eine solche Herrschaft sogar in den wenigen monopolisierten Städten). Die Städte des Reichs wurden nicht nur als konstitutionelle Republiken verwaltet, sie waren auch stolz darauf und ließen im Osten sogar Personifikationen ihrer offiziellen Organe auf ihren Münzen erscheinen: einen reifen, bärtigen Stadtrat (*boule*) und einen unbärtigen jungen *demos* (für die Volksversammlung).[8]

Unsere übermäßige Vertrautheit mit der römischen Herrschaft und ihren Methoden neigt dazu, uns die Tatsache zu verheimlichen, dass die Kluft zwischen den beiden Arten der Verwaltung des Reichs – eine Autokratie an der Spitze und die Städte des Reichs, die als beratende Republiken darunter arbeiten – tatsächlich ein Rätsel ist. Denn ein solches Arrangement war kaum unvermeidlich: Die Griechen hatten natürlich die mächtige Tradition der selbstverwalteten Polis, auf die sie zurückblicken und die sie bewahren konnten, aber die Römer hätten den Städten des Ostens eine kaiserliche Aufsicht auf Stadtebene auferlegen können (wie es ihre Vorgänger, die hellenistischen Könige, manchmal taten und wie es die Römer, wenn auch unregelmäßig, während der hohen Kaiserzeit und noch häufiger in der Spätantike tun sollten).[9] Auch funktionierten nicht alle Städte als freie Republiken: Im wimmelnden Ägypten waren formale, autonome Städte mit ihren republikanischen Institutionen selten, und die meisten Orte wurden von ernannten Beamten regiert. Dieses von oben nach unten gerichtete Modell hätte außerhalb Ägyptens ausgeweitet werden können, wurde aber größtenteils nicht umgesetzt. Im Westen war es für die Römer der Republik vielleicht nicht unnatürlich, ihre eroberten Völker in Städten zu versammeln, die verkleinerte, vereinfachte Modelle des freien Roms waren. Als Rom jedoch von der Republik zur Kaiserzeit überging, fand diese Entwicklung kein Echo auf der Ebene der Städte: Das autokratischere Rom ließ die Stadtregierungen im Großen und Ganzen in Ruhe, und auch in der Kaiserzeit waren die Städte im Westen weiterhin nach dem republikanischen Modell gegründet und regiert. Auch im Westen hätten die Städte durch ernannte römische Beamte verwaltet werden können und nicht durch Räte lokaler Honoratioren, aus denen sich die beiden Bürgermeister und Richter sowie andere lokale Beamte rekrutierten, was aber zumeist nicht der Fall war.

Historische Vergleiche mit anderen Gesellschaften zeigen Parallelen in beide Richtungen: In einigen Monarchien (wie oft in Asien) wurde das monarchische Prinzip bis auf die Dorfebene reproduziert, während an anderen Orten reiche und wohletablierte Teile des Reichs eines Monarchen intern auf völlig nicht-monarchische Weise regiert werden konnten. Man denke nur an die stolzen, freien Städte des europäischen Mittelalters, die den Königen, die ihre Souveränität beanspruchten, ein Dorn im Auge waren.

Es ist verlockend zu vermuten, dass die rhetorische Ausbildung etwas mit der anhaltenden Stärke der republikanischen Institutionen auf städtischer Ebene im Römischen Reich zu tun hatte. Die eigentlichen Themen, über die junge Männer deklamierten, die Gesetze, Charaktere und Details der Fälle, waren vielleicht weniger wichtig als die ideologischen Annahmen, die der rhetorischen Ausbildung zugrunde lagen und die von den Rhetorikstudenten unbewusst übernommen wurden. Die Rhetorik ging nicht nur davon aus, dass der Mann, der einen Tyrannen tötete (Tyrannis war dort, wo solche Institutionen und Rechte in der Schwebe waren, immer etwas Außergewöhnliches und Schlechtes), eine Belohnung erhalten würde, sondern auch, dass er in einer Stadt lebte, in der er über diese Belohnung ebenso frei entscheiden konnte wie über den Rest seiner inneren Angelegenheiten, einer Stadt, in der bürgerliche Entscheidungen durch Beratung getroffen wurden.[10] Die Erfahrung der rhetorischen Erziehung machte jede andere Form der Organisation auf Stadtebene für die herrschende Schicht des Römischen Reichs nahezu unvorstellbar, und indem sie sie nahezu unvorstellbar machte, bildete sie in der Praxis ein Bollwerk zum Schutz der traditionellen Polis- oder Civitas-Struktur.[11]

Die Regierungsebenen oberhalb der Stadt – Provinz, Königreich oder Imperium – waren dagegen in der forensischen Deklamation unsichtbar, aber der Unterricht in deliberativer Rhetorik bestand zu einem großen Teil darin, Monarchen und Potentaten Ratschläge zu erteilen (und die Ausbildung in demonstrativer Rhetorik, auch wenn wir sie weniger deutlich sehen, wird hauptsächlich aus der Ausbildung zum Lob eben dieser Personen bestanden haben).[12] Oberhalb der städtischen Ebene schuf die rhetorische Ausbildung also keine Erwartungen, die einer autokratischen Herrschaft im Wege standen; wenn überhaupt, schuf sie eine gewisse Erwartung oder zumindest Akzeptanz, dass die Herrschaft auf höchster Ebene autokratisch sein würde. Die ideologischen Annahmen, welche die rhetorische Erziehung in den Köpfen der jungen Männer darüber schuf, wie die politische Welt auf ihren verschiedenen Ebenen strukturiert sein würde, trugen dazu bei, dass die merkwürdige Überlagerung verschiedener Regime, die das Römische Reich darstellte, fortbestehen konnte. Das war nicht beabsichtigt – die rhetorische Erziehung war kein ausgeklügeltes Propagandaprogramm, das von irgendeinem kaiserlichen Amt entfesselt wurde: Die kaiserlichen Behörden hatten kaum Interesse an solchen Dingen. Aber so war es nun einmal.

Die echten Griechen und nicht minder die echten Römer waren im Großen und Ganzen rechtsbewusste Menschen. Sie waren der Ansicht, dass sie in Gesellschaften lebten, die durch das Recht regiert und definiert wurden, dass die Einhaltung des Rechts wichtig und natürlich war und dass es richtig und normal war, ihre Streitigkeiten auf dem Rechtsweg beizulegen.[13] Dass sie dies tatsächlich taten, ist eine weitere Sache, die wir bei den Griechen und Römern als selbstverständlich ansehen, aber diese Tatsache ist ein Rätsel. Warum haben sie sich in einer Welt ohne Polizei und in einer Welt, in der die einfachen Leute Familien hatten, die mit Dreschflegeln und Wolfsangeln bewaffnet waren, und in der die großen Familien Sklaven in Scharen hatten, die sich leicht in bewaffnete Gefolgsleute verwandeln ließen, die Mühe eines Rechtsstreits gemacht? Warum verließen sie sich nicht stattdessen auf das, was man so charmant „Selbsthilfe" nennt? Es stimmt, dass wir in den antiken Zeugnissen – vor allem in den ägyptischen Papyri – genug Gewalt sehen, um zu begreifen, dass das griechische und römische Vertrauen auf den Gang zum Gericht zur Beilegung von Streitigkeiten kaum unvermeidlich war.[14] Und in ernsten Angelegenheiten könnte das Vertrauen auf die formale Maschinerie der römischen Justiz als geradezu pervers angesehen werden. Wichtige Rechtsangelegenheiten – schwere Verbrechen, Klagen mit hohem Streitwert um Geld und Eigentum – mussten vor römischen Richtern, dem Statthalter oder einer Handvoll von ihm Beauftragten verhandelt werden, und eine riesige Zahl potenzieller Kläger verfolgte eine winzige Zahl erschöpfter Beamter. Das einzige Dokument, das uns vorliegt und eine Zahl nennt, zeigt, dass der Präfekt von Ägypten in etwas mehr als zwei Tagen 1804 Petitionen erhielt, von denen die meisten Anträge auf Anhörung gewesen sein dürften.[15] Und selbst wenn uns dieses Papyrusdokument fehlte, könnten wir aus den offiziellen Kritzeleien auf zahllosen anderen Papyrus-Petitionen erkennen, dass die bei Weitem üblichste offizielle Bearbeitung von Petitionen in Ägypten (wenn sie nicht einfach weggeworfen wurden) darin bestand, sie an einen anderen Beamten weiterzuleiten – einen höheren oder niedrigeren oder gleichrangigen im System; das System war in Ägypten weitaus besser besetzt als anderswo im Reich –, und so wurden sie in einen riesigen, langsam wirbelnden Sargasso-See von Bitten um Anhörungen geworfen, die wahrscheinlich nie erhört wurden, oder, wenn sie durch einen Zufall oder ein Wunder des Einflusses erfolgreich waren, wahrscheinlich nur sehr langsam Gerechtigkeit erlangten, vielleicht eher in einer Angelegenheit von Generationen als von Jahren.[16]

Angesichts der Existenz schnellerer Alternativen und der vorhersehbaren Frustrationen der römischen Justiz, zumindest auf der Ebene der Provinzstatthalter, brauchte die Praxis der Rechtsprechung durch Gerichtsverfahren wahrscheinlich ideologische Unterstützung. Und es ist sehr verlockend zu vermuten, dass der fortgesetzte Glaube an eine Welt der Gesetze und Rechtsstreitigkeiten durch die unerbittliche forensische Deklamation, welche die letzten Jahre der griechisch-römischen Bildung beherrschte, sehr verstärkt wurde.

Der Wettbewerb zwischen den Mitgliedern der rhetorisch gebildeten Schichten war für das Funktionieren des Römischen Reichs von grundlegender Bedeutung, und von der Ausnutzung dieses Wettbewerbs hingen die Herrschaft des Reichs und die Finanzen der Reichsstädte weitgehend ab: Die Städte waren auf die Geschenke der Reichen ebenso angewiesen wie auf die Steuern, und die Beamten der Städte waren lokale Honoratioren, die oft für das Recht, ein Amt zu bekleiden, bezahlten, um ihre Rivalen an Ansehen zu übertreffen. Der Wettbewerb zwischen den Reichen Kleinasiens im Bereich der öffentlichen Wohltätigkeit – Spiele, Essens- und Geldspenden, Bauten – wurde in der hohen Kaiserzeit so extravagant, dass einige Konkurrenten ruiniert wurden; die Statthalter mussten daher große öffentliche Wohltätigkeiten genehmigen.

Wettbewerb, sogar selbstzerstörerischer Wettbewerb, war natürlich tief in der Kultur der alten Griechen und Römer verwurzelt (man denke an Hektors Entscheidung, gegen Achilleus zu kämpfen, von dem er wusste, dass jener ihn töten würde). Und es ist vielleicht überflüssig, ideologische Beschleuniger oder Bremsen für diese vielleicht mächtigste und kreativste Kraft des Römischen Reichs vorzuschlagen. Dennoch war die gemeinsame Kultur, die durch die rhetorische Ausbildung und insbesondere durch die forensische Deklamation geschaffen wurde, nicht eine der Zusammenarbeit und Solidarität, sondern eine der Zwietracht und Rivalität: „Die Schule ist wie eine Gladiatorenschule: Das Forum ist die Arena selbst", sagte Seneca der Ältere.[17] Die rhetorische Ausbildung lehrte ihre Schüler, nicht die Hände zu halten, sondern sich zu prügeln, Arenen zu suchen, in denen sie gegeneinander kämpfen konnten.[18]

Konkret definierte die rhetorische Erziehung die Arenen, in denen der Wettbewerb zwischen ihren Schülern ausgetragen werden sollte – im Ratssaal (wie die deliberative Gattung insgeheim lehrte), vor Gericht (forensische Deklamation) und bei öffentlichen Wohltätigkeitsveranstaltungen (demonstrative Redekunst). Obwohl jeder dieser Wettbewerbe tief in der Geschichte verwurzelt war, hätten die Reichen des Reichs jederzeit andere Wettbewerbe übernehmen können (was sie schließlich taten, als sie sich als streitsüchtige Bischöfe betätigten) oder weniger prominente Wettbewerbe (etwa die Athletik oder die Musik) in den Vordergrund stellen können. Dass sich die großen Männer Griechenlands und Roms so lange auf dieselben Wettkämpfe beschränkten, mag zu einem großen Teil die Folge ihrer Erziehung sein, die eine Rückkopplung mit ihren Taten als Erwachsene bildete: Denn in dem, was die Erwachsenen wetteiferten, wurden die Lehrer ermutigt, ihren Söhnen beizubringen, darüber zu sprechen, und in dem, was die Söhne zu sprechen lernten, wetteiferten die Erwachsenen oft.

So viel also zu möglichen ideologischen Funktionen der rhetorischen Erziehung in großem Maßstab! Aber die Rhetorik hatte auch Auswirkungen jenseits der Ideologie. Es ist üblich festzustellen, dass die rhetorische Erziehung für die herrschende Schicht des Reichs eine vollständig ausgearbeitete, imaginierte Gemeinschaft schuf – ein Paralleluniversum, wenn man so will – eine ideale Stadt mit charakteristischen Institutionen, Handlungsweisen und Strukturen, in der die Menschen genauso sprachen und sich verhielten.[19] Aber diese vollständige, nahtlose Stadt, die von der Rhetorik imaginiert wurde, diese „Sophistopolis“ in der glücklichen Formulierung von Donald Russell, entzieht sich der Kategorie, in die unser zeitgenössisches Denken sie drängen würde.[20] Denn sie ist keine Ideologie – oder, wie man heute sagt, ein „Imaginäres“ –, weil jeder wusste und die Kritiker der rhetorischen Erziehung unerbittlich beklagten, dass die hoch elaborierte Welt, die in der rhetorischen Erziehung verwendet wurde, *nicht* real war.[21] Petronius schreibt: „Unsere jungen Männer werden in der Schule zu völligen Idioten, denke ich, weil sie nie etwas hören oder sehen, was im wirklichen Leben geschieht!“[22]

Diese von den Zeitgenossen verstandene Künstlichkeit der Welt der Rhetorik ermöglichte den Menschen der Antike eine kritische Distanz, um Sophistopolis zu nutzen, um über ihr eigenes Leben und ihre Städte nachzudenken. Die Rhetorik, die das Bewusstsein dieser Künstlichkeit ermögliche, „war ein Interpretationsschema. Sie gab den Römern einen Rahmen für ihr Verständnis menschlicher Motive und lieferte gleichzeitig Vorlagen für die Erörterung des Wesens und der Funktionsweise von Regierung, Religion und gesellschaftlichen Institutionen."[23] Die historische Bedeutung der rhetorischen Ausbildung bestand zum Teil in ihrer unbewussten, ideologischen Macht über ihre Schüler – daher die Geschichte der Ermordung Caesars. Aber indem er sich das künstliche Ideal von Sophistopolis vor Augen hielt und es mit seiner eigenen Stadt verglich, konnte ein Rhetorikstudent *bewusst* begreifen und sich *bewusst* vorstellen, wie seine Stadt sein sollte. Wie die Stadt regiert werden sollte, und dass es keinem einzigen Mann erlaubt sein sollte, sie zu regieren. Wie Gerechtigkeit geübt werden sollte. Die Gebäude, die sie bauen sollte. Wie ein Mensch sprechen, sich tragen und benehmen sollte. Vielleicht war die rhetorische Erziehung ebenso sehr eine Denkmaschine wie eine ideologische Maschine.

Diese bekannte Künstlichkeit der Welt der Rhetorik – der Sophistopolis – erlaubt es uns, einen der interessantesten Aspekte des Einflusses der rhetorischen Erziehung zu erklären: ihre Momente der Schwäche. Angesichts der Allgemeingültigkeit der rhetorischen Bildung und der literarischen Studien, auf denen sie beruhte, fragen wir uns, warum sie nicht die ganze Welt des Denkens erobert hat. Und in nur recht flach verwurzelten Bereichen des Intellekts, wie der lateinischen Poesie, hat die Rhetorik in der Tat die Bäume ausgerissen: Man lese Ovid, Lucan oder Statius. Aber die Rhetorik konnte auch widersprüchliche Anweisungen geben (wie wir im Fall der rhetorischen Ansichten über Stadtmauern gesehen haben) und sie konnte auf die Realität prallen und von tiefer verwurzelten intellektuellen Kräften besiegt werden oder ihnen widerstehen. Während also jeder Junge aus der Oberschicht die Wasserversorgung seiner Stadt lobte, versuchten diejenigen, welche dies taten, während sie vor den ständigen Regengüssen in den nordwestlichen Provinzen zitterten, nicht, als sie erwachsen wurden, und im Gegensatz zu ihren Brüdern in den trockenen Provinzen, dieses Lob durch den Bau gigantischer Brunnen zu verwirklichen. Hier besiegte die nasse und knochenkalte Realität die Rhetorik.

Wie wir beim römischen Recht gesehen haben, wurde die Rhetorik jahrhundertelang zurückgeworfen, wenn sie mit einer älteren, gut etablierten und gut verteidigten intellektuellen Tradition konfrontiert war, die anders dachte und sprach. Das Recht der Rhetorik nagte an den Grenzen des römischen Rechts, ohne jedoch die grundlegenden Annahmen und Dogmen des römischen Rechts anzutasten, und selbst in den begrenzten Bereichen der Rechtswissenschaft, für die sich das Recht der Rhetorik interessierte, stießen die rhetorischen Gesetze oft auf den Widerstand des römischen Rechts, auch wenn sie in einigen Fällen nach einem hartnäckigen, jahrhundertelangen Angriff triumphierten. Und wenn sich das römische Recht der gelehrten Rhetorik widersetzte, dann vielleicht auch andere starke, ehrwürdige, selbstbewusste literarische und intellektuelle Traditionen – die der griechischen technischen Handbücher zum Beispiel oder die der Medizin, der Philosophie und der Geschichte –, Traditionen, die in einigen Fällen älter sind als die rhetorische Bildung, die in den oberen Schichten nahezu universell wurde, und die ihre intellektuelle Integrität und Unabhängigkeit mindestens ebenso bewahrt haben wie das römische Recht.[24] Die *stilistische* Unabhängigkeit von der Rhetorik, die das römische Recht bis etwa 300 n. Chr. bewahrte, können nur wenige andere lateinische Gattungen für sich beanspruchen, wie ein Blick in Tacitus oder Frontinus' *Über Aquädukte* schnell zeigt.[25] Doch unabhängig vom Stil dieser Gattungen erwiesen sich ihre tiefere Logik und ihre Regeln ebenso wie das römische Recht als resistent gegenüber der Macht der formalen Rhetorik. So wurde das begrenzt, was in einem älteren, griesgrämigeren Zeitalter als „die unheilvolle Beziehung zwischen den rhetorischen Schulen und der Literatur des Reichs" bezeichnet wurde.[26] Wir sollten uns die Rhetorik als eine riesige, permanente Wolke vorstellen, welche die scharfen Kanten der römischen Zivilisation auf einer bestimmten Ebene formt und verdunkelt. Die Armen, die in der schrecklichen Klarheit dort unten lebten, wo die Wolke nicht hinreichte, waren dazu bestimmt, in der Realität zu leben: Das war schon immer das Schicksal der Armen. Die führenden Köpfe der Gesellschaft aber lebten in der Wolke, und um ihr Leben und Denken herum wirbelte diese Wolke – aber nicht alle von ihnen und nicht die ganze Zeit. Denn aus der Spitze dieser Wolke erhoben sich einige Berge – wir haben uns das römische Recht angesehen –, die seltsamerweise und interessanterweise unempfindlich waren, weil sie nach einer Logik funktionierten, die der der gelehrten Rhetorik zu fremd war, um durch die Logik der gelehrten Rhetorik ersetzt zu werden.

Feiern wir schließlich die bewusste Künstlichkeit der von der rhetorischen Erziehung geschaffenen Welt. Bewundern wir Sophistopolis: Als das Werk von Millionen von Mündern über Jahrhunderte hinweg, die Arbeit von Lehrern, Studenten und erwachsenen Rhetorikern, war es vielleicht das größte kollektive Kunstwerk, der größte gemeinsame Akt der Phantasie in der Geschichte der Menschheit. Wir müssen vor seiner jahrhundertelangen Langlebigkeit Ehrfurcht haben: Ohne einen Meisterkünstler, ohne einen *curator*, ohne öffentliche oder private Führung wurde es über Jahrhunderte hinweg im Glanz und fast unverändert erhalten. Es hing über dem mauretanischen Volubilis wie über Athen, über dem jordanischen Petra wie über Rom, über dem spanischen Italica wie über Ephesos. Und wenn die realen Gebäude im realen Volubilis eher wie Cousins der Gebäude in Athen aussehen, und die in Italica wie die steifen Onkel der Gebäude in Ephesos, und wenn die in Petra wie die unpassenden Freunde der Gebäude in Rom aussehen, dann lag das nicht an der homogenisierenden Wirkung der Massenmedien oder den Annehmlichkeiten der Massenproduktion (welche die Alten auch nicht kannten), sondern daran, dass sie jahrhundertelang im *Imperium Romanum* lebte, in dem Rhetorik die Welt machte.

Anhang

Danksagung

Großzügige Unterstützung bei der Abfassung dieses Buchs kam von der *Gerda Henkel Stiftung*, dem *Institute for Advanced Study*, der *Alexander von Humboldt Stiftung*, der *Loeb Classical Library Foundation*, meinem Arbeitgeber, der *University of Virginia*, und meiner Fakultät, dem *Corcoran Department of History*. Unter den Einzelpersonen gebührt der Dank zunächst denjenigen, die das gesamte Manuskript gelesen haben: Michael Peachin und Henriette van der Blom, den Gutachtern des Verlags, deren Kommentare die endgültige Fassung unermesslich verbessert haben. A. J. Woodman tat dasselbe aus Freundschaft, und Elizabeth Meyer (mehrmals) aus Liebe. Einzelne Kapitel wurden von Barbara Burrell, Ari Bryen, Tony Corbeill, Gary Gallagher und Martin Jehne gelesen und unschätzbar gut kommentiert. Ulrike Babusiaux, Nicolas Lamare und Michael Peachin waren so freundlich, mir Kopien ihrer Schriften vor der Veröffentlichung zur Verfügung zu stellen; die Zeitschrift *Chiron* erteilte mir die Erlaubnis, meinen Artikel „Rhetoric and Nymphaea in the Roman Empire", *Chiron* 45 (2015) 123–149, für Kapitel 6 heranzuziehen, und die Universität Wien stellte eine Kopie von W. M. N. Reiters unveröffentlichter Magisterarbeit zur Verfügung. Georgia Aristodemou, John Bedell, Glen Bowersock, Angelos Chaniotis, David Cohen, Anna Dolganov, Stephen Harrison, Margaret Imber, Christopher Jones, Georgy Kantor, Nicholas Lindberg, Rubina Raja, Dylan Rogers, Christian Witschel und Cecily Zander beantworteten wohlwollend spezifische Fragen. Das Buch hätte nicht geschrieben werden können ohne die sanfte Effizienz von *Interlibrary Loan und Library Express On-Grounds* der *University of Virginia Library*; auch die Bibliotheken in Heidelberg und MIT waren unverzichtbar. Timothy Brannelly übernahm die immense Aufgabe, die Belege zu überprüfen, Claire Weiss kümmerte sich um die Illustrationen und bezwang viele hartnäckige Computerprobleme, Pam Marquez lektorierte das englische Manuskript und Michael Powers erstellte den englischen Index. Rob McQuilkin (ein alter und treuer Freund) und Max

Moorhead bereiteten das Buch für den Markt vor, und Rob Tempio und Matt Rohal nahmen es in die angenehme Umgebung der *Princeton University Press* auf.

Die deutsche Ausgabe wird der Initiative von Kai Brodersen in Erfurt verdankt und der engagierten Betreuung des Buchs im Verlag der *Wissenschaftlichen Buchgesellschaft* in Darmstadt durch Daniel Zimmermann und Regine Gamm. *The Ancient History Fund* des *University of Virginia Corcoran Department of History* hat den Druck der deutschen Ausgabe sehr großzügig unterstützt.

Charlottesville, im Mai 2023 — Jon E. Lendon

Anmerkungen

Vorwort

1 Wilde 1921 [1889], 30.
2 Twain 2001 [1883] Zitat 305. Zum Einfluss von Walter Scott im Süden der USA siehe Wyatt-Brown 2001, 138–139, 181.
3 Twain 2001 [1883] Zitate 303, 270 und 304, siehe dazu Orions 1941 und Seelye 2001.
4 Leonard 1949, insb. 25–65; übernommen von H. Thomas 2014 insb. xv-xvi.
5 Vgl. Griffin 1985 [1976], 3–4.
6 Rogers 2009.
7 Champlin 2013.
8 Turner 1974, 60–155, Zitat 64, und für das Handeln gegen die eigenen Interessen (123); Turner und Turner 1978, 248–249.
9 Siehe Lehnert 1920, 223–226, 230–232, 250–255 für Arbeiten aus der Zeit vor 1914, die den Einfluss der Rhetorik auf die lateinische Dichtung und andere nicht-historische Schriften nachzeichnen. Für neuere Arbeiten zum Lateinischen siehe Lentano 1999, 600–605; Berti 2007, 265–358; und die entsprechenden Aufsätze in Dominik und Hall 2007; Poignault und Schneider 2015; und Lentano 2015a. Besonders einflussreich war Cairns 1972. Zum rhetorischen Einfluss auf die griechische Schrift siehe Fernández Delgado 2007 und die entsprechenden Aufsätze in Porter 1997 und Worthington 2007. Sowohl für das Griechische als auch für das Lateinische siehe die Aufsätze in Richter und Johnson 2017.
10 Siehe Higham 1958 (vgl. Schiesaro 2002, 70–74) für die Schwierigkeiten, die sich bei dem Versuch ergeben, *gegen* einen überwältigenden rhetorischen Einfluss bei Ovid zu argumentieren, der ein besonders interessanter Fall ist, weil Seneca der Ältere ihn als Deklamator in seiner Jugend identifiziert (*vgl.* 2.2.8–12, 9.5.17, mit Fantham 2009, 27–29). Williams 1980 versuchte, für eine von rhetorischen Einflüssen freie Periode der lateinischen Dichtung zu argumentieren; Griffin 1985 [1981]) machte einen indirekten Angriff auf Cairns 1972. In der umgekehrten Richtung hat Gunderson 2016, 186–190 auch kein Glück, wenn er den Einfluss des Dramas auf die Deklamation leugnet.
11 So hat der Autor des vorliegenden Buchs in Lendon 2009 über lateinische Geschichtsschreibung mit Literatur argumentiert. Zum Einfluss der gelehrten Rhetorik auf die (meist) lateinischen Historiker und die Kontroverse vor 1914 siehe Lehnert 1920, 218–223.

I. Die seltsame Welt der Bildung im Römischen Reich

1 So wie die älteren Werke zur Geschichte der Bildung – gesammelt bei Vössing 1997, 10–11 Anm. 6–7, 12 Anm. 9 und passim für die ältere wissenschaftliche Literatur – von Marrou 1977 [1948]; Clarke 1971 und Bonner 1977 abgelöst wurden, so sind diese späteren Abhandlungen, obwohl sie immer noch wertvoll sind, jetzt größtenteils von Cribiore 2001 und Wolff 2015 abgelöst worden; ergänzt durch Morgan 1998 zur griechischen Erziehung jüngerer Schüler; Bloomer 2011a über römische Erziehung unter Berücksichtigung der modernen Erziehungstheorie; und die Aufsätze in Bloomer 2015a für aktuelle Darstellungen der antiken Erziehung in all ihren Aspekten.

2 Für eine allgemeine Geschichte der Rhetorik in den römischen Jahrhunderten: Clarke 1996 [1953]; Kennedy 1972, 1983; und Pernot 2000 [2005], 115–263. Für eine Taxonomie der reifen antiken rhetorischen Theorie, Martin 1974; Lausberg 1990. Zum fehlenden Wandel von Zeit und Ort der rhetorischen Lehre siehe die Forschung passim und insbesondere Cribiore 2007, 147–148; Barrow 2015; und Keeline 2018, 15. Man beachte insbesondere das Hermogenes Corpus, das im späten 2. oder frühen 3. Jahrhundert n. Chr. entstand und bis zum Fall von Byzanz Standard blieb (Heath 2002, 424), was mit über tausend Jahren eine ziemlich lange Laufzeit für eine Reihe von Lehrbüchern ist.

1 Bildung im Römischen Reich

1 Der erste Lehrer wurde gewöhnlich als *ludi magister* – auf Griechisch *grammatistes* oder *grammatodidaskalos* – und seine (oder gelegentlich ihre) Schule als *ludus* oder *grammatodidaskaleion* bezeichnet, Cribiore 2001, 19, 36–44, 50–53, 160–184. Zu den verschiedenen Titeln, die Lehrer auf allen Ebenen sowohl im Griechischen als auch im Lateinischen führten, siehe Kaster 1988, 443–452. Für das Unterrichten von Arithmetik, Vössing 1997, 317–318; Cribiore 2001, 180–183; Sidoli 2015, 389–390. Cribiore 2001, 74–101 findet ebenfalls zahlreiche Belege für die Ausbildung von Mädchen, allerdings meist auf dieser elementaren Stufe.

2 Dichtung, North 1952; Cribiore 2001, 53–56, 185–219, und besonders 140–142, 179 (vgl. Morgan 1998, 69, 71, 313, 320–322) für die *Ilias*, mit starker Betonung der Bücher 1 und 2. Für die *Aeneis*, Winterbottom 1982 [2019], 243, 246; Vössing 1997, 371 Anm. 1276; Morgan 1998, 317 (vgl. 71). In der *Ars minor* des Donatus wird Vergil 122 Mal zitiert (mit einer starken Betonung des Buchs 1 der *Aeneis*, was auch durch die Graffiti aus Pompeji bestätigt wird, 106), der nächsthäufigste Autor, Ennius, nur achtmal; Vergil war auch der Basistext, als Latein für Griechischsprachige unterrichtet wurde, Rochette 1997, 188–198, 263–279. Zur Allgegenwart der *Aeneis* in der römischen Kaiserzeit siehe auch Hedrick 2011, 167–170.

3 Cribiore 2001, 56–59, 220–244. Mehrere Jahre: Petit 1957, 65 schlussfolgert, dass drei Jahre der normale Kurs in der Schule des Libanios im Antiochia des 4. Jahrhunderts n. Chr. waren, aber Cribiore 2007, 31–33, 174–183 übt scharfe Kritik an Petits Methode und deutet darauf hin, dass es keine Standarddauer für den Besuch der Schule gab.

4 Themen, die sich im Laufe der Zeit ähneln oder identisch sind: Lassen wir die Frage der genauen Datierung der unter dem Namen Calpurnius Flaccus überlieferten Deklamationen (Sussman 1994 – frühes 2. Jahrhundert n. Chr., mit früherer Literatur; Balbo 2016, 3. Jahrhundert n. Chr. oder später; Santorelli 2017a zweite Hälfte des 2. Jahrhunderts n. Chr.) beiseite; und die pseudo-quintilianischen *Größeren Deklamationen* (= *DM*), welche die Gelehrten paketweise vom 1. bis zum 4. Jahrhundert n. Chr. aneinanderreihen (ohne Einigkeit darüber, welche wann zu datieren ist). Für die ältere Forschung: Brescia 2004, 23–26 mit einer praktischen Tabelle (25), die das Ausmaß der Meinungsverschiedenheiten aufzeigt; der wichtigste Beitrag der jüngeren Zeit ist der posthum publizierte von Håkanson 2014, zusammengefasst von Santorelli 2014, 38–45, wobei alle *Größeren Deklamationen* schließlich im späten 4. Jahrhundert in einer Sammlung zusammengefasst wurden, Schneider 2000. Auf keine der vorgeschlagenen Datierungen für die einzelnen *Größeren Deklamationen* kann man sich verlassen. Im Gegensatz zum Streit um die *DM* scheinen sich die Gelehrten damit zu begnügen, die pseudo-quintilianischen *Kleineren Deklamationen* (= *DMin.*) in die Zeit um 100 n. Chr. zu datieren, weil sie sich so eng an Quintilians Lehre halten, z. B. Winterbottom 1984, xv. Wir freuen uns auch, dass wir die Frage der Falschheit einiger (aber welcher?) der Deklamationen des Libanios umgehen können, Najock 2007: echt oder falsch, sie sind alle gleich.

5 Tac. *Dial.* 35.4; Quint. *Inst.* 2.1.2–3. Das lateinische *declamatio* war im Griechischen einfach *meletē* („Übung“), aber das Wort *declamatio* könnte ursprünglich eher „Stimmübung“ bedeutet haben (Stroh 2003).

6 Zu den *Progymnasmata*: Webb 2001; Kraus 2005; Berardi 2017, 228–256 et passim; und Chiron 2017, eine großartige kommentierte Bibliographie, die Werke bis zurück ins Jahr 1500 umfasst. Englische Übersetzungen der erhaltenen Lehrbücher bietet Kennedy 2003 und von Sammlungen solcher Übungen, die dem Libanios des 4. Jahrhunderts n. Chr. zugeschrieben werden, Gibson 2008 (zur tatsächlichen Autorschaft der Libanios-Sammlung, die für uns unerheblich ist, siehe xxiii-xxv) und Ureña Bracero 2007. Die pseudoaristotelische *Rhetorica ad Alexandrum* (ca. 340 v. Chr.) kannte den Begriff *progymnasmata* (1436A); Ciceros *de Inventione* (ca. 91–88 v. Chr.) und die *Rhetorica ad Herennium* (ca. 88–82 v. Chr.) waren mit der Praxis vertraut, Kennedy 2003, xi. Zu den Daten dieser lateinischen Werke siehe Gaines 2007, 169–170. Frazel 2009 findet ausführliche Spuren der *Progymnasmata* in Ciceros Reden gegen Verres (70 v. Chr.), was darauf hindeutet, dass sie zur Zeit von Ciceros Ausbildung in den 90er Jahren in Rom präsent waren (zur frühen Geschichte der *Progymnasmata* siehe Frazel 2009, 26–28). Die Datie-

rung des frühesten überlieferten Lehrbuchs der *Progymnasmata* hängt von der Datierung der *Progymnasmata* des Theon ab, die umstritten ist. Es wird traditionell auf das 1. Jahrhundert n. Chr. datiert (Kennedy 2003, 1), obwohl Patillon die erste Hälfte des 2. Jahrhunderts n. Chr. bevorzugt (Patillon und Bolognesi 1997, viii-xvi), Chiron 2017, 17 entweder das 1. oder das 2. Jahrhundert, und Heath 2002–2003, 158 würde das Werk in das 4. oder 5. Jahrhundert n. Chr. verlegen. *Non liquet*, aber ich bin bei meiner Argumentation nicht von der Datierung Theons abhängig.

7 Vielfalt, Kaster 1983; Cribiore 2001, 18; Maurice 2013, 2–10.

8 Booth 1979a und 1979b – unterstützt von Kaster 1983, der die Wahrscheinlichkeit von Variationen je nach Ort und Zeit betont – argumentierten für die gesellschaftliche Differenzierung des Elementarunterrichts, wobei die armen Freien und Sklaven den *ludus* besuchten, während die Kinder der Wohlhabenden die Grundlagen zu Hause lernten. Zumindest in Nordafrika besuchten aber auch die Kinder der Wohlhabenden den *ludus*, Vössing 1997, 317, 563–567. Für den häuslichen Unterricht wissen wir am meisten über die kaiserliche Familie, Parker 1946; Rawson 2003, 162; dort wird es aber wohl etwas ungewöhnlich gewesen sein.

9 Marrou 1977 [1948], 468–489; ferner, zum Griechischen im Westen, Vössing 1997, 375–377. Griechisch wurde von hochrangigen Lateinern zwar angestrebt, aber nicht immer oder auf einem guten Niveau erlernt: Horsfall 1979 und Adams 2003. Zu Latein im Osten: Gaebel 1969–1970; Rochette 1997, 165–210, 257–319; Eck 2000 und 2009; Dickey 2012–2015, 1.4–6.

10 *Progymnasmata* in unterschiedlicher Anzahl und Reihenfolge, Suet. *Gram. et Rhet.* 25.4 (Kaster); Patillon und Bolognesi 1997, xiii-xv; Kennedy 2003, xiii; und Pernot 2008 vermutet ein noch größeres Maß an der Variation. Wer lehrt was? Quint. *Inst.* 1.9, 2.1-4 (und Grammatiker lehren vielleicht sogar *suasoriae*, die nächste Stufe nach *progymnasmata*), mit Kaster 1995, 279-280; Cribiore 2007, 143–144; Penella 2015, 161.

11 Unentgeltliche Bildung unbekannt: Man beachte die Erwähnung der Bezahlung des Lehrers in den „Glossaren", einem für kleine Kinder bestimmten Genre, Dickey 2012–2015, 2.22, 2.96. Harris 1989, 130–135, 244 sammelt hellenistische und römische Inschriften, in denen Stiftungen zur Bezahlung von Lehrern erwähnt werden, wozu Ziebarth 1914 noch immer zu Rate gezogen werden sollte, aber die Zahl der Fälle, in denen eine Stiftung für kostenlose Bildung sorgte, ist winzig, und aus der römischen Zeit ist nur ein einziger bekannt. Lehrer im Römischen Reich, die kaiserliche oder städtische Gehälter oder mietfreie Unterrichtsräume erhielten oder von städtischen Lasten befreit waren (siehe insbesondere *CTh.* 13.3), erhoben dennoch Gebühren (Laes und Strubbe 2014 [2008], 82–85). Zu Gebühren, Gehältern und anderen Bezügen von Lehrern siehe Kaster 1988, 114–123; Vössing 1997, 335–339.

12 Der *calculator*, und auch der *notarius*, der Lehrer der Kurzschrift (Mart. 10.62.4; die beiden tauchen in den Glossaren wieder auf, Dickey 2012–2015, 2.170–171; vgl. Vössing 1997, 577), wahrscheinlich sehr einfache Schüler un-

terrichteten, Booth 1979a. In Ägypten waren die Funktionen des *notarius*, des Lehrers der Buchstabier- und der Rechenkunst in einer Schreiberschule vereint, die auch komplexere Mathematik lehrte, Cribiore 2001, 182–183; andernorts konnten Elementarlehrer auch Stenographie unterrichten, Kaster 1988, 45. Für die Lehre, Laes 2015 mit Literatur.

13 Für verschiedene Versionen der Liste der griechischen Autoren, die in der Rhetorenschule des Römischen Reichs gelesen wurden, siehe Rutherford 1998, 37–63; Patillon 2007; und Vix 2010, 345–365, der die Vorrangstellung von Homer, Demosthenes und Platon nachweist. Für jüngere Kinder: Cribiore 2001, 142–143, 179, 194–204. Für lateinische Autoren, Vössing 1997, 371 Anm. 1277; 513 Anm. 1711; Morgan 1998, 97, 317, für Autoren, die bei Quintilian genannt werden (Cicero: 802 Beispiele; Virgil: 156; Horaz: 26; dann andere mit weniger). Zur Heiligsprechung Ciceros siehe Winterbottom 1982 [2019]; Kaster 1998; Keeline 2018; und La Bua 2019; und Cicero wurde neben Vergil (zu dem siehe dieses Kapitel Anm. 2) verwendet, als Latein für Griechischsprachige gelehrt wurde, Rochette 1997, 188–198, 279–286. Diejenigen, die in kleineren Orten aufwuchsen, mussten daher (vermutlich bei Freunden ihrer Eltern) in größeren Städten unterkommen, vielleicht für Jahre, Kaster 1988, 21–22; Cribiore 2001, 54, 57–58; Cribiore 2007, 117–118.

14 Kaster 1988, 20, 106–107 impliziert, dass nur Städte, die groß genug waren, um in der Spätantike Sitz von Bischöfen zu sein, die Dienste von Grammatikern in Anspruch nehmen konnten, und das klingt in etwa richtig.

15 Architektur, Hadot 2005 [1984], 449–451; Capriglione 2007; Pollitt 2015, 379–380; und insb. Vitr. *de Arch.* 1.3–18 (eher eine angestrebte als eine tatsächliche Ausbildung: Romano 1990, 47–141). Medizin, Marrou 1977 [1948], 364–368; Hadot 2005 [1984], 456–467; Laes und Strubbe 2014 [2008], 184–186, 188; Boudon-Millot 2008, mit Literatur; Bannert 2015; und insb. Lucian, *Abdicatus* 4.

16 Siehe Lib. *Ep.* 1208 (= Cribiore 2007, 252 nr. 45 für eine englische Übersetzung) für einen Schüler des Libanios, der nach seiner rhetorischen Ausbildung Medizin studierte; dies war notwendigerweise der Fall für die etwas mysteriösen *iatrosophistai*, medizinische Rhetoriker der Spätantike, Eunap. *VS* 497–499; Cracco Ruggini 2003, 197–199; Hadot 2005 [1984], 463–464; und ähnlich die Ärzte bei Ausonius, Cracco Ruggini 2003, 207 Anm. 36, mit 207–210 für andere hochgebildete Ärzte im Westen.

17 Über Galens Ausbildung (Mattern 2013, 29–80 und Petit 2018), eine Ausbildung, die auch in den pädagogischen Werken von Plutarch und Pseudo-Plutarch vorgesehen zu sein scheint (Morgan 2007, 313; Xenophontos 2015, bes. 336–337), und – zumindest als Diskussionspunkt – in Sen. *Ep.* 88 (mit Keeline 2018, 216–217). Aber der große Arzt mag eine umfassendere rhetorische Ausbildung gehabt haben, als er zugibt (Petit 2018, 8–12).

18 Allgemein, aber nicht universell, besonders für kuriale Familien in finanziellen Schwierigkeiten, wie die des heiligen Augustinus, Kaster 1988, 23 und 25. Vgl. Apul. *Apol.* 98.6–9 für einen Jungen aus einer wohlhabenden Fami-

lie in Nordafrika, der „nichts als Punisch spricht, und obwohl er von seiner Mutter ein wenig Griechisch aufgeschnappt hat, will und kann er kein Latein sprechen."

19 Ich habe hier versucht, ein faires Porträt des gegenwärtigen Mehrheitsdenkens über die Geschichte der antiken rhetorischen Bildung zu geben, ohne zu viele meiner eigenen Vorstellungen einzubringen.

20 Die Versammlungen bei Homer, Christensen 2015 mit Literatur. Heroisches Redenhalten bei Homer, Schofield 1986; Roisman 2007 für die Literatur. Heath 2002, 419–421 stellt die Verbindung zwischen Homer und der späteren Rhetorik her.

21 Hom. *Il.* 3.221–223 4. Zit. nach der Übs. von Raoul Schrott, Homer. Ilias, München 2008.

22 Man vergleiche die traditionelle Theorie der „frühen Ursprünge" (5. Jahrhundert v. Chr.) von Marrou 1977 [1948], 115 oder Grimaldi 1996 mit der Theorie der „späten Ursprünge" (Mitte bis Ende des 4. Jahrhunderts v. Chr.) von Cole 1991, der glaubt, dass die Belege für die frühere Systematisierung der Rhetorik, die bei Platon und Aristoteles zu finden sind, deren nachträgliche Erfindung sind. Kremmydas und Tempest 2013, 2 Anm. 6 sammeln die Literatur.

23 Zu Gorgias siehe Bons 2007.

24 Gorgias, Pl. *Meno* 70. Sparta, Schmitz 2006; Lendon 1997a, 122–123.

25 Hom. *Il.* 3.213–215. In der rhetorischen Theorie der römischen Zeit sollten Menelaos und Odysseus zu Emblemen des einfachen und des großen Stils werden, zusammen mit Nestor für den mittleren Stil, Penella 2011, bes. 98–99.

26 Die *Rhetorik an Alexander* wird auf ca. 340 v. Chr. datiert, s. Chiron 2007, 101–102; Aristoteles' *Rhetorik*, deren verschiedene Teile von Mitte der 350er bis Ende der 340er Jahre v. Chr. datiert werden (Fortenbaugh 1996), mit einer Proto-Ideentheorie, die in Buch 3 deutlich sichtbar ist; die Stiltheorie sollte unter Aristoteles' Nachfolger Theophrast weiterentwickelt werden, Innes 1985. Zur Geschichte der Ideentheorie siehe Rutherford 1998, 6–36; Patillon 2002a, xxiii-lxiv; 2012, xxv-xxxiii.

27 Zu den hellenistischen Entwicklungen in der rhetorischen Bildung: Pernot 2000 [2005], 82–114; Vanderspoel 2007, mit 128 zur Standardisierung; Kremmydas 2013, 148–152. Zu Hermagoras und der *stasis*-Theorie: Patillon 1988, 56–70; Woerther 2012, xiii-xxv, lv-lxxii. Für die spätere Geschichte der *stasis*-Theorie, Heath 1994. Für eine behutsame Einführung in die Verwendung der *stasis*-Theorie in Reden (realweltlich oder deklamatorisch), Berry und Heath 1997.

28 Ursprünge der Deklamation, Russell 1983, 15–20; Brink 1989, 500–502. Zwei verschiedene antike Traditionen (die beide nicht viel wert sind) bringen die Geburt der Deklamation mit Aischines im Exil (330–315 v. Chr.) oder Demetrius von Phaleron (nach 297 v. Chr.?) in Verbindung.

29 Späte Ankunft der Wissenschaft des *grammaticus* (Grammatik), Morgan 1998, 57–58, 63, 152–156, 290–291; Booth 1978 datiert diesen Sieg um 100 v. Chr. und die Lehre der Grammatik scheint erst in spätrömischer Zeit standardisiert worden zu sein, Kaster 1988, 139; Cribiore 2001, 211–212. Was der Grammatiker lehrte: Bonner 1977, 189–249; Kaster 1988, 11–19; Atherton 1996.
30 Traditionelle athenische Erziehung, Pritchard 2015 mit Literatur.
31 Zur musikalischen Ausbildung im Allgemeinen: Hagel und Lynch 2015. Zum hellenistischen Unterricht in Musik und Dichtung (sowie Inschriften, die auf Unterricht in Zeichnen und Kalligraphie hindeuten), Marrou 1977 [1948], 257–272; Nilsson 1955, 45–47; Del Corso 2007, 165–176.
32 *Gymnasion* und *Ephebeia*, Kennell 2015 mit Literatur; zu den Ursprüngen der *Ephebeia* und ihrer hellenistischen Blütezeit, Chankowski 2010. Die *Ephebeia* ist heute an fast zweihundert Orten bekannt (Kennell 2015, 172); für ihre Länge gibt Chankowski 2010, 242–249 eine Spanne an, obwohl Kennell 2015, 174 meint, ein Jahr sei normal. Zum *Gymnasion* ist Delorme 1960 die klassische Studie, und siehe die Aufsätze in Kah und Scholz 2004.
33 Zanker 1993, 220. Ich danke Nicholas Lindberg für den Hinweis auf diese Arbeit.
34 Pl. *Resp.* 525C-531C, 536D.
35 Kühnert 1961 ist die Standardbehandlung.
36 Hadot 2005 [1984]; und für *enkyklios paideia* und *artes liberales* im Sinne von „Bildungsgut und Erziehungsprogramm der freien Bürger" vgl. Lausberg 1990, 33.
37 Das Verschwinden der griechischen Musik und Athletik bei der Verbreitung der griechischen Bildung in Rom, Marrou 1977 [1948], 454–458. Aber sie blieben außerhalb des Lehrplans populär, Rawson 2003, 170–173. Trotz ihrer zunehmenden Professionalisierung blieb die Athletik in der griechischen Welt während der Kaiserzeit eine wichtige Freizeitbeschäftigung der Oberschicht, van Nijf 2001. Keine regelmäßige römische Militärausbildung bis Augustus, Bannard 2015, 485–493.
38 Puech 2002 reflektiert und De Hoz 2007 beschreibt die Entwicklung der griechischen Inschriften, die sich mit Bildungsfragen befassen, von der hellenistischen bis zur römischen Kaiserzeit.
39 Möglicher Rückgang von Athletik und Musik im Osten, Marrou 1977 [1948], 253–256, 266–272. Im Prinzip sollten uns die Schulpapyri und Ostraka aus dem ptolemäischen Ägypten (Cribiore 1996; Morgan 1998, 275–322) helfen, eine Verengung der griechischen Bildung nachzuvollziehen, aber ihre Zahl nimmt mit zunehmender Verfeinerung des Unterrichts stark ab, da sie größtenteils aus kleinstädtischen Elementarschulen oder, in geringerem Maße, aus den Schulen der Grammatiker stammen.
40 Ausweisung, Suet. *Gram. et Rhet.* 25.2 (Kaster) mit Kaster 1995 ad loc. Advent der griechischen Rhetorik in Rom, Connolly 2007a; Stroup 2007. Bloomer 2011a, 17–36 katalogisiert das Wenige, was über die römische Bildung vor

dem 1. Jahrhundert v. Chr. bekannt oder vermutet werden kann (oder später erdacht wurde).

41 Der Militärdienst, McCall 2002, 116–117; viele Aristokraten dienten weiter, wenn sie nicht mehr dazu verpflichtet waren, Suolahti 1955, wenn auch die höheren Schichten der Aristokratie – die Söhne der Senatoren – weniger häufig.

42 *Tirocinium fori*, Richlin 2011 (vgl. David 1992, 334–341), die keinen antiken Beleg für den Ausdruck finden kann, aber die Praxis gab es sicherlich: Cic. *Cael.* 9–11, die 60er Jahre v. Chr. (S. 94); die 40er Jahre v. Chr. (S. 100–101), wobei sie Hinweise aus Ciceros Briefen sammelt. Quintilian, Tacitus und Plinius bezeichnen sie als eine im späten ersten oder frühen 2. Jahrhundert n. Chr. ausgestorbene Gewohnheit (Richlin 2011, 96–98), aber es gibt Spuren des Überlebens in der Zeit des Kaiserreichs (Richlin, 2011, 97–98); van den Berg 2014, 72–75, 183–184. Auch möglich: einfach an den Höfen und Versammlungen herumlungern und zuhören, wie Cicero es tat (Cic. *Brut.* 304–305), oder den Rechtsgelehrten und Philosophen zuhören (Cic. *Brut.* 306–309).

43 92 v. Chr. Missbilligung durch die Zensoren, Suet. *Gram. Et Rhet.* 25.2 (Kaster); Aul. Gell. 15.11.2; vgl. Cic. *De Or.* 3.93–95 (wahrscheinlich falsch) mit Pina Polo 1996, 81–88; und Calboli 2016, 808 für Literatur zu diesem vieldiskutierten Vorfall. Abhandlungen: die *Rhetorica ad Herennium* und Ciceros *de Inventione*, und siehe Anm. 6 dieses Kapitels für ihre Daten. Gleiche oder ähnliche deklamatorische Themen, Cic. *Inv. Rhet.* 1.17, 1.102–103, 2.144; *Rhet. Her.* 1.19, 2.49, was die Behauptung Senecas des Älteren (*Contr.* 1.*pr*.12), die Deklamation in Rom sei nicht älter als er selbst, widerlegt, wie Fairweather 1981, 124–131 und Berti 2007, 110–114 bemerken. Auch Cicero stellt sich vor, dass deklamatorische Themen 91 v. Chr. In Gebrauch waren (*de Or.* 2.100), und erinnert sich selbst daran, in seiner Jugend deklamiert zu haben (*Brut.* 310; *Tusc.* 1.7; *Q Fr.* 3.3.4). Zum Gebrauch von *Progymnasmata* in Rom in den 90er und 80er Jahren v. Chr. Siehe Anm. 6 in diesem Kapitel.

44 Für Römer, die nach Griechenland reisten, um ihre rhetorische Ausbildung zu vervollständigen – bemerkenswert, weil wir so viele kennen, was bedeutet, dass wir noch viel mehr nicht kennen – Rawson 1985, 9–12; David 1985, 346. Große Römer konnten auch griechische Rhetoriker in ihrem Gefolge haben, David 1992, 348–349.

45 Cicero ging im Alter von 27 oder 28 Jahren nach Griechenland, während sein Sohn Marcus mit 14 ging (und mit 19 wieder zurückkam, als er in große Schwierigkeiten geriet) und sein Neffe Quintus mit 16, Treggiari 2015, 244, 247, 249. Für andere, die das gleiche wechselnde Muster aufweisen, Daly 1950.

46 Der Eindruck, dass die rhetorische Ausbildung in Rom in den 80er Jahren und früher unbefriedigend war, deckt sich mit der Tatsache, dass Cicero in den 90er Jahren davon abgehalten wurde, die Schule für lateinische Rhetorik des Plotius Gallus zu besuchen (Suet. *Gram. Et Rhet.* 26.1 [Kaster]).

47 Für Klagen über den Niedergang der Redekunst, z. B. Cic. *Tusc.* 2.5; *Brut.* 22; und Kennedy 1972, 446–464 und Williams 1978, 7–51 sammeln das spätere antike Material.

48 Lateinischer „Attizismus" vs. „Asiatismus", siehe Fairweather 1981, 243–303; und Kim 2017, 61 für Literatur.

49 Zum hermogenischen *Corpus*, Patillon 1988, 8–12; Wachstum, Rabe 1931, xix-xxiii; Bedeutung, Heath 2002, 424. Minucianus, Heath 1995, 243 mit Literatur.

50 Für eine Einführung in die demonstrative Redekunst, Pernot 2015, mit Dugan 2005, 24–31 für den unbequemen Platz des Demonstrativen in der rhetorischen Theorie und römischen Praxis.

51 *Enkomion* in den *Progymasmata*: Theon, *Prog.* 109–112 (Spengel); [Hermog.] *Prog.* 14–18 (Rabe); Aphthonios, *Prog.* 21–27 (Rabe); Nicolaus, *Prog.* 47–58 (Felten – dies sind alle in den englischen Übersetzungen von Kennedy 2003 verwendeten Bezeichnungen); Lib. *Prog.* 8.209–328 (Foerster) = Gibson S. 197–319 (englische Übersetzung). Nach den *Progymnasmata* zurückgekehrt: Theon, *Prog.* 61 (Spengel); nicht, Nicolaus, *Prog.* 47 (Felton).

52 Pernot 1993, 60–62 findet das *Enkomion* in überlieferten Reden anderer Art, und der Fronto des 2. Jahrhunderts n. Chr. (Fleury 2006, 101–134, 221–281) deutet eine rhetorische Ausbildung an, die stärker auf das Epideiktische ausgerichtet ist als die des Quintilian des 1. Jahrhunderts n. Chr.

53 Siehe Cribiore 2001, 228 für den „Löwenanteil" der erhaltenen rhetorischen Übungen auf Papyri, nämlich die *Ethopoiiai* (mit Heusch 2005) und *Enkomia* (mit Pordomingo 2007, 416–435).

54 Rabe 1931, 171; zu diesem Athanasios siehe Heath 2002–2003, 139. Pernot 1993, 59–60 diskutiert das Eindringen von enkomischen Elementen in andere *Progymnasmata*; vgl. Webb 2009, 78–80. Schüler, die kurz zuvor die Schule des Libanios verlassen hatten, waren sicherlich in der Lage, enkomiastische Reden zu halten, Cribiore 2007, 146; vgl. Dickey 2012–2015, 2.99; und Aristid. *Or.* 31.10 (Behr) mit Vix 2010, 51–65 für einen Schüler des Aristides, der beim Vortragen einer Lobrede tot umfiel.

55 So Heath 2004, 277–279, im Gegensatz zu früheren Forschern (einschließlich Pernot 1993, 55–105), die eine gründlichere Kolonisierung der kaiserzeitlichen Bildung durch die Epideiktik vorschlugen. Für allgemeine Einführungen in die lateinische Deklamation siehe Bonner 1949; Lentano 2017a; für die griechische Deklamation Russell 1983; Guast 2019, die alle eine Orientierung zu den Quellen bieten. Die lateinische Deklamation wurde in einer Reihe von bibliographischen Übersichtsartikeln, welche die Wissenschaft von 1881 bis 2016 überblicken, glücklich gemacht: Tabacco 1980; Sussman 1984; Håkanson 1986; Lentano 1999; Hömke 2002, mit früheren Listen bei 338; Lentano 2017b. Vössing 1995, 92 listet die 388 erhaltenen lateinischen Deklamationen und deklamationsähnlichen Gedichte auf, während Santorelli und Stramaglia 2015 und Stramaglia 2015 Deklamationen sammeln, die in anderen Quellen erwähnt werden, aber nicht erhalten sind, letztere mit einer Liste von Papyri. Eine weitere Hilfe ist die Liste von Kohl 1915 mit über vierhun-

dert deklamatorischen Themen, in denen namentlich genannte Personen aus dem Mythos oder der Geschichte vorkommen (viele der Themen sind deliberativ, d. h. ein Deklamationszweig, in dem Ratschläge an solche Figuren oder in der Stimme solcher Figuren erteilt werden, war üblich).

56 Agamemnon, Sen. *Suas.* 3.*pr.*; Sulla, Quint. *Inst.* 3.8.53 (vgl. Juv. 1.15–17). Zur deliberativen Deklamation vgl. Lausberg 1998 [1973], 97–102; Bonner 1977, 277–287; Migliario 2007, 33–50; Feddern 2013; Kraus 2016. Für deliberative Themen in Latein siehe *Suasoriae* von Seneca dem Älteren; Kohl 1915 für Griechisch.

57 Quint. *Inst.* 3.8, aber beachten Sie, dass Quintilian nicht immer mit dieser Standardrechnung übereinstimmt.

58 Allgemein zur forensischen Deklamation, von der viel mehr erhalten ist als von der deliberativen, siehe Parks 1945, 67–85; Bonner 1949; Lausberg 1998 [1973], 63–97; Bonner 1977, 288–325; Lentano 2014a.

59 Sen. *Contr.* 4.4, leicht vereinfacht.

60 *DM 1.pr.* Zu bösen Stiefmüttern (novercae) siehe Kapitel 8 Anm. 49.

61 Fälle sollten ausbalanciert sein, Hermog. *Stat.* 33–34 (Rabe); Anon.Ἕτερα προλεγόμενα τῶν στάσεων (Walz, *RG* 7.1, S. 49); Sen. *Contr.* 10.5.12, was nicht heißen soll, dass die eine Seite nicht von vornherein stärker sein könnte als die andere, oder beliebter bei den Deklamatoren: Brightbill 2015, 27–72. Kein Mordopfer am Leben, Kaster 2001, 320, obwohl in der Tat manchmal unerlaubte Fakten eingeführt wurden, Brightbill 2015, 73–124, und auch Nebenfiguren, zu Quintilians Missbilligung, *Inst.* 7.2.56. Keine Gesetze der realen Welt (oder gegenteilige Gesetze, die der Deklamator erfunden hat) oder „unkünstliche“ Beweise, Bloomer 2007, 298, 300; 2011a, 177; das und die Betonung von Ethos und Plausibilität, Bernstein 2013, 77. Zu Zeugen, Brightbill 2015, 92–97, der allerdings einige findet, 94. Zu *sententiae*, Berti 2007, 155–182. Zur Folter siehe Kapitel 5 Anm. 19. Kein Sex, Walters 1997, 111; aber Andeutungen und Anspielungen waren erlaubt, Adams 1982, 223. Keine regionalen Akzente, Sinclair 1995, 97; Stimme und Diktion, Gleason 1995, 82–130; Connolly 2001b, 84, 88. Attizismus: Swain 1996, 17–64; Schmitz 1997, 67–96; Kim 2017, 43–53; und Strobel 2009 für die Lexika und Führer zum attischen Sprachgebrauch, welche diesen sprachlichen Archaismus unterstützten. Reinheit des Lateinischen: Adams 2007, 16–17, 114–275; Bloomer 2017. Gesten, körperliches Verhalten: Gleason 1995; Richlin 1997; Connolly 1998, 2007b; Wülfing 2003; Hall 2014.

62 Beschwerden über Themen und Stil der Deklamation, Petron. *Sat.* 1–6 (mit Breitenstein 2009); Quint. *Inst.* 2.10, 5.12.17–23, 7.2.54–56, 12.11.15–16 (mit Calboli 2010); Tac. *Dial.* 31.1, 35.3–5; Juv. 7.150–170; mit Kaster 2001, 323 Anm. 14, der die Belege bei Seneca dem Älteren sammelt. Bonner 1949, 71–83; Vössing 1995, 94–102; Hömke 2002, 44–82; und Berti 2007, 219–247 diskutieren diese Kritik; Bloomer 2011a, 240 Anm. 1 sammelt modernere Schriften; und siehe insbesondere Fantham 2002 [2011] und Gunderson 2003, 10–12, wie solche Kritik zu verstehen ist. Zur Diskussion der Stilkritik siehe insbeson-

dere Brink 1989, 477–482 für Quintilian; und Gleason 1995, 114–121 sammelt Quintilians Passagen, in denen er sich über den falschen Unterricht der Körperhaltung in den rhetorischen Schulen beschwert.

63 Imber 2001 verweist unter Berufung auf Studien über mündliche Traditionen in anderen Gesellschaften auch auf die Mündlichkeit der Deklamation als Ursache für den Konservatismus im Unterricht.

64 Institutionelle Ausbildung im römischen Recht im Kaiserreich und seinen Standorten, Ducos 2008, 21–28; für Beirut (die bekannteste Schule), McNamee 1998; Jones Hall 2004, 195–220. Schulen für Latein im Osten, Rochette 1997, 165–177. Libanios' Befürchtungen (gesammelt bei Van Hoof 2010, 221 Anm. 76), dass die Notariats-, Latein- und römischen Rechtsschulen der griechischen Rhetorikausbildung Konkurrenz machen könnten, wurden von Liebeschütz 1972, 242–246, 252–254 als übertrieben erkannt, und dies wurde inzwischen bestätigt: Für die anhaltende Prävalenz der rhetorischen Ausbildung s. Heath 2004, 295–299; Cribiore 2007, 207–213; und Van Hoof 2010, 221–223 mit Literatur. Rhetorik vor dem Studium der Rechtswissenschaften: Liebeschuetz 1972, 243 Anm. 10, 253; Heath 2004, 293–299; Cribiore 2007, 75; Kraus 2013, 129. Zeitaufteilung der Studenten zwischen griechischer und lateinischer Rhetorik, Liebeschütz 1972, 246. Ausbildung in Stenographie, Teitler 1985, 24–25, 27–28, 34, 68–69, wobei ehemalige Schüler des Libanios nach ihrer rhetorischen Ausbildung *Notarii* wurden (66); vgl. Kaster 1988, 47–48.

2 Die gesellschaftliche und historische Bedeutung der rhetorischen Bildung

1 Schmidt 1847, 423–448, 455–456.

2 Caligula, Cass. Dio 59.20.6 mit Juv. 7.203–204 (Schmidt 1847, 435); Domitian, Cass. Dio 67.12.5 (Schmidt 1847, 444).

3 Boissier 1875, 99–102 und MacMullen 1966, 35–37; Schmitz 1999, 85 Anm. 56 sammelt weitere Schriften. Vor langer Zeit hat Schamberger 1917, 60–76 versucht, in den lateinischen Deklamationen Anspielungen auf zeitgenössische Ereignisse zu finden, ein Projekt, das, wenn es sich als überzeugend erweist, in die gleiche Richtung argumentieren könnte.

4 Juv. 7.150–154, *o ferrea pectora Vetti / cum perimit saevos classis numerosa tyrannos. / … occidit miseros crambe repetita magistros*. Patillon 2002b, xcv zählt in den überlieferten griechischen Deklamationen und rhetorischen Werken 84 Tyrannenthemen (siehe auch Abschnitt ii), womit die Tyrannis nach Mord (157) und Ehebruch (98) das dritthäufigste Thema ist. Das Bewusstsein, dass das Regime normalerweise keine Einwände gegen Deklamationenen über Tyrannenmord hatte, geht mindestens auf Burckhardt 2013 [1853], 213 zurück. Überlegungen zu den Verschiebungen der intellektuellen Kategorien, die es ermöglichten, dass Deklamationen zur Tyrannis vor kaiserlicher Missbilligung sicher waren, finden sich bei Vössing 2010.

5 Usurpatoren, Neri 1997; Haeling 2000, 28–30; Malosse 2006, 172–176; und Swist 2017, 443 Anm. 42 sammelt weitere Diskussionsbeiträge.

6 De Salvo 2001.

7 Moralische Verbesserung, insbesondere Quint. *Inst.* 1.*pr*.9–12, 12.2.27–31; Tac. *Dial.* 31.1–2; Patillon und Bolognesi 1997, xix-xx für Passagen in den *progymasmata*; und siehe MacMullen 1976, 27, 277 Anm. 17–18; Anderson 1995; Winterbottom 1998 [2019]; Atherton 1998, wichtig zur Lehre der Grammatik; Morgan 1998, 120–151, 226–234; Kaster 2001, wichtig, nicht zuletzt zur „Fähigkeit, gleichzeitig zu stolzieren und zu grummeln" (333); Reinhardt und Winterbottom 2006, xlii-xlix; Pérez Galicia 2011; Gibson 2014; Connolly 2016 und Swist 2017, 442 Anm. 37 sammeln mehr. Für die Bestätigung des Zusammenhangs zwischen rhetorischer Bildung und moralischer Exzellenz im antiken Denken durch externe rhetorische Autoren, Vössing 1997, 605; Schmitz 1997, 136–146.

8 Van der Poel 2007 mit Literatur; Bloomer 2011b, 109 Anm. 3 mit Literatur; und die in Galand, Hallyn, Lévy und Verbaal 2010, 155–396 gesammelten Aufsätze.

9 Eine nützliche Zusammenfassung der Beiträge findet sich bei Breij 2006a, 61–62; Corbeill 2007; Dugan 2007, 16–18; und Lentano 2017b, 148–154.

10 Zitiert ist Morgan 2007, 317; vgl. 197 für diejenigen, die Rhetorik lernten, aber keine berufliche Verwendung dafür hatten, und Bloomer 1997b, 62. Als unbedarfter Historiker übergehe ich daher mit respektvollem Nicken (a) primär literarische Lesarten der Deklamationen, wie Gunderson 2003 und van Mal-Maeder 2007; vgl. Connolly 2016, 201 und Lentano 2017a, 62–63 für diese Tendenz; (b) Lesarten, die primär psychoanalytisch ausgerichtet sind, wie Kennedy 1972, 336–337; Sussman 1995; Gunderson 2000; Schneider 2016; Pasetti 2016; (c) primär anthropologische Lesarten (siehe dieses Kapitel Anm. 31), eine weitere starke Tendenz derzeit; und (d) abstrakte Lesarten wie Schmitz 1999: über Rhetorik, die Geschichte schafft (eine wichtige Arbeit); Goldhill 2009: Selbstdarstellung; Morgan 1998, 241, 262–270 und Bloomer 2011a, 7, 117, 134, 195: *agency*. Zu anderen möglichen Ansätzen siehe den Schluss dieses Buchs. Die uns überlieferten Deklamationen stammen natürlich größtenteils nicht direkt aus dem Klassenzimmer, und so müssen wir mit Hömke 2007 die Möglichkeit einräumen, dass viele von ihnen nur zur Unterhaltung gegeben wurden.

11 Gesellschaftliche Markierung, hauptsächlich aus lateinischen Belegen: Bloomer 1997b, 62, 66; Atherton 1998, 222–224 (zur Sprechweise); Connolly 1998, 134–136, 149; 2007b (zum Auftreten); allgemein Vössing 1997, 600–604; und all dies wurde in gewissem Maße von Sinclair 1993 vorweggenommen. Hauptsächlich von griechischen Belegen ausgehend, Gleason 1995, insbes. xxi-xxvii, 159–168 (über das Benehmen); und allgemein über die gesellschaftlich charakteristische Qualität der *paideia*, Brown 1992, 35–47; Schmitz 1997; Morgan 1998, 74–83, 235–236, 243, 270; Connolly 2001a, 349–351; Whitmarsh 2001, 5, 96–130, wobei er jedoch zugibt, dass dies nicht der von den Alten er-

klärte Zweck der *paideia* war, 129–130. All dies wurde von MacMullen 1976, 200 vorweggenommen. Bloomer 1997a und 1997b, 59 argumentierte ebenfalls, dass diese Ausbildung als eine Form der Akkulturation für Nicht-Römer diente; vgl. Vössing 1997, 596–600; Schwartz Frydman 2016; für Nicht-Griechen, Morgan 1998, 74–79, 110, 118, mit dem Argument, dass die Zahl der so akkulturierten Außenseiter begrenzt war, weil sie mühsam und teuer war, was zweifellos in der Minderheit der Fälle zutraf, in denen die Studenten nicht bereits kulturell römisch oder griechisch waren.

12 Lib. *Or.* 35.15 (= Festugière 1959, 488) mit Gleason 1995, 164; vgl. Iambl. *VP* 44 mit Whitmarsh 2001, 90–91.

13 Siehe Edmondson 2008 zur Kleidung. Sklaven: Selbst ein Schüler der römischen Oberschicht wurde von mindestens zwei Sklaven zur Schule begleitet, seinem *capsarius/scrinarius* (Dickey 2012–2015, 1.105, 2.169, 2.171 mit Rawson 2003, 166) und seinem *paedagogus* (Dickey 2012–2015, 1.105, 1.110, 1.226, 2.169, 2.173, 2.179); siehe Suet. *Nero* 36.2 für das Paar. Vgl. Lukian, *Amores* 44, der einen „Chor“ beschreibt, der dem Schuljungen folgt. Zu den luxuriösen Kleidern der wohlhabenden Bewohner des spätantiken Antiochia, den Scharen von Sklaven, die sie begleiteten, und dem Bestreben der Wohlhabenden, in der Öffentlichkeit nicht ohne sie gesehen zu werden, sammelt Leyerle 1994, 32, 41; 2018, 270–271 die *testimonia* bei Johannes Chrysostomos.

14 Offen für die gleiche Frage nach der Bedeutung in einer so hierarchischen Gesellschaft ist die gesellschaftliche – oder politische – „Legitimations“-Variante, die manchmal zur Interpretation der gesellschaftlichen Unterscheidung angeboten wird: Brown 1992, 41 verweist auf die „heikle Aufgabe, diese gesellschaftliche Überlegenheit als ‘natürlich’ erscheinen zu lassen, weil [sie] in persönlichen Fähigkeiten wurzelt, die überlegenen Personen zukommen“; vgl. Corbeill 2001 bes. 262–263, 283; Morgan 1998, 270; Schmitz 1997, 44–50; Stenger 2009, 211–217. Gegen die Legitimation als Interpretationsinstrument, Lendon 2006, 58–62.

15 Sklaven müssen richtig reden, Quint. *Inst.* 1.1.4–5, 8, 11; [Plut.] *Lib. Educ.* 4A; Sor. *Gyn.* 2.19. Eltern müssen gutes Sprechen vorleben, Atherton 1998, 228; manchmal lehren sie ihre kleinen Kinder selbst, Cribiore 2001, 105–108; Greschat 2018.

16 Tac. *Dial.* 28.5 mit Mayer 2001 ad loc.

17 In der Elementarschule, Tert. *Pal.* 6.2, wo ein römischer Schüler auf das trifft, was der Autor ironisch den *primus enodator vocis* nennt, den „ersten ‘Entwirrer’ der Stimme“. Stimme in der Schule des *grammaticus*, Clarke 1968, 19–20; zur Stimme in der Schule des *Rhetors* siehe Kapitel 1 Anm. 61.

18 Vössing 1997, 604–605; Morgan 1998, 74, 79–85, 169–171, 270 für eine so ausgefeilte Ausbildung, welche die *Angehörigen* ihres Kreises in eine Rangfolge bringt. Appetit auf Wettbewerb, Lendon 1997b; Schmitz 1997, 97–135; eine Tendenz, die auf abstoßende Weise z. B. durch das Konkurrenzverhalten von Ärzten illustriert wird, Gleason 2009.

19 Z. B., Quint. *Inst.* 1.1.20, 1.2.22–25, 1.2.29, 1.3.11, 5.12.22; Clarke 1968, 19; Morgan 1998, 79–85; Vix 2010, 321, 327–328.

20 *Harenarius*, Tertullian, *Pal.* 6.2 mit *OLD* ad loc. Und Vössing 1997, 318 Anm. 1147. Es handelt sich um einen *harenarius numerorum*, einen niederen Lehrmeister in der Arithmetik. Vgl. Sen. *Contr.* 3.*pr.*13, *scholam quasi ludum esse, forum arenam.* Corbeill 2001, 277–278 sammelt Spekulationen über die Etymologie von *ludus.*

21 Plut. *Cic.* 2.2; vgl. Nepos, *Att.* 1.3.

22 Schmitz 1997, 97–135; Vössing 1997, 435–467, 494–541, 605–613; sowie insb. Lib. 55.32 (= Festugière 1959, 440). Bei Erwachsenen, die keine Lehrer waren, konkurrieren, vgl. Berry und Heath 1997, 408; Quint. *Inst.* Bk. 10. Und siehe Zadorojnyi 2019 für die Art und Weise, wie Pollux' Wörterbuch der attischen Wörter Konkurrenzdenken bei seinen Benutzern voraussetzt.

23 Cribiore 2007, 84–88.

24 Zu den Sophisten siehe insbesondere Philostratos' *Leben der Sophisten* und für allgemeine Einführungen Bowersock 1969 (immer noch die beste); Anderson 1993; Whitmarsh 2005; für die Prosopographie Janiszewski, Stebnicka und Szabat 2015. Zum Wettbewerb unter den Sophisten: Bowersock 1969, 89–100; Anderson 1989, 159–165; Sinclair 1995, 98–103; Schmitz 1997, 97–135; Whitmarsh 2005, 37–40; König 2011, 283–293 – unter Betonung der Regeln und Grenzen eines solchen Wettbewerbs; Fron 2017; Schmitz 2017.

25 Kohl 1915 sammelt die Themen, und Schmitz 1999 bespricht diese Gewohnheit. Die beiden Themen stammen von Choricius von Gaza X (*Decl.* 1) und XVII (*Decl.* 4). Zum griechischen Attizismus siehe Kapitel 1 Anm. 61.

26 Zur Macht der Sophisten in der Gesellschaft siehe Bowersock 1969, gefolgt von z. B. Schmitz 1997 15, 44–66; Puech 2002, 23–35; Flinterman 2004 und andere, die von Drecoll 2004, 404 aufgeführt werden. Inwieweit die Sophisten im 4. Jahrhundert n. Chr. weiterhin eine solche Macht ausübten, ist umstritten: siehe Van Hoof 2010, 213, 217–220. Und Bowie 1982 bezweifelte, dass Sophisten im öffentlichen Raum und insbesondere im Umgang mit den Römern jemals wesentlich mehr Macht ausübten als andere Mitglieder der gehobenen Schicht, aus der sie stammten; vgl. Anderson 1989, 146–152.

27 Rollenspiele in der Deklamation: Bloomer 1997a, 212–214; 1997b; 2007; 2011a, 7, 178–190; Schmitz 1999; vgl. Friend 1999; Kaster 2001, 325, 328, 335; Imber 2001, 208–212; 2008; Breij 2009; Bernstein 2013, 78–113; Lentano 2013–2014. Vorwände, unter denen diejenigen, die normalerweise nicht für sich selbst sprechen dürfen, dies tun können: Russell 1983, 14; Bloomer 2011a, 243 Anm. 25. Die gebräuchlichste Art, eine andere Stimme einzuführen, war die *prosopopoeia* oder *ethopoeia / sermocinatio* oder *fictio personarum*, bei der sich der Deklamierende „vorstellt", was diese Person sagen könnte, und so eine Rede innerhalb einer Rede produziert (eine viel diskutierte Praxis: siehe Amato und Schamp 2005).

28 Zitat Bloomer 2011a, 188.

29 Bloomer 2011a, 188 sagt weiter, dass „die wachsende Beherrschung der Sprache von der Ausgrenzung aller Sprecher abhängt, die nicht dem Status oder dem Geschlecht der jungen Praktiker entsprechen". Connolly 2016, insb. 193–194, 203–204 kokettiert ebenfalls mit der humanistischen Sichtweise, die Bloomer ablehnt, kann sich aber schließlich nicht von der „Erziehung junger Männer zur Herrschaft" (191, vgl. 192) losreißen, was kaum überrascht, wenn sie sich auf Althusser (193–194) beruft. Aber man beachte Friend 1999, 308 (ein Nicht-Altertumswissenschaftler, in einem Artikel, der leider voller sachlicher Fehler ist), der den Mut hatte, die Implikation des Rollenspiels zu seinem natürlichen Schluss zu bringen: „Es schuf Möglichkeiten für Schüler und Lehrer, ihre rhetorischen Fähigkeiten einzusetzen, um wichtige Themen der Zeit zu diskutieren und die Positionen derjenigen zu berücksichtigen, die keine offizielle Stimme hatten." Vgl. in diesem Sinne auch Breij 2009 = 2011. Man beachte auch die Andeutung, dass die Deklamation „schwierige Ideen" lehrte, wie etwa, dass Folter akzeptabel sei, Pagán 2007–2008, 166, 180. Ich bezweifle, dass die Folter für die Römer eine „schwierige Idee" war – sie schienen sie im Allgemeinen zu genießen, wenn sie bei der richtigen Sorte von Menschen angewandt wurde –, aber die allgemeine Idee ist attraktiv.

30 Imber 2008: „Beim Deklamieren lernten die römischen Jungen, dass diese römischen Kategorien von Geschlecht, Schicht und Status die Gesellschaft natürlich und absolut in eine Machthierarchie einteilten. An der Spitze der Leiter stand der *vir bonus*, der *civis* und *pater*, der der Schüler eines Tages werden würde" (164; vgl. 2001, 211). Lentano 2009 [2005], 65 Anm. 47 und 49; 2011 [2009], 227 Anm. 35 und 2017a, 79 sammelt die Literatur, und siehe insbesondere Bloomer 1997b, 60–65, 68–71, 74, 77 mit Betonung auf Rollenspielen; Richlin 1997 zu männlich versus weiblich, verweichlicht versus männlich, Ost versus West; Connolly 1998, 145–149 für Frauen, Sklaven, Freigelassene als Störenfriede; Habinek 2005, 65–71, für Unterricht in Männlichkeit.

31 Obwohl Geertz, Foucault und Bourdieu fast zur gleichen Zeit schrieben, wurde Geertz in der Altertumswissenschaft erst später und in weitaus geringerem Maße aufgegriffen als Judith Butler – und durch sie Foucault (Richlin 1997; Gunderson 2000 und 2003) und Bourdieu (Schmitz 1997; Gunderson 2003). Die verschiedenen Tentakel der gemeinsamen Annahmen der theoretisch interessierten Altertumswissenschaftler der 1990er Jahre lassen sich durch Gunderson 1998 nachzeichnen. Einer Geertz'schen Position nähern sich Beard 1993, 55–62 zur Deklamation als Mythenbildung; Langlands 2006 zur deklamatorischen Behandlung der *pudicitia*; und auch die anthropologischen Methoden zeitgenössischer italienischer Wissenschaftler, z. B. Brescia und Lentano 2009; Lentano 2015b mit Literatur.

32 Von den vielen guten Darstellungen dieser intellektuellen Tendenz wähle ich fast willkürlich Johansson und Lalander 2012 und Vinthagen und Johansson 2013 aus. Eine spöttische Passage in einer Tischrede von Marshall Sahlins aus dem Jahr 1993 widerlegt die radikaleren Versionen dieses Ansatzes deutlich (Sahlins 1996, 16–18).

33 Wir lassen die Frage beiseite, ob die griechische Deklamation und überhaupt die gesamte griechische Hochkultur im Römischen Reich in irgendeiner Weise subversiv gegenüber der römischen Herrschaft war, weil „die Debatte in zu vagen Begriffen geführt wurde, um brauchbare oder zumindest überprüfbare Antworten zu geben“ (Jones 2004, 14). Zum Stand der Frage siehe Bowie 2009. Auch das Argument, dass die gesamte griechische Bildung und Literatur im Römischen Reich in gewisser Weise ein psychologischer Mechanismus zur Bewältigung der römischen Herrschaft waren, übergehen wir mit Respekt, aber Erleichterung, Bowie 1970 [1974], insb. 36–41; vgl. Cribiore 2001, 239. Die gegenteilige Position ist ebenso zwingend, Millar 1969; Anderson 1989, 142–143.

34 Häufigere Fürsprache für Schwache, Quint. *Inst.* 6.2.36; Sympathie mit Kindern gegen Väter, Russell 1983, 31. Reicher Mann gegen armen Mann und der Missbrauch der Reichen darin, siehe Tabacco 1978; Krapinger 2005, 67–68; Santorelli 2014, 16–26; Breij 2016, 276–283. Väter gegen Söhne, Sussman 1995; Gunderson 2003, 59–79; Brescia und Lentano 2009, 69–94; Lentano 2014a, 33–83; Breij 2016, 283–288; Rizzelli 2017; Lentano 2015c, 133–134 Anm. 1–2. Brescia 2016, 344 Anm. 82, und Lentano 2017b, 175–181 sammeln weitere Literatur. Thomas 1983, 125 stellt fest, dass von den 90 Deklamationen des Pseudo-Quintilianers, die einen Konflikt innerhalb einer Familie darstellen, 54 einen Vater einem Sohn gegenüberstellen; bei Seneca dem Älteren sind es 37 von 50, und 21 von 31 bei Calpurnius Flaccus; vgl. Breij 2009, 360 = Breij 2011, 338, die 125 Vater-Sohn-Fälle in allen überlieferten lateinischen Deklamationen zählt, von denen nur zehn ein gutes Verhältnis zwischen den Parteien aufweisen. Männer gegen Frauen, Hawley 1995; van Mal-Maeder 2003 [2007]; Fernández López 2005; Langlands 2006, 247–280; Lentano 2012a; 2014a, 85–104.

35 Migliario 1989; gesammelte Literatur bei Lentano 1999, 610–616 und 2011 [2009], 222 Anm. 28; Connolly 2001b, insb. 77, 93–95; Bernstein 2013, insb. 13, 42, 77; Corbeill 2016 – wobei er sich allerdings auf eine einzige ungewöhnliche Deklamation beschränkt. Dieses Argument hat eine lange Vorgeschichte, z. B. Tivier 1868, 121–122. Vgl. Korenjak 2000, der das Produkt der Interaktion von Sprecher und Publikum als potenziell subversiv bezeichnet.

36 Franchet d'Espèrey 2016 fasst die antiken Belege und die moderne Forschung zur figürlichen Rede zusammen. Klassische Diskussionen sind Ahl 1984 und Desbordes 1993.

37 Connolly 1998, 148: „Diese Reden wurden nicht einfach abgeschrieben und nachgelesen wie ähnliche Übungen im amerikanischen Kompositionsunterricht des 19. Jahrhunderts … sondern stimmlich und dramatisch vorgetragen, mit all der Leidenschaft und Überzeugung, die der Schüler aufbringen konnte.“ Imber 2001, 211–212: Unterricht durch Deklamation „war dynamisch und interaktiv“. Studentische Deklamatoren trugen aktiv zur ideologischen Tradition bei, die wiederum ihre eigene Identität formte. Das soll freilich nicht

heißen, dass der Unterricht in Rhetorik nach modernen westlichen Maßstäben nicht auch sehr repetitiv war: Stramaglia 2010.

38 Quint. *Inst.* 2.2.9–10.

39 Siehe Vorwort Anm. 9.

40 Marrou 1938, mit seiner Beschreibung der Folgen der spätantiken Erziehung, 85–157; *sclérose sénile*, 543. Diese Ansicht wurde stark kritisiert und Marrou selbst hat sie teilweise aufgegeben, siehe Marrou 1949 mit Inglebert 2004.

41 Alföldi 1952, bes. 85–124; Umstände der Abfassung (vi). Zu kaiserlichen Entscheidungen als Ergebnis rhetorischer Bildung vgl. Millar 1977, 8, der diesem Faktor die kaiserliche Gunst gegenüber dem griechischen Osten zuschreibt.

42 MacMullen 1976, 24–31, 48–70, 199–201; und er kehrte zu einem ähnlichen Gedanken zurück – rhetorische Bildung als Faktor, der das spätantike Recht undurchsichtig machte – als ein Beitrag zu den Problemen im 4. und 5. Jahrhundert, 1988, 142–143. Zum Gruppendenken und zur Vernachlässigung des praktischen Lernens, die durch die rhetorische Erziehung hervorgerufen wurden, siehe auch Vössing 1997, 605–609.

43 Mattern 1999, 2–3, 15–16, 25, 65, 71–80.

44 Lendon 2005, 261–289; zu diesem „Teleskopieren" der Vergangenheit vgl. Anderson 1989, 140.

45 Portmann 1988, 215, 343–345 und Wiemer 2003, 467 stellen fest, dass die spätantiken griechischen Autoren die Geschichte der Zeit nach Alexander eher nicht kannten. Siehe Kohl 1915 für die große Anzahl deklamatorischer Themen, die in der Zeit vor dem Tod Alexanders angesiedelt sind (und insbesondere in der Zeit von Demosthenes, Philippus und Aischines – Demosthenes war der am meisten bewunderte griechische Stilist und der am meisten gelesene griechische Autor), und das fast völlige Fehlen von Themen aus der Zeit danach. Selbst diejenigen, die historische Werke zu lesen suchten, mussten feststellen, dass auch diese Werke mit dem Tod Alexanders aufhörten (Bowie 1970 [1974], 12–16).

46 Kohl 1915, 90–107.

47 Isaac 1993, 372–418; *sed contra* Wheeler 1993; mit Lendon 2002, 378–379.

3 Das Attentat

1 Schmutziger Streit zwischen Marcus Antonius und Dolabella, Cic. *Phil.* 2.88; vgl. 79–84; Plut. *Ant.* 11.2–3; mit Dettenhofer 1992, 165–183. Spät, Suet. *Jul.* 81.4; Plut. *Brut.* 15.1; Cass. Dio 44.18.1; mit Ramsey 2008, 352, 361–362. Für die Verschwörung gegen und Caesars Ermordung bleibt die umfangreichste Sammlung antiker Quellen (ich zitiere nur die wichtigsten *testimonia*) Drumann und Groebe 1906 [1837], 624–657; für die Ermordung selbst und die Zeit danach, Becht 1911. Gesche 1976, 172–175, 304–305 sammelt viel älteres wissenschaftliches Schrifttum über die Verschwörung; siehe auch Jehne 2005 und Meier 2014 für das neuere. Zur Diskussion der deutschen Forschung: Christ 1994 und Kolb 2015. Gute, neuere Darstellungen des Attentats in engli-

scher Sprache sind Lintott 2009 und Strauss 2015; in deutscher Sprache Jehne 1998 und Meier 2012; und für die Zeit nach dem Mord Gotter 1996; in italienischer Sprache Cristofoli 2002; und Ver Eecke 2008, 437–444 fasst die französische Forschungstradition zusammen. Zur Diskussion der antiken Quellen und ihrer Beziehung zueinander sammelt Gesche 1976, 8–9 die älteren Schriften; Rawson 1986 [1991] ist eine klassische Abhandlung; Donié 1996 sammelt die neuere Literatur; und siehe auch Wiseman 2009, 211–234. Für die Werke von Plutarch und Appian wird hier die Loeb-Nummerierung verwendet, während für Nicolaus von Damaskus die Unterabschnittsnummern von Jacoby *FgrHist* 90 F 130 (= Bd. IIA S. 397–420) verwendet werden, wie in den praktischen Ausgaben von Toher 2017 (mit englischer Übersetzung) und Malitz 2003 (mit deutscher Übersetzung).

2 Für die *Curia*, die Portikus und das Theater des Pompeius, Horsfall 1974, 194–196; *LTUR* 1.334–335, 4.148–150, 5.35–38; Matijević 2006, 41 Anm. 55; Carandini 2017 [2012], 1.505. Gladiators, Nic. Dam. 98; Plut. *Brut.* 12.5; Cass. Dio 44.16.2; vgl. App. *B Civ.* 2.122, Horsfall 1974, 195; für andere Gründe, dass eine Verzögerung unpraktisch war, 191–192.

3 Caesar wurde trotz Einwänden aus seinem Haus geholt, Nic. Dam. 83–84; Suet. *Jul.* 81.3–4; Plut. *Caes.* 63.5–64.4; Plut. *Brut.* 15.1; Cass. Dio 44.18.1–2. Ich bin verpflichtet, sowohl Plut. *Caes.* und *Brut.* zu zitieren, weil Plutarch entweder unterschiedliche Quellen benutzte oder, wie Pelling 2011, 22, 37, 459–460, 484 (vgl. Moles 2017 [1979], 11, 184 und Toher 2017, 266) argumentiert, sein Material über die Verschwörung sorgfältig zwischen seinen *Biographien* aufteilte, um Wiederholungen zu vermeiden. Aber ich teile Dobeschs 1979 [2001] 100–107, 118–119 Zweifel daran, dass Plutarch dieselbe Quelle für seine Leben von Caesar, Brutus und Marcus Antonius verwendet hat.

4 Caesar von zu Hause zur *Curia* des Pompeius, Nic. Dam. 86–88; App. *B Civ.* 2.115–116, 153; zu Fuß, Plut. *Caes.* 64.4, oder auf einer Sänfte, Plut. *Brut.* 16.1 (Plutarch kann sich nicht entscheiden). Die Mehrheit der Verschwörer entschied sich dafür, Caesar im Senat zu töten, weil er dort „allein" (Nic. Dam. 81; vgl. Plut. *Syn. Dion/Brutus* 4.5; Horsfall 1974, 194) und überrascht (Cass. Dio 44.16.1) sein würde. In der Tat (Nic. Dam. 96 mit Strauss 2015, 138–139; Toher 2017, 354) könnten zwei Senatoren vergeblich versucht haben, Caesar zu schützen, als er angegriffen wurde.

5 Marcus Antonius blieb draußen, Cic. *Phil.* 2.34; Cic. *Fam.* 10.28.1; Plut. *Brut.* 17.2; *Caes.* 66.3 (der Widerspruch zwischen Plutarchs zwei Versionen darüber, wer genau Marcus Antonius festhielt, spricht gegen Pellings Argument, siehe dieses Kapitel Anm. 3, dass Plutarch in beiden Leben dieselben Quellen verwendete); *Ant.* 13.2; App. *B Civ.* 2.117; Cass. Dio 44.19.1. Keine Quelle erwähnt ein Eingreifen von zwölf Liktoren, auf die Marcus Antonius als Konsul Anspruch hatte, oder die 24 (oder vielleicht mehr, Cass. Dio 43.14.3), auf die Caesar als Diktator Anspruch hatte (und die ihn an diesem Tag zum Senat begleiteten, App. *B Civ.* 2.118; vgl. Nic. Dam. 87 mit Toher 2017, 338). Ohne die Liktoren zu erwähnen, sagt Appian, dass Caesars Eskorte floh, vielleicht,

weil sie sich als bloße „zivile Begleiter" (μετὰ τῆς δημοσίας ὑπηρεσίας; App. *B Civ.* 2.107) betrachteten. Aber es gab einen Menschenauflauf um Caesar, als er von seinem Haus zur *Curia* des Pompeius ging (Plut. *Caes.* 65.2 [mit Pelling 2011, 473]; App. *B Civ.* 2.118).

6 Cimber, Nic. Dam. 88; Suet. *Jul.* 82.1; Plut. *Caes.* 66.3–4; *Brut.* 17.3; App. *B Civ.* 2.117. Strauss 2015, 133 verweist auf die Ähnlichkeit dieses Plans mit dem gescheiterten Versuch, Q. Cassius Longinus (einen Bruder des Verschwörers Cassius) zu ermorden, als dieser 47 v. Chr. Statthalter in Spanien war ([Caes.] *B Alex.* 52; *B Hisp.* 42; Val. Max. 9.4.2).

7 Kämpfe, Nic. Dam. 88–90; Plut. *Caes.* 66.4–5; *Brut.* 17.3–5 mit Wiseman 2009, 211–215 zu den Quellen. Suet. *Jul.* 82.1 lässt Caesar P. Casca mit einem *stilus* durch den Arm stoßen und App. *B Civ.* 2.117 fügt einen Dolchstoß in den Rücken durch einen Bucolianus hinzu: Die fünf überlieferten Berichte über die Ermordung Caesars und die Ereignisse danach unterscheiden sich in vielen kleinen, unwichtigen Punkten. Tapfere Offiziere: Cassius war selbst ein Kriegsheld, der sich nach Carrhae ausgezeichnet hatte, Dettenhofer 1992, 125–127, und Decimus Brutus war ein Offizier in Caesars Kriegen gewesen, Dettenhofer 1992, 75, 186–190; ebenso andere, Drumann und Groebe 1906 [1837], 627–631; Étienne 1973, 153–156; und wieder andere hatten natürlich gegen Caesar im Bürgerkrieg gekämpft, Drumann und Groebe 1906 [1837], 632–639; Étienne 1973, 157–159. Strauss 2015, 90–95 bietet einen Katalog der Verschwörer in englischer Sprache.

8 Caesar kämpft zurück, Plut. *Caes.* 66.4–6; *Brut.* 17.

9 Der Schlag des Brutus, Plut. *Caes.* 66.6. App. *B Civ.* 2.117 lässt Brutus Caesar erstechen, bevor er sich verschleiert. „Auch du, mein Sohn", καὶ σύ, τέκνον, Cass. Dio 44.19.5; Suet. *Jul.* 82.2 (mit Pelling 2011, 482–483, der auch andere, vielleicht beleidigende Interpretationen des Satzes diskutiert), obwohl Dio die Geschichte nicht glaubt und Sueton sich nicht festlegen will. Schützling: Plut. *Caes.* 62.1–2; *Brut.* 6–7; *Syn. Dion/Brutus* 3.4; App. *B Civ.* 2.111–112 für Caesars Freundlichkeit gegenüber Brutus; er mag vermutet haben, dass Brutus sein leiblicher Sohn war, Plut. *Brut.* 5.1–2; App. *B Civ.* 2.112. Alföldi 1985, 345 Anm. 1084 sammelt die Literatur zu M. Brutus bis 1981, und siehe jetzt Tempest 2017.

10 35 Wunden, und von allen erstochen, Nic. Dam. 90; in einer späteren Tradition, 23 Wunden, Suet. *Jul.* 82.2; Plut. *Caes.* 66.7; Florus 2.13.95; App. *B Civ.* 2.117, 147. Es gibt keinen triftigen Grund, die spätere, niedrigere Zahl der früheren, höheren vorzuziehen: Toher 2017, 345.

11 Fuficius Fango, Cic. *Att.* 14.10.2 (aber es gibt ein textliches Problem).

12 Flucht der Senatoren, Nic. Dam. 91; Plut. *Brut.* 18.1; App. *B Civ.* 2.118. Die Erwartung, das gleiche Schicksal zu erleiden, nennen Nic. Dam. 91; Plut. *Caes.* 67.1; Cass. Dio 44.20.1. Für Caesars neue Senatoren: Cic. *Div.* 2.23; Cass. Dio 43.47. 3; Syme 1939, 78–96.

13 Entscheidung, niemanden mehr zu töten, Nic. Dam. 93; Vell. Pat. 2.58.2; Plut. *Brut.* 18.1–3, 20.2; *Ant.* 13.2; App. *B Civ.* 2.114; und siehe Kapitel 4 Anm. 9; Gelzer 1918, 990.

14 Die körperliche Kraft des Marcus Antonius, Cic. *Phil.* 2.63; Plut. *Caes.* 66.3; *Ant.* 13.2. Cicero (*Phil.* 2.89), der nicht an der Verschwörung beteiligt war, behauptet, er habe die Verschwörer auf dem Kapitol getroffen und sie noch einmal vor Marcus Antonius gewarnt.

15 Brutus versucht zu sprechen, Plut. *Caes.* 67.1; *Brut.* 18.1 (vgl. 14.1); App. *B Civ.* 2.119. Für die Erwartung, dass der Senat die Ermordung Caesars mit Freude aufnehmen würde, App. *B Civ.* 2.114.

16 Chaos auf den Straßen, Nic. Dam. 92; Plut. *Caes.* 67.1; App. *B Civ.* 2.118; Cass. Dio 44.20.

17 Lepidus, Gewalt auf der Tiberinsel, App. *B Civ.* 2.118 (Cass. Dio 44.19.2 lässt Lepidus bereits zum Feldzug aufbrechen und sich in den Vorstädten aufhalten; zu Lepidus' Aktionen in diesen Tagen siehe Hayne 1971). Appian beschreibt Lepidus' Truppe als τέλος, was „Legion" bedeuten kann (LSJ ad loc. Τέλος 10) und von vielen so interpretiert wurde, z. B. von Whites Loeb-Übersetzung; Seeck 1902, 26; Hayne 1971, 110; Pelling 2011, 485–487. Aber trotz Appians regelmäßiger Verwendung von τέλος im Sinne von „Legion" (Becht 1911, 76 mit Argumenten dafür), muss es sich um eine weitaus kleinere Truppe gehandelt haben (τέλος kann auch einfach „militärische Einheit" bedeuten [LSJ ad loc. Τέλος 10], oder, was wahrscheinlicher ist, Appian hat sich einfach geirrt), um auf einer 270 m x 70 m großen Insel zu lagern, auf der sich bereits ein großer Tempel des Asklepios und mindestens fünf kleinere Heiligtümer befanden (zur Insel und ihren Gebäuden *LTUR* 3.99–101; Carandini 2017 [2012], 1.552–554; zur Größe des Truppenteils vgl. Schmitthenner 1958, 23, 169 Anm. 9 mit Botermann 1968, 197–199 und Matijević 2006, 58 Anm. 76 zur Diskussion und Literatur; Strauss 2015, 119 versucht beides und postuliert eine *zu schwache* Legion; wenn schon, denn schon). Da Lepidus im Begriff war, Rom zu verlassen, um sein prokonsularisches Kommando in Gallia Narbonensis und Hispania Citerior anzutreten (Cass. Dio verweist in 44.34.5 darauf, welche diesen Kommandos unterstellten Truppen sich ebenfalls nicht in der Stadt aufhielten), könnte dies seine Praetorianerkohorte gewesen sein (Toher 2017, 365). Der Verlauf der Ereignisse deutet auch darauf hin, dass Lepidus nur eine kleine Truppe hatte, denn warum sonst sollte er warten, bis Caesars Veteranen sich versammelt haben, bevor er auf das Forum vorrückt? In Cic. *Fam.* 11.1.1, das sehr bald nach den Iden des März datiert wird, deutet Decimus Brutus ebenfalls an, dass die Kräfte, die sich den Verschwörern entgegenstellten, nicht überwältigend waren, und dass, *si mediocre auxilium dignitatis nostrae habuissemus*, die Verschwörer die Stadt kontrollieren würden. Was auch immer es wert ist, Nic. Dam. 91–92 die Befürchtungen, dass entweder eine στράτευμα μέγα hinter den Verschwörern stehe oder dass eine στρατία Caesars die Stadt plündere, als Phantasien bezeichnet. Bei Nic. Dam.

103, als sich die Veteranen und andere versammelt hatten, hatte Lepidus tatsächlich ein μέγα στράτευμα.

18 Öffentliche Panik, Forum, Kapitol, Nic. Dam. 92, 94; Vell. Pat. 2.58.2; Plut. *Caes.* 67.1–3; Plut. *Brut.* 18.7–9; App. *B Civ.* 2.119–120; Cass. Dio 44.20.3–21.2; zur Diskussion siehe Dettenhofer 1992, 263–266. Gladiatoren, App. *B Civ.* 2.118. Malitz 2003, 169, 172 glaubt nicht an die Sklaven und hält sie „vermutlich für eine propagandistische Erfindung Octavians." Die Quellen sind sich nicht einig, ob die Verschwörer auf dem Forum formelle Reden hielten oder zu halten versuchten, bevor sie das Kapitol bestiegen, Moles 2017 [1979] 192.

19 Dank an die Götter, Cass. Dio 44.21.2. Dass die Besteigung des Kapitols immer Teil des Plans war, wird in Plut. *Caes.* 67.2–3 motiviert durch die Angst vor den caesarischen Soldaten, Nic. Dam. 94; App. *B Civ.* 2.119–120; Furcht vor Caesars Veteranen, Florus 2.17.2. Aber App. *B Civ.* 2.114 sagt aber auch, dass die Verschwörer erwarteten, dass die Soldaten verstehen würden, dass sie im öffentlichen Interesse handelten, und sich ihnen deshalb nicht widersetzen würden, und in 3.15 wird Octavian als unsicher dargestellt, warum die Verschwörer aufgestiegen sind.

20 Die Vorschläge von Cicero, Cic. *Att.* 14.10.1, 15.11.2. Irgendwann hielt Brutus dann doch eine Rede auf dem Kapitol, Cic. *Att.* 15.1a, *orationem … in contione Capitolina* (vgl. Plut. *Brut.* 18.10), aber es könnte am 17. März gewesen sein, App. *B Civ.* 2.137–142; Cass. Dio 44.34.2 mit Sumi 2005, 76–78, 93–95, und siehe Kapitel 5 Anm. 11.

21 Für Marcus Antonius, der Caesars Schatz transportiert, siehe Ürögdi 1980; Matijević 2006, 61–64.

22 Die Chronologie der Ereignisse nach dem Aufstieg der Verschwörer auf das Kapitol am 15. März und bis zum 17. März 44 v. Chr. stellt angesichts der Widersprüche zwischen den Quellen ein notorisches Rätsel dar (siehe Becht 1911, 6–27, 73–76 und Moles 2017 [1979], 198–206 für ausführliche Erörterungen und Toher 2017, 357–358 für eine knappe Darstellung der Probleme). Teilweise aus Perversität und teilweise, weil ich denke, dass neuere Gelehrte dem Nic. Dam. 49 (vgl. 39) nicht genügend Gewicht beigemessen haben – der besagt, dass sich die Leute noch am 16. Tag den Verschwörern anschlossen und dass die Caesarianer an diesem Tag noch in Verwirrung waren (vgl. Cic. *Phil.* 2.89) – habe ich in meiner Darstellung die Chronologie des 19. Jahrhunderts bevorzugt (siehe Becht 1911, 73 für die Literatur; und Dahlheim 1996 [2005], 55 für einen neueren Anhänger), welche die Abfolge der Reden von Brutus, Cassius, Cinna und Dolabella auf dem Forum auf den 16. März legt, der entweder als der Tag nach dem Mord (Plut. *Caes.* 67.4) oder einen Tag vor der Senatssitzung im Tellustempel (Plut. *Brut.* 19.1; App. *B Civ.* 2.126; Cass. Dio 44.22.2–3), die am 17. März stattfand (obwohl die meisten antiken Autoren, welche die Reden auf den 15. datierten, die Senatssitzung auf den 16. März legten). Diese Chronologie steht im Gegensatz zu den meisten zeitgenössischen Gelehrten, welche diese Reden auf den 15. Tag selbst legten, so Nic. Dam. 94–101; Plut. *Brut.* 18.7–13; Cass. Dio 44.22.1 (obwohl er nur die Rede

des Dolabella erwähnt) und, implizit, App. *B Civ.* 2.121. Es scheint mir weder wahrscheinlich, dass Bestechungsgelder so schnell verteilt werden konnten, um am 15. eine freundliche Menschenmenge (App. *B Civ.* 2.120) zu versammeln, wenn man das Chaos in der Stadt bedenkt, noch dass die Verschwörer aufgrund ihrer Erfahrungen mit diesem Chaos so bald wieder ihr Glück auf dem Forum versuchen würden. Indem sie fast alle bekannten Ereignisse auf den 15. verschieben, lassen die neueren Kommentatoren auch den 16. als historische Leerstelle stehen, an dem wir Ereignisse erwarten würden. Es ist jedoch unerheblich, welche Chronologie verwendet wird: Keine der möglichen Chronologien hat Auswirkungen auf die hier dargelegte Gesamtaussage.

23 Dolabella ernennt sich selbst zum Konsul, Vell. Pat. 2.58.3 (mit Woodman 1983 ad loc.); App. *B Civ.* 2.122; Cass. Dio 44.22.1. Zur Kontroverse um Dolabella siehe dieses Kapitel Anm. 1. Syme 1980 [1984], 431–437 und Gotter 1996, 268 sind der Meinung, dass das Alter (25), das Appian (*B Civ.* 2.129) für Dolabella angibt, nicht richtig sein kann: Jedenfalls ergibt Appians Altersangabe nur dann Sinn, wenn Dolabella rechtlich zu jung für das Amt war, wie Appian sagt.

24 Auf dem Forum gehaltene Reden, App. *B Civ.* 2.120–123 (mit Bestechung der Bürgerlichen, deren Reihenfolge der Reden ich übernommen habe); Plut. *Caes.* 67.4 (Schweigen, wenn Brutus spricht); *Brut.* 18.12–13 (Cinna niedergeschrien; siehe Moles 1987); Nic. Dam. 99–100; zur Diskussion (aber das Durcheinander, vor allem über die Reihenfolge der Redner, ist nicht zu beheben), Morstein-Marx 2004, 151–157; Sumi 2005, 80–89; Pelling 2011, 488–489.

25 Caesars Veteranen, Nic. Dam. 49, 103; Cic. *Att.* 14.14.2; Florus, 2.17.2; App. *B Civ.* 2.119, 120 (Caesars Veteranen in Heiligtümern), 125, 133–135, 139; vgl. Nic. Dam. 91–94; Plut. *Brut.* 21.2, 22.2; App. *B Civ.* 2.94, 2.139–141; Cass. Dio 44.34.1–4, 44.51.4; siehe Matijević 2006, 58–60.

26 Marcus Antonius und Lepidus führen Truppen ins Forum, Nic. Dam. 103 (am 16.); Nacht vom 16. zum 17., Cass. Dio 44.22.2–3 (in der Nacht vor der Senatssitzung im Tempel des Tellus); notwendigerweise nach den Reden der Verschwörer auf dem Forum, unmöglich, wenn die Caesarianer das Forum bereits besetzt hatten. Siehe dieses Kapitel Anm. 22 für die „späte" Chronologie, die in diesem Fall durch die Tatsache gestützt wird, dass Marcus Antonius noch bis weit in den Tag des 16. damit beschäftigt gewesen wäre, Caesars Schatz zu transportieren. Belagerung, Cass. Dio 44.25.2.

27 Einflussreiche Männer schließen sich Marcus Antonius und Lepidus an, Nic. Dam. 103–104. mit Blut gerächt, Nic. Dam. 104, 106; App. *B Civ.* 2.118, 124.

28 Verhandlungen, Cic. *Phil.* 2.89 (Konsularen); Nic. Dam. 101, 106; App. *B Civ.* 2.123–125. Sie könnten am 15. März damit begonnen haben, dass die Verschwörer Abgesandte schickten, die Marcus Antonius und Lepidus zu einem Treffen auf dem Kapitol einluden (woraufhin sich die Caesarianer verpflichteten, am nächsten Tag zu antworten), und sie könnten am 16. März fortgesetzt worden sein, oder sie könnten am 16. begonnen haben. In jedem Fall

schlossen sie mit der Vereinbarung, die Angelegenheit dem Senat zu übergeben, der am 17. März zusammentrat.

29 47 v. Chr. Marcus Antonius gegen die Anhänger von Dolabella, Livius, *Per.* 113 (800 Tote); Plut. *Ant.* 9.1–2, 10.1; Cass. Dio 42.29–32, 46.16.2, mit Strauss 2015, 157; Menge noch unentschieden, Morstein-Marx 2004, 157–158.

30 Die Furcht vor Decimus Brutus und seinem Heer, App. *B Civ.* 2.124.

31 Senat zum Tempel des Tellus gerufen, Plut. *Brut.* 19.1; App. *B Civ.* 2.123–126 (Brustpanzer, 130). Sp. Cassius, siehe Kapitel 4 Anm. 45. Sein Haus, Dion. Hal. *Ant. Rom.* 8.79.3; Val. Max. 6.3.1b mit Strauss 2015, 158. Soldaten um den Tempel, Cic. *Phil.* 2.89.

32 Debatte im Senat, Marcus Antonius und Lepidus wenden sich an das Volk, App. *B Civ.* 2.127–135 (zu den Ansprachen, Sumi 2005, 91–93); vorgeschlagene Belohnungen, siehe auch Plut. *Brut.* 19.

33 Die Verlesung des Testaments von Caesar, Eigenschaften, Plut. *Brut.* 20.1–3 (Plutarchs 75 Drachmen = 300 römische Sesterzen; vgl. *Ant.* 16.1); Suet. *Jul.* 83.2 (300 Sesterzen); App. *B Civ.* 2.143 (75 Drachmen); Cass. Dio 44.35.3 (120 oder 300 Sesterzen). Begräbnis, Plut. *Brut.* 20.2–4; *Caes.* 68.1; Suet. *Jul.* 84; App. *B Civ.* 2.143, 147–148; Cass. Dio 44.50.2–3. Marcus Antonius' Lobrede, Cic. *Phil.* 2.91; *Att.* 14.10.1; Plut. *Brut.* 20.2–4; *Ant.* 14.3–4; App. *B Civ.* 2.144–146; Cass. Dio 44.35–49; *pace* Suet. *Jul.* 84.2, der bestreitet, dass Marcus Antonius bei Caesars Begräbnis eine Grabrede hielt, alle mit Sumi 2005, 98–112 mit Literatur; Moles 2017 [1979] 217–220.

34 Angriffe auf die Häuser der Verschwörer und Tötung von Helvius Cinna, Cic. *Phil.* 2.91; Plut. *Caes.* 68.1–4 (mit Moles 2017 [1979], 224–229; Pelling 2011, 492–493); *Brut.* 20,7–11; *Ant.* 14.4; Suet. *Jul.* 85; App. *B Civ.* 147; Cass. Dio 44.50.4. Der Cinna-Vorfall ist natürlich aus Shakespeares *Julius Caesar*, III.3, bekannt. Flucht der Verschwörer aus der Stadt, Plut. *Brut.* 21.1; *Caes.* 68.4; *Ant.* 15.1; App. *B Civ.* 2.148.

4 Rätsel über die Verschwörung

1 Die Bewertung von Cicero, Cic. *Att.* 14.21.3, *animo virili, consilio puerili*; vgl. 15.4.2; *Phil.* 2.34; Nic. Dam. 105; Plut. *Brut.* 20.1–2. und die meisten modernen Autoren haben zugestimmt, zumindest bis 1837: Drumann und Groebe 1906 [1837], 648.

2 Nic. Dam. 90, alle Verschwörer erstachen den Leichnam Caesars, „so dass jeder persönlich an der Tat beteiligt zu sein schien" (ὅπως ἂν καὶ αὐτὸς δοκοίη τοῦ ἔργου συνῆφθαι); Plut. *Caes.* 66.6, „denn alle mussten am Opfer teilnehmen und den Mord kosten" (ἅπαντας γὰρ ἔδει κατάρξασθαι καὶ γεύσασθαι τοῦ φόνου), mit Pelling 2011, 482 für die Opfermetapher (auch in *Brut.* 10,1 mit Moles 2017 [1979] 131). Pelling 2011, 482 und Toher 2017, 345 verweisen auch auf die Parallele zum Leichnam des Hektor in *Ilias* 22.371, wo alle anwesenden Achäer den Leichnam erstechen. Auch Caligula endete mit 30 Wunden, als er ermordet wurde (Suet. *Calig.* 58.3; vgl. Joseph. *AJ* 19.105–114).

3 Matijević 2006, 40 Anm. 53 listet antike Klagen und moderne Äußerungen der Verwunderung darüber auf, dass Marcus Antonius verschont wurde; z. B. Rice Holmes 1923, 3.341, „man kann sich nur wundern, dass es ihnen nicht in den Sinn kam, dass es sinnlos wäre, Caesar zu töten, wenn man Caesars Partisanen am Leben ließe."

4 Stewens 1963, 59: „Was hatte Brutus erwartet?"

5 Oder am Nachmittag des 15. März, für diejenigen, die der „frühen" Chronologie folgen, siehe Kapitel 3 Anm. 22.

6 Drumann und Groebe 1906 [1837], 648 („Die Zukunft berührte sie nicht, mit dem Dolchstoße, glaubten sie, sei alles getan."); Syme 1939, 97. Matijević 2006, 40 Anm. 53 sammelt Gelehrte, welche die „Planlosigkeit" der Verschwörer festgestellt haben.

7 Juristischer Rigorist, Gelzer 1918, 989–991; Seel 1939, 11; Stewens 1963, 54–69, „Brutus setzte seinen Kampf für die Legitimität in legitimer Weise" (60); mit Cristofoli 2002, 27 Anm. 73 für italienische Übereinstimmung; elegant diskutiert von Gotter 1996, 212.

8 „Die Übernahme einer Diktatur auf Lebenszeit schien jede Hoffnung auf eine Rückkehr zu einer normalen und konstitutionellen Regierung zu verhöhnen und zu zerstreuen", Syme 1939, 56; vgl. Meyer 1922, 534. Suet. *Jul.* 76 listet Caesars gesetzlose Taten auf. Im Nachhinein löste Cicero das juristische Rätsel in etwa auf diese Weise, *Off.* 3.32, 3.83.

9 Nic. Dam. 93 formuliert Brutus' Weigerung, die Tötung eines anderen als Caesar zuzulassen, mit Begriffen, die einen juristischen Beigeschmack haben: „Marcus Brutus, so heißt es, hielt sie zurück, indem er sagte, es sei nicht gerecht (οὐ δίκαιον), auf der Grundlage unklarer Verdachtsmomente die Kehlen von Personen durchzuschneiden, gegen die es offenbar keine Klagen/Anklagen (ἐγκλήματα) gab." Vgl. Plut. *Ant.* 13.2, „Brutus verbot dies, indem er sagte, dass die Tat, die um der Gesetze und der Gerechtigkeit willen gewagt werde, von Unrecht rein sein müsse" (κώλυσε δὲ Βροῦτος, ἀξιῶν τὴν ὑπὲρ τῶν νόμων καὶ τῶν δικαίων τολμωμένην πρᾶξιν εἰλικρινῆ καὶ καθαρὰν ἀδικίας εἶναι). Für schwächere Formulierungen, die als juristische Betrachtung der Angelegenheit verstanden werden können, siehe Plut. *Brut.* 10.1, 18.2, 35.4–6; *Syn. Dion/Brutus* 3.6; App. *B Civ.* 2.111, 119.

10 App. *B Civ.* 2.114. Drumann und Groebe 1906 [1837], 627–640 und Étienne 1973, 153–159 zählen vor der Schlacht von Pharsalus sieben Verschwörer, die wahrscheinlich Anhänger Caesars waren, und neun von Pompeius.

11 Praetoren, Dettenhofer 1992, 16–22. War Tillius Cimber im Jahr 44 v. Chr. Praetor? Siehe Toher 2005, 185–187 versus Pelling 2011, 480. Tribunen, MRR 2.324–325.

12 Seeck 1902, 23; Walter 1938, 139–140; Syme 1939, 99; Stewens 1963, 59–61.

13 Rossi 1953, 46, „*mania di legalità*".

14 *ad Brut.* 1.16 und 1.17 (zitiert *ad Brut.* 1.16.5; vgl. 1.17.6) gefälscht, Shackleton Bailey 1980, 10–14; Gotter 1996, 286–298 (mit Literatur, die argumentiert, dass sie dennoch annähernd zeitgenössisch und historisch nützlich sind; für

frühere Literatur, Ortmann 1988, 15–16 Anm. 3); *sed contra* Moles 1997; verspätet, und damit eine *post eventum* Rechtfertigung, Bengtson 1970, 16.

15 Suet. *Jul.* 82.1, *ista quidem vis est!* Und die Verschwörer mögen später von Octavian mit solchen juristischen Begriffen angeklagt worden sein, Plut. *Brut.* 27.4. Cass. Dio 44.1.1 bezeichnet die Ermordung Caesars als eine „ungesetzliche“ Handlung, die „die Dekrete zerstreute“. Zur Ermordung Caesars als ungesetzlich, Wiseman 2009, 203–207. Um welches römische Gesetz es sich genau handelte, ist angesichts der Tatsache, dass es eine Reihe von schlecht überlieferten und datierten republikanischen Gesetzen gegen *vis* gab, nicht mit Sicherheit zu sagen: siehe Lintott 1968, 107–124; Bryen 2018, 22–27.

16 Seeck 1902, 23, 27 für diesen Widerspruch.

17 Mommsen 1887–1888, 2.129–130. Mommsen (2.130 Anm. 3), zitiert Cic. *Man.* 58, argumentiert, dass ein Konsul durch eine *intercessio* einen Praetor an der Einberufung des Senats hindern konnte, aber die Passage könnte sich ebenso gut auf die Behinderung durch einen Tribun wie durch einen Konsul beziehen; und selbst wenn dies zuträfe, war Marcus Antonius (auf der Flucht und im Versteck am 15. Tag, Plut. *Caes.* 67.2 mit Pelling 2011, 486–487 und Moles 2017 [1979], 189–191) nicht in der Lage, eine solche *intercessio* einzuleiten. Wenn es tatsächlich Gesetz war, dass ein Praetor den Senat nicht einberufen konnte, wenn ein Konsul zur Verfügung stand, war das ein weiterer Grund, Marcus Antonius zu töten, um das Feld für die konspirierenden Praetoren freizumachen (Dettenhofer 1992, 254).

18 Für „den offensichtlichsten Einfluss in allen Berichten, die Liebe zur Freiheit“, MacMullen 1966, 13 (mit 14–16), und wir bemerken auch, für das allgemeine Motiv der „Befreiung“, z. B., Cic. *Phil.* 2.27; Plut. *Brut.* 18.2, 18.4, 28.4, 29.4, 39.4; *Syn. Dion/Brutus* 3.4; App. *B Civ.* 2.112. Philippi, Cass. Dio 47.43.1. Zur Diskussion dieses Motivs siehe auch Stevenson 2015, 153–165. Brutus und *libertas*, Ortmann 1988, 466–472; zu den Münzen, *RRC* nr. 498–502, 506; S. 741; Brutus hatte die *libertas* auch auf seinen Münzen abgebildet, als er in den 50er Jahren *triumvir monetalis* war, *RRC* 433 mit Tempest 2017, 268 Anm. 32 für das Datum, als er dieses Amt innehatte. Zur *libertas* in der späten Republik und ihren verschiedenen Bedeutungen, Wirszubski 1950, 1–30; Arena 2012.

19 Anzahl der Verschwörer: mehr als 80, Nic. Dam. 59; mehr als 60, Suet. *Jul.* 80.4, und kein triftiger Grund, nicht die frühere, größere Zahl zu bevorzugen, Toher 2017, 270. Brutus’ Führung und seine Rekrutierung von anderen für das Komplott, Plut. *Brut.* 10–12, „denn die Sache bedurfte nicht so sehr der Gewalt und der Tapferkeit, sondern des Ansehens eines Mannes wie ihm, dessen opfernder Akt allein schon dafür sorgen würde, dass die Tat gerecht war“ (10.1). Aber wenn Canfora 2001 [1999], 298–302 recht hat, wenn er eine Tradition erkennt, die Cassius zum Hauptakteur der Handlung macht, oder wenn Strauss 2015, 67–68, 81–86, 253–254 recht hat, der unserer frühesten Quelle folgt, Nic. Dam. 59, indem er Decimus Brutus eine gleichwertige Rolle wie Marcus Brutus und Cassius zuschreibt, dann verlieren Argumente, die

vor allem die Motivationen des Marcus Brutus betonen, erheblich an Kraft. Zur zunehmenden wissenschaftlichen Betonung der Rolle des Decimus Brutus siehe auch Billows 2009, 249–250; Tempest 2017, 278 Anm. 87.

20 Der Optimismus über Marcus Antonius, Plut. *Brut.* 18.5.

21 „Alte" Akademie, Plut. *Brut.* 2.2 mit Moles 2017 [1979], 61–65, der feststellt, dass Brutus' Platonismus stark vom Stoizismus durchdrungen war (vgl. MacMullen 1966, 298 Anm. 13), was zu erwarten ist, weil dies auch für die Lehren des Hauptakteurs der Schule, Antiochos von Askalon, gilt, zu dem siehe Barnes 1989 [1997]; Tarver 1997, 138–145; und die Aufsätze in Sedley 2012.

22 Für Cassius' Epikureismus als schwer vereinbar mit seiner Teilnahme an der Verschwörung, Sedley 1997, 46–47 und Valachova 2018, 156–159; vgl. Dettenhofer 1992, 220–222 und Moles 2017 [1979], 127; Tempest 2017, 277 Anm. 66 mit weiterer Literatur. Momigliano 1941 behauptete jedoch, dass Cassius' Epikureertum ihn und andere positiv in die Handlung trieb (vgl. Fiori 2011, 19–41), und einige jüngere Forscher haben schwächer argumentiert, dass Quietismus unter Epikureern nicht obligatorisch war, Roskam 2007 und Fish 2011; und Canfora 2001 [1999], 289–297 war geneigt zu bezweifeln, dass Cassius überhaupt ein Epikureer war. Zum stoischen politischen Quietismus (oder auch nicht, und dessen Ausmaß), Brunt 1975 [2013], 9, 18–21, 27; Griffin 1976, 315–366; und Schofield 2015, 77–80. Plutarch lässt Brutus einen Stoiker und einen Epikuräer wegen ihres philosophischen Quietismus von der Teilnahme an der Handlung ausschließen (*Brut.* 12.3).

23 Sedley 1997, mit Hinweisen auf Brutus' Platonismus, gesammelt in 42 Anm. 7; Lévy 2012, 300–303. Im Anschluss an Sedley betonen zeitgenössische Wissenschaftler, die auf Englisch schreiben, häufig Brutus' Platonismus als Motiv: Tatum 2008, 159–164; Lintott 2009, 74; Corrigan 2015, 74; Tempest 2017, 94–97; und vgl. auf Deutsch Malitz 2003, 146 und, offenbar unabhängig davon, der epigrammatische Wylie: „Durchdrungen von der akademischen Philosophie, lebte Brutus in einer Wolke abstrakter moralischer Prinzipien, die alle seine Entscheidungen bestimmten, manchmal mit zweifelhafter Relevanz für ihre praktischen Auswirkungen" (1998, 169). Aber Syme 1939, 57 *avant la lettre* lehnt Erklärungen ab, die sich auf Brutus' philosophische Interessen stützen; Pelling 2011, 421 stellt fest, wie schlecht Caesar in das platonische Modell eines Tyrannen passt; und Griffin 1989 [1997] 32 warnt vor dem Versuch, bestimmte politische Entscheidungen mit den philosophischen Positionen der Römer zu verbinden, die sie getroffen haben.

24 Platonische Tyrannen und Tyrannenvertreiber und -töter, Ath. *Deip.* 11.508E-509B; Plut. *Adv. Col.* 1126B-C; Philostr. *VA* 7.2; und besonders für Dion, Diod. Sic. 16.5–6, 9–13, 16–20, 31, 36; Plut. *Dion* (beide stellen Dion auch als Gegner der Tyrannis dar, nicht als Tyrannen); Nepos, *Dion*; Ath. *Deip.* 11.119, mit Westlake 1994, 693–706; Klearchos, Chion und Leonidas, Just. 16.5; Memnon *FGrHist* 434 F 1.1–2 mit Lewis 2009, 98–100. Ironischerweise wurden genug Philosophenstudenten zu Tyrannen, um ein Buch des Hermippus aus dem

3. Jahrhundert v. Chr. über dieses Thema zu rechtfertigen (Griffin 1989 [1997], 2).

25 Sedley 2010, 702 spricht vom „fieberhaften Interesse führender Römer der Zeit Ciceros am Erwerb einer philosophischen Bildung und Gefolgschaft" – eine Schlussfolgerung, die wir aus den Briefen Ciceros ziehen, die uns aber angesichts der eigenen philosophischen Interessen des Redners natürlich in die Irre führen kann. Zur Philosophie in der herrschenden Schicht in Rom siehe allgemein Griffin 1989 [1997].

26 Weder die Tyrannen der griechischen Philosophie noch die Tyrannen der Rhetorik (siehe unten) waren die erste Begegnung der Römer mit den griechischen Vorstellungen vom Tyrannen, die ab der Mitte des 3. Jahrhunderts v. Chr. in Form von Übersetzungen ins Lateinische und Bearbeitungen griechischer Tragödien entstanden sein dürften: Dunkle 1967, 153–155; und zur Darstellung von Tyrannen in der griechischen Tragödie, Fleskes 1914, 7–16, 70.

27 Tyrannische Seelen, Pl. *Resp.* 574D-575D; vgl. Xen. *Hier.* 5.2. Für den Tyrannen bei Platon, Heintzeler 1927; Boesche 1996, 25–48; Turchetti 2001, 74–83 mit Literatur (82–83); und besonders erfreulich ist Meulder 2008, der feststellt, dass Platon den Tyrannen als Werwolf darstellt (*Resp.* 565D), und vorschlägt, dass er als indoeuropäisches Überbleibsel mit dem Wolf Fenrir der nordischen Eddas verbunden sein könnte, der Odin verschlingen und die Welt am Ende der Zeit heimsuchen wird. Tyrannen und Personen mit tyrannischen Seelen „unheilbar", Pl. *Grg.* 525C-D mit Dodds 1959, 380–381; *Resp.* 615D-E; vgl. *Phd.* 113E (aber andere Passagen legen nahe, dass keine Seele völlig unheilbar ist, Giorgini 2009). Es ist daher unwahrscheinlich, dass ein Platoniker wie Brutus jemals geglaubt hätte, dass Marcus Antonius sich bessern könnte, wie Plut. *Brut.* 18.4–5 nahelegt.

28 Zitat, Plut. *Brut.* 2.2; vgl. 24.1.

29 Ergebnis unvorhersehbar, Arist. *Pol.* 1316A.

30 Tyrannen spalten die Menschen, Arist. *Eth. Nic.* 1161A; *Pol.* 1313A-1314A mit Boesche 1996, 70–75; Nippel 2017, 256. Zu Aristoteles' Tyrannis und seinem „Handbuch für Tyrannen" in *Politik* V (1313A1315B), das eine solche Teilung als Strategie der Herrschaft anmahnt, Heuss 1971; Kamp 1985; Keyt 1999, 168–181; Turchetti 2001, 83–95 und 96 für Literatur; Jordović 2011, mit 36–37 Anm. 5 für Literatur. Die Aufteilung der vielen möglichen Typen unter den Bürgern manifestiert sich in der *Stasis*, *Pol.* 1302A-1307B.

31 Zum Tyrannen in der griechischen philosophischen Tradition außerhalb von Platon und Aristoteles, Fleskes 1914, 17–25, 28; Berve 1967, 1.493–498, 2.747–750.

32 Die Familientradition des Brutus, Cic. *Att.* 13.40.1; *Phil.* 2.26 (mit Decimus); Nepos, *Atticus* 18.3; Plut. *Caes.* 62.1; *Brut.* 1.1–8 mit Moles 2017 [1979], 41–42, 54–58; App. *B Civ.* 2.112; mit Tempest 2017, 264 Anm. 18 für Literatur.

33 *RRC* nr. 433; und siehe dieses Kapitel Anm. 18.

34 Zur römischen Haltung gegenüber Königen, Martin 1982–1994, 1.323–366, 2.14–184; Sigmund 2014 mit neuerer Literatur, und zum *Regifugium*, 26–31.

35 Mitteilungen, Plut. *Brut.* 9.5–7, 10.6; Plut. *Caes.* 62.4 (vgl. 61.5); Suet. *Jul.* 80.3; App. *B Civ.* 2.112–113; Cass. Dio 44.12.1–3; Anschlagen von Nachrichten versus Kritzeln an Statuen, Pelling 2011, 462–463.

36 Populäre Ansichten über Caesar und möglicher Einfluss auf die Verschwörer, Jehne 1987, 303–326; Morstein-Marx 2012, 211–213; Tempest 2017, 85–87. Die Graffiti könnten natürlich das Werk der Hochgestellten oder ihrer Lakaien gewesen sein (so Cassius in App. *B Civ.* 2.113; Plut. *Brut.* 10.6), aber Hillard 2013 sammelt die Beweise dafür, dass solche Graffiti in der Regel als authentische Ansichten der Niederen akzeptiert wurden.

37 Die Gesten zum Königtum, Cic. *Phil.* 2.85–87; Nic. Dam. 69–75; Plut. *Caes.* 60–61; *Brut.* 9.8; *Ant.* 12.2; Suet. *Jul.* 79; App. *B Civ.* 2.107–110; Cass. Dio 44.9–11. Und insbes. Plut. *Caes.* 60.1, „Der offenste und tödlichste Hass gegen ihn [Caesar] wurde durch sein Verlangen nach dem Königtum (ὁ τῆς βασιλείας ἔρως) erzeugt", mit Pelling 2011, 445–446. Zu Caesar und Königtum sind Felber 1961, Kraft 1969 und Rawson 1975 [1991] die klassischen Diskussionen; Gesche (1976, 154–158, 298–300) sammelt die ältere Forschung; Ver Eecke 2008, 408–422 und Pellings Ergänzungen zu Moles 2017 [1979] 130 bringen die Literatur auf den neuesten Stand.

38 Tötung eines Königs, App. *B Civ.* 2.119; vgl. Cic. *Phil.* 2.29, 34, 87, 108, 114; Florus 2.17.1, *Brutus et Cassius sic Caesarem quasi Tarquinium regem depulisse regno videbantur*; App. *B Civ.* 119–120, 122.

39 Kraft der Familientradition, Cic. *Phil.* 2.26; Plut. *Brut.* 1.1–8; App. *B Civ.* 2.112; Meyer 1922, 534; MacMullen 1966, 7–10, unter Hinweis auf die Geschichte, dass Cato, Brutus' Onkel und Schwiegervater, als Junge angeboten habe, Sulla zu töten (Val. Max. 3.1.2b; Plut. *Cato Min.* 3.3–5); Alföldi 1985, 361–367; Gotter 1996, 213.

40 Nic. Dam. 61; und siehe insbesondere Martin 1988.

41 Vertreibung der Tarquinier ein schlechtes Modell, Pina Polo 2017, 21–22; Tempest 2017, 94.

42 Für Cicero bildeten Spurius Cassius, Spurius Maelius und Marcus Manlius ein Trio von Männern, die getötet wurden, weil sie versuchten, die despotische Macht in Rom zu übernehmen (*Dom.* 101; *Rep.* 2.49; *Phil.* 2.87, 114). Zur Diskussion und weiterführenden Literatur: Lintott 1970; Pina Polo 2006, 80–87; Smith 2006; Mastrorosa 2013, 127–137; Sigmund 2014, 47–48; und Pina Polo 2017, 22–27. Der oft angezweifelte historische Wahrheitsgehalt dieser Geschichten ist hier natürlich nebensächlich.

43 Sp. Maelius und Servilius Ahala, Dion. Hal. *Ant. Rom.* 12.1–4; Livius 4.13–16 mit Ogilvie 1965 ad loc. mit anderen Quellen. Brutus, mütterlicherseits, Cic. *Att.* 13.40.1; *Phil.* 2.26; Plut. *Brut.* 1.5. Die Brüder Casca, Cic. *Phil.* 2.27. Brutus' Ahala-Münze, *RRC* nr. 433.

44 Cic. *Senec.* 56, *cuius dictatoris iussu magister equitum C. Servilius Ahala Sp. Maelium regnum adpetentem occupatum interemit*; Livius 4.14.3–6; vgl. Dion. Hal. *Ant. Rom.* 12.2.4–8.

45 Spurius Cassius, Cic. *Rep.* 2.60, *Sp. Cassium de occupando regno molientem, summa apud populum gratia florentem, quaestor accusavit, eumque, ut audistis, cum pater in ea culpa esse conperisse se dixisset, cedente populo morte mactavit*; Livius 2.41; Dion. Hal. *Ant. Rom.* 8.69–80; Plinius, *HN* 34.15. Die Abstammung des Verschwörers Cassius Longinus, Cic. *Phil.* 2.26. Manlius Capitolinus, Livius 6.11, 6.14–20, seine Verurteilung in 6.20.11–12. Für dieses Trio als schlechte Präzedenzfälle für spätrepublikanische politische Gewalt, Wiseman 2009, 185; Tempest 2017, 94.

46 Eine mögliche Ausnahme ist die Geschichte, dass Romulus von den Senatoren inmitten des Senats getötet wurde, Livius 1.16.4; Dion. Hal. *Ant. Rom.* 2.56.3–4 (in der *Curia*); Plut. *Rom.* 27.3–5 (durch die im Tempel des Vulkan versammelten Senatoren); Val. Max. 5.3.1 (in der *Curia*), in Verbindung mit der Ermordung Caesars durch App. *B Civ.* 2.114, die Gelzer 1960 [2008], 277, gefolgt von Ver Eecke 2008, 222–239, 425–442, für die Nachahmung der Verschwörer bei der Tötung Caesars hält. Aber die Seltenheit oder das Fehlen dieser Episode bei Cicero (die möglichen Anspielungen, *Att.* 12.45.2 und *Rep.* 2.20 [siehe aber 2.52], sind schwach) lässt vermuten, dass sie den Zeitgenossen nicht besonders im Gedächtnis geblieben ist, wenn sie überhaupt noch bekannt war. Vielleicht ging der Einfluss in die andere Richtung: „Nach 44 v. Chr. sind die Berichte über den Tod von Romulus dem Mord an Caesar nachempfunden" (Ogilvie 1965, 85). Im Gegensatz dazu ist die eher wohlwollende Geschichte von Romulus' Ende – dass er in den Himmel entrückt wurde – sicherlich alt, Ennius, *Ann.* 54, 110 (Skutsch); Cic. *Rep.* 1.25, 2.17.

47 Für politische Morde in Rom 133–52 v. Chr., Sigismund 2008, mit Betonung (530–533) auf dem Streben nach Legalität, auch wenn sie erst im Nachhinein vorgetäuscht wurde.

48 Zu den verworfenen Plänen der Verschwörer, Caesar auf der *Via Sacra*, während *comitia* oder im Theater zu töten – Nic. Dam. 81; Suet. *Jul.* 80.4 (dazu Horsfall 1974, 192–194). Harmodios und Aristogeiton, Thuc. 6.54–59 mit Alföldi 1985, 321. Die Kenntnis historischer griechischer Tyrannenmorde – Friedel 1937, 27–72, 98–103; Berve 1967, passim mit 2.742 für die Literatur – mag ein weiteres Motiv für die Ermordung gewesen sein, aber die Details solcher Taten sind zu unterschiedlich, um den Verschwörern gegen Caesar ein brauchbares Vorbild geboten zu haben.

49 „Alles, was man mit Sicherheit sagen kann, ist, dass die Motive so vieler Männer vielfältig gewesen sein müssen" (Rice Holmes 1923, 3.341). Als Motive kommen natürlich auch nicht der frustrierte Ehrgeiz, Storch 1995, oder der persönliche Groll gegen Caesar in Frage, den viele der Verschwörer hegten und der von Nic. Dam. 59–60 (mit Toher 2006, 35–36), unserer frühesten Autorität, hervorgehoben und von Epstein 1987 diskutiert werden, die aber keine Erklärung für ihren eigentlichen Plan liefern, außer vielleicht für den Eifer

vieler, den Diktator zu erstechen. Cristofoli 2002, 13–35 fasst die Forschung zu den Motiven der Verschwörer zusammen; Gesche 1976, 172–175 sammelt ältere Literatur.

50 Brutus als Redner, Plut. *Brut.* 2.4–5 (vgl. 52.6) mit Moles 2017 [1979], 66–68, aber ich bewerte Brutus' Beredsamkeit positiver als Moles (die eigene Rede von Cicero kritisiert zu bekommen, wie es bei Brutus der Fall war - Cic. *Att.* 15.1a; Tac. *Dial.* 18 - schließt einen Redner kaum vom ersten Rang aus). Brutus' Redekunst lobt Cic. *Brut.* 21–22, 331–2; und siehe Clarke 1981, 23–27; Balbo 2013.

51 Zum Alter der Verschwörer sowie zu den Belegen und der Literatur siehe Dettenhofer 1992, 14–27, 73 (Decimus Brutus); 100–101 (M. Brutus - siehe auch Tempest 2017, 262–263 Anm. 28); 123 (Cassius). C. Trebonius, der anscheinend die Ämter des Quaestors (60 v. Chr.), Praetors (48 v. Chr.) und Suffektkonsuls im Jahr 45 v. Chr. innehatte, alle *suo anno* (Drumann und Groebe 1906 [1837], 630–631), ist der älteste uns bekannte Verschwörer, geboren 87 v. Chr.

52 Für frühere, weniger ausgearbeitete Vorschläge zur Rolle dieses deklamatorischen Themas bei der Motivation oder Anleitung der Tötung Caesars siehe Seeck 1902, 12–13; Gelzer 1918, 988; Schmitthenner 1962, 690; Meier 2012, 15; Tempest 2017, 27–28, 96.

53 Zum Tyrannen in der Deklamation Fleskes 1914, der sich sowohl auf griechisches als auch auf lateinisches Material stützt; zum Griechischen Berve 1967, 1.498–507, 2.750–753; Russell 1983, 32–33, 48–50, 123–128; Malosse 2006, 164–171; Tomassi 2015; zum Lateinischen Tabacco 1985 - die wichtigste Diskussion und Auflistung der Beispiele für die Belohnung für einen Tyrannenmord im Lateinischen (10 Anm. 23). Kurz zur lateinischen Tradition: Berti 2007, 99–110; Cogitore 2013; und Schwartz 2016. Popularität: In den überlieferten griechischen Deklamationen und griechischen Werken der rhetorischen Theorie zählt Patillon 2002b, xcv 84 Fälle, womit die Tyrannis nach Mord (157 Fälle) und Ehebruch (98 Fälle) das dritthäufigste Thema ist. Während viele der Gesetze, welche die Deklamation regelten, fiktiv waren (siehe Kapitel 8 unten), gab es in vielen griechischen Städten das Gesetz über die Belohnung des Tyrannenmörders, das seine Wurzeln im Dekret des Demophantus in Athen aus dem Jahr 410 v. Chr. hat (Andoc. 1.96–98). Zu diesen historischen Gesetzen zum Tyrannenmord siehe Friedel 1937, 72–97; Teegarden 2014. Der Tyrann der Rhetorik, sein Töter und das dazugehörige Gesetz erscheinen in Ciceros *de Inventione* (2.144; vgl. 1.102) und dem anonymen *Rhetorica ad Herennium* 2.49 als durchaus bekannt, was zeigt, dass sie in Rom spätestens in der frühen Kindheit der Verschwörer, deren Namen wir erraten können, gut bekannt waren, und ich vermute, dass sie in Rom schon wesentlich früher bekannt waren.

54 *Prob. Rhet.* 30 (Walz, *RG* 8.407) mit Lukian, *Cataplus* 28–29; *Dial. Mort.* 450 für die Strafen, die einen Tyrannen im Hades erwarten können (vermutlich unter Rückgriff auf Pl. *Grg.* 525D; *Resp.* 615D); vgl. *RLM* 378; Hermog. *Stat.*

59–60 (Rabe) mit Patillon 2009, 40 Anm. 1 für einen Philosophen, der einen Tyrannen zur Abdankung überredet und dann die Belohnung einfordert. Zum „Tyrannenmord durch Bevollmächtigung" siehe dieses Kapitel Anm. 59.

55 *Theses* über die Tyrannis, Cic. *Att.* 9.4.2–3: *et abduco parumper animum a molestiis et* τῶν προὔργου τι *delibero* (12. März 49 v. Chr.); vgl. 9.9.1; vgl. Gildenhard 2006; zur Argumentation der *Thesen* siehe Clarke 1951; Pasetti 2008. Vgl. Wiseman 2009, 193–196 Anm. 103 für Briefe Ciceros aus der Zeit vor den Iden des März, in denen er Caesar als Tyrannen bezeichnet (Cicero sah die Tyrannis Caesars natürlich auch in philosophischer Hinsicht, *Att.* 10.8.6; vgl. 9.13.4, und das Aufstellen von *Thesen* könnte sowohl eine philosophische als auch eine rhetorische Tätigkeit sein, Griffin 1989 [1997], 15, 34). Es wurde behauptet, Cicero habe als erster die tyrannischen Ambitionen Caesars erkannt (Plut. *Caes.* 4.4). Zu Caesar als Tyrann in Ciceros philosophischen Werken 46 bis 44 v. Chr., Wassmann 1996, 139–216; zu den *Tuskulanischen Disputationen* (Sommer 45 v. Chr.) insbesondere Lefèvre 2008, 225–238. Zu Caesar als Tyrann bei Cicero nach den Iden des März, vor allem in den Briefen und den *de officiis* und zum großen Teil zur Rechtfertigung des Mordes, Sirago 1956; Strasburger 1990; Pina Polo 2006 mit Literatur (und Alföldi 1985, 280 Anm. 693 für mehr); Wiseman 2009, 201 Anm. 144–145; das alles natürlich in einem größeren Zusammenhang mit einer regelrechten Flut von Beschimpfungen, die Caesar als alles Böse in der römischen Lexik bezeichnen, Strasburger 1968 [1953], 41–64. Jemanden als Tyrannen zu bezeichnen, war ein ganz normales Schimpfwort, das man jedem an den Kopf werfen konnte, Pina Polo 2006, 73; zu Ciceros Beschreibung des Marcus Antonius als Tyrannen siehe vor allem May 1996, 152 Anm. 30. Allgemein zu Ciceros Verwendung von Tyrannen in rhetorischen Schimpfwörtern während seiner gesamten Karriere, Haehling 2000, 19–21; Luciani 2009, 153–156; Gildenhard 2011, 88–92, 173–175; Sigmund 2014, 89–97 mit Literatur. Auch war Caesar nicht die erste Figur, die so bezeichnet wurde: Sowohl Cicero als auch andere hatten lange Zeit hart daran gearbeitet, Sulla in den Modus des Tyrannen der Rhetorik einzuordnen (Lanciotti 1977–1978).

56 Die Verschwörer schreien, Nic. Dam. ὡς τύραννον κτείνειαν (92), τυράννου (96); App. *B Civ.* 2.119 βασιλέα καὶ τύραννον; Moles 2017 [1979], 181 schlägt vor, dass Cascas Zuruf an seinen Bruder auf Griechisch während des Mordes selbst (Plut. *Brut.* 17.5) bedeuten könnte, „dass er sich hier möglicherweise seiner hellenischen Tyrannenmord-Persona bewusst war".

57 Cinna, App. *B Civ.* 2.121, τύραννον, τυραννοκτόνους. Im Senat, App. *B Civ.* 2.127, τοὺς ἄνδρας ἐκάλουν τυραννοκτόνους καὶ γεραίειν ἐκέλευον. Καίσαρα τύραννον προαποφαίνειν; vgl. App. *B Civ.* 3.15 (und allgemein für tyrannische Begriffe, die bei Appian auf Caesar angewandt werden, Welch 2015, 283–284); Suet. *Tib.* 4.1, *etiam de praemiis tyrannicidarum referendum censuit.* Cass. Dio 44.21.3 lässt Nichtteilnehmer der Verschwörung sich den Verschwörern auf dem Kapitol in der Hoffnung auf die ἆθλα, die Preise, anschließen. Siehe Cic.

Mil. 79–80 für die Belohnung des Tyrannenmörders, die früher in der lateinischen Rhetorik angeführt wurde; und Joseph. *AJ* 19.182–84 für einen ähnlichen Vorschlag für Preise nach der Ermordung von Caligula.

58 Vell. Pat. 2.58.2 sagt, dass Brutus' Verwendung des Begriffs „Tyrann" reine Zweckmäßigkeit war, *ita enim appellari Caesarem facto eius expediebat* (mit Woodman 1983 ad loc.), aber damit tendiert er, ein lateinischer Autor, dazu, zu bestätigen, dass er eine Überlieferung erhalten hat, in der das Wort „Tyrann" verwendet wurde. Ich führe nicht die große Zahl von Beispielen an, in denen unsere griechischen Quellen (oder Personen in ihnen) Caesar oder andere als „Tyrannen" bezeichnen, aber offenbar nicht in direkten Zitaten.

59 Sopater, *Diar. Zet.* (Walz, *RG* 8.98 = Weißenberger XVI S. 66, 336) = *RLM* 338. Zu Themen dieser Art siehe vor allem Quint. *Inst.* 7.7.3, und das sehr populäre, aber kompliziertere Thema zweier Ärzte, die darüber streiten, wer von ihnen einen Tyrannen vergiftet hat: Gibson 2013, 542–545 und Pasetti 2015, 186–187 sammeln die Belege und Varianten. Zu den Streitigkeiten um den Preis vgl. *DMin.* 345, 382 (mit Schwartz 2016, 268–271); Sopater, *Diar. Zet.* (Walz, *RG* 8.317 = Weißenberger LX S. 202, 482), wo der Preis von neun jungen Männern geteilt wird. Heath 1995, 103–104 sammelt Fälle von „Tyrannenmord durch Bevollmächtigung", die oft zu Kontroversen darüber führten, wem die Belohnung gebührte. Kriegshelden, die sich ihren Preis für Heldentum aussuchen dürfen (ein sehr übliches Parallelthema), müssen manchmal gegeneinander kämpfen, wenn es mehr als einen Anspruchsteller gibt (Winterbottom 1984, 597, ergänzt Calp. Flacc. 21 mit Sussman 1994, 158), oder sie müssen prozessieren, wie mehrere Anspruchsteller auf Tyrannenmord, Sen. *Contr.* 10.2.*pr.*

60 Ruhm des Tyrannenmordes von Caesar, Cic. *Phil.* 2.25, 27–28, 32–33, 114, 117 (*haec non cogitas ... fama gloriosum tyrannum occidere*); Plut. *Caes.* 67,3; App. *B Civ.* 2.114, 119; Cass. Dio 44.21.3–4. Die Angewohnheit historischer Autoren, zu berichten, wer einen als Tyrannen betrachteten Menschen als erster erstochen hat, hängt vermutlich mit dem Wunsch nach Preisungen oder Ruhm zusammen: Malitz 2003, 165–166. Dieser Wunsch nach breiter Beteiligung am Tötungsakt erklärt auch, warum eine Senatssitzung als Anlass für die Tötung Caesars gewählt wurde: Er musste von seinem Gefolge getrennt werden, und möglichst viele Mitglieder der Verschwörung mussten Zugang zu ihm haben.

61 Teilweise unterschieden: Auf eine Reihe von Unterschieden zwischen den Topoi der Tyrannen der Rhetorik und der Philosophie wird in diesem Kapitel hingewiesen, Anm. 63–64, 67–69, 77, und Kapitel 5 Anm. 16. Inwieweit haben die Alten diese verschiedenen Figuren unterschieden? Wenn wir Themistius' Beschimpfung des Usurpators Prokopius betrachten – dem er die Topoi der Tyrannen der Rhetorik und der Philosophie vorwirft und mit historischen griechischen Tyrannen, dem Großkönig von Persien, bösen römischen Kaisern und dem mythischen, bösen Riesen Typhon vergleicht (Raschle 2011) –,

könnten wir denken, dass sie es nicht taten. Amande 1993–1994 zeigte jedoch, dass der Sophist Libanios in seinen Deklamationen über Tyrannis und Tyrannenmord zwar (natürlich) die Topoi der rhetorischen Tyrannis verwendete, aber wenn er in seinen nicht imaginären Reden tatsächliche römische Beamte mit Tyrannen verglich, dann mit dem Tyrannen von Platon. Die Alten konnten also, wenn sie wollten, die verschiedenen Tyrannenarten unterscheiden. Reeves 2014, insb. 18, 107, 147 neigt jedoch zu der Annahme, dass sie dies nur selten taten.

62 Reicher Mann strebt nach Tyrannis, Fleskes 1914, 59–60; Tabacco 1985, 27–33. Winterbottom 1984, 355 und Tabacco 1985, 18–27 bemerken, dass er auch konventionell jung ist, ein *adulescens*. Und es ist auch natürlich, dass Tyrannis in Familien vorkommt, Apth. *Prog.* 35 (Spengel); Apsines, *Rhet.* 1.95 (Patillon) mit Patillon 2002b, 23 Anm. 117 für weitere Beispiele. Der Versuch, eine Tyrannis (τυραννίδος ἐπίθεσις / *adfectatio tyrannidis*) zu errichten, ist ein anerkanntes Verbrechen, Fleskes 1914, 56; Tabacco 1985, 9 Anm. 20; aber die Handlungen, die eine Strafverfolgung wegen versuchter Tyrannis nach sich ziehen, können natürlich, um zwingende Erklärungen zu ermöglichen, zweideutig sein, wie z. B. der Blick auf die Akropolis und das Weinen (*DMin.* 267 mit Winterbottom 1984, 354–355 für Parallelen; Hermog. *Stat.* 49–50 [Rabe] mit Heath 1995, 88 für Parallelen; Apsines, *Rhet.* 2.3 [Patillon] mit Patillon 2002b, 25 Anm. 127 für weitere Parallelen; Nocchi 2019).

63 Waffen, *DMin.* 267.8, 322.7, 9–10; Lib. *Decl.* 37.26, 44.55; Hermog. *Stat.* 51 (Rabe; mit Heath 1995, 90; Sopater, *Diar. Zet.* (Walz, *RG* 8.9 = Weißenberger I S. 12, 276), und Männer, sie zu benutzen; vgl. Lib. *Decl.* 37.19–22; Hermog. *Stat.* 47–48 (Rabe; mit Heath 1995, 83), in dem der reiche Jüngling der versuchten Tyrannis angeklagt wird, weil er die durch den Prozess der *Apokeryxis* enterbten Söhne unterstützt (vgl. Kapitel 10 Anm. 49–62). *Apparatus tyrannidis*, *DMin.* 322.*pr.*, 7, 10; auch das Üben mit Waffen ist ein Grund für einen Verdacht, Lib. *Decl.* 37.3. Im Gegensatz dazu ist der Tyrann der Philosophie manchmal ein finanziell ruinierter Mann, Pl. *Resp.* 573D-575E; Arist. *Pol.* 1305B mit Tabacco 1985, 29, und die philosophische Tyrannis hat oft nivellierende Ambitionen, den Armen zu helfen, Pl. *Resp.* 565C-D, 566A, D; Arist. *Pol.* 1305A; 1310B, ein Thema, das in der Deklamation sehr selten vorkommt (siehe aber *DMin.* 267.8), obwohl angehende Tyrannen die Demütigen oder Elenden (z. B. die Gefangenen) benutzen können, um Tyrann zu werden oder dessen verdächtigt zu werden, Hermog. *Stat.* 47–48 (Rabe); Lib. *Decl.* 37.*pr.*, 19; [Lib.] *Decl.* 43.10. In der Tat kann in der Deklamation die Angleichung des Eigentums im Staat ein Mittel sein, um der Tyrannis *zuvorzukommen*, *DMin.* 261 mit Asheri 1971 und Tabacco 1985, 28, weil dadurch die reichen Männer eliminiert werden, die von Natur aus zu Tyrannen werden, und so ist das Werfen des eigenen Reichtums ins Meer ein Mittel, um dem Verdacht zu entgehen, eine Tyrannis anzustreben, Apsines, *Rhet.* 1.25 (Patillon); Sopater, *Diar. Zet.* (Walz, *RG* 8.161 = Weißenberger XXIV S. 104, 377).

64 Burg: *arx* oder Akropolis, Tomassi 2015, 252; und siehe Mayor 1878 ad loc. Juv. 10.307 für Parallelen aus allen Gattungen, wobei anzumerken ist, dass „sich der *arx* bemächtigen" (*occupare arcem*) kurz dafür steht, Tyrann zu werden; vgl. Tabacco 1985, 15, 42–44; Sussman 1994, 94. Die Assoziation von Tyrann und *arx* ist so tief, dass „auf die Akropolis schauen" (Lib. *Decl.* 37.24; Syrianus, *in Hermog.* 2.108 [Rabe]) oder sogar „nach oben schauen" (Lib. *Prog.* 8.198 [Foerster] = Gibson p. 183) als Hinweis auf Ambitionen, Tyrann zu werden, verstanden werden kann (und siehe dieses Kapitel Anm. 62 für die verdächtige Praxis des Weinens in der Nähe des *arx*), während ἄνειμι oder *escendo* („nach oben gehen") als Abkürzung für „den Tyrannen töten" verstanden werden kann, Tabacco 1985, 43. Im Gegensatz dazu wird der Wohnsitz des Tyrannen der Philosophie selten bezeichnet, und wenn er erwähnt wird, kann es sich lediglich um ein unbestimmtes „Haus" handeln (Plat. *Rep.* 579B ἐν τῇ οἰκίᾳ, Xen. *Hier.* 2.10 εἴσω τῆς οἰκίας; vgl. 11.2). Für weitere tyrannische Eigenschaften siehe dieses Kapitel Anm. 65, Kapitel 5 Anm. 16–21.

65 Luxus, Sen. *Contr.* 2.5.7; Lucian, *Cataplus* 8–9, 14, 16; Choricius, XXVI (*Decl.* 7).47 (zu dem Tomassi 2014; 2017), XXXV (*Decl.* 9).10–13, 82, 95 (Foerster und Richtsteig); vgl. Sen. *Contr.* 1.7.4; Lib. *Prog.* 8.191 (Foerster) = Gibson S. 175; und Sopater, *Diar. Zet.* (Walz, *RG* 8.96 = Weißenberger XV S. 65, 334) für sein Vermögen. Siehe Bouyssou 2013 für übertriebene tyrannische Bankette, obwohl die Beispiele philosophisch und historisch sind; und Alföldi 1955 für tyrannische Kleidung, obwohl auch hier die meisten Beispiele nicht aus Deklamationen stammen.

66 Folter, Kapitel 5 Anm. 19.

67 Der Tyrann der Rhetorik ist manchmal glücklich und genießt seine sexuelle Freizügigkeit, seinen Luxus und seine Grausamkeit, Sen. *Contr.* 2.5.6–7; *DM* 16; Lucian, *Cataplus* 3; Choricius, XXVI (*Decl.* 7).75 (Foerster und Richtsteig). Dieser glückliche Tyrann mag eine gewisse Verbindung zu den Tyrannen des archaischen und klassischen Griechenlands haben (Trampedach 2006, 5–10; Jordović 2019, 74, 78), welche die Überlieferung in einigen Fällen als beneidet und mit seinem Leben zufrieden darstellt. Dagegen ist der Tyrann der Philosophie höchst unglücklich, Pl. *Grg.* 469A; *Resp.* 567B 576C, 578B, 579A-C; 579D-580C mit Parry 2007; Xen. *Hier.* 1.8, 7.10 et passim mit Arruzza 2019, 48–50; und siehe Luciani 2009, 160 für Ciceros philosophische Werke. Der Tyrann der Philosophie ist unglücklich, weil er von Begierden beherrscht wird, die nie befriedigt werden können, Pl. *Resp.* 573A, D-E; 577D-578A mit Johnstone 2015 und Arruzza 2019, 139–143, 164–183; und mit Lanza 1977, 49–53 für die Vorwegnahme dieses Themas in der Tragödie, und wegen seiner Angst vor Mord oder Vertreibung, Pl. *Resp.* 578A, D-E; 579B-C mit Arruzza 2019, 222–226; Xen. *Hier.* 1.11–12, 2.8–13, 18, 4.2, 6.6–8; Arist. *Pol.* 1311A-1312B; 1315A; Cic. *Off.* 2.24–25; mit Lanza 1977, 45–49 zur Vorwegnahme dieses Themas in der Tragödie. Die philosophische Linie war vermutlich absichtlich polemisch gegen die Position, dass das zügellose Leben eines Tyrannen höchst gesegnet sei (Lewis 2009, 82–84). Im weiteren Sinne ist die Philosophie na-

türlich viel mehr am Innenleben und der Natur der Seele des Tyrannen interessiert.

68 Vgl. Lukian, *Tyr.*, wo Lukian über die Unausweichlichkeit dieses Schicksals scherzt, indem er einen Tyrannen τετυραννοκτονήμεθα schreien lässt, wobei er ein Unwort prägt: „Wir sind tyrannengemordet!" (20). Zu dieser Deklamation vgl. Guast 2018, 195–203 („Für die antike Anschauung war der natürliche Tod eines Tyrannen fast undenkbar"), Fleskes 1914, 46. Zum Charakter des Tyrannenmörders, Tabacco 1985, 12, 60–61, 83–87; und beachten Sie (Sen. *Contr.* 1.7), dass der Tyrannenmörder sogar den Respekt der anderen Schurken der Deklamation, der Piraten, genießt. Der Tyrannenmörder ähnelt der Stammfigur des *vir fortis*, Lentano 1998, aber Tabacco 1985, 64–65 weist darauf hin, dass der *vir fortis* auch versuchen kann, selbst ein Tyrann zu werden (*DMin.* 293). Im Gegensatz dazu wird der Tyrann der Philosophie vor allem wegen seiner Taten der *hybris* getötet, nicht, weil seine Mörder eine Belohnung suchen (obwohl das nicht unbekannt ist): Arist. *Pol.* 1311A-1312B; Jedrkiewicz 2002. Andere Motive für die Tötung des Tyrannen als die Belohnung gibt es zwar in der Deklamation, aber sie stehen hinter der Belohnung zurück, Tabacco 1985, 53–57. Rhetorische Gesetze sind in Kraft, auch wenn sie nicht erwähnt werden, Winterbottom 1984, 313.

69 Rhetorische Tyrannenfurcht, Kapitel 5 Anm. 16. Der Tyrann dankt ab, *DMin.* 267; Sen. *Contr.* 5.8; Hermog. *Stat.* 59–60 (Rabe); Choricius, XXVI (*Decl.* 7).74, 79–80 (Foerster und Richtsteig); Anonymous Seguerianus 217 (Dilts und Kennedy); Sopater, *Diar. Zet.* (Walz, *RG* 8.95 = Weißenberger XV S. 65, 334); *Prob. Rhet.* 68 (Walz, *RG* 8.413); *RLM* 378; Fleskes 1914, 53–54; Winterbottom 1984, 355; Tabacco 1985, 10 Anm. 25, 60–62, mit dem Hinweis, dass der Tyrann der Philosophie im Gegensatz dazu nicht die Möglichkeit hat, zurückzutreten, obwohl historische Tyrannen dies taten.

70 In Herrlichkeit begleitet, Sen. *Contr.* 9.4.4, 17. Rückkehr zum vorherigen Regime, *DMin.* 253, 267; Lib. *Decl.* 14.8; [Lib.] *Decl.* 43.7, 19; Choricius, XXVI (*Decl.* 7).20 (Foerster und Richtsteig); und vor allem Lukian, *Tyr.* bes. 9–10; zitiert 6. Zur thematischen Opposition des Tyrannen gegen die *res publica*, Gesetze, *ius*, *libertas* usw. und deren Wiederherstellung, wenn der Tyrann getötet wird, Tabacco 1985, 14–27.

71 Dies beherrschte ihre Gedanken in mehr oder weniger starkem Maße – weniger wahrscheinlich im Fall von Decimus Brutus, der immerhin Gladiatoren sammelte und Caesar aus seinem Haus lockte, was beides nicht im Skript stand. Schmitthenner 1962, 692 beschreibt das durch Ciceros Briefe vermittelte Bild des Decimus Brutus als „einen energischen, klarblickenden, nüchternen, am Ende grimmig realistischen Soldaten". In ähnlicher Weise werden verschiedene Verschwörer der deklamatorischen Geschichte mehr oder weniger wörtlich gefolgt sein: Obwohl ein Deklamator die Fakten eines deklamatorischen Szenarios nicht ändern konnte (so dass die Verschwörer an

dieselbe Grunderzählung gebunden waren), lag viel Kunst darin, einen günstigen Kontext – *color* – für dieses Szenario zu entwickeln.

72 Vgl. Syme 1939, 99; Drossart 1970, 381; Moles 2017 [1979], 192–193; Gotter 1996, 22 Anm. 62.

73 Zu den Versionen der Geschichte, in denen die Verschwörer vom Kapitol hinuntergeleitet werden, siehe Kapitel 5 Anm. 1.

74 Lucian, *Tyr.* 10; *Dial. Mort.* 375; Lib. *Decl.* 44.3, 17; [Lib.] *Decl.* 43.47.

75 „Diese Überlegungen waren zwar logisch, bildeten aber einen Schönheitsfehler in der reinen Tyrannenmordideologie" (Dettenhofer 1992, 255).

76 App. *B Civ.* 2.114; vgl. Cass. Dio 44.19.2.

77 Wir sehen genug, um zu begreifen, dass ein Tyrann Wachen hat, gewöhnlich δορυφόροι auf Griechisch (Tomassi 2015, 252) und Diener, ὑπηρέται auf Griechisch, z. B. Lib. *Decl.* 37.34. Im Lateinischen finden sich *custodes*, aber selten (Sen. *Contr.* 2.5.4), während meist die überwältigend häufigen *satellites* beiden Funktionen dienen, zu denen Winterbottom 1984, 357 und Tabacco 1985, 21–22, 38–39, der die fehlende Betonung solcher Kreaturen bemerkt, im Gegensatz zu den viel betonten bewaffneten Gefolgsleuten des Tyrannen der Philosophie, zu denen Pelling 2011, 429. Lib. *Decl.* 44 ist meines Wissens einzigartig in der Vorstellung, dass ein Tyrann mächtige Mitarbeiter haben könnte (23–27, 62 συνεργοί), und in der Feststellung, dass nach dem Fall der Tyrannis die Mitarbeiter des Tyrannen ins Exil fliehen (65–66). Lib. *Prog.* 8.203 (Foerster) = Gibson S. 189 sagt uns, dass die bescheidenen Unterstützer eines Ex-Tyrannen hingerichtet werden (vgl. Lib. *Decl.* 44.49), aber dass normalerweise *„leur sort lors de la chute de la tyrannie est passé sous silence"* (Malosse 2006, 169).

78 Zitat aus Lukian, *Tyr.* 9–10; vgl. *DMin.* 267.

79 Vgl. Tabacco 1985, 132; Seeck 1902, 28; Stewens 1963, 59–60. So wird auch Marcus Antonius, als er auf der Flucht feststellte, dass er nicht verfolgt wurde, mit der gleichen Bildung wie Caesars Mörder das rhetorische Komplott der Verschwörer erkannt haben, dass er nicht in Gefahr war, und, seinen Mut wiedergewinnend, sich des Schatzes Caesars bedient haben (Kapitel 3 Anm. 21).

80 Nabis, Livius 35.36.4, *nec movisset se quisquam, si extemplo positis armis vocata in contionem multitudo fuisset et oratio habita tempori conveniens*; 35.37.2, *evocatis principibus et oratione habita qualis habenda Alexameno fuerat.*

81 Senat einberufen (vgl. Cic. *Att.* 14.10.1 [19. April, 44 v. Chr.]) und Rede an das Volk, Cic. *Att.* 15.11.2 (ca. 7. Juni 44 v. Chr.), *populum ardentem studio vehementius incitare*; zu dieser Diagnose dessen, was hätte getan werden sollen, sagt Cicero *nec vero quicquam novi sed ea quae cottidie omnes.*

82 Ciceros eigene Flucht hinderte ihn daran, solche Reden zu halten, obwohl er selbst erzählt (Cic. *Phil.* 2.28, 30; vgl. Cass. Dio 44.20.4, 46.22.4), dass Brutus gleich nach der Tötung Caesars nach Cicero rief.

5 Wer hat rhetorisch gedacht?

1 Brutus wird vom Kapitol herab eskortiert, Plut. *Brut.* 18.11 (mit Pelling 2011, 488–489; Moles 2017 [1979], 195–196) versus Cic. *Att.* 15.11.2 (vgl. 14.10.1 für den Ort). Nic. Dam. 99 lässt den Abstieg von Brutus und Cassius nicht von vornehmen Personen, sondern nur von Gladiatoren und Sklaven begleiten. Prozession vom *arx* in Deklamation, Kapitel 4 Anm. 70. Auch die Kontamination älterer Geschichten von politischen Morden oder Vertreibungen in Rom ist nicht ausgeschlossen, obwohl es schwer zu sagen ist, ob sie von einer allgemeinen griechischen Tradition der Tyrannis, des Tyrannen der Philosophie oder des Tyrannen der Rhetorik kontaminiert wurden. Zu Tarquinius Superbus, der als griechischer Tyrann dargestellt wird, siehe Ogilvie 1965, 195; Dunkle 1971, 16; vgl. Cic. *Rep.* 2.44–49 mit Michelfeit 1964, 276, 279–281, und als solcher von L. Iunius Brutus vertrieben, Alföldi 1985, 281, 295. Zur Ähnlichkeit der Geschichten von Spurius Cassius und Spurius Maelius (siehe Kapitel 4 Anm. 42–45) mit der τυραννίδος ἐπίθεσις / *adfectatio tyrannidis*, dem deklamatorischen Thema des reichen Mannes, der zum Tyrannen werden will, Fleskes 1914, 56–58. Die düstere Geschichte von der Ermordung des Romulus durch den Senat (siehe Kapitel 4 Anm. 46), welche die Verschwörer laut Appian ebenfalls im Sinn hatten, wurde ebenfalls in einen Tyrannenmord umgewandelt (App. *B Civ.* 2.114).

2 Cass. Dio 44.16.1. Schmuggel von Dolchen/Schwertern und deren Schwierigkeiten bei der Deklamation, Sen. *Contr.* 4.7; Lib. *Decl.* 14.8 (= [Lib.] *Decl.* 43.18); Lib. *Prog.* 8.205 (Foerster) = Gibson S. 189; Choricius, XXVI (*Decl.* 7).8 (Foerster und Richtsteig). Ein Römer wie Dio konnte sich natürlich auch nicht vorstellen, dass sich jemand Caesar ungesehen nähern durfte.

3 Porcia, Val. Max. 3.2.15; Plut. *Brut.* 13 mit Moles 2017 [1979] 153; Polyaenus, *Strat.* 8.32; Cass. Dio 44.13; Tempest 2017, 89 mit Literatur.

4 Die Version von Dio, Cass. Dio 44.13; vgl. Plut. *Brut.* 13.2–11 (ohne Erwähnung ihrer Angst vor der Folter).

5 Caesar verabscheut die Folter, Suet. *Caes.* 74.1. Zu dieser Episode Pagán 2004, 119–122, wobei die Unwahrscheinlichkeit, dass Porcia tatsächlich gefoltert wird, auf 122 vermerkt ist.

6 Caesars Wunsch, Cato zu erhalten, Plut. *Caes.* 54.1. Seine Milde gegenüber früheren Feinden, Suet. *Jul.* 75.4; Plut. *Caes.* 57.3–4; Plut. *Brut.* 6.2; App. *B Civ.* 2.146, 4.8; Cass. Dio 43.50.1–2, 44.39.4–5, mit Alföldi 1985 und Flamerie de Lachapelle 2011, 45–119 mit Literatur.

7 Das Buch von Bibulus, Plut. *Brut.* 13.3.

8 Die gefolterte Ehefrau, Sen. *Contr.* 2.5 mit Pagán 2007–2008; und zur Folterung von Frauen, Fleskes 1914, 47–49; Ash 2018, 260–261. Zur Folter in der Deklamation im Allgemeinen, siehe dieses Kapitel Anm. 19.

9 Die Rede der Porcia, Cass. Dio 44.13.4, beschrieben von Moles 2017 [1979], 153 als „ein rhetorisches Standardwerk".

10 Ein solcher Prozess der Vereinfachung der Überlieferung in Richtung des üblichen Tyrannenmordes lässt sich an der Geschichte der Ermordung des Spurius Maelius ablesen, von der eine alternative Version überliefert ist, in der der Mörder, Servilius Ahala, nicht Herr des Pferdes, sondern ein Privatmann ist: Dion. Hal. *Ant. Rom.* 12.4.2–5. Servilius wird zum Attentäter auserkoren: νέον ὄντα καὶ κατὰ χεῖρα γενναῖον, d. h., als *vir fortis,* und nach seiner Tat läuft er zum Senat zurück ἔχοντα τὸ ξίφος ᾑμαγμένον κεκραγότα πρὸς τοὺς διώκοντας, ὅτι κελευσθεὶς ὑπὸ τῆς βουλῆς ἀνῄρηκε τὸν τύραννον. Vgl. Pina Polo 2006, 84.

11 Die Rede des Marcus Antonius im Senat, App. *B Civ.* 2.133–134; von Brutus auf dem Kapitol, 2.137–141 (zu diesen Reden Balbo 2011); Lobrede des Marcus Antonius auf Caesar, 2.144–146. Cicero, Cass. Dio 44.23–33; Marcus Antonius, Cass. Dio 44.36–49. Außerdem: Nic. Dam. 100 hatte in seinen *Versammlungsreden* (die uns verloren gegangen sind) eine Rede, die Brutus hielt, als er vom Kapitol herunterkam, um sich an das Volk zu wenden, und die vermutlich vom Historiker selbst verfasst wurde. Die konkurrierenden Begräbnisreden von Brutus und Marcus Antonius in *Julius Caesar* sind eine Schöpfung Shakespeares, aber sie bieten genau die Art von Szenario, welche die antike literarische Tradition unter dem Einfluss der Deklamation hätte erfinden können, aber nicht tat.

12 Capitolinus, Livius 6.11, 6.14–20; Zonaras 7.23.10 und Cass. Dio 7.26. Es gab Material, mit dem man arbeiten konnte: selbst bei Livius hält Capitolinus eine Ansprache an die Plebs in seinem eigenen Haus, 6.14.11, das sich auf dem Kapitol befand, 6.19.1; und nach seiner Hinrichtung wurde den Patriziern verboten, auf dem Kapitol zu wohnen, 6.20.13. Vgl. (vielleicht) Plut. *Ti. Gracch.* 17; App. *B Civ.* 1.32, und auch, für die angeblichen (nicht ausgeführten) Pläne, Caligula auf dem Kapitol zu töten, Joseph. *AJ* 19.71. Das römische Verständnis der Verbindung von Tyrannenmord und *arx* wird durch die Aufstellung einer Harmodios- und Aristogeiton-Statuengruppe (die letztere Statue ist erhalten) auf dem Kapitol – wenn auch vielleicht am anderen Ende des Hügels als die *arx* – zu einem bestimmten Zeitpunkt in der späten Republik bestätigt, Pina Polo 2006, 88–92; Azoulay 2017 [2014], 141–150; Seemann 2019 für die neuere Literatur.

13 Cass. Dio 44.7.4 mit Dobesch 1971 [2001]. Zur Entlassung der Wache durch Caesar siehe dieses Kapitel Anm. 39–41.

14 Mehrere Meuchelmörder, Cic. *Div.* 2.23; vgl. Cic. *Phil.* 2.26–30; Kapitol, Cic. *Att.* 14.14.2; Reden, *Att.* 15.11.2; unvernünftig, Marcus Antonius und Lepidus nicht zu töten, *Att.* 14.21.3 und 15.11.2.

15 Zu Kaisern, die in der römischen Geschichtsschreibung als Tyrannen dargestellt werden, Wickert 1954, 2119–2123 (und in anderen Gattungen) mit 2121 zu Domitian; Jerome 1923, 366–380 zu Tiberius bei Tacitus; Walker 1960 [1952], 149–153, 204–234, zu allen Kaisern bei Tacitus (obwohl ihre Definition des Tyrannen über die aus der Deklamation bekannte Figur hinausgeht), und siehe die aufgeschlüsselten Einträge für „Tyrann" in den Indizes von Wood-

man 2017, 319 und 2018, 343. Zu Sallust, Livius und Tacitus, Dunkle 1971, mit besonderer Betonung der Eigenschaften der *saevitia*, mit Parallelen zur Deklamation, *crudelitas*, *avaritia*, *vis*, *superbia* und *libido* (14–15); Scheid 1984 (Caligula, Nero, Vitellius und Galerius); Soverini 2002 (*saevitia* bei Tacitus); Keitel 2007 (Vitellius bei Tacitus).

16 Domitian ängstlich, Suet. *Dom.* 1.2, 3.2, 14.1–4, 15.3, 16.1–2 (gespiegelter Stein, private Befragung, 14.4); Plinius, *Pan.* 49.1, mit Jones 1996, 117–118; Reeves 2014, 165–166, 298–308. Tyrannen in der Deklamation gefürchtet, Sen. *Contr.* 1.7.2, 2.5.2; Calp. Flacc. 13; Lib. *Decl.* 14.9, 37.25; Choricius, XXVI (*Decl.* 7).17, 67, 86 (Foerster und Richtsteig); Syrianus, *in Hermog.* 2.111 (Rabe) mit Tabacco 1985, 33–50; eine Eigenschaft, die der Tyrann der Deklamation mit denen der Tragödie, der Philosophie und der Geschichte teilt (34), die aber in der Deklamation weniger ausgeprägt ist, vermutlich, weil sie im Widerspruch zum deklamatorischen Tyrannen steht, der als freudig in seiner Grausamkeit dargestellt wird, siehe Kapitel 4 Anm. 67. Bei der Verknüpfung von Domitian mit dem Tyrannen der Rhetorik stütze ich mich stark auf Reeves 2014. Vgl. Tacitus' Darstellung von Domitian als Tyrann aus dem Bestand, Benferhat 2013; für die von Dion von Prusa (Chrysostomos), Ventrella 2016. Man beachte, dass die gleiche Art der Analyse der Überlieferungen über Domitian, die hier vorgenommen wird, ebenso gut über Caligula (und seine Ermordung) auf der Grundlage von Joseph *AJ* Buch 19 vorgenommen werden könnte.

17 Domitian zog sich zurück, Suet. *Dom.* 3.1, 14.4, 21 mit Hulls 2014, 180–184; Plinius, *Pan.* 48.5, 49.2, 49.5–6; Cass. Dio 66 (65 Cary).9.5; Aur. Vict. *Caes.* 11.5. Für Tyrannen, die sich in der Deklamation zurückziehen, Tabacco 1985, 42–46, unter Hinzufügung von Lucian, *Cataplus* 11–12. Aber das ist kein Hauptthema in der Deklamation, wo (im Gegensatz zum Tyrannen der Philosophie: Pl. *Resp.* 579B; Xen. *Hier.* 3) der Tyrann sogar Freunde haben kann, *amici*, Tabacco 1985, 39–41; vgl. [Lib.] *Decl.* 43.5; *Prob. Rhet.* 4 (Walz, *RG* 8.402).

18 Der Geiz des Domitian, Suet. *Dom.* 3.2, 10.1, 12.1–2; Suet. *Vesp.* 1.1, Jones 1996, 100. Für tyrannischen Geiz in der Deklamation, *Dmin.* 261.9, 329.9; Lucian, *Cataplus* 26; *Tyr.* 5; Sopater, *Diar. Zet.* (Walz, *RG* 8.324 = Weißenberger LXIII S. 206, 487) mit Tabacco 1985, 112, 117–118, 126–131; in der Tragödie vorweggenommen, Lanza 1977, 53–55.

19 Die Grausamkeit des Domitian, Suet. *Dom.* 3.2, 8.4, 10.1–2 (von Hunden verschlungen), 10.5, 11; zum Zerfleischen durch Hunde vgl. 15.3, wo Domitian einen Wahrsager, der seinen eigenen Tod auf diese Weise vorhersagt, auf andere Weise tötet, um ihn zu widerlegen; Jones 1996, 84. Vgl. Zur kaiserlichen *crudelitas* bei Sueton und in der *HA*, Callu 1984, 328. Für tyrannische Grausamkeit in der Deklamation, Sen. *Contr.* 1.7.7, 9; 2.5 passim; *Dmin.* 322.4, 329.9; Lukian, *Dial. Mort.* 366; *Prob. Rhet.* 67 (Walz, *RG* 8.413), mit Tabacco 1985, 89–116. Folter, Suet. *Dom.* 10.5. Folter in der Deklamation, Sen. *Contr.* 1.7.9, 2.5 passim; 5.8, 9.4.14, 16; *Dmin.* 269.*pr.*, 4–6, 16; Calp. Flacc. 13; *DM* 16;

RLM 93; Dio Chrys. 47.24; Lukian, *Cataplus* 26; Lukian, *Tyr.* 5 mit Tabacco 1985, für die Ausrüstung (88–89), und die Techniken (96) (vgl. [Phalaris] *Ep.* 147). Die Deklamatoren mochten Folterszenen: Tabacco 1985, 107 verweist auf „ἔκφρασις *delle torture*"; vgl. Van Mal-Maeder 2007, 74–82; Danesi Marioni 2011–2012; Bernstein 2012; 2013, 46–57 (in weiten Teilen replizierend 2012), 133–146; Zinsmaier 2015. Dunkle 1971, 14 übersetzt das Beinahe-Synonym von *crudelitas*, *saevitia* (Suet. *Dom.* 3.2, 10.1, 10.5, 11.1) glücklich mit „wahnsinniger Sadismus", und für die Verwendung im Zusammenhang mit Tyrannen in der Deklamation, Tabacco 1985, 88–93; vgl. ὠμότης im Griechischen, Lib. *Decl.* 14.31; [Lib.] *Decl.* 43.69, 73; Lukian, *Cataplus* 26.

20 Domitian arrogant, Suet. *Dom.* 12.3–13.3; Plinius, *Pan.* 48.4, 49.1; Jones 1996, 105. Für tyrannische *superbia* / *hybris* in der Deklamation, Tabacco 1985, 128–129, unter Hinzufügung von Lucian, *Cataplus* 26; Lucian, *Tyr.* 5, 16; Choricius, XXXV (*Decl.* 9).17, 67 (Foerster und Richtsteig); in der Tragödie vorweggenommen, Lanza 1977, 59–61.

21 Domitians Sexualität, 1.1, 1.3, 22 mit Reeves 2014, 178. Zur tyrannischen *Libido* in der Deklamation, Fleskes 1914, 49–53; Dunkle 1971, 16; Winterbottom 1984, 396; Tabacco 1985, 116, 118–125, dazu, aus der griechischen Tradition, Dio Chrys. 47,24; Lukian, *Cataplus* 14, 26–27; Lib. *Decl.* 37.22–23; *Decl.* 42 passim; 44.34–36; *Prog.* 8.199 (Foerster) = Gibson S. 183; 8.204 (Foerster) = Gibson S. 189; [Lib.] *Decl.* 43.12, 75; Choricius, XXVI (*Decl.* 7).83–84; XXXV (*Decl.* 9).13–17 (Foerster und Richtsteig); *Prob. Rhet.* 66 (Walz, *RG* 8.413).

22 Domitian gehasst und gefürchtet, Suet. *Dom.* 14.1. Hass und Angst vor dem Tyrannen in der Deklamation, Tabacco 1985, 47–50.

23 Wenn er eine architektonische Anleitung brauchte, könnten Senecas *Thyestes* Zeilen 641–682 diese liefern. Unruh 2015 argumentiert, dass Seneca seinen Palast des Atreus auf Neros Goldenem Haus basierte, aber die Ähnlichkeiten mit dem Palast des Domitian sind frappierend.

24 Zu den Sicherheitsvorkehrungen und der Bezeichnung des Palastes als *arx*, Plinius, *Pan.* 47.4–5, 49.1, mit Haensch 2012, 270. Autoren verwendeten den Begriff *arx* auch für Domitians albanische Villa (dazu Jones 1992, 27–28, 96–97; 1996, 45): Tac. *Agr.* 45.1 (mit dem zusätzlichen Hinweis, dass sie für die Unterbringung von Gefangenen geeignet war); Juv. 4.145, mit Jones 1992, 27 für die tyrannischen Implikationen; vgl. Cass. Dio 67.1.2 (*Akropolis*).

25 Die Überreste von Domitians Palast wurden nie ordentlich publiziert, aber siehe MacDonald 1982–1986 [1965], 1.47–74, 187, mit der Sorge um die Sicherheit, die sich in der Architektur zeigt (63 Anm. 55); Wasserreservoirs (49); *LTUR* 2.193–194; Carandini 2017 [2012] 1.242–247. Neuere Ausgrabungen haben die chronologische Lage etwas getrübt: Der Palast könnte von Vespasian begonnen worden sein, Vonderstein 2007, 26–31, 34–39; Wulf-Rheidt 2015, bes. 6, 12. Neben der Archäologie gibt es auch literarische Quellen für Domitians Palast, gesammelt von Jones 1992, 95–96, und insbesondere Stat. *Silv.* 4.2; Mart. 8.36, untersucht von Klodt 2001, 45–62. Sueton erwähnt nur die verspiegelte Portikus, der dazugehört haben könnte, *Dom.*

14.4. Zur Kontroverse um die Sicherheitsvorkehrungen in der Archäologie: Zanker 2002 [2004], 115; Wulf-Rheidt 2012a, 285; 2012b, 99.

26 Domitian im Jahr 69 n. Chr., Suet. *Dom.* 1.2; Tac. *Hist.* 3.74.1.

27 49.000 Quadratmeter, Carandini 2017 [2012] 1.243.

28 Wir wissen, dass Fronto Marcus Aurelius und Lucius Verus das Deklamieren beigebracht hat, und der Autor der *HA* aus dem späten 4. Jahrhundert geht davon aus, dass die Kaiser auf diese Weise ausgebildet wurden, Pageau 2015, mit 68 Anm. 3 für Fronto.

29 Zur Verbreitung des Denkens über die Tyrannis in den schreibenden Gesellschaftsschichten siehe Opelt 1965, 166–168, und *tyrannus* in ihrem Index (282). Was nicht heißen soll, dass Domitian nicht auch als Tyrann der Philosophie gedacht werden könnte: siehe Starr 1949 für Epiktet; Philostr. *VA* 7–8 (insb. 7.1–3), mit Flinterman 1995, 148–149, 162–170.

30 Kapitel 2 Anm. 2.

31 Witschel 2006 analysiert das Verhalten „verrückter Kaiser" und unterscheidet dabei mehrere Muster: „Gott-Kaiser" (Caligula), „Darsteller-Kaiser" (Nero, Commodus), „Feldherr-Kaiser" (Domitian) und „Priester-Kaiser" (Elagabalus).

32 Zu Domitians religiöser Aktivität siehe Gsell 1894, 75–83; Jones 1992, 99–105; und zu seinem Bauwerk siehe dieses Kapitel Anm. 35. Für Tyrannen als Tempelräuber in der Deklamation sammeln Fleskes 1914, 63–64; Dunkle 1971, 15; und Tabacco 1985, 126–131 und diskutieren die Bezüge; in der Tragödie antizipierte Nicht-Pietät, Lanza 1977, 55–59. Dunkle 1967, 162 Anm. 23 stellt fest, wie Cicero dieses Thema (neben anderen Topoi über Tyrannen) in seiner Darstellung von Verres aufgreift.

33 Gsell 1894, 83–87; Grelle 1980; Jones 1992, 106–107; mit 1996, 64 für das Verbot der Kastration; Gering 2012, 214–221.

34 Gsell 1894, 165–237; Jones 1992, 126–159; Gering 2012, 245–292; und man beachte auch Domitians Eifer, sich in Statuen und auf Münzen in Rüstungen abbilden zu lassen, Wolsfeld 2014, 200–204.

35 Die Spiele des Domitian, Suet. *Dom.* 4.1–4 und Jones 1992, 102–106; 1996, 35–44. Domitian isst lieber allein, Braund 1996, 44–45 (und siehe vor allem Juv. 4.37–149; Plinius, *Pan.* 49.6), und wird dafür kritisiert, gibt aber öffentliche Bankette, Suet. *Dom.* 21; Stat. *Silv.* 1.6.35–50; private Festmahle, Stat. *Silv.* 4.2; Mart. 9.91 (mit Vössing 2004, 312–314, 366, 385–386, 405–406, 466–471, 503–506, 525–527); und Domitians Palast hatte Räume für Bankette mit insgesamt bis zu 500 Gästen (Zanker 2002 [2004], 113; vgl. Mart. 8.39.1–2 und Vössing 2004, 348–352; Mar 2009, 261–262). Handlungen ostentativer Großzügigkeit, Suet. *Dom.* 9.1–3 mit Jones 1996, 80–83. Domitians Bauprojekte, Jones 1992, 79–94; Sablayrolles 1994; Gering 2012, 206–213. Er erhöhte auch den Silbergehalt der Münzen, Jones 1996, 100, was von den Römern als tugendhafter Akt angesehen wurde, so wie eine Senkung als lasterhaft galt.

36 Glücklicher Tyrann, Kapitel 4 Anm. 67.

37 Zitat Cic. *Off.* 3.82 (angezweifelt von Rawson 1994, 439 Anm. 82); vgl. Suet. *Jul.* 30.5.

38 Plut. *Caes.* 64.3 lässt D. Brutus Caesar auffordern, an den Iden zum Senat zu gehen, weil eine Absage der Senatssitzung stillschweigend anerkennen würde, dass sich Rom in einem Zustand der „Sklaverei und Tyrannis" befände.

39 Spanischer Leibwächter entlassen, Suet. *Jul.* 86.1; App. *B Civ.* 2.107, 109; Cass. Dio 44.7.4; Nic. Dam. 80, mit Jehne 1987, 224–225.

40 Eine neue militärische Leibwache wurde erwartet, als Caesar zu einem Feldzug aufbrach, App. *B Civ.* 2.114. Zu Caesars Feldzug gegen die Parther, Pelling 2011, 436–438.

41 Zum Rätsel der Entlassung des Leibwächters: Jehne 2009, 128–138; Strauss 2015, 102–104; gegen den Rat: Vell. Pat. 2.57.1, mit Woodman 1983 ad loc.; für die wegen ihrer Assoziationen mit Tyrannis entlassene Leibwache Treu 1948, 208–215; Alföldi 1985, 283–292; Jehne 2009, 136; Pelling 2011, 429 mit Literatur; Jehne 2014, 116; Toher 2017, 325, mit dem Hinweis, dass δορυφόροι, das Wort für die Leibwache bei Nic. Dam. 80, der Standardbegriff für die Leibwache eines Tyrannen ist. In Rom mag Caesar formell eine alternative Leibwache aus Senatoren und *Equites* erhalten haben (Cass. Dio 44.6.1; Plutarch *Caes.* 57.4 verneint dies), aber wenn, dann existierte diese neue Wache nur τῷ … λόγῳ (Cass. Dio 44.7.4), und man ging davon aus, dass Caesar nach dem Abzug der Spanier keine wirksame Wache hatte (Nic. Dam. 80; App. *B Civ.* 2.107, 118; Suet. *Jul.* 86.1; Cass. Dio 44.15.2).

42 Angebotene Kehle, Plut. *Caes.* 60.4 mit Pelling 2011, 449; *Ant.* 12.4. Vgl. die nach der Beleidigung des Senats vorgebrachten Ausreden, Caesar sei krank (Plut. *Caes.* 60.4; Cass. Dio 44.8.3) oder er sei niedergehalten worden (Suet. *Jul.* 78.1), so dass er nicht aufstehen konnte.

43 Caesars Fatalismus: Suet. *Jul.* 86 *neque voluisse se diutius vivere neque curasse* (mit Canfora 2001 [1999], 314–316), auch wenn dies auf seine schwindende Gesundheit oder sein Vertrauen in den Eid des Senats, ihn zu schützen, oder auf die Erschöpfung, ständig in Angst zu leben, zurückgeführt wird. Dass er nicht in Angst leben wollte, wie es für Tyrannen üblich ist, vgl. Vell. Pat. 2.57.1 (mit Woodman 1983 ad loc.); Suet. *Jul.* 87; Plut. *Caes.* 57.4; App. *B Civ.* 2.109; Pelling 2011, 430 (vgl. Cic. *Phil.* 2.112).

44 Ignoriert Warnungen vor den Iden: Vell. Pat. 2.57.2; Suet. *Jul.* 75.4; Plut. *Caes.* 62.3, 5; *Brut.* 8.1 (mit Moles 2017 [1979] 112–113), vgl. 15.3; Plut. *Ant.* 13.1; Cic. *Phil.* 2.34, 74; Cass. Dio 44.15.1. Siehe auch Florus 2.13.94; aber Nic. Dam. 66 behauptet, er habe nichts von der Verschwörung gewusst. Caesar war nicht immer so gleichgültig gegenüber Anschlägen auf sein Leben gewesen: Suet. *Jul.* 74.1; Plut. *Caes.* 49.2–3.

45 Ignoriert Vorzeichen: Nic. Dam. 83–87; Vell. Pat. 2.57.2; Suet. *Jul.* 81; Plut. *Brut.* 15.1; Plut. *Caes.* 63–64 (mit Pelling 2011, 465–476 mit Literatur); App. *B Civ.* 2.115–116, 149, 153; Cass. Dio 44.17–18; Florus 2.13.94.

46 Liest die schriftliche Warnung nicht: Nic. Dam. 66; Vell. Pat. 2.57.2; Suet. *Jul.* 81.4; Florus 2.13.94; App. *B Civ.* 2.116; Cass. Dio 44.18.3; aber Plut. *Caes.* 65.2

sagt, dass Caesar durch das Gedränge um ihn herum daran gehindert wurde, es zu lesen.

47 Wünscht sich einen unerwarteten Tod: Suet. *Jul.* 87; App. *B Civ.* 2.115; Plut. *Caes.* 63.4.

48 Zitat Suet. *Jul.* 87.

49 Ich freue mich, meine intellektuelle Schuld bei Turner (1974) 60–97 anzuerkennen. Es wurde viel über mythische oder historische Gestalten nachgedacht, die Caesar in seinen letzten Jahren nachgeahmt haben könnte, Zecchini 2001, 117–135; ver Eecke 2008, 360–397.

III. Die seltsamen Kinder der Rhetorik: Bauten in den Städten des Römischen Reichs

1 Ähnlichkeit von Gebäuden, MacDonald 1982–1986 [1965], 2.111–142.

6 Monumentale Nymphäen

1 Der Abschnitt dieses Kapitels über Nymphäen wurde unter Hinzufügung neuerer Literatur, aber mit Verzicht auf die Nennung von vielen wissenschaftlichen Arbeiten aus Lendon 2015 übernommen, der auch für den Dank des Autors an seine Kollegen herangezogen werden sollte. Historische Zusammenfassungen der Forschung zu Nymphäen, Richard 2012, 1–12; Aristodemou 2012, 25–27; Lamare 2019, 33–43; und Richard 2016; für die breitere Literatur zur „Wasserkultur" in der römischen Welt, Rogers 2018a, insb. mit „water displays" (46–56). Zu den antiken Begriffen, die zur Beschreibung großer Brunnen verwendet wurden, Settis 1973, 683–740; Letzner 1990, 24–116; Richard 2012, 14–27. Νυμφαῖον oder *nymphaeum* war in der Antike nie das Standardwort für solche Bauwerke, aber seine moderne Allgegenwart als Bezeichnung für große, spektakuläre, verzierte Brunnen aus der römischen Periode macht seine Verwendung hier unumgänglich. Eine Definition eines „monumentalen Nymphäum" würde – von einigen Ausnahmen abgesehen – Elemente wie (a) eine Front von mindestens 15 Metern Länge; (b) ein zum Himmel hin offenes Hauptwassergefäß; (c) eine aufwendige Dekoration, gewöhnlich im „Tabernakel"- oder „Ädikular"-Stil (Säulen und Nischen), umfassen.

2 Zu Nymphäen im größeren Kontext anderer großer Wasserbauten in Städten siehe Tuttahs 2007; Richard 2012; Aristodemou 2014. Zur modernen Kontroverse über das Überlaufen in die Straßen und darüber, ob monumentale Nymphäen abgestellt werden konnten, Lamare 2019, 192–194, 203; Rogers 2018a, 41 Anm. 182. Vgl. insb. Strabo 14.1.37; Frontin. *Aq.* 111.

3 Zu den praktischen Nachbarschaftsbrunnen von Pompeji siehe Schmölder-Veit 2009, 115–137.

4 Für die Platzierung von Nymphäen, Uğurlu 2009, 103–137; am Rande der Stadt, Segal 1997, 162–166; Bru 2011, 48–49; ganz außerhalb der Stadt, wie in Side (D-Kl nr. 106 = R nr. 70).

5 Jacobs und Richard 2012.

6 Architekturgeschichtliche Fragen, Lendon 2015, 123 Anm. 3 für Literatur. Funktionen der Nymphäen, praktisch oder symbolisch, Richard 2012, 237–258. Symbole für Rom und seine Macht, Lendon 2015, 124 Anm. 5 für Literatur. Religiöse Bedeutung, Lendon 2015, 124 Anm. 6 für die Literatur, ergänzend Lamare 2019, 263–285. Kühle Zufluchtsorte, die das Straßenbild gliedern, also im Kontext der Stadtgestaltung zu untersuchen sind, Lendon 2015, 124 Anm. 7 für die Literatur, ergänzend Lamare 2019, 220–233.

7 Für Listen kaiserzeitlicher Brunnen in Kleinasien und ihrer Stifter (wenn sie sich aus Inschriften erschließen lassen), Pont 2010, 169–174; Aristodemou 2012, 68–87, mit Lendon 2015, 124 Anm. 9 zu den Gefahren, den Bau von Brunnen auf der Grundlage von Widmungsinschriften und dem zweifelhaften Zeugnis des Johannes Malalas den Kaisern zuzuschreiben. Dass der Anstoß zum Bau monumentaler Nymphäen in Kleinasien vor allem aus Rom kam, argumentieren Winter 1996, 177–184; Longfellow 2011, bes. 2, 28, 208–211; dass er lokal war, Richard 2011 mit *SEG* LXI 1606; Campagna 2011; Richard 2012, 247–252; Burrell 2012; Richard 2016, 26; und vgl. Lamare 2019, 249–261 für Nordafrika. Die Beweise und Argumente für eine lokale Motivation sind viel stärker.

8 Kleinasien: Dorl-Klingenschmid 2001 und Richard 2012; zusammenfassend, Pont 2010, 169–176. Für die Spätantike: Jacobs und Richard 2012; Richard 2012, 215–236.

9 Der Westen, Letzner 1990; Rom und sein Umland, Neuerburg 1965; Nordafrika, Aupert 1974; Lamare 2019, 295–384.

10 Der Osten: Segal 1997, 151–168; Kamash 2010, 112–117; und Richard's Katalog 2012, 259–280. Griechenland: Walker 1979; Glaser 1983; Agusta-Boularot 2001; Rogers 2018b; Aristodemou 2018a; von denen meines Wissens nur folgende mit den großen Nymphäen in Kleinasien vergleichbar sind: der Hadrianische Brunnen auf der Athener Agora (Glaser 1983, nr. 74 = R nr. 13 und Leigh 2018; ca. 19,5 m Front); das Nymphäum des Herodes Atticus in Olympia (Glaser 1983, nr. 75 = R nr. 51 und Bol 1984; ca. 30 m Front); der römische Umbau des Arsinoë-Brunnens in Messene (Trabucco della Toretta 2018; 36 m Front); das Nymphäum F25 in Gortyn (R nr. 41; Longfellow 2018; 16 m Front); und das gegenüberliegende Paar in Nikopolis (Walker 1979, 138–148 und Zachos und Leontaris 2018, 39–42; jeweils 12,5 m Front). Mir ist keine Studie über Nymphäen in den Balkanprovinzen des Reichs außerhalb Griechenlands bekannt, aber Nymphäen erscheinen auf den Münzen von Städten in diesem Gebiet: Hadrianopolis (Thrakien), und möglicherweise Nicopolis ad Istrum (Moesien), Letzner 1990, 10 und 13.

11 Zur Ästhetik der Monumentalität im Römischen Reich, Thomas 2007.

12 Zu den kleinasiatischen Aquädukten und ihren Daten: Coulton 1987, bes. 73; Winter 1996, 180–182; Scherrer 2006. Zu den Beziehungen zwischen Aquädukten und Nymphäen siehe Richard 2012, 52–92; spezielle Aquädukte zur Versorgung von Nymphäen (71–74), aber auch die Feststellung (57–58), dass Nymphäen eher in bestehende Wasserverteilungssysteme integriert wurden, obwohl diese bestehenden Systeme in vielen Fällen letztlich von Aquädukten aus der römischen Periode gespeist wurden und diese benötigten.

13 Zu älteren Brunnenformen in Kleinasien siehe Lendon 2015, 126 Anm. 15 für die Literatur.

14 Siehe Longfellow 2011, 13–60 für eine Darstellung der Brunnen im republikanischen und frühen kaiserlichen Rom. Für die *Meta Sudans*, *LTUR* ad loc.; für provinzielle Kopien, Longfellow 2011, 25, 33, 46–49. Zur (für mich nicht überzeugenden) Diskussion möglicher römischer Vorbilder für die kleinasiatischen Fassadennymphäen, Lendon 2015, 126 Anm. 16 für Literatur; *sed contra* Popkin 2016, 157, 218 Anm. 45.

15 Zu den verschiedenen Gebäudetypen im römischen Kleinasien und ihrer Datierung siehe Pont 2010, 25–201. Für Basiliken in Kleinasien, Stinson 2007; für das Aufkommen von Bädern im römischen Stil in Kleinasien, Nielsen 1993, 1.101–103.

16 Für den monumentalen Sportstätten- und Badekomplex: Yegül 1992, 250–306; Nielsen 1993, 1.103–108, 2.36–39 und eine Liste bei 1.105 Anm. 72; mittlere Größe 1.105. Der früheste bekannte Komplex dieses Typs sind die sog. domitianischen Hafenbäder in Ephesos mit einer Grundfläche von ca. 11.000 Quadratmeter (Nielsen 1993, nr. 295).

17 Zu den Parallelen zwischen der antiken Terminologie und den Denkstrukturen in Rhetorik und Architektur siehe E. Thomas 2014, 37–51, 63, 65, 86–87.

18 Zu den *Progymnasmata* siehe Kapitel 1 Anm. 6, 51–55; zum *Enkomion* in den *Progymnasmata* siehe Berardi 2017, 96–110, und Pordomingo 2007, der die Papyri sammelt.

19 Pernot 1993, 1.134–178 sammelt die umfangreichen Zeugnisse für die Lobpreisungen von Personen.

20 Die Glatze: das *Enkomion calvitii* des Synesios von Kyrene ist erhalten, Lamoureux und Aujoulet 2004, 48–90; Papagei, Philostr. *VS* 487.

21 *Quint. Inst. 3.7.26–27, laudantur autem urbes similiter atque homines. nam pro parente est conditor, et multum auctoritatis adfert vetustas, ut iis, qui terra dicuntur orti, et virtutes ac vitia circa res gestas eadem quae in singulis: illa propria, quae ex loci positione ac munitione sunt. cives illis ut hominibus liberi sunt decori. est laus et operum: in quibus honor, utilitas, pulchritudo, auctor spectari solet. honor ut in templis, utilitas ut in muris, pulchritudo vel auctor utrubique.* Städte als Menschen zu sehen, war in der Dichtung altvertraut, Kienzle 1936, 9–11.

22 Neben der kurzen Erwähnung bei Quintilian (der den *terminus ante quem* für die Existenz solcher Regeln liefert) hat uns der Zufall des Überlebens Anweisungen für das Loben von Städten hinterlassen, die vermutlich aus dem

3. Jahrhundert n. Chr. oder später stammen (obwohl es sicherlich frühere Werke gab, auf die sich die späteren Autoren stützten): zwei Abhandlungen, die Menander Rhetor zugeschrieben werden (I 346–367; II 369–371, 379, 382–388, 391–392, 394, 417, 424, 426–433; Text und Übersetzung Russell und Wilson 1981, Brodersen 2019; und siehe Pernot 1981 über den Unterschied zwischen den Ansätzen der beiden Abhandlungen); [Dion. Hal.] *Rhet.* 257, 275–276 (Usener und Radermacher; englische Übersetzung in Russell und Wilson [1981] 362–381); [Hermogenes], *Prog.* 18 (Rabe) = Priscian, *Prae.* 24 (*RLM*); Anon. *Excerpta rhetorica* in *RLM* S. 587. Zu den Konventionen der *Enkomia* auf Städte, Pernot 1993, 1.178–216 und Franco 2005, 387–422; zur Geschichte der Gattung, Classen 1986.

23 Men. Rhet. I 346–351, 353–365.

24 Tugenden, alt in der Dichtung, Kienzle 1936, 74, 76–79 und z. B. Strabo 5.2.3; Diod. Sic. 5.14.1; *thesis*, alt in der Dichtung, Kienzle 1936, 14–28, 39–57, und z. B., Strabo 5.1.11, 5.3.13.

25 Pernot 1993, 1.79–82, 178–188.

26 Men. Rhet. I 365.

27 Men. Rhet. I 363–364.

28 Bauten sollten gelobt werden, z. B. Aristid. *Or.* 17.10–12 (Behr); Philostr. *VS* 532; Choricius II (*Or.* 2).5 (Foerster und Richtsteig). Lob des Aussehens einer Person, Pernot 1993, 1.159–161, mit 197 zum Konflikt über das Lob von Gebäuden. Insgesamt ergab die Formel *laudantur urbes similiter atque homines „une véritable dépréciation des biens extérieurs des cités“*, Pernot 1993, 1.197.

29 Men. Rhet. II 382–383, 386; Pernot 1993, 1.188, 215–216. Für noch mehr Verwirrung unter den Praktikern sorgt Men. Rhet. I 365; Lib. *Or.* 11.130; [Dion. Hal.] *Rhet.* 276 (Usener und Radermacher), und es gab auch keinen natürlichen Platz in dieser Struktur, um die Ehrungen und Titel zu erwähnen, welche die Stadt von Königen und Kaisern erhalten hatte, ein Thema, das in den griechischen Städten des Römischen Reichs stark umkämpft war, siehe dieses Kapitel Anm. 72.

30 Men. Rhet. I 349.

31 Men. Rhet. I 346–351.

32 Men. Rhet. I 345, 347; II 383–384, 386–387, 392, 427, 433; [Dion. Hal.] *Rhet.* 257 (Usener und Radermacher); Anon. *Excerpta rhetorica* S. 587 Z. 24 (*RML*); vgl. Men. Rhet. I 352, II 423.

33 Men. Rhet. I 349.

34 Dio Chrys. *Or.* 33.2, 17–18, 23–25; 35.13, 18–20; 45.12; Aristid. *Or.* 1 passim; 17.11, 14–15; 18.6, 9; 21.14–15; 26.97 (Behr); es ist auch ein fragmentarischer Lobgesang des Aelius Aristides überliefert, der nach seinem Titel zu urteilen ganz dem Lob des Wassers von Pergamon gewidmet war (53 [Behr]), mit Jones 1991; vgl. Philostr. *VS* 491, 525, 557, 613. Zum Lob von Flüssen, Quellen und Wasserbauten im Allgemeinen siehe Maupai 2003, 33–40, 133–140; Casevitz, Lagacherie und Saliou 2016, 184, 191.

35 Z. B. Aristid. *Or.* 17.14, 21.14 (Behr).

36 Dio Chrys. *Or.* 32.37–38; und vgl. den gleichen Spott bei Johannes Chrysostomos Jahrhunderte später (*ad populum Antiochenum de statuis* 17 [*PG* 49, 179]).
37 Z. B. Men. Rhet. II 392.
38 Langatmig, Men. Rhet. II 403; Mythen, II 401–402; vgl. in der Praxis Himerius, *Or.* 9.8, 11; und Choricius VI (*Or.* 5).9 (Foerster und Richtsteig) sagt, dass er das Thema Wasser einem geringeren Redner überlassen wird, was darauf hinweist, wie abgedroschen es in den *Epithalamien* geworden war.
39 Krieg und Rennen, Men. Rhet. II 405–412; Regenfälle im Herbst, II 408.
40 Men. Rhet. II 433.
41 Men. Rhet. II 440, 444–445, zitiert nach 445.
42 [Dion. Hal.] *Rhet.* 257 (Usener und Radermacher); vgl. Men. Rhet. II 423, 427, 429.
43 Pernot 1993, 1.80–81.
44 Hom. *Il.* 4.171, πολυδίψιος; zum Lob des Wassers einer Stadt in der griechischen Dichtung, Kienzle 1936, 54–57. Thukydides, Thuc. 1.46.4, 4.103.5, 7.84.3.
45 Herakleides Kritikos, Arenz 2006, fr. I.1, 13, 26, 27 mit Heinle 2009, 47, 50; vgl. für bemerkenswertes Wasser in hellenistischen Schriften z. B. Polyb. 9.27; *SEG* XLVIII 1330 Zeilen 15–22 (der sogenannte „Stolz von Halikarnassos"); *Aristeasbrief* 89–91.
46 Cic. *2 Verr.* 2.2–8.
47 Strabo 8.6.7, 8.6.21, 3.5.7 (für Wasser bei Strabo, Pédech 1971, 246); Mela 1.36, 1.55, 1.74.
48 Bemerkenswert, z. B. *HN* 5.110, 5.115, 36.121–125; nicht bemerkenswert, z. B. 5.74, 5.105, 5.111, 5.118, 5.126, 6.8. Zu Plinius dem Älteren als Geograph: Evans 2005; Brodersen 2008. Pausanias über schlecht und gut bewässerte Städte, z. B. 2.3.5, 7.5.10–12, 7.27.11, 10.4.1, 10.33.4–7, 10.35.6. Zu Flüssen bei den römischen geographischen Autoren, Campbell 2012, 46–82.
49 Solin. 7.21–29 (zweisprachige Ausgabe Brodersen 2014), mit Brodersen 2016, 302–310 über den Autor.
50 Calderón Dorda, De Lazzer und Pellizer 2003 für diesen Text und die Diskussion; siehe Banchich 2010 für eine englische und Brodersen 2022 für eine deutsche Übersetzung.
51 „In Geographie machten wir größere Fortschritte, denn George verstand es, den Stunden eine zoologische Note zu geben. Wir zeichneten riesige, mit Bergen durchzogene Landkarten und trugen dann die jeweiligen Hauptstädte ein sowie Zeichnungen der dort heimischen Tierwelt. So waren für mich die wichtigsten Produkte von Sri Lanka Tapire und Tee, von Indien Tiger und Reis und von Australien Kängurus und Schafe" (Durrell 2018 [1956], 75).
52 Münzen: Imhoof-Blumer 1924 [1923], Smyrna (285–287); Alexandria (376); Ephesos (279–280 mit Karwiese 2006); auch Klementa 1993, 189 Anm. 498, 198; Dorl-Klingenschmid 2001, 100 Anm. 501; Maupai 2003, 36–39; und Campbell 2012, 449–450 Anm. 268–272 bringt die Forschung auf den neuesten Stand.

53 Zu den Statuen auf Nymphäen siehe Kapossy 1969, 63–65; Dorl-Klingenschmid 2001, 86–101; Richard 2011; Aristodemou 2018b; und insbesondere Aristodemou 2012 mit einem Katalog. Nymphäen als Schicht hatten relativ mehr „wässrige" Reliefprogramme mit Nymphen, Tritonen, Delphinen und Ähnlichem als andere Ädikular- oder Tabernakelbauten – Theater, Tore, Bibliotheken und die sogenannten Marmorsäle der Bade- und Gymnasialanlagen: Dorl-Klingenschmid 2001, 80–82, 96–101; Mägele, Richard und Waelkens 2007, 495 Anm. 67; Aristodemou 2011a; 2011b; 2012, 100–112, 115–119; 2018b, 202–204, 209; und vgl. Korinth, Robinson 2013, 373–380. Für andere als die unten besprochenen Nymphäen mit prominenten Wassermotiven, z. B. D-Kl nr. 34, 64, 86, 98, 106.

54 Zum Laecanius-Bassus-Brunnen (D-Kl nr. 24 = R nr. 34), Jung 2006; Rathmayr 2011, der auch die Statuen der Flussgötter behandelt (135–136, 138). Eine der ersten: Die Priorität ist umstritten zwischen dem Laecanius-Bassus-Brunnen, der in die Zeit von 78–82 n. Chr.(?) datiert, und dem großen Nymphäum in Milet (D-Kl nr. 64 = R nr. 50; Aristodemou 2008; mit Tuttahs 2007, 168 mit Anm. 412 für die Datierung), das vielleicht in die Regierungszeit des Titus, 79–81 n. Chr., datiert wird.

55 Zum Domitiansbrunnen in Ephesos (D-Kl nr. 27 = R nr. 30), Plattner und Schmidt-Colinet 2005, 246–249. „Neuer Marnas", καινοῦ Μάρναντος, *I.Ephesos* 1530 bei Scherrer 2006, 48–53.

56 Für das Nymphäum F3 in Perge (D-Kl nr. 85 = R nr. 59), Longfellow 2011, 156–161. Für andere offensichtliche Flussgötterstatuen und Fragmente, Dorl-Klingenschmid 2001, 100 Anm. 499; Aristodemou 2012, 102–105; und insbesondere für solche in Museumssammlungen, die nicht mit bestimmten Monumenten in Verbindung gebracht werden können, Kapossy 1969, 23–26.

57 *MAMA* VII 305 mit Chastagnol 1981. Jacques 1992 bemerkte die Ähnlichkeit der Ansprüche der Orkistaner mit den Topoi der Panegyrik über die Städte; Kolb 1993, 325–341 argumentierte, dass die Orkistaner zu zeigen versuchten, dass sie einer offiziellen, rechtlichen Liste von Kriterien für den Stadtstatus entsprachen (obwohl dies durch die spätere Entdeckung eines kaiserlichen Briefes, der tatsächlich eine solche Liste enthält, unwahrscheinlicher geworden ist, Jones 2006); für weitere Literatur, Roda 1995, 83–90; Winter 1996, 177 Anm. 1608. Für eine englische Übersetzung und Diskussion, Van Dam 2007, 368–372.

58 Lib. *Or.* 11 mit Saliou 2018, 35 Anm. 1 für Literatur zur Rede einschließlich Übersetzungen. Für englische Übersetzungen und Kommentare: Downey 1959 und Norman 2000; für ausführlichere Abhandlungen: Doukellis 1995, 129–144; Francesio 2004; und Salious Anmerkungen zum Text von *Or.* 11 in Casevitz, Lagacherie und Saliou 2016. Saliou 2006a bietet eine ausgezeichnete Einführung in die Rede, und an anderer Stelle (2006b) wird das Thema des Wassers darin erörtert. Für andere Interpretationen des Themas Wasser in der Rede siehe Saliou 2011 und André 2014. Zu dem, was die Archäologie über die Realität herausgefunden hat – Antiocheia scheint eine bemerkens-

werte Anzahl von Bädern gehabt zu haben – siehe Yegül 2000. Zum Wasser in anderen Reden des Libanios, Casella 2012, 62–63; Casevitz, Lagacherie und Saliou 2016, 79.

59 Für den Olympias-Brunnen: Casevitz, Lagacherie und Saliou 2016, 100; Saliou 2018, 49. Für die Rangfolge der Flüsse, Campbell 2012, 67, 71–72, 76, 81, 118–128.

60 R nr. 2; Casevitz, Lagacherie, und Saliou 2016, 159–161.

61 Zu Bädern in dieser Rede Casevitz, Lagacherie und Saliou 2016, 166–167, 181, 184 mit Literatur.

62 Mit Saliou 2014, 666 Anm. 56 und 673 Anm. 111 für die Bedeutung von φυλή in dieser Passage.

63 Eine Szene, die bereits von Aristophanes, *Lys.* 327–332 und später von Choricius III (*Or.* 3).46 (Foerster und Richtsteig) beschrieben wurde.

64 Dies war ein Angriff besonders auf Konstantinopel, das damals schlecht mit Wasser versorgt war, Crow 2012. Vgl. Choricius, VI (*Or.* 5).34 (Foerster und Richtsteig) für: „Ein Mann, der, kürzlich durch die gemeinsame Abstimmung der Einwohner zum *Astynomos* gewählt, hat ein ebenso nützliches wie angenehmes Mittel erfunden [Einzelheiten werden nicht genannt], um das Volk mit den Städten konkurrieren zu lassen, die sich ihres Wassers rühmen (δέδωκε τοῖς ἐνοικοῦσιν ἐρίζειν πρὸς τὰς ἀγαλλομένας ὕδασι πόλεις)."

65 Vgl. Huskinson 2005, 249–250 Anm. 9. Zur Metapher des fließenden Wassers, die früher in Beschreibungen Roms verwendet wurde, siehe Jenkyns 2013, 162–168.

66 ὁ δὲ διαρρεῖ τε ἅπασαν καὶ περιρρεῖ καὶ οὐδὲν ἄμοιρον τῆς ἐπικουρίας ἀφίησιν, mit André 2014, 37.

67 Kondoleon 2000, 71–74; Huskinson 2005.

68 Gebäude mit Wasser (normalerweise Bäder) in Antiochia, Malalas, *Chron.* 9.5 (216–217), 9.14 (222), 10.10 (234), 10.18 (243), 10.19 (244), 10.50 (263), 11.9 (276), 11.14 (278), 11.30 (282), 12.2 (283), 12.22 (294), 12.33 (302), 12.38 (307), 13.30 (339), 13.40 (346), 17.17 (422), 17.19 (423); in anderen Städten, Malalas, *Chron.* 8.1 (192), 10.10 (235), 11.22 (280), 11.25 (281), 12.20 (292), 12.21 (293–294), 13.8 (321), 14.12 (359–360), 14.20 (363), 14.29 (367), 16.10 (399), 16.21 (409), 18.17 (435–436), 18.33 (445), 18.91 (482). Zur Diskussion von Malalas' Berichten über den kaiserlichen Bau siehe Downey (1938); Saliou (2016). Im selben Jahrhundert listet Cassiodorus im Westen, *Var.* 8.31, Bäder als Teil einer impliziten Definition einer Stadt auf.

69 Zum spätantiken Interesse am Wasser vgl. (neben vielen anderen) Ausonius, *Ordo urbium nobilium* (mit Scafoglio 2014; und natürlich haben wir von Ausonius eine ganze Panegyrik über einen Fluss, seine *Mosella*); Rut. Namat. *de Reditu suo*; Libanios, *Or.* 61.7–8, 17–18; Himerius, *Or.* 41.4–7, 10, 14; Greg. Naz. *Or.* 33.6–7; Cassiod. *Var.* 11.14; Choricius III (*Or.* 3).44–49, VI (*Or.* 5).34, VIII (*Or.* 7).13 (Foerster und Richtsteig); Nonnus, *Dionysiaca* Buch 40; *Leben der Thekla* 27 (Dagron 1978, 276–279); Mart. Cap. 6.627–703; Priscian, *Periegesis*; Marek 2000, 377 Anm. 37 für griechische Epigramme und Lamare 2016,

270–273 für lateinische, meist epigraphische. Zu Wasser, Brunnen und Bädern in der spätantiken griechischen und späteren byzantinischen Panegyrik siehe Fenster 1968, 29, 34, 59, 187; und Bouffartigue 1996, 54–55, der feststellt, dass *les descripteurs ou laudateurs des villes byzantines omettent rarement de mentionner les bains* (55 Anm. 71).

70 Puech 2002, insbesondere 17–23.

71 Das Nymphäum des Herodes Atticus in Olympia (Glaser 1983, nr. 75 = R nr. 51 und Bol 1984) und das Nymphäum des Herodes Atticus in Alexandria Troas (D-Kl nr. 2 = R nr. 1). Herodes baute auch andere Wasserbauten, Philostr. *VS* 548, 551. Zu weiteren Wohltaten der Sophisten siehe Janiszewski, Stebnicka und Szabat 2015; Gros 2016.

72 Zum Wettbewerb zwischen den griechischen Städten im Kaiserreich: Robert 1977 [1989]; Lendon 1997b, 74–77, 136–137, 170–171; Heller 2006; und Kuhn 2013. Zum Wettbewerb, insbesondere im Bauwesen, Maupai 2003, 5–7, 307–327; Pont 2010, 269–296.

73 Diels 1904, 13–14; und siehe Hor. *Carm.* 3.13.

74 Aristid. *Or.* 26.97 (Behr).

75 Dorl-Klingenschmid 2001, 150–158; Dorl-Klingenschmid 2006, die auch in hellenistischer Zeit einen konkurrierenden Brunnenbau feststellt (383); Longfellow 2011, 188. Zu den Standorten der Nymphäen in ihren Städten, oft in der Nähe oder sogar vor den Toren, siehe dieses Kapitel Anm. 4.

76 Zum Nymphäum der Tritonen (D-Kl nr. 35 = R nr. 43), Campagna 2007; D'Andria 2011, 150–160. Zur Konkurrenz zwischen Hierapolis und Laodicaea, Dorl-Klingschmid 2006. Was den Vorrang der Größe unter den Nymphäen betrifft, so möchte ich anmerken, dass, wenn man die konventionell als zwei getrennte, aber benachbarte Nymphäen in Perge angesehenen F2 und F4 als eine einzige betrachtet (wie Gliwitzky 2010, 35–55 und Martini 2015, 283) und den Raum zwischen ihnen einbezieht, diese Konstruktion eine längere Fassade hat als das Nymphäum der Tritonen.

77 *CIG* 3909 = Merkelbach und Stauber 1998–2004, 02/12/05.

78 Letzner 1990, 13–19.

79 Zu diesem internen Wettbewerb, der manchmal über Generationen andauert, siehe Pont 2010, 387–405; Weiss 2011, 72, 84–114. Ryan 2018, 157–162 betont stattdessen die Zusammenarbeit der lokalen Honoratioren bei solchen Projekten: egal.

80 Mangel an neuen Brunnen in Griechenland vor den Flaviern, Agusta-Boularot 2001; vgl. Walker 1979, 290–302, der die Armut des frühen kaiserlichen Griechenlands und später einen Strang des zurückhaltenden Klassizismus feststellt. Aristodemou 2017 listet vorrömische Brunnen auf, die im Griechenland der Römerzeit noch funktionierten. Peirene: Robinson 2005; 2011. Zu den Hadrian-Brunnen und ihrem Erbe in Griechenland: Longfellow 2009.

81 Aphthonios, *Prog.* 40 (Rabe).

82 Robinson 2013, 365 gibt ein gutes Gefühl für die geringeren Ambitionen selbst einer reichen Stadt wie Korinth, mit der klugen Feststellung: „Wir können uns fragen, ob die Größe der großen alten Brunnen der Stadt die lokalen und regionalen Führer – die wichtigsten Wohltäter der Stadt – tatsächlich davon abhielt, mit neuen Designs zu konkurrieren."

83 Über die Städte und Flüsse der *Tres Galliae*, Bedon 2008; Britannien, Rogers 2013.

84 Bäder im Norden und Westen, Nielsen 1993, 1.64–84; 2.11–26. Laurence, Esmonde Cleary und Sears 2011 stellen fest: „Die riesigen Wassermengen, die in den Bädern verbraucht wurden, wären in der Hitze eines nordafrikanischen Sommers beeindruckender gewesen als mitten im Winter am Rhein, wo die Wasserversorgung vorausgesetzt werden konnte" (228). Fagan 1999, 166 sammelt literarische Passagen und Inschriften, die illustrieren, wie Bäder zur Wettbewerbsfähigkeit einer Stadt beitrugen. Ausnahmen von der vergleichsweise bescheidenen Größe der Bäder im Norden und Westen sind die Barbarathermen von Trier aus dem 2. Jahrhundert (20.640 Quadratmeter Innenraum; Nielsen 1993, nr. 79), die konstantinischen (und vielleicht unvollendeten) „Kaiserbäder" derselben Stadt (15.270 Quadratmeter Innenraum; Nielsen 1993, nr. 81) und die Hadrianischen „Großen Bäder" von Italica in Spanien (ca. 16.800 Quadratmeter Innenraum, Gómez Araujo 2010, 72–76).

85 Rom kopieren: wie die Hausbrunnen Galliens die Hausbrunnen Roms und Italiens, Dessales 2004. Außerhalb Roms und Nordafrikas im 3. Jahrhundert (siehe dieses Kapitel Anm. 86–87) sind fast alle der zahlreichen Brunnen im Westen, die von Neuerburg 1965 und Letzner 1990 katalogisiert wurden, klein.

86 Zum Septizodium und den Kontroversen über seine Größe und Rekonstruktion, Popkin 2016, 153–163, 217–218 Anm. 40–44 für Literatur.

87 Amm. Marc. 15.7.3. Lepcis nymphaeum: Jones und Ling 1993; Longfellow 2011, 183–185; Lamare 2019, 343–346; und zur Entwicklung der Nymphäen in Nordafrika, Schmölder-Veit 2009, 43–46 und bes. 45; Lamare 2019, 211–220, 233–247, der auch auf frühere Brunnen im römischen Nordafrika eingeht (211–213). Zu weiteren großen Wasserbauten im severischen Nordafrika, die nur epigraphisch bekannt sind und von denen einige monumentale Nymphäen gewesen sein könnten, siehe Jouffroy 1986, 241–249; Lamare 2019, 387–403. Zum allgemeinen Phänomen der Städte in Nordafrika, die sich bemühten, Severus' Verbesserungen in Lepcis Konkurrenz zu machen, siehe Wilson 2007, 307–313.

88 Yegül 1992, 186–234; Nielsen 1993, 1.84–95, 2.26–32.

89 Zum Einfluss des Septizodiums in Kleinasien, Gros 1996, 433; Longfellow 2011, 180–181. Zum Brunnen am Stadttor von Side (D-Kl nr. 106 = R nr. 70, *ca.* 210–240 n. Chr.) siehe Gliwitzky 2010, 87–122, v. a. zur Datierung (109) und zum Zusammenhang mit dem Septizodium (94–95); gegen diesen Zusammenhang argumentiert Richard 2016, 21–22. Zum Nymphäum von Milet (D-Kl nr. 64 = R nr. 50), Aristodemou 2008; Köster 2004, 65–77; Tuttahs 2007,

168–173. Vgl. das dreistöckige Nymphäum der Tritonen in Hierapolis (D-Kl nr. 35 = R nr. 43; 222–235 n. Chr.?).

7 Stadtmauern, Säulenstraßen und das rhetorische Kalkül des bürgerlichen Verdienstes

1 *Honor ut in templis, utilitas ut in muris, pulchritudo vel auctor utrubique.* Siehe Kapitel 6 Anm. 21.

2 Mauern unpraktisch: Pinder 2011; Stevens 2016; Müth 2016a; und siehe Müth, Laufer und Brasse 2016 (mit Müth 2016b) zum Stand der Debatte über die nicht-defensiven – „urbanistischen" und „symbolischen" – Funktionen antiker Befestigungen im Allgemeinen, mit einem Katalog von Möglichkeiten, wie Stadtmauern sowohl repräsentativ als auch defensiv sein können: übergroße Rundgänge, ornamentale Tore, Ornamente in der Bausubstanz der Mauern selbst, usw. (150–158). Selbst Mauern, die im späten 3. Jahrhundert n. Chr. in Gallien gebaut wurden (als man annehmen konnte, dass sie tatsächlich dringend zur Verteidigung benötigt wurden), weisen ornamentale polychrome Fassaden auf (Gans 2005; Dey 2010); der Bau von Stadtmauern hatte also neben dem Verteidigungsaspekt immer auch einen symbolischen oder repräsentativen Aspekt, selbst wenn das Sicherheitsmotiv für den Bau der Mauern offenkundig und vorrangig war (vgl. Hesberg 2005, 71–74; und das Sicherheitsmotiv wird von der Forschung selbst im Fall von Mauern aus dem späten 3. Jahrhundert manchmal heruntergespielt (Dey 2012, 294–296). Teuer: siehe Migeotte 2014, 381–388 zu den außerordentlichen finanziellen Anstrengungen, die damit verbunden waren. De Staebler 2007, 195–198 gibt einen ausgezeichneten Eindruck vom Ausmaß eines solchen Bauwerks, wenn er berechnet, dass für die Mauer von Aphrodisias in der Mitte des 4. Jahrhunderts n. Chr. 100.000 Kubikmeter Stein benötigt wurden, und allein für die Außenwand 65.000 Tonnen. Der Stein der Innenseite der Mauer hätte für den Bau von 26 Stadtblöcken ausgereicht.

3 Anders als für Nymphäen sind mir keine umfassenden Korpora von Stadtmauern bekannt. Mauern sind notorisch schwer zu datieren – Müth, Sokelicek, Jansen und Laufer 2016, 2, 5, 10–12 diskutieren die Gründe dafür – und scheinen weniger hilfreiche Bauinschriften zu haben als andere Formen von öffentlichen Gebäuden. Für Listen von Mauern siehe aber Lehmann-Hartleben 1929, 2102–2105; Rebuffat 1986, 351–354; Gros 1996, 39–54. Für den Westen im Allgemeinen, Esmonde Cleary 2003; Italien und Nordafrika, Jouffroy 1986; für Italien, Stevens 2017, 315–323; Norditalien, Bonetto 1998; Goffin 2002, 58–64; Gallien, Goudineau 1980, 244–261; Nordafrika, Daniels 1983, 8–17; Laurence, Esmonde Cleary und Sears 2011, 158–160; Britannien, Esmonde Cleary 2007. Zum Rätsel des römischen Mauerbaus in Friedenszeiten, Colin 1987; Esmonde Cleary 2003; Stevens 2017, insb. 11.

4 Für den Osten Mitchell 1987, 339–342; für Kleinasien Gros 1996, 52–54; Pont 2010, 189–193: alles magere Listen, da die meisten Mauern in Kleinasien als

hellenistisch angenommen wurden, aber es gibt eine wachsende Bewegung, mehr östliche Mauern (und ihre Reparatur und Bedeckung) und Stadttore in die römische Zeit und vor die Unruhen des 3. Jahrhunderts n. Chr. zu datieren: Lehmann-Hartleben 1929; Mertens 1969; Maupai 2003, 154–158; Thomas 2007, 109–111; Bekker Nielsen 2008, 51–56; Courtils, Cavalier, und Lemaître 2015, 120–130; Martini 2016; Lohner-Urban und Scherrer 2016. Man beachte auch De Staebler 2007, 266–268, der auf der Grundlage seiner Studie der zweifellos in der Mitte des 4. Jahrhunderts n. Chr. errichteten Mauern von Aphrodisias viele der Mauern in Kleinasien, die traditionell in das chaotische 3. Jahrhundert n. Chr. datiert werden, in die vergleichsweise friedliche Mitte des 4. Jahrhunderts n. Chr. datieren würde. Je mehr wir suchen, desto mehr finden wir hohe römische Kaisermauern im Osten, vor allem in der Dekapolis: In Gadara (Hoffman 2000) haben die Ausgrabungen nicht nur hellenistische und spätantike Mauern zutage gefördert (wie die alte Forschung erwartete), sondern auch einen flavischen Rundweg mit Prunktoren. Vgl. das nahe gelegene Samaria, Segal 1997, 89; Gerasa, Raja 2012, 140–144; Lichtenberger und Raja 2015, 485 Anm. 8; Antiochia Hippos, Eisenberg 2016, 618–620; und in Kleinasien, als Ergebnis sorgfältiger Untersuchungen, in Perge und Side (Boatwright 1991, 250–252; Gliwitsky 2010, 63–86, 123–131), was darauf hindeutet, dass ähnlich sorgfältige Untersuchungen noch viele weitere im griechischen Osten aufdecken werden. Eine sorgfältige Untersuchung der städtischen Münzprägung (siehe z. B. Price und Trell 1977, 90–91, 243–287) könnte den Corpus der römischen Stadtmauern im Osten erheblich erweitern, aber ohne weitere Untersuchungen können wir nicht sicher sein, ob eine Stadt, die auf ihren Münzen Stadtmauern abbildet, sich lediglich des Besitzes einer alten Mauer oder einer neuen oder reparierten Mauer rühmt.

5 Weiss 2020, 38. Capitolias ist eine weitere Stadt der Dekapolis.

6 Wenn ein Bauherr eindeutig bekannt ist, Rebuffat 2012, 43–63. Für den Westen (aber mit einigen östlichen Vergleichsobjekten, wo kaiserliche Beteiligung oder die von Soldaten oder Beamten in Inschriften bezeugt ist), siehe Horster 2001, 65, 121–156, 170–175, 184–187, 192–196.

7 Größe, [Dion. Hal.] *Rhet.* 257, 268, 276, 278, 289 (Usener und Radermacher); Men. Rhet. I 356; II 422; Dio Chrys. *Or.* 31.62, 32.35, 33.17–18, 39.1, 44.9, 47.13, 16; 48.4; Aristid. *Or.* 17.9, 23.24, 26.8–9, 19, 63; 27.13 (Behr); [Aristid.] *Or.* 25.6 (Behr); Lukian, *Patr. Enc.* 1–2; Lib. *Or.* 11.10, 69, 102, 196–211, 228, 270–271; 61.7; *Prog.* 8.353 (Foerster = Gibson S. 346–347); Himerius, *Or.* 62.5, 39.7, 41.6–7; Johannes Chrysostomos, *ad Populum Antiochenum de statuis* 17 (*PG* 49, 178), der darauf besteht, dass die Tugenden einer Stadt wichtiger sind als ihre Größe, und damit die übliche Annahme entlarvt; Choricius I (*Or.* 1).43 (Foerster und Richtsteig), mit Pernot 1993, 1.192; Casevitz, Lagacherie und Saliou 2016, 196–197; und zum Lob der Größe einer Stadt auf Inschriften und Münzen Robert 1980, 423–424; vgl. Maupai 2003, 64–68, 86–88. Das Lob der Größe reicht weit zurück: in der Dichtung, Kienzle 1936, 91; und siehe z. B.

Xen. *Anab.* 1.2.6, 7, 20, 23 et passim. Zum antiken Denken über sehr große Städte im Allgemeinen, Engels 2013 mit Literatur.

8 Alte Konvention, Maupai 2003, 67–68 Anm. 174; vgl. Aristid. *Or.* 1.351. Es gab Listen von Städten in der Reihenfolge ihres Umfangs, z. B. Riese 1878, 140; und siehe Callu 1997, 129–134 und Nicolet 2000. Zu den Mauerumfängen bei Strabo, Pédech 1971, 247. Man vergleiche die verschiedenen Ausweichmanöver, die Plinius der Ältere (*HN* 3.66–67; vgl. Dion. Hal. *Ant. Rom.* 4.13.4–5) anwenden muss, um ein Gefühl für die Größe Roms zu vermitteln, das längst über seine Servianischen Mauern hinausgewachsen war (*moenia* bei 3.66 hat die Bedeutung von „Stadt" oder „Gebäude", wozu Della Valle 1958 Stellung nimmt): Regionen, *lares compitales*, Anzahl der Tore, Entfernung vom Forum zu den Toren, Höhe der Gebäude. Dienten die Regionalkataloge von Rom und Konstantinopel demselben Zweck? Auch andere Aspekte der Mauern wurden in den Schriften erwähnt: ihre Höhe, Stärke und die Anzahl der Türme, Ruppe 2010, 144–148.

9 [Aristid.] *Or.* 25.7–8 (Behr). Tatsache, dass die Mauern größer als die Stadt sind, Strabo 6.2.4; Dio Chrys. *Or.* 6.4, 7.38; Auson. *Ordo Nob. Urb.* Zeilen 37–38, 99 (Green); Bonetto 1998, 129–136; Müth, Laufer, and Brasse 2016, 150.

10 Überdimensionierte Stadtmauern bauen, Rebuffat 1986, 361; Gros 1996, 47–51; Esmonde Cleary 2003, 73, 75–76, 78 (Trier scheint ein Fall aus dem 2. Jahrhundert n. Chr. zu sein); Bowden 2011, 110 (Nicopolis in Epirus); Pinder 2011, 71–75 (und Avenches in flavischer Zeit); dies war eine Praxis, die mindestens bis ins 2. Jahrhundert v. Chr. zurückreichte, Pope 2016, 261–266.

11 Quint. *Inst.* 3.7.26; vgl. Men Rhet. I 353–355; Pernot 1993, 1.209–210. Für Aphrodisias, siehe De Staebler 2007, 3, 153, 248–254.

12 Lob der Erziehung einer Stadt, Pernot 1993, 1.210–212; insb. Men. Rhet. II 384.

13 Stadtwachstum gepriesen, Dio Chrys. *Or.* 34.8; [Hermogenes], *Prog.* 18 (Rabe); Men. Rhet. I 355–357; und verglichen mit dem des Menschen (vgl. Lib. *Or.* 11.69–71, 195), aber beachten Sie, dass Men. Rhet. I 356–357 das Wachstum eher unter der Kategorie „Herkunft" als unter „Erziehung" preist. Die metaphorische Beschreibung von Städten als Menschen (Pernot 1993, 1.193–194 bes. Anm. 362) könnte auch dazu führen, dass Mauern als „Kronen" gepriesen werden, [Aristid.] *Or.* 25.7, 9 (Behr); Himerius, *Or.* 62.2; und natürlich könnten Statuen der *Tyche* einer Stadt oder Personifikationen der Stadt in der Kunst eine tatsächliche Krone tragen, die Mauern darstellt, Thomas 2007, 111–113; Saradi 2006, 135–144.

14 Zum Zusammenhang zwischen harmonischem Erscheinungsbild und innerer Harmonie, Ryan 2018; vgl. Thomas 2007, 108–110; 2014, 85–86. Innere Harmonie als Aspekt der Gerechtigkeit oder Selbstbeherrschung, Men. Rhet. I 363–364; Lib. *Or.* 11.154, mit Casevitz, Lagacherie und Saliou 2016, 142, die das Thema bis zu Platon zurückverfolgen. Mauern könnten auch zum ὕψος, der „Erhabenheit", der Stadt beitragen, über die wir bei [Longinus] *Über das Erhabene*, vielleicht einem flavischen Werk, erfahren: E. Thomas 2014, 51–88.

E. Thomas 2014, 75–79 bringt die Erhabenheit auch mit dem Bau von Nymphäen in Verbindung.

15 Die Erwähnung von Mauern als Gegenstand des Lobes in Handbüchern, Quint. *Inst.* 3.7.26–27; Men. Rhet. II 417; vgl. beiläufig II 377, 445; metaphorisch, I 349–350; Lib. *Prog.* 8.118 (Foerster = Gibson S. 102–103). Ausschluss von Mauern, wo man sie erwarten könnte, Men. Rhet. I 346–351, 354–365, und selbst das Lob einer Akropolis schließt deren Verteidigungseigenschaften aus (352–353); vgl. auch II 382–387, mit zwei Listen von zu lobenden Bauwerken (die zweite umfangreich), aber ohne Erwähnung von Mauern (382 und 386); vgl. II 423, 429, 431, 433. Anon. *Excerpta rhetorica* in *RML* S. 587 verweist auf *moenia*, meint aber „Stadt" oder „öffentliche Gebäude", siehe dieses Kapitel Anm. 8. Zur Behandlung von Bauwerken in der Lobrede, Pernot 1993, 1.215–216.

16 Men. Rhet. II 431.

17 Mauern als Elemente des Lobes in Reden, Dio Chrys. *Or.* 31.146, 163; 33.21; [Aristid.] *Or.* 25.7–8, 32, 42, 48–49, 64 (Behr; dazu Franco 2008, 218–237, mit 226–227 zu den Mauern), beide über Rhodos, dessen Mauern berühmt waren (Strabo 14.2.5; Paus. 4.31.5); Himerius, *Or.* 39.6. Aristid. *Or.* 26.79–84, Aristides' Lobrede auf Rom, ist ein Sonderfall, in dem er das Thema Mauern zwar würdigt, aber Rom nicht als sich selbst befestigend beschreibt, sondern die befestigten Grenzen des Reichs als metaphorische Befestigungen der Stadt, eine nette Art, mit dem Thema umzugehen und dabei Roms zerschlagene und viel zu kleine Servianische Mauer zu übergehen. Mauern fehlen in den *Enkomia* und enkomiastischen Passagen über Städte: Dio Chrys. *Or.* 32 (Tore en passant bei 32.95); Aristid. *Or.* 17–21, alle über Smyrna (obwohl Tore und Mauern zur Orientierung erwähnt werden, 17.14, 19.8, und um mit Blumen geschmückt zu werden, 20.21; aber die Mauern von Smyrna waren bemerkenswert, Strabo 14.1.37); über Aristides' Smyrnäische Reden, Franco 2005, mit Diskussion von Aristides' Vernachlässigung der Stadtmauern (404–405); Aristid. *Or.* 23 (mit einem fast absichtlichen Verzicht auf die Erwähnung der Mauern von Pergamon in 23.20), *Or.* 27 (Mauern von Cyzicus berühmt, Flor. *Epit.* 1.40.15; Amm. Marc. 26.8.7; zu dieser Rede siehe Petsalis-Diomidis 2008). Man beachte auch Aristid. *Or.* 1 über Athen, mit einer einzigen beiläufigen Erwähnung von Mauern zur Orientierung der Vorstädte (1.20; vgl. 1.351) während der physischen Beschreibung der Stadt (1.9–34), im Gegensatz zu den Erwähnungen der Mauern im langen historischen Abschnitt der Rede, 1.252, 1.278, 1.280. Zu den tatsächlichen Mauern Athens in dieser Zeit, die zwar stark beschädigt, aber immer noch gut sichtbar waren, siehe Theocharaki 2020, 206–208. Mauern fehlen auch in der ausführlichen Beschreibung von Seleucia im *Leben der Thekla* 27 (Dagron 1978, 274–279), die sich auf rhetorische Modelle zu stützen scheint; und dasselbe signifikante Fehlen zeigt sich auch in der *Pan. Lat.*, die allerdings keine Panegyrik über Städte sind (Dey 2010, 35 sammelt die wenigen Hinweise auf Stadtmauern, die zu finden sind); aber eine Erwähnung von Mauern hätte man vor allem

in *Pan. Lat.* 9/4 über den Wiederaufbau von Autun erwarten können, da er andere Bauwerke, aber keine Mauern erwähnt, obwohl der Wiederaufbau von Mauern an anderer Stelle (9/4.18.4) erwähnt wird und die Mauern von Autun (über die Guillaumet und Rebourg 1987 mit Amm. Marc. 16.2.1) berühmt waren, Amm. Marc. 15.11.11. Eine solche Vernachlässigung der Mauern in der Panegyrik sollte nicht immer der Fall bleiben: siehe dieses Kapitel Anm. 49.

18 Mauern in Listen von Bauwerken, Dio Chrys. *Or.* 31.146, 163; 33.24, 45.12; Aristid. *Or.* 23.68–69 (eine Passage, die den Stolz auf solche Dinge anprangert), 25.3–8; *Pan. Lat.* 6/7.22.4–5. Fehlt in den Listen der Bauwerke in den *Enkomia*, Dio Chrys. *Or.* 33.18; 48.9, 12; 50.1; Aristid. *Or.* 17.11 (wo gesagt wird, dass die Gebäude miteinander konkurrieren), 18.6, 19.3, 21.6, 23.20, 26.97 (Roms Untertanen konkurrieren beim Bau einer Liste von Bauwerken, aber nicht von Mauern; aber Tore erscheinen), 46.28.

19 So fehlen z. B. Mauern in der Liste der von aufeinanderfolgenden Königen errichteten Bauwerke in Lib. *Or.* 11.125. Auch erscheinen Stadtmauern überhaupt nicht in Lib. *Or.* 61, der *Monodie über Nicomedia.*

20 Downey 1961, 78, 91, 102, 176–178, 259–260, 612–620, 644; Brasse 2010 und Brasse 2016 mit aktueller Literatur; für die Darstellung von Malalas, Saliou 2013; 2016, 69–71.

21 Über die Neue Stadt, Saliou 2009, mit 240 Anm. 34 an den Mauern.

22 Wie Nock 1954, 80 Anm. 3 bemerkt, sollte der in diesem Eingeständnis der Unterlegenheit (270) verwendete Begriff für Mauern, τοίχους statt τείχη, streng genommen Gebäudemauern und nicht Stadtbefestigungsmauern bedeuten. Wenn Libanios wörtlich zu nehmen ist, dann hat er es wieder einmal vermieden, die Stadtmauern von Antiochia zu erwähnen; aber die meisten Kommentatoren scheinen zu akzeptieren, dass hier dennoch Stadtmauern gemeint sind, obwohl sie es ablehnen, den Text von Libanios anzupassen.

23 Heath 2004, 246–247, 278–279, 299–300; Migliario 2007, 33–50; Feddern 2013; Kraus 2016; und für deliberative Themen im Lateinischen siehe *Suasoriae* von Seneca dem Älteren; Kohl 1915 für Griechisch.

24 Fr. 112 (L-P), ἄνδρες γάρ πόλεως πύργος ἀρήιοι, mit Kienzle 1936, 7–8 für die spätere poetische Tradition.

25 Thuc. 7.77.7; vgl. Soph. *OT* Zeilen 56–57; Hdt. 8.61.2; Lycur. *Leoc.* 47; Arist. *Pol.* 1330B-1331A (Gegenargument); und Smith 1907 und Thomas 2007, 299 Anm. 90 sammeln weitere antike Belege.

26 Plut. *Apop. Lac.* 210E-F, mit Babbitt 1931, 257 Anm. d für Parallelen.

27 Lib. *Prog.* 8.561–564 (Foerster = Gibson S. 520–523); vgl. zu diesem Thema Aphthonios, *Prog.* 41–42 (Rabe). Zu Mauern als Zeichen der Feigheit vgl. Aristid. *Or.* 26.79–80; zu dem damit zusammenhängenden Topos, dass die Qualität der Menschen in einer Stadt immer wichtiger ist als ihre baulichen Strukturen, Pernot 1993, 1.197.

28 Erwachsene Deklamatoren, Kohl 1915, 18, und vor allem Sen. *Suas.* 2,3 und Philostr. *VS* 514, 583–584; vgl. Philostr. *VA* 1.38.

29 Zusammenfassende Geschichte des Mauerbaus im kaiserlichen Westen, Laurence, Esmonde Cleary und Sears 2011, 297–298. Wettbewerbsmotivationen sollten nicht für den Mauerbau in „kleinen Städten" in Britannia gelten, Frere 1984, 68–69; *sed contra* Esmonde Cleary 2003, 84.

30 Für Britannien, Esmonde Cleary 2003, 79–84; 2007, obwohl die meisten britischen Stadtmauern aus Erde und nicht aus Stein waren. Diejenigen, die sich in Gefahr befanden, errichteten oft Mauern: Nach Barbareneinfällen, z. B. in Dalmatien und Thrakien in den 170er Jahren n. Chr., wurden zahlreiche Mauern gebaut (Mihailov 1961; Frere 1984, 69), aber Städte an gefährlichen Orten bauten nicht ständig Mauern: Boadicea war froh, Colchester unbefestigt vorzufinden, als sie es 60 oder 61 n. Chr. angriff (Tac. *Ann.* 14.31.4), und neuere Forschungen deuten darauf hin, dass die rheinische Stadt Köln – wenn überhaupt eine römische Stadt dem Feindesgebiet gegenüberlag, dann Köln – bis zum Ende des 1. Jahrhunderts n. Chr. nicht in Stein befestigt war, und Xanten erst im frühen 2. Jahrhundert n. Chr., Gans 2005, 232. In Mauretanien wurden im 2. Jahrhundert n. Chr. Mauern um die Städte gebaut (Akerraz 2012 [2010], 75 Anm. 1, 78–81), von denen wir wissen, dass es dort Unruhen gab (HA *Pius* 5.4; Paus. 8.43.3; *IAM* 2.307.3 Zeilen 12 und 14–16 mit Speidel 2017, 262–264, eine ernstere Angelegenheit als bisher angenommen); aber Rebuffat 1974, 506–514 bemerkte, dass dort alte Mauern abgerissen und für eine lange Zeit stehen gelassen werden könnten, bevor sie wieder aufgebaut werden, und dass die neuen Mauern größer sein könnten, als sie leicht verteidigt werden könnten.

31 Zeitgenössisches Bewusstsein für die *pax Romana*, Brélaz 2008, 155, 163–165. Nützlichkeit von Mauern gegen kleinere Bedrohungen, Thomas 2007, 111.

32 Die Verfügbarkeit von Geld, im Westen, Rebuffat 1974, 510–512. Reparatur und Instandhaltung der bestehenden Mauern, Dio Chrys. *Or.* 31.104.

33 Mehrheitlich unbefestigt, Dey 2011, 118–119; vgl. Laurence, Esmonde Cleary, und Sears 2011, 151, 158.

34 Dio Chrys. *Or.* 31.104, 125; Aristid. *Or.* 26.70–71, 97.

35 Auf diese Weise kompromittierte Mauern, Bonetto 1998, 146–148, 183–184; Stevens 2017, 108–159, 247, mit 158 und 254 für die Gleichzeitigkeit von augusteischer Mauerzerstörung und -aufbau. Zur Vernachlässigung von Mauern als üblich, vgl. insb. Dio Chrys. *Or.* 31.125. Man beachte auch die Abschaffung bzw. den Verlust der militärischen Funktionen der angestammten *ephebeiai* im Osten, deren Unterhalt ein wirtschaftlicheres Mittel zur Abwehr lokaler Bedrohungen gewesen wäre als Mauern: Brélaz 2005, 187–193 (der auch bestreitet, dass die *collegia* der *iuvenes* westlicher Städte in der Regel eine Sicherheitsfunktion hatten, 183–186), Brélaz 2008, 173–176; und Kennell 2015, 182 sammeln zivile *ephebeiai*, die bis in die römische Zeit hinein überlebten und zumindest Waffenübungen unterhielten (was zeigt, dass die Römer sie nicht verboten). Zum Wegfall der militärischen Ausbildung in östlichen Städten vgl. Lib. *Or.* 11.157.

36 Wachsen über die Mauern hinaus, Laurence, Esmonde Cleary und Sears 2011, 116, 121; Stevens 2016, 291; Raja 2012, 88. Es gab natürlich Ausnahmen, wo die Kreise erweitert wurden, um neue Vorstädte zu schützen, Joseph. *BJ* 5.4.2 (Jerusalem unter Claudius); Laurence, Esmonde Cleary, and Sears 2011, 59.
37 Gros 1992; Ducrey 1995; und Hansen und Nielsen 2004 für Statistiken. Vgl. Vitr. 2.8.13; und in der Kaiserzeit besaß eine imaginäre Stadt Mauern, Dio Chrys. *Or.* 7.22.
38 Lendon 1997b, 88–89, und siehe vor allem Aristid. *Or.* 1.191, 26.80; vgl. Cass. Dio 74 (75 Cary).14.4; Aristid. *Or.* 26.79. Für Argumente, dass Mauern im Westen aus einem allgemeinen Prestigebedürfnis heraus gebaut wurden, siehe Rebuffat 1974, 506, 510, 513, 522; Gros 1992, 221.
39 Cavallo 1989; Saradi 2006, 119–135; Goodman 2007, 29–31; Thomas 2007, 109, 111–113; Stevens 2017, 72–77.
40 Gates, Thomas 2007, 110–111; Jacobs 2009, 198 mit Literatur; und Lohner-Urban und Scherrer 2016.
41 Seston 1966; Bonetto 1998, 166–169; Stevens 2017, 105–110.
42 Jenkyns 2013, 186–191.
43 Laurence, Esmonde Cleary, und Sears 2011, 148–149; Stevens 2017, 61–72; Jenkyns 2013, 186–191.
44 Für den Mangel an vollkommener Konsistenz in den Funktionen der frühen *coloniae* und ihrem Besitz von Mauern sammelt Stevens 2017, 7 die Literatur; 84. Zu den Gefahren der Annahme von zu viel Regelmäßigkeit oder System in den römischen und lateinischen Kolonien der mittleren Republik, Bispham 2006.
45 Verbindung zu Kolonien, Frere 1984, 65–66; Laurence, Esmonde Cleary und Sears 2011, 42, 51, 66. Ausnahmen: Kolonien ohne Wände, Gros 1992, 219–220. Langsame oder unvollständige Fertigstellung der Mauern von Kolonien, Esmonde Cleary 2003, 76, 78; Dey 2011, 118; Stevens 2017, 88; oder vielleicht sollten sie nie fertiggestellt werden, Pinder 2011, 68–69; Müth, Laufer, und Brasse 2016, 150.
46 Zum augusteischen Mauerbau siehe vor allem die Aufsätze in Colin 1987; Gros 1996, 39–51; Horster 2001, 164–166.
47 Février 1969, die klassische Diskussion; Bonetto 1998, 171–175 (der Zweifel hegt); Esmonde Cleary 2003, 77–78, der die allgemeine Theorie akzeptiert, aber Ausnahmen anbietet (Kolonien ohne Mauern, Nicht-Kolonien, die Mauern bauen); Daniels 1983; aber Horster 2001, 162–167 gibt zu bedenken, dass man nicht allein vom Bau einer Stadtmauer auf die Erhebung zum Kolonialstatus schließen kann.
48 Wettbewerb, Gans 2005, 232.
49 Ich schließe mich Dey 2011, 120–123, 139–140 an, der argumentiert, dass sich die Römer anfangs für die Aurelianische Mauer schämten, weshalb sie in der Literatur vor Claudian so selten auftaucht. Doch ab etwa 400 n. Chr. werden Mauern zu einem prominenten Aspekt der Panegyrik und des damit verbundenen Denkens über Städte, Fenster 1968, 322, 376 (Fenster, Index ad loc.

Mauern); Saradi 1995 und 2011; Dey 2011, 131 (stellt den Wandel fest), 137–146. Ausonius' *Ordo Nob. Urb.* (ca. 390 n. Chr.) markiert möglicherweise einen Wendepunkt, da er die Mauern von fünf der 17 aufgeführten Städte erwähnt, Zeilen 32, 37, 43, 67, 99, 140–145 (Green); vgl. Dey 2011, 122 und Choricius I (*Or.* 1).17 und II (*Or.* 2).16 (Foerster und Richtsteig).

50 Lib. *Or.* 61.7; vgl. 46.44. Zu den Kolonnaden in der Lobrede auf Antiochia (*Or.* 11), Francesio 2004, 86–88; Casevitz, Lagacherie und Saliou 2016, 107, 155–156, 165–166 mit Parallelen an anderer Stelle bei Libanios und bei anderen Autoren; Saliou 2018, 37–38, 48–49. In einer nützlichen Liste der von Johannes Chrysostomos erwähnten antiochenischen Denkmäler (Mayer 2012, 91) werden die Mauern von Antiochia (vier Erwähnungen) ebenso hervorgehoben wie die Kolonnaden (drei Erwähnungen), was darauf hindeutet, dass Libanios sowohl die ersteren vernachlässigt als auch die letzteren betont.

51 Zu Kolonnaden im Allgemeinen: Gros 1996, 95–113, mit Literatur, 119; zu Säulenstraße: Maupai 2003, 124–132; Thomas 2007, 114–115; Burns 2017. Für *Korpora* von Säulenstraße: Lehmann-Hartleben 1929, 2106–2110; Williams 1979; Reiter 1992; Bejor 1999; Burns 2017, bes. 325–336, auf den ich mich im Allgemeinen gestützt habe (und dessen Sammlung älterer Literatur ausgezeichnet ist); mit Pont 2010, 177–187 für Kleinasien; Segal 1997, 5–53 (mit Liste bei 48–49) und Tabaczek 2002, 189–221 für Syrien und die Levante; und Jouffroy 1986, 205–208, 241–249 für Nordafrika.

52 Burns 2017 folgt Tabaczek 2002, 210–221, indem er die meisten (Tabaczek sogar alle) Säulenstraßen anzweifelt, die angeblich vor den letzten Jahren des 1. Jahrhunderts n. Chr. entstanden sind. Wir vermuten, dass die Säulenstraße in Sagalassos, die kürzlich von den Ausgräbern auf 14 bis 54 n. Chr. datiert wurde (Burns 2017, 186–188), dieser späteren Periode zugerechnet werden wird. Zu Alexandria, Tabaczek 2002, 217–219; Burns 2017, 44–49, mit Diod. Sic. 17.52.3; Strabo 17.1.8 (keine klaren Behauptungen zu Säulenstraßen); Ach. Tat. 5.1 (selbst sehr rhetorisch: Saïd 1994, 230–231) – denke ich, dass Alexandrias Säulenstraße wahrscheinlich nicht früh war. Zu den Säulenstraßen von Antiochia: Lassus 1972; Williams 1979, 68–74; Cabouret 1999; Tabaczek 2002, 211–213; Burns 2017, 121–130, mit Joseph. *BJ* 1.21.11; *AJ* 16.5.3 (für Herodes den Großen); Dio Chrys. *Or.* 47.16; Malalas, *Chron.* 10.8 (232–233); 10.23 (246); 11.24 (280) (behauptet, Tiberius habe sie gebaut) – wahrscheinlich ein echter früher Fall von Säulenstraßen, würde ich vermuten, aber ein Einzelfall.

53 Zuiderhoek 2009, 79–80 stellt fest, dass Kolonnadenbauten im römischen Kleinasien nach den religiösen Bauten die zweithäufigsten gespendeten Gesamtbauten und nach den religiösen Bauten und den Sportstätte-Bad-Komplexen die dritthäufigste Gebäudeart sind, für deren Bau Geldspenden eingingen. Wir wollen hier die Frage nach den Ursprüngen der Säulenstraßen übergehen (griechische Stoa oder römische Portikus? Vorgriechische, nahöstliche oder ägyptische Traditionen? Religion? Astrologie? Einkaufsbedürfnisse? Sich entwickelnde Vorstellungen von der Stadt? MacDonalds „städ-

tische Armaturen"?). Zur Kontroverse: Williams 1979, 16–19; Reiter 1992, 59–84; Tabaczek 2002, 226–239; Rababeh, Al Rabady, und Abu-Khafajah 2014; und Burns 2017 bes. 6–10, 311–321.

54 Griechenland und die nordwestlichen Provinzen: siehe Burns 2017, 301–310 für zweifelhafte Fälle. Vieles hängt von der Definition einer Säulenstraße ab, wobei Einigkeit darüber besteht, dass eine echte Säulensstraße, die nach einem einzigen Plan gebaut wurde, etwas ganz anderes ist als eine Straße mit Kolonnaden auf beiden Seiten (vielleicht eine bloße Reihe von Kolonnadengebäuden oder mit Abschnitten, die vielleicht zu verschiedenen Zeiten nach unterschiedlichen Plänen gebaut wurden, vielleicht mit unterschiedlichem Aussehen und vielleicht mit Lücken zwischen den Abschnitten; und als solche von einer Liste von Säulenstraßen im eigentlichen Sinne ausgeschlossen). Reiter 1992, 420–422 nimmt Italica in Spanien auf, aber Burns 2017, 306 schließt sie aus, weil ihre Säulengänge aus Pfeilern und nicht aus Säulen bestehen. Williams 1979, 93–96 lässt die Panathenäische Straße in Athen zu, da sie sich der Agora näherte, aber Burns 2017, 56–57 ist unsicher. In Griechenland findet nur Korinth allgemeine Zustimmung: Burns 2017, 304–305; vgl. Williams 1979, 87–93. Doch trotz dieser Kontroversen sind die allgemeinen geographischen Muster klar.

55 Saliou 1996, 321–323; Burns 2017, 273–277, 316–318; zu den Inschriften und Statuen auf den Kolonnaden in Palmyra Tabaczek 2002, 110–123; Yon 2017, 500–504; zu Gerasa Tabaczek 2002, 181–183. Zu den größeren Ausnahmen, bei denen die Kaiser für Säulenstraßen bezahlten, gehören Antiochia (siehe dieses Kapitel Anm. 52), wo die Kaiser die angeblich von Herodes begonnenen Bemühungen fortsetzten; Städte, an denen bestimmte Kaiser ein besonderes Interesse hatten (Lepcis Magna von Septimius Severus; Philippopolis von Philipp dem Araber und vermutlich Antinoopolis von Hadrian); und die kaiserliche Reparatur von Säulenstraßen in Städten, die durch Erdbeben beschädigt wurden.

56 Burns 2017, 325–336 und passim.

57 *Via Nova* in Rom, Gorrie 2001, 666–668 mit Burns 2017, 301–302 (aber die Beweise sind extrem schwach); Lepcis Magna, Burns 2017, 298; und (mit Literatur) die Levante, 282–298 (vgl. Bejor 1999, 91–93, der für direkte kaiserliche Wohltaten plädiert); Tyrus, Burns 2017, 293–296. Doch mit Ausnahme von Lepcis ist keines dieser Daten sicher. Das gilt auch für Nordafrika: Während Burns 2017, 325–336 dazu neigt, Säulenstraßen außer in Lepcis auf ca. 100 n. Chr. zu datieren, geht Williams 1979, 131–133 davon aus, dass sie aus der Severerzeit stammen, was die Chronologie der Säulenstraßen noch näher an die der Nymphäen heranbringen würde.

58 Die Erwähnung von Kolonnaden als Objekte des Lobes in Handbüchern, Men. Rhet. II 383, 386, 429, 431, 433; Johannes von Sardes p. 215 Zeile 19 (Rabe).

59 Aphthonios, *Prog.* 38–41 (Rabe); vgl. Choricius I (*Or.* 1).17–25 und II (*Or.* 2).30–48 (Foerster und Richtsteig), wo Verwechslungen von Kolonnaden die *Ekphraseis* von Kirchen sehr schwer nachvollziehbar machen.

60 Die Erwähnung von Kolonnaden in Reden als wünschenswert, Dio Chrys. *Or.* 46.9, 47.16, 48.12; in Listen wünschenswerter Bauwerke, Dio Chrys. *Or.* 33.18, 48.9; Aristid. *Or.* 46.28; *Pan. Lat.* 2(12).21.1; Lib. *Or.* 61.17; Themistius, *Or.* 4.60D (Schenkl und Downey S. 86 Z. 8); Greg. Naz. *Or.* 33.6; Himerius, *Or.* 39.7, 41.14. Und man beachte, dass in der spätantiken Kunst die Darstellung einer Kolonnade ein Kürzel für eine Stadt sein kann, Saradi 2006, 127–128; Popkin 2018. Kolonnaden unterschiedlicher Art: Im Griechischen können alle Kolonnadenbauten unterschiedslos als „Stoas" bezeichnet werden, für Säulenstraße gibt es darüber hinaus eine Reihe weiterer Begriffe: Downey 1937; Williams 1979, 19–29; Reiter 1992, 24–29; Tabaczek 2002, 222–225; Burns 2017, 11. Ohne Kontext (oder Ausgrabungen) ist es oft unmöglich zu sagen, welche Art von Bauwerk ein antiker Autor meint, und so müssen wir akzeptieren, dass wir manchmal die verschiedenen Formen verwechseln, wobei wir davon ausgehen, dass die meisten dieser Erwähnungen die spektakuläreren Straßen betrafen.

61 Dio Chrys. *Or.* 40 (40.9 Säulen, Dächer und Geschäfte); 45 (45.12 Kolonnaden und Brunnen); 47 (47.17, 19–20 Kolonnade); 48 (48.12 Kolonnade); vgl. Plinius *Ep.* 10.81.7 für die Kolonnade. Zum Kampf des Dio und seinem Kontext, Bekker Nielsen 2008, bes. 126–127, 130–136; Fuhrmann 2015, 166–170; zur Kolonnade selbst Burns 2017, 181–183 mit Literatur.

62 Die Zerstörung, Dio Chrys. *Or.* 40.8–9, 47.11, 16, 18; im Anschluss an die Unternehmung wurde Dio der Beschädigung von Gräbern und Unregelmäßigkeiten in der Buchhaltung beschuldigt, wovon wir aus einem Brief von Plinius dem Jüngeren (*Ep.* 10.81), damals Statthalter von Bithynien, erfahren. Gesteigertes Prestige, Dio Chrys. *Or.* 40.10 (und damit Vorteile von Statthaltern, siehe Lendon 1997b, 204–205); Rivalität mit anderen Städten, 40.11, 47.16–17 (Antiochia).

63 Dio Chrys. *Or.* 47.15; und siehe auch Choricius VIII (*Or.* 7).52; vgl. II (*Or.* 2).32 (Foerster und Richtsteig); Tabaczek 2002, 257; und Casevitz, Lagacherie und Saliou 2016, 167 für Parallelen, wobei besonders Strabo 13.3.6 zu erwähnen ist, der die Legende berichtet, dass die Leute von Cyme ihren Stoas als Sicherheit für ein Darlehen stellten, und als das Darlehen nicht zurückgezahlt wurde, mussten sie im Regen hinausgehen.

64 Lib. *Or.* 11.215–217.

65 Lib. *Or.* 11. 131–193: Weisheit, 139, 182, 193; Mut, 145, 157–163; Gerechtigkeit, 142–143, 146, 154, 188, 190; Selbstbeherrschung, 151–154. Zu den Tugenden einer Stadt, Pernot 1993, 1.212–214. Zum Thema der Erziehung in der Rede, Milazzo 1996.

66 Lib. *Or.* 11.196.

67 Lib. *Or.* 11.196–212; für andere Hinweise auf die Kolonnaden, 90. Zu den Säulen, die irgendwie mit der Palastmauer verbunden sind, Casevitz, Lagacherie und Saliou 2016, 163.

68 Lib. *Or.* 11.213, δοκεῖ μοι τῶν ἐν ταῖς πόλεσι καὶ χαριέστατον εἶναι, προσθείην δ'ἂν ὅτι καὶ χρησιμώτατον, αἱ σύνοδοι καὶ τὸ ἀναμιχθῆναι.

69 Lib. *Or.* 11.214–218 mit Leyerle 2018, 261–262 über den Zusammenhang zwischen Kolonnaden und Geselligkeit. Ob diese Vorstellung von der Bedeutung der Geselligkeit der Philosophie entlehnt werden kann, vermag ich nicht zu beurteilen, aber wer mutiger ist als ich, kann seine Untersuchungen bei Magnaldi 1991, 33–46 und Schofield 2012, 176–179 beginnen.

70 Cabouret 1999, 146 besteht darauf, dass diese Passage ernst genommen werden muss; vgl. Bouffartigue 1996, 54; Francesio 2004, 88; Saliou 2006a, 280; Bührig 2016, 72; und Casevitz, Lagacherie, und Saliou 2016, 167.

71 Im Gegenteil, in Dio Chrys. *Or.* 48 bittet Dio seine Bürger, die Kontroversen, die der Bau seiner Kolonnade in der Stadt ausgelöst hat, vor einem römischen Statthalter zu verbergen: Seine Säulenstraße hat die Prusaner kaum besser miteinander auskommen lassen.

72 Siehe Men. Rhet. I 362 mit Pernot 1993, 1.201 für die rhetorische Verbindung von Gebäuden mit bürgerlichen Tugenden; vgl. Dio Chrys. *Or.* 31.146.

73 Für diesen „New Urbanism" zitiere ich gerne den *National Geographic* (Kunzig 2019, 84–85) im Vertrauen darauf, dass die dort geäußerten Ansichten völlig konventionell sind. Ventura da Silva 2011 findet ebenfalls Parallelen im modernen Denken über Urbanismus.

74 Rivalität zwischen Side und Perge, Nollé 1993a, 310–316, 1993b, 84–94; zu solchen Rivalitäten um Titel siehe Kapitel 6 Anm. 72. Zu den *Neokoroi*, Burrell 2004.

75 *SEG* XXXIV 1306 mit Roueché 1989 und Weiß 1991, letzterer insbesondere über das heilige (oder kaiserliche) *Vexillum* (380–381). Ich habe Artikel aus diesem Dokument sowohl ausgewählt als auch neu geordnet.

76 Gebäude in Side und Perge im Wettbewerb, Heinzelmann 2003, 217, wobei ich der Einfachheit halber seine Zählung der Bauwerke akzeptiere (für meine Argumentation spielt sie keine Rolle); auch Gliwitzky 2010, bes. 193. Zu Perges Kanälen in der Straßenmitte siehe Martini 2015. Zu den kleineren Kanälen am Straßenrand von Side siehe Reiter 1992, 185–187, 312–314 mit Literatur; Bricker 2016, 42–53 bietet die beste Darstellung der Wasserbauten von Side und weist auch auf die erneute Widmung der Stadt für Wasserspiele in der Zeit vom späten 3. Jahrhundert n. Chr. und danach hin. Das pisidische Antiochia hatte einen ähnlichen Kanal entlang einer großen Säulenstraße: Owens und Taşlialan 2009, 314–317; ebenso in Patara, siehe Ýşkan, Schuler, Aktaş, Reitzenstein, Schmölder-Veit und Koçek 2016, 92–93, und möglicherweise auch in Amastris, wenn es sich dabei um den stinkenden Bach handelt, den Plinius zu überdecken vorschlug (*Ep.* 10.98). Vgl. Auch Pessinus, Devreker und Waelkens 1984, 77–141, wo die Hauptstraße zu bestimmten Zeiten ein Fluss war.

77 Sestos, Strabo 13.1.22; vgl. 5.1.7; Schnecken 13.1.15. Für diese Art des Denkens, Bloomer 1993.
78 Zitiert Hdt. 2.35.1; vgl. 3.60.
79 Diod. Sic. 1.50.7; vgl. 17.52.
80 Men. Rhet. I 359; vgl. Für den Umgang mit Pflichtthemen bei schwacher Materie (die zeigt, dass sie doch behandelt werden mussten) II 386, 403, 420, 429; [Dion. Hal.] *Ars Rhet.* 265, 275, 278 (Usener und Radermacher); Nicolaus, *Prog.* 50–51 (Felten). Kanonische Themen konnten gänzlich ausgeschlossen werden, wenn sie nur bei der Lobpreisung des Kaisers schwach waren, wenn „angesichts des höchsten Ruhmes des Themas nichts zweifelhaft oder umstritten sein darf", Men. Rhet. II. 368 (vgl. II 370–372, 422); und in der Praxis wurde dies auch – wohlweislich – bei der Lobpreisung von Statthaltern getan, Men. Rhet. II 415.
81 Men. Rhet. II 372.
82 Men. Rhet. I 351.
83 Trocken, heiß, kalt, Men. Rhet. I 346–348 (zitiert 346); Wächter, blühend, I 350 (vgl. I 355).
84 Men. Rhet. I 353.
85 [Dion. Hal.] *Ars Rhet.* 257; vgl. 275 (Usener und Radermacher).
86 Men. Rhet. I. 353.
87 Men. Rhet. II 386; vgl. 383.
88 Für den zusammenfassenden Vergleich siehe Pernot 1993, 1.308–309, der die Verbindung zum *Progymnasma* der *Synkrisis* herstellt.
89 Städte, [Hermogenes], *Prog.* 19 (Rabe) = Priscian, *Prae.* 25 (*RLM*). Zur Technik der *Synkrisis* ist Focke 1923 die klassische Studie; zur *comparatio/synkrisis* in den *Progymnasmata* siehe Kneepkens 1994, 293–296; Berardi 2017, 263–273.
90 Das Ganze mithilfe der Teile, Nicolaus, *Prog.* 59–60 (Felten).
91 Beginnen Sie mit offensichtlichen Ähnlichkeiten und gehen Sie zur Herstellung über, Theon, *Prog.* 113–114 (Spengel); [Hermogenes], *Prog.* 19 (Rabe); Achilleus vs. Hektor, Aphthonios, *Prog.* 32–33 (Rabe); Stadt vs. Land, Lib. *Prog.* 8.353–360 (Foerster = Gibson S. 346–353).
92 Vergleich von Vielfachen, Theon, *Prog.* 114–115 (Spengel); Aphthonios, *Prog.* 31 (Rabe).

IV. Eidechsen und andere Abenteuer der Rhetorik und des römischen Rechts

1 Sterneidechse häutet sich, Plinius, *HN* 30.89; für seine anderen guten Eigenschaften sammeln Garofalo 1992, 61–65 und Garofalo 2008 [2000] [2001], 142–148 die antiken Belege.
2 Für *stellionatus* als Betrug mit *pignora*, *Dig.* 13.7.16.1 (Marcellus und Paulus; zu ersterem siehe Garofalo 1992, 7–8); *Dig.* 13.7.36.*pr.* (Ulpian); *Dig.* 13.7.1.2 (Ulpian); *Dig.* 47.20.4 (Modestinus); *CJ* 9.34.1 (Alexander Severus); 9.34.2 (Gordian); 9.34.4 (Philippus). Zur Diskussion von *stellionatus*, Mommsen

1899, 680–681; Volterra 1929 [1999]; Garofalo 1992; Botta 1996, 83–88. Das größte juristische Rätsel ist die Unterscheidung des *stellionatus* von dem immens weit gefassten und schlecht definierten Tatbestand des *falsum*, der einen eigenen Tatbestand des *stellionatus* überflüssig zu machen scheint – Volterra 1929 [1999] 117–120; Mentxaka 1988, 334–335; und Stein 1990, 84 –, den die Juristen aber gerne unterschieden, weil sie immer wieder beteuerten, dass der *stellionatus*, anders als das *falsum*, kein *publicum* sei, *Dig.* 3.2.13.8 (Ulpian), *publicum non est iudicium*; Dig. 13.7.36.*pr*. (Ulpian), *extra ordinem stellionatus nomine plectetur*; Dig. 47.11.3 (Ulpian), *stellionatus vel expilatae hereditatis iudicia accusationem quidem habent, sed non sunt publica*; *Dig.* 47.20.1 (Papinian), *actio stellionatus neque publicis iudiciis neque privatis actionibus continetur*; *Dig.* 47.20.2 (Ulpian), *coercitionem extraordinariam*; *Dig.* 47.20.3.*pr.* (Ulpian), *stellationatus accusatio ad praesidis cognitionem spectat*; vgl. *CJ.* 9.34.3 (Gordian). Zur *cognitio extra ordinem vgl.* Buti 1982; Rüfner 2016; zur Literatur vgl. Garofalo 1992, 24 Anm. 100.

3 *Dig.* 47.20.3.1 (Ulpian), *stellionatum autem obici posse his, qui dolo quid fecerunt, sciendum est, scilicet si aliud crimen non sit quod obiciatur ... ubicumque igitur titulus criminis deficit, illic stellionatus obiciemus et ut generaliter dixerim, deficiente titulo criminis hoc crimen locum habet, nec est opus species enumerare.* Ulpian bezieht sich an anderer Stelle auf (griechisches) „geschriebenes und ungeschriebenes" Recht, *Dig.* 1.1.6.1. Wenn man Honorés Datierungen (2002, 17, 189) für die verschiedenen Werke Ulpians akzeptiert, hat Ulpian sowohl die enge (Betrug mit Pfand) als auch die weite (Verbrechen ohne Namen) Definition des *stellionatus* gleichzeitig verwendet.

4 So wurden die Passagen *igitur titulus criminis deficit, illic stellionatus obiciemus* und *et ut generaliter dixerim, deficiente titulo criminis hoc crimen locum habet, nec est opus species enumerare* (*Dig.* 47.20.3.1 [Ulpian]) noch lange, nachdem die Interpolationsjagd aus der Mode gekommen war, als Interpolationen verurteilt: Levy und Rabel 1935, 524; Volterra 1929 [1999], 109–110, 133, 140; Zilletti 1961, 88–90; Stein 1990, 87–88 (obwohl er die Passagen in Stein 1993, 140, früher geschrieben, aber später veröffentlicht, akzeptiert hatte). Aber Mentxaka 1988, 307–311; Garofalo 1992, 71–72, 126–131; und Garofalo 2008 [2000] [2001], 134–135 Anm. 39 verteidigen die Passagen erfolgreich. Zu dieser Verteidigung könnte hinzugefügt werden, dass *Dig.* 17.1.29.5 und 40.7.9.1 (beide Ulpian) auf der breiteren Definition von *stellionatus* zu beruhen scheinen, ebenso wie die griechischen Übersetzungen in den antiken Glossaren (Volterra 1929 [1999], 112) und, wahrscheinlich, die Verweise auf das (vermutlich verwandte) Verbrechen der *stellatura* in der *HA* (*Pisc. Nig.* 3.8; *Alex.* 15.5). Davon abgesehen bin ich hier und im gesamten Kapitel gleichgültig gegenüber der Möglichkeit einer vorjustinianischen oder justinianischen Interpolation in Rechtstexten (Volterra 1929 [1999], 140 plädiert in diesem Fall für die justinianische), denn sie ändert nur das Datum, nicht aber die Tatsache der Rechtsänderungen, an denen ich interessiert bin.

5 Sen. *Contr.* 5.1. Zur rhetorischen Ausbildung der Juristen Dingel 1988, 2–5; Mantovani 2014, 597–598; Babusiaux (in Vorbereitung); zur kulturellen Atmosphäre, die juristische Anleihen bei der Rhetorik begünstigte, Rizzelli 2017, 104–114, unter Hinweis auf eine bezeugte kaiserliche offizielle *a declamationibus Latinis* (105). Wibier 2020, 465–467 argumentiert, dass Recht in den Rhetorikschulen gelehrt wurde. Eine weitere Möglichkeit, die gemeinsame Kultur von Juristen und Nichtjuristen zu veranschaulichen, ist die gemeinsame Verwendung von Rechtsbegriffen in anderen Gattungen der lateinischen Literatur, Peirano 2013, 91 Anm. 36.

6 *Inscripti maleficii sit actio*, Sprenger 1911, 228–230 (erörtert die Verbindung zum griechischen καινὰ καὶ ἄγραφα ἀδικήματα, und verfolgt die Verbindung des deklamatorischen Themas mit *stellionatus* bis in die 1500er Jahre zurück); Lanfranchi 1938, 504–507; Bonner 1949, 86–87; Langer 2007, 160–162; Lentano 2014a, 58–62, dessen Argumentation ich hier folge. Als griechisches Thema: Cyrus, *Diaph. Stas.* 8 (Walz, *RG* 8.392); lateinisch: Sen. *Contr.* 5.1; *DMin.* 252.*pr.*, und insb. 8; 344.*pr.*, 370.*pr.*

7 Sen. *Contr.* 3.*pr.* 17. Zu dieser Episode, ihrem Kontext und anderen Implikationen, Berti 2007, 141–142; Schwartz 2015. Die Verwendung durch Cassius Severus deutet auf die Beliebtheit dieses Themas hin, ebenso wie Quint. *Inst.* 7.4 36. Zu den Einzelheiten des Lebens von Cassius Severus, Brzoska 1899.

8 *Stellionatus* durch *cognitio extra ordinaria*, die Einführung zu diesem Abschnitt Anm. 2. Berger 1953, 715 betont die Freiheit, die ein römischer Richter unter *cognitio extra ordinem* hatte, den Fall anzunehmen oder nicht. Zu Delikten, die nur nach diesem Verfahren verhandelt werden konnten, siehe *Dig.* 47.11 (Paulus und Ulpian), wobei einige von ihnen für eine bestimmte Provinz typisch sind, wie z. B. die Beschädigung der Nildeiche in Ägypten (*Dig.* 47.11.10 [Ulpian]).

9 Die strenge rechtliche Autorität juristischer *Responsa* im Kaiserreich hängt davon ab, wie man das *ius respondendi* betrachtet, die angeblich von Augustus (oder Tiberius oder Hadrian) bestimmten Juristen übertragene Befugnis, autoritative *Responsen* zu geben (aber vielleicht nur, wenn sie damit einverstanden waren). Die Existenz des *ius respondendi* und, falls es existierte, die Einzelheiten sind jedoch ungewiss: Tuori 2004 [2007]; Leesen 2010, 22–29, 325–328. Zur Autorität der *de Officio Proconsulis*, Kapitel 10 Anm. 38.

8 Rhetorik und römisches Recht

1 Unter „echter römischer Jurisprudenz" verstehen wir das schriftliche, gesammelte römische Recht, wie es üblicherweise verstanden wird: den *Digesten*, die beiden *Codices*, die in *FIRA* gesammelten Werke, usw. Wir erlauben uns auch, einen Blick in die *LRV* (*Lex Romana Visigothorum*) und die *LRB* (*Lex Romana Burgundionum*) zu werfen. Aus Platzgründen lassen wir das große Phänomen des lokalen Einflusses auf die römische Justiz und das römische Recht in den Provinzen beiseite (Coriat 1997, 411–418 und Peachin 2019, 116

Anm. 25 sammeln die Schriften; siehe auch viele der Artikel in Czajkowski und Eckhardt 2020), die den Weg zurück in das geschriebene, gesammelte römische Recht nicht geschafft haben (selbst in dem Maße, dass sie genug Aufmerksamkeit erregten, um von einem römischen Juristen oder Kaiser in einem *responsum* oder einem Reskript abgelehnt zu werden).

2 Zur Autonomie oder Isolation des römischen Rechts ist die klassische Abhandlung Schulz 1934, 13–26, 84–92; vgl. Pugliese 1966; Watson 1995, 64–73, 111–116, 158–171; Lewis 2000 und Palma 1992, 9 Anm. 17 für Literatur. Tuori 2007, 71–134 stellt die Debatte über die Autonomie des römischen Rechts in den modernen historischen Kontext und stellt fest, dass der Einfluss von außen auf das Recht früher viel eher akzeptiert wurde.

3 Zum Stil der klassischen Juristen vgl. Wieacker 2006, 43–44 und Mantovani 2018, 53–78. Nörr 1978 (vgl. Wibier 2016), 115 zählt nur sieben Erwähnungen von Cicero in den gesamten *Digesten* (und drei davon in *Dig.* 1.2.2, einer zusammengefassten Geschichte des römischen Rechts aus Pomponius' *Enchiridion*), was angesichts der Bedeutung, die Cicero für die Ausbildung der Juristen hatte, erstaunlich ist (siehe Kapitel 1, Anm. 13).

4 Die Diskussion des Begriffs *color* in *Dig.* 5.2.5 (Marcellus) wird von di Ottavio 2012a auf 1800–1804 zurückgeführt; siehe Kapitel 10 Anm. 13 für diese Passage. Cossa 2012, 335–358 erörtert die fünf anderen Verwendungen von *color* in den *Digesten*, mit Literatur. Bretone 2008, 763 stellt fest, dass die Juristen die rhetorischen Begriffe *controversia* und *ius controversum* strikt vermieden.

5 „Sie starrten sich gegenseitig an, meist über eine große Kluft hinweg" (Crook 1993, 68). Zur Trennung zwischen Juristen und Advokaten Leesen 2010, 18–20 mit Literatur, obwohl sie selbst gegen eine so starke Trennung ist (in Anlehnung an die Polemik von J. W. Tellegen in vielen Werken, z. B. 1982, 2–4; Tellegen und Tellegen-Couperus 2000; Tellegen-Couperus und Tellegen 2013, wobei sie im letzten Werk freudig einräumt, dass „so far, our work has not changed the commonly held view" [31]). Der nachdenkliche Harries 2006, insbesondere 27–28, 102, 132, neigt nach reiflicher Überlegung dazu, die Kluft zu schwächen, aber nicht zu leugnen.

6 Zur praktischen Geschichte der römischen Anwaltschaft Kunkel 1967 [1951]; Schiller 1978, 283–369; zur Arbeitsweise der Juristen sammelt Meyer 2004, 251 Anm. 4, 252 Anm. 6 die Literatur; zur Ausbildung der römischen Juristen sammeln Vössing 1997, 387–388 Anm. 1325; Meyer 2004, 251 Anm. 3; und Cossa 2012, 310–311 Anm. 17, 325 Anm. 44 die Literatur. Riggsby 2015 und Harries 2016 geben prägnante Zusammenfassungen in englischer Sprache.

7 Zum „Vulgärrecht", das in der Tat oft durch äußere Einflüsse gekennzeichnet ist, sammeln die Literatur Voss 1982, 2–11; Wieacker 1988, 52 Anm. 68; 2006, 207–218 mit 435–436; und Coriat 1997, 418–419 Anm. 440–442; für eine Zusammenfassung in englischer Sprache, Liebs 2008. „Lästiges Unkraut", Hohmann 1996, 40, auch für „das Gift der Rhetorik" etc.; „der abscheuliche Schwulst der Rhetorik", Schulz 1934, 56. Zum justinianischen Klassizismus,

Schulz 1934, 94–95 mit Literatur; Schindler 1966; Wieacker 1988, 49 Anm. 52; Robinson 2000; Wieacker 2006, 442 mit Literatur.

8 „Schlechter Ruf", Honoré 1998, 21. Zum Prosastil des spätantiken Rechts, Honig 1960, 23–25, 39–61; MacMullen 1990 [1962]; Bauman 1980, 180–189; Voss 1982, 1–81; Eich und Eich 2004; Dillon 2012, 60–89, insbesondere zum Zeitpunkt des Wandels, der in einigen Gattungen der kaiserlichen Verfassungen spät in der Regierungszeit Diokletians und allgemein unter Konstantin sichtbar wurde. Bauman 1980, 180 Anm. 147 und Meyer 2004, 251 Anm. 5 sammeln Äußerungen der Abscheu moderner Studenten gegenüber diesem Stil.

9 Peachin 2017, 43–56; Mantovani 2018; falls zutreffend, sehr nützlich für Analysen der hier vorgenommenen Art.

10 Juristisches Denken weitgehend gleich geblieben, auch wenn sich der Stil geändert hat, Voss 1982, 80; Crook 1995, 188 und Meyer 2004, 252 mit Literatur. Evans Grubbs 1995, 50 sammelt Meinungen darüber, wann das „klassische" römische Recht endet und das nachklassische beginnt. In den 420er und 430er Jahren lag das Amt des kaiserlichen *Quaestors*, der im 4. Jahrhundert für den Stil der kaiserlichen Verfassungen verantwortlich war, oft wieder in den Händen von Juristen und nicht von Rhetorikern, Harries 1988, 169–170.

11 In seiner Antrittsvorlesung am University College London fasste Jolowicz 1932 auf elegante Weise den Stand der Kontroverse seiner Zeit über das Ausmaß und die Art des äußeren Einflusses auf das Recht zusammen, und überraschenderweise hat sich an der tatsächlichen wissenschaftlichen Praxis wenig geändert, auch wenn ein solcher Einfluss heute im Prinzip fast allgemein anerkannt wird. Als Testfall sei das jüngste *Oxford Handbook of Roman Law and Society* (Du Plessis, Ando und Tuori 2016) genannt: Die Herausgeber (5) tun die Autonomie des römischen Rechts von der römischen Gesellschaft als überholt ab (siehe auch Pölönen 2016 in jenem Band), aber die Lektüre des Bandes selbst ist wie eine Reise in die Vergangenheit, und viele der Artikel im weiteren Verlauf des Buchs, insbesondere in den Abschnitten über „Property" und „Obligation", fühlen sich an, als könnten sie 1870 geschrieben worden sein (siehe Tuori 2007, 174 zu dieser Spaltung zwischen den Ansätzen), und bieten eine Vision des römischen Rechts, die völlig frei von jedem äußeren Einfluss ist.

12 Berger 1953, 795–796 bietet eine Bibliographie der Arbeiten zu seiner Zeit.

13 Levy 1951, 5–7, 9–10; 1956, 1–10; Praxis, Crook 1995, 196; Meyer 2004, 216–249; Brauch, Humfress 2011 mit Literatur.

14 Collinet 1934; und zu Präzedenzfällen („case law") im Allgemeinen, Harries 2006, 134–148; Metzger 2004.

15 Evans Grubbs 1995, 321–342; zum spätantiken Wandel der Moral (336–339), mit Literatur, wobei Evans Grubbs selbst widerspricht. Druck von Seiten der Fragesteller, Connolly 2010, 137–158, 161.

16 Balogh 1951 ist die klassische Studie; vgl. Scacchetti 1984; Sirks 2002a; mit Wieacker 1988, 55–57 für Literatur.

17 Zur Kontroverse siehe Tuori 2007, 112–120; vgl. Leesen 2010, 7–11, 14–15.

18 Mitteis 1891; Taubenschlag 1934 [1959]; 1955, 1 mit Literatur, 51, 54–55; 1959 [1926]; 1959 [1919–1920]; Wieacker 1988, 47–48 Anm. 46–47, 50 Anm. 60 mit Literatur; Evans Grubbs 1995, 2 mit Literatur, 333–335, 339; Amelotti 2001; Meyer 2004, 253 Anm. 10; Nowak 2010; Humfress 2011, 36, 40–42; Harris 2012; Jakab 2012; Modrzejewski 2014, 337–342; Kantor 2015, 18; und viele der Aufsätze in Lamberti, Gröschler und Milazzo 2015. Für eine klare Darstellung der gegenteiligen Argumente siehe Watson 1995, 111–116.

19 Die Kontroverse über den Einfluss philosophischer Ideen oder Denkweisen auf das römische Recht geht auf Voigt 1856–1876 zurück; und die umfangreiche Literatur wird zusammengefasst oder aufgelistet von Lanfranchi 1938, 6–13; Schiller 1978, 375–376; Wieacker 1988, 618–662; Vander Waerdt 1994; Watson 1995, 158–171; Scarano Ussani 1997; Tuori 2007, 53–58; Leesen 2010, 5–7; Cossa 2012, 306–308 Anm. 13; Scarano Ussani 2012; Ducos 2014, insb. 303–460; Rizzelli 2014a; Tellegen-Couperus und Tellegen 2016; Giltaij 2016; Mantovani 2018, 79–128. Siehe dieses Kapitel Anm. 31 über die Unmöglichkeit, in vielen Fällen zwischen philosophischem und rhetorischem Einfluss zu unterscheiden.

20 Grammatik, Stein 1966, 53–73 ist die klassische Aussage; Stein 1972, 14 Anm. 18 und 29 Anm. 42 für ältere Literatur; Bauman 1980, 133–144; Wieacker 1988, 653–662; Leesen 2010, 11–14.

21 Medizin, Herberger 1981; Scarano Ussani 1989, 12–13, 104–126; 1997, 54, 66–67, 77, 97–99, 129.

22 Antiquarisch, Nörr 1976; Scarano Ussani 2012, 47–71, 87–108; Etymologie, Babusiaux 2014.

23 Christentum, dazu vor allem Hohenlohe 1937; und die Anfänge der Literatur lassen sich durch Hohenlohe 1937; Berger 1953, 796–797; Bauman 1980, 189–218; Wieacker 1988, 51 Anm. 62; Hunt 1993; und Evans Grubbs 1995, 2–3, 317–318, 340 nachvollziehen.

24 Für allgemeine Zusammenfassungen der juristischen und rhetorischen Literatur: Cossa 2012 und Lentano 2014a, wobei Calbolis 2016 erschienene Rezension die Lücken der letzteren füllt; sparsamer: Langer 2007, 17–28; und für prägnante Listen von Beiträgen: Stolfi 2011, 86–88 Anm. 4 und Cossa 2012, 300–301 Anm. 3. Wichtige Beiträge zu (oder Zusammenfassungen von) der breiteren Kontroverse in ihren verschiedenen Phasen sind Lanfranchi 1938, 2–13, 96 Anm. 2, 117; Parks 1945, 78–85; Bonner 1949, 45–48; Schiller 1978, 373–375; Wieacker 1988, 51, 54, 627–630, 662 Anm. 1, 669–675; Hohmann 1996; und Bederman 2001, 84–99.

25 Für die *stasis*-Theorie vor allem Stroux 1949 [1926], obwohl das Argument im 19. Jahrhundert vorweggenommen wurde; auch La Bua 2006; Babusiaux 2011, 21–61; Rizzelli 2014a, 162 Anm. 23; und Kacprzak 2016, 207–209 und Babusiaux (in Vorbereitung); mit Cossa 2012, 314–315 Anm. 21, 329 Anm. 51

für Literatur. *Aequitas*, Cossa 2012, 317–318 Anm. 25 sammelt die Literatur; siehe Bauman 1980, 112–124, 144–145 auf Englisch.

26 Theorie der *Topika*, insb. Viehweg 1953 [1993]; und siehe Leesen 2010, insb. 29–32; Babusiaux 2011, 63–174; Tellegen-Couperus und Tellegen 2013, 34–36; Kacprzak 2016, 204–207; mit Cossa 2012, 319 Anm. 27 und Babusiaux (in Vorbereitung) 6–7, 13–16 für die bisherige Literatur.

27 Zur Definition (die auch eine *stasis* ist) sammelt Cossa 2012, 320 Anm. 29 die Literatur; und siehe Nörr 2003 [1972]; Scarano Ussani 2012, 109–115; Querzoli 2013, 117–134; Kacprzak 2016, 205–206 auf Englisch. Vgl. Wieacker 1988, 628–633, der argumentiert, dass es von der Philosophie durch die Rhetorik in das Recht getragen wurde.

28 Argument und Beweis, Cossa 2012, 322–323 Anm. 37 sammelt die Literatur, und siehe Puliatti 2011; Querzoli 2013, 138–140; und Kacprzak 2016, 202–204 auf Englisch. Zur Verwendung von *Exempla* siehe Nörr 2009.

29 *Humanitas*, Honig 1960; Bauman 1980, 174–179 (mit Literatur bei 174–175 Anm. 110, und für die Verbindung zur Rhetorik insb. 175), 182–218; Palma 1992. Die Ursprünge der *Humanitas* im Recht sind umstritten, und die Rhetorik ist nur eine Möglichkeit: siehe Kleiter 2010, 139–140 Anm. 608, 220–221.

30 *Regulae*, Masi Doria 2011; Santorelli 2019.

31 Zum rhetorischen *color* siehe dieses Kapitel Anm. 4 und Kapitel 10 Anm. 13. Eine Auswahl weiterer Vorschläge für den rhetorischen Einfluss auf das Recht könnte mit dem Rechtsverständnis der *natura* beginnen (Rizzelli 2014a, 158 Anm. 14 mit Citti 2015 für das Naturrecht in der Deklamation); Rhetorik als Mittel, mit dem aristotelisches Denken das römische Recht beeinflusste (Rizzelli 2014a, 183–184 Anm. 65, 187 Anm. 72, 239–240 Anm. 190); Rhetorik als Mittel für stoisches Denken (Rizzelli 2014a, 197; und siehe Thomas 1978 für abstraktes Denken im Allgemeinen). Siehe auch Nörr 1986a (englische Zusammenfassung 1986b), für den Einfluss der Rhetorik auf das juristische Denken über die *lex Aquilia* und indirekte Todesursachen; und über den Einfluss des rhetorischen (oder philosophischen) Denkens auf Kategorien des juristischen Wissens (2003). Steinwenter 1947 bot andere Erinnerungen an rhetorische Werke im Denken der Juristen, wenn auch nicht im Recht selbst, an; ihm wurde jedoch von Meyer 1951 energisch widersprochen. Leesen 2010, 32 Anm. 76 sammelt andere Gelehrte, die dasselbe wie Steinwenter versucht haben. In vielen dieser Fälle (insbesondere aktuelles Denken, Definition, *humanitas* und *natura*) ist es, selbst wenn man einen solchen Einfluss annimmt, unmöglich festzustellen, ob er durch die Rhetorik, die Philosophie oder die Philosophie durch die Rhetorik auf das juristische Denken ausgeübt wurde, Nörr 2003 [1972], 713 Anm. 11; Cossa 2012, 306–308 Anm. 13.

32 Vgl. die Implikationen, wenn auch nicht die Schlussfolgerungen, in Mantovani 2018, 185–188.

33 Tendenz zur Abstraktion: Frier 1994, 148 Anm. 38, dessen allgemeines Urteil über Rhetorik und Römisches Recht lautet, dass „der fundamentale Unterschied in ihren Ansätzen zu rechtlichen Regeln und zur Anwendung dieser

Regeln in spezifischen Fällen die beiden Disziplinen nicht nur zu seltsamen Bettgenossen, sondern letztlich unvereinbar macht" (142). Kacprzak 2016, von dem vermutlich erwartet wird, dass die Herausgeber des *Oxford Handbook of Roman Law and Society* die Beziehung bestätigen, ist stattdessen verzweifelt, dass „in dem Maße, in dem wir die Gründe für ihre [der römischen Juristen] Entscheidungen sowie die Methoden, mit denen sie zu ihnen gelangten, verstehen wollen, scheint die rhetorische Theorie nicht sehr hilfreich zu sein; tatsächlich lehrte sie nicht, wie man zu richtigen Lösungen kommt, sondern gab Anweisungen, wie man bereits getroffene und von persönlichen Vorlieben abhängige Lösungen verteidigt" (212). Hohmann 1996 schätzt den Einfluss von Stroux und seiner Tradition sowie der *stasis*-Theorie als größer ein als ich, aber mein Eindruck (nicht mehr oder weniger subjektiv als seiner: Keiner von uns beiden hat eine Zählung durchgeführt) ist, dass der Einfluss dieses Denkens auf die Schriften von Hardcore-Forschenden des römischen Rechts gering war.

34 Babusiaux 2011; Querzoli 2011a; 2011b; 2013; Bettinazzi 2014.

35 Über 160 Gesetze, Kapitel 10 Anm. 65. Lentano 2009 [2005], 51–52 Anm. 12–16; 2014a, 130; und Lentano 2017b, 168–175 stellen eine allgemeine Sammlung der Literatur zu den Gesetzen in der Deklamation zusammen, und sein bibliographischer Aufsatz in 2014a, 127–140 ist von unschätzbarem Wert für das deklamatorische Recht und seine Parallelen zum römischen Recht.

36 Thomas 1983, 123 zählt 173 der 262 überlieferten lateinischen Deklarationen als solche, die Streitigkeiten innerhalb der Familie betreffen.

37 Zu den Daten der überlieferten Deklarationssammlungen siehe Kapitel 1 Anm. 4.

38 Dass lateinische Deklamationsgesetze, die wir in der Kaiserzeit sehen, oft als Gesetze aus der Republik erscheinen (oder sich als solche ausgeben), nie durch z. B. augusteische Ehegesetze verdrängt wurden, Calboli Montefusco 1979, 292; erweitert von Langer 2007, 83, 106, 119–120 et passim; vgl. Lentano 2016, 69.

39 Griechisches Recht, siehe dieses Kapitel Anm. 18 und 49.

40 Für die *giuridicizzazione dell'etica*, Lentano 2009 [2005]; 2011 [2009]; Rizzelli 2012b, 291–293; etwas vorweggenommen von Beard 1993, 56. Ein potenziell gutes Beispiel ist das deklamatorische Gesetz, das Kinder zum Unterhalt ihrer Eltern verpflichtet (siehe Kapitel 9, Anm. 49–50).

41 Der Klassiker ist Lécrivain 1891; siehe auch Bonner 1949, 84–85 für die Kontroverse, die er weiterführte, indem er für viele Entlehnungen aus dem römischen Recht argumentierte; aber Paoli 1953 [1976] argumentierte für viel mehr griechischen und weniger römischen Einfluss und viel Vermischung.

42 Den Versuch, die alten römischen Gesetze durch die Deklamationsgesetze nachzuvollziehen, Bornecque 1902, 59–74; Sprenger 1911; Lanfranchi 1938; Bonner 1949, 84–132; Düll 1971; Langer 2007; Wycisk 2008; zu dieser Forschungstradition Hömke 2002, 161–164. Diese Praxis wird von Crook 1993,

70 Anm. 15 zu Recht beanstandet, da zwischen den Zeugnissen des römischen und des deklamatorischen Rechts oft große zeitliche Abstände liegen.

43 Winterbottom 1982, 65; Crook 1993; Crook 1995, 163–167.

44 Während die zeitlichen Lücken zwischen der überlieferten lateinischen Deklamation (meist 1. oder frühes 2. Jahrhundert n. Chr.) und dem römischen Recht (meist frühes 3. Jahrhundert n. Chr. oder später, aber oft mit Kommentaren zu juristischem Material aus der Republik) ein Problem für diejenigen darstellten, die versuchten, Letzteres durch Ersteres nachzuvollziehen (siehe dieses Kapitel, Anm. 42), stellen sie im umgekehrten Fall ein geringeres Problem dar, da sich die in der Deklamation verwendeten Gesetze im Laufe der Zeit kaum verändert zu haben scheinen. Gelehrte, die wie wir versuchen, den Einfluss der Deklamationsgesetze auf das römische Recht nachzuvollziehen, sind selten, aber siehe Tivier 1868, 121–123; Bornecque 1902, 133; Rayment 1952; Evans-Grubbs 1989, 83 Anm. 118 (der Begründer der aktuellen Studientradition zu diesem Thema); Mantovani 2007 [2006]; Querzoli 2011a; 2011b; und Di Ottavio 2012a.

45 *DMin.* 264 mit Bettinazzi 2014, 12–23. Die *lex Voconia* betraf die Fähigkeit von Frauen, als Erben eingesetzt zu werden. Vgl. Sen. *Contr.* 3.9, wo die *lex Cornelia de sicariis et veneficis* im Text der Deklamation apostrophiert wird: „*lex Cornelia, te appello*".

46 Zu Väter gegen Söhne in der lateinischen Deklamation, Kapitel 2 Anm. 34. Mein „mit einigen Ausnahmen" verbirgt geschickt ein perfektes Stutennest von Widersprüchen in den Quellen und Kontroversen unter den Gelehrten: siehe Mer 1953, 80–82, 95–98; Daube 1953, und Fayer 1994–2005, 1.260–268. Aber im Allgemeinen war ein Vater, der einen Sohn beschuldigte, ein *miseriarum ac saevitiae exemplum atrox*, Tac. *Ann.* 4.28.1. Viele Arten von Rechtsstreitigkeiten zwischen Eheleuten, die in der lateinischen Deklamation vorkommen, waren auch nach dem realen römischen Recht unmöglich, Fayer 1994–2005, 2.363 Anm. 125; Evans Grubbs 2011, 381: „Im Allgemeinen billigte das kaiserliche Recht nicht, dass Familienmitglieder vor Gericht gegeneinander agierten", mit weiteren Belegen. Als weiteres Beispiel verstößt die Adoption in der lateinischen Deklamation oft gegen das römische Recht, Bornecque 1902, 68.

47 Livius 1.50.9, *dixisse enim nullam breviorem esse cognitionem quam inter patrem et filium, paucisque transigi verbis posse: ni pareat patri, habiturum infortunium esse,* wofür ich Margaret Imber danke. Zu dieser Stelle, Lentano 2009 [2005], 45–48, 75–79.

48 Allgemein zur *patria potestas* in der Deklamation, Brescia 2015a, 63 Anm. 6 sammelt die Literatur. Zum *ius vitae necisque* in der Deklamation, Lanfranchi 1938, 251–254 unter Hinzufügung von *DMin.* 372.11; Thomas 1984 [2017]; Breij 2006a, 64–71, mit 22 Fällen von Vätern, die ihre Söhne töten oder töten wollen (64), von denen zehn ein Gericht um eine Verurteilung bitten, und wer Anwendungen der *lex indemnatorum* sammelt (= Breij 2015a, 31–50); vgl. Sussman 1994, 168; Langer 2007, 92–93; Lentano 2014a, 48–50, 133; Santorelli

2019. Das Bild ist jedoch uneinheitlich, denn während die geltenden Gesetze in der Vorrede einer Deklamation genannt werden, wird im Hauptteil die uneingeschränkte Befugnis der Väter, ihre Kinder ohne die besondere Ermächtigung der *lex indemnatorum* zur Tötung eines Kindes ohne Gerichtsverfahren hinzurichten, oft erklärt oder impliziert (z. B. Sen. *Contr.* 2.3.11; *DMin.* 304.3; Calp. Flacc. 53; *DM* 6.14, 17.7, 19.5, 19.12), ebenso wie andere Aspekte der *patria potestas*. Man beachte auch die Seltenheit in der Deklamation, dass ein Vater einen Sohn in der Macht selbst versucht (Sen. *Contr.* 7.1.*pr.*, 7.1.12; *DMin.* 281.5, 356.1 mit Lanfranchi 1938, 211–212, 253; vgl. *DMin.* 300.*pr.*), wie es das reale römische Recht erlaubte: vgl. Düll 1943, 57–70; Kaser 1971 [1955], 62–63; Harris 1986; mit Donadio 2012 für ausführliche Literatur und Diskussion der Kontroversen über das realweltliche Recht, insbesondere darüber, ob der Vater ein formelles Gericht seiner Verwandten (das *iudicium domesticum*) einberufen musste, um ein Kind hinzurichten. Wurm stellt fest, dass sich die Kläger in Fällen von *abdicatio* an *iudices* wenden, was wiederum darauf hinweist, dass der Vater nicht allein kraft seiner *patria potestas* oder in einem *iudicium domesticum* handelte (1972, 32–34; vgl. Lanfranchi 1938, 259 und Krapinger 2007a, 17). Zum Desuetude des *ius vitae necisque* in der realen Welt der späten Republik und des Römischen Reichs, Kapitel 10 Anm. 35.

49 Zur Vorstellungswelt der lateinischen Deklamation, Berti 2007, 99–110; Breij 2015b, 224–225; zur griechischen, Russell 1983, 22–39; und zu den Unterschieden zwischen ihnen, Lentano 2014b. Zum Zusammenhang der Deklamation mit der Neuen Komödie, dem Roman und der Erzählung, Zinsmaier 1993, 1–13 = 2009, 15–29; zu Recht und Gerechtigkeit im griechischen Roman, Schwartz 2016; zum Rückgriff auf die Neue Komödie insbesondere Bonner 1949, 37–38; Penella 2014, 123 Anm. 61; Krapinger 2007a, 13 Anm. 2; Nocchi 2015, 193–199; zum Plot auch Fantham 2011 [2004]. Zur Folklore in der Deklamation, Berti 2007, 311–325; Lentano 2012b, 2018a, vermittelt durch Euripides' *Phoenissae*, einen populären Lehrtext (24 Anm. 50). Für Piraten Favreau 2015 und Lentano 2018b, 178–189 mit Anm. 17 für Literatur; für Stiefmütter, *novercae*, Casamento 2002, 101–124; van Mal-Maeder 2007, 128–136; Lentano 2012b, 2 Anm. 4, 5 Anm. 14; Krapinger und Stramaglia 2015, 14–18; Pingoud und Rolle 2016.

50 Andere Deklamationsgesetze, die als in Kraft befindlich angenommen werden, z. B. Sen. *Contr.* 3.1, 10.4.9; *DMin.* 277.5, 385.*pr.*, 4; Lucian, *Abdicatus* 19.

51 Für die *giuridicizzazione dell'etica*, siehe dieses Kapitel Anm. 40, Kapitel 9 Anm. 52.

9 Die Anziehungskraft des Rechts der Deklamationen

1 Für alle Varianten des Gesetzes in der Deklamation, Sprenger 1911, 203–204 und Lanfranchi 1938, 462; siehe auch Bornecque 1902, 61; Desanti 1988, 319–323; Langer 2007, 65–66; Wycisk 2008, 269; Casinos Mora 2011, 595–605. Das Szenario des *raptor duarum* findet sich u. a. bei Sen. *Contr.* 1.5; Calp. Flacc. 51.

mutanda optio raptore convicto, Sen. *Contr.* 7.8. *maritus virginis raptor*, *DMin.* 262. Für *raptus* in der lateinischen Deklamation, zusätzlich zu den oben genannten Werken, Evans-Grubbs 1989, 68–69, der für einen Unterschied zwischen den senekischen und pseudo-quintilianischen Themen argumentiert; Packman 1999, 20–21, der feststellt, dass in den überlieferten lateinischen Deklamationen alle Fälle von *raptus* von Frauen unverheiratete Bürgermädchen durch unverheiratete Bürgermänner sind, mit nur einer Ausnahme (dem *Maritus raptor*); Kaster 2001, 317–318, 326–334 mit expliziten Auftritten der *raptarum lex* bei 328–329 Anm. 24; van Mal-Maeder 2007, 24–29; Berti 2007, 85–90; Casinos Mora 2009 für die Fälle bei Calpurnius Flaccus; Querzoli 2011a, 157 Anm. 25–27 und 2011b, 84 Anm. 8 sammelt 35 Fälle von *raptus* in den überlieferten lateinischen Deklamationen (und Grodzynski 1984, 704 Anm. 11 sammelt die Fälle in Quint. *Inst.*); Brescia 2012, 52–83; 2016, 333–345; in griechischen Deklamationen, Heath 1995, 148–149. Der *raptor* wird in der Deklamation bei Juv. 7.168 aufgeführt und die Wahl des Opfers wird in Tac. *Dial.* 35.5 erwähnt, was darauf hindeutet, wie häufig dieses Deklamationsgesetz verwendet wurde. Vergewaltigung (in unserem Sinne) ist in Fällen von *raptus* meist impliziert, aber nicht immer: Querzoli 2011a, 162 und 2011b, 87 sammelt Deklamationen, in denen dies in Zweifel gezogen wird.

2 Calp. Flacc. 25.

3 Zum rhetorischen Verbrechen des *raptus* und dem römischen Recht: Sprenger 1911, 204–205; Lanfranchi 1938, 462–465; Bonner 1949, 89–91; Langer 2007, 66–70; Wycisk 2008, 269–270.

4 *Raptus* im römischen Recht ist bis zum frühen 3. Jahrhundert n. Chr. ein völliges Wirrwarr, da wir das voraugusteische und augusteische Recht aus viel späteren Fragmenten ableiten müssen. Wie *iniuria* (und welche Art von *iniuria*, Delikt oder Verbrechen? Durch welches Verfahren verfolgt? Änderte sich das?), die *lex de adulteriis* und *vis* (und ob *vis publica* oder *privata*?) zusammengehörten, einander ablösten (oder nicht), und ob tatsächlich alle drei verwendet wurden, ist umstritten und wahrscheinlich unlösbar. Standardabhandlungen sind Goria 1987; Rizzelli 1997, 249–257; Botta 2004, 15–176 – insbesondere zur Frage der *vis* gegenüber der *lex Iulia de adulteriis* (24–78) und *iniuria* (72–79), mit 2016 für aktualisierte Literatur; Astolfi 2012, 135–166. Mancini 2011, 153–155 bietet eine gute, aktuelle Zusammenfassung des Stands der Frage; und siehe Puliatti 1995, 471–472 Anm. 1 für eine praktische Sammlung älterer Literatur, und Querzoli 2011a, 154–155 Anm. 11 für neuere Literatur zur Behandlung von *raptus* als *iniuria*. Die beste englische Zusammenfassung bis zur augusteischen Gesetzgebung ist Moses 1993, 45–59; und Robinson 1995, 71–73 bringt die Geschichte in englischer Sprache bis Justinian. Behandelt als *iniuria*, *Sent. Paul.* 5.4.1, 5.4.4, 5.4.14; vgl. *Dig.* 47.10.1.2, 47.10.9.4, 47.10.15.15–24 (Ulpian) mit 47.10.10, 47.10.18.2 (Paul), alle aus Arbeiten zum Praetorenedikt, aus denen Lenel 1907 ableitete, dass das Edikt *adtempata pudicitia* als *iniuria* einstufte; siehe auch *Dig.* 48.5.6.*pr.* (Papinian); 48.6.5.2 (Marcian); *Inst. Just.* 4.4.1; mit Balzarini 1983, 193–202 und

Hagemann 1998, 61, 71–75, 122–124, 135–137, 194–195, 216, 244–247 zu diesem rätselhaften Thema. Als *stuprum* ohne Gewalt nach der *lex Iulia de adulteriis*, *Inst. Just.* 4.18.4, *quis sine vi vel virginem vel viduam honeste viventem stupraverit*; mit einer Strafe von *dimidia parte bonorum suorum multatur nec testamentum ei ex maiore parte facere licet* (*Coll.* 5.2.2 = *Sent. Paul.* 2.26.13), später geändert in Konfiskation der Hälfte des Vermögens für einen *honestus*, und, für einen *humilis* (*Inst. Just.* 4.18.4), Auspeitschung und Verbannung (Mette-Dittmann 1991, 40, 65). Mit Gewalt, *lex Iulia de vi publica*, *Dig.* 48.6.3.4 (Marcian), *per vim stupraverit*; *Dig.* 48.6.5.2 (Marcian); 48.5.30(29).9 (Ulpian) *per vim stuprum intulit* (mit Mommsen 1899, 664; Rizzelli 1997, 251; vgl. *CJ* 9.12.3 [Diokletian und Maximian, 293 n. Chr.]), die eine Todesstrafe nach sich zog, *Dig.* 48.6.10.2 (Ulpian); *Sent. Paul.* 5.26.1. Wenn es sich, wie einige Gelehrte des römischen Rechts behaupten, ursprünglich um eine *vis privata* (die nicht mit der Todesstrafe belegt war) und nicht um eine *vis publica* handelte (vgl. Goria 1987, 709–710; Querzoli 2011a, 154–155 Anm. 11; 2011b, 83 Anm. 3), so verschiebt dies die Todesstrafe lediglich auf Marcian zurück (siehe oben, diese Anmerkung) und hat daher keinen Einfluss auf das vorliegende Argument, es sei denn, die Todesstrafe bei Marcian ist interpoliert (siehe dieses Kapitel Anm. 7).

5 *Dig.* 48.6.5.2 (Marcian), *cum raptus crimen legis Iuliae de adulteris potestatem excedit*, mit Puliatti 1995, 475–477; Botta 2004, 81–95. *Raptus* war noch 293 n. Chr. eine Form von *vis*, *CJ* 9.12.3 (Diokletian und Maximian, 293 n. Chr.).

6 Konstantin, *CTh* 9.24.1 (Datum umstritten, aber 320 oder 326 n. Chr. am wahrscheinlichsten: zur Kontroverse siehe Desanti 1986, 196 Anm. 1), mit Grodzynski 1984; Desanti 1986; Evans-Grubbs 1989; Puliatti 1995, 482–495; Botta 2004, 95–106; Mancini 2011, 156–171; Rizzelli 2012a, 314–316 (mit Anm. 51 für die neuere Literatur), 327–333. Puzzle: „Es ist interessant, dass diese separate rechtliche Kategorie, *raptus*, überhaupt entstanden ist. Die gewaltsame Schändung einer Frau war bereits … abgedeckt“ (Dixon 2001, 52).

7 *Dig.* 48.6.5.2 (Marcian), vgl. *Sent. Paul.* 5.4.4, 5.4.14. Marcians *ultimum supplicium* wird von einigen als interpoliert angesehen (Botta 2004, 83 Anm. 7), aber wenn dem so ist, verschiebt das nur die Todesstrafe auf Konstantin, was das Argument hier nicht beeinflusst. In *CTh* 9.24.1 (Konstantin, 320 oder 326 n. Chr.) ist die genaue Art der (wenn auch schweren) Strafe, die für freie Personen galt, aus dem Text herausgefallen (oder wurde vielleicht als zu offensichtlich angesehen, um sie anzugeben), obwohl Sklaven verbrannt werden sollten, *CTh* 9.24.1.5 = *CJ* 9.13.1.4 (Justinian, 533 n. Chr.); aber *CTh* 9.8.1 (Konstantin, 326 n. Chr.) macht deutlich, dass es sich um eine schlimmere Strafe als die Deportation und die Konfiskation des Eigentums handelte, während *CTh* 9.24.2 (Constantius, 349 n. Chr.), der die von seinem kaiserlichen Vater verhängte Strafe auf eine Hinrichtung reduziert, andeutet, dass die Strafe unter Konstantin eine besonders grausame Form der Hinrichtung war. Zum Rätsel der Strafe für *raptores* in *CTh* 9.24.1 siehe Grodzynski 1984, 706, 711–713; Evans-Grubbs 1989, 66. *Raptus* war noch unter Julian (Amm.

Marc. 16.5.12) und wahrscheinlich unter Jovian (*CTh* 9.25.2 = *CJ* 1.3.5 [Jovian, 364 n. Chr.]) (prinzipiell) Todesstrafe.

8 Zitat *CJ* 9.13.1.2 (Justinian, 533 n. Chr.; *CJ* 1.3.53 ist teilweise identisch), *nec sit facultas raptae virgini vel viduae vel cuilibet mulieri raptorem suum sibi maritum exposcere* (cf. 9.13.1.1g, *nuptae mulieres alii cuilibet praeter raptorem legitime coniungentur*); mit Desanti 1987 mit 189 Anm. 2 zum Datum des Gesetzes, das alternativ 528 n. Chr. sein könnte; Haase 1994; Puliatti 1995, 505–519; Botta 2004, 134–146; Rizzelli 2012a, 332–338. Todesstrafe, *CJ* 9.13.1 = 1.3.53 (Justinian, 533 n. Chr.); vgl. *Inst. Just.* 4.18.8; Just. *Nov.* 123.43 (546 n. Chr.).

9 Kanonisches Recht, Goria 1987, 718–719; Evans-Grubbs 1989, 73–76; Karlin-Hayter 1992, 138.

10 Natürlich kann die Heirat der *raptae* mit ihren *raptores* auch ein uralter Brauch in der realen Welt gewesen sein (und die Vergebung des Verbrechens ein *ius vetus*, bei *CTh* 9.24.1.*pr.* mit Desanti 1988, 327), und sowohl in die Deklamation als auch in das Gesetz unabhängig aufgenommen worden sein (Desanti 1986, 205–207, 212; Evans-Grubbs 1989), was, *mutatis mutandis*, in fast allen in diesem Kapitel argumentierten Fällen möglich ist.

11 Für die Variante „ohne Mitgift", die Bonner als die Stammform des Gesetzes ansieht, sammelt Bonner 1949, 89 die Hinweise; es macht daher auch Sinn, dass *CJ* 9.13.1.1f-1g (Justinian, 533 n. Chr.) dem Opfer das Eigentum eines verurteilten *raptor* als Mitgift zugestehen sollte. *Raptor* wohlhabend, wie *CTh* 9.1.1 = *CJ* 3.24.1 (Konstantin, 317 n. Chr.) andeutet; vgl. *CJ* 1.3.53.2 = 9.13.1.1c (Justinian, 533 n. Chr.). Die Deklamation legt oft nahe, dass der Akt des *raptus* eine geheime Absprache zwischen dem Mann und der Frau war, um die Eltern zur Zustimmung zu zwingen – „Entführungsehe" ist der Fachbegriff: Kaster 2001, 329 Anm. 26. Und so vermutete auch das Gesetz oft, *CTh* 9.24.1 (Konstantin, Datum umstritten); *CTh* 9.25.1, 2 (Constantius, 354 n. Chr.); *CJ* 9.13.1.3b (Justinian, 533 n. Chr.); und das Gesetz befürchtete auch, dass die Eltern das Verbrechen leicht übersehen könnten, *CTh* 9.24.1.4 (Konstantin, Datum umstritten); *CJ* 9.13.1.2, 3c (Justinian, 533 n. Chr.). Majorian (*Nov.* 6.4, 458 n. Chr.), der es jedem gestattete, den *raptus* einer Nonne zu verfolgen und den Ankläger mit dem Vermögen der Schuldigen belohnte, deutet ebenfalls auf ein Versagen der Opfer und der Familienangehörigen hin, gegen *raptus* vorzugehen. Zur rechtlichen und gesellschaftlichen Realität der Entführungsehe in der späten Kaiserzeit und den Schwierigkeiten, mit denen die Entführten konfrontiert waren (die auch für die Opfer einfacher Vergewaltigungen gelten), Desanti 1986, 203 Anm. 36; Evans-Grubbs 1989, 61–67 (die klassische Diskussion) = 1995, 183–193; Arjava 1996, 37–40; Grey 2008.

12 *CTh* 9.24.1 (Constantine, 320 oder 326 n. Chr.) *si quis nihil cum parentibus puellae ante depectus invitam eam rapuerit vel volentem abduxerit, patrocinium ex eius responsione sperans. … nihil ei secundum ius vetus prosit puellae responsio, sed ipsa puella potius societate criminis obligetur*, mit Rizzelli 2012a, 327 Anm. 83 (unter Berufung auf Evans-Grubbs 1989, 82–83), der die mögli-

che rhetorische Inspiration für die Situationen und die Sprache des konstantinischen Gesetzes feststellt.

13 *CTh* 9.24.3 (Valentinian, Valens und Gratian, 374 n. Chr.) *sed si quo casu quis vel accusationem digferat vel reatum, et opprimi e vestigio atrociter commissa nequiverint, ad persecutionem criminis ex die sceleris admissi quinquennii tribuimus facultatem. quo sine metu interpellationis et complemento accusationis exacto, nulli deinceps copia patebit arguendi, nec de coniugio aut sobole disputandi*, mit Goria 1987, 716–717 (mit der Feststellung, dass die Ehe Bestand hatte, wenn sie nicht innerhalb der Fünfjahresfrist angefochten wurde); Grodzynski 1984, 714–716; Evans-Grubbs 1989, 66–67; Puliatti 1995, 487; Rizzelli 1997, 256; Botta 2004, 99–100 Anm. 42. *Contra*, Desanti 1986, und Casinos Mora 2011, für die Minderheitenposition, dass die *lex raptarum* das römische Recht vom späten 1. Jahrhundert n. Chr. bis Konstantin war und somit das deklamatorische Recht das römische Recht widerspiegelte, und nicht umgekehrt. *Raptus* wurde offenbar um 420 n. Chr. vorübergehend nicht mehr durch Hinrichtung bestraft: *Const. Sirm.* 10 = *CTh* 9.25.3 (Honorius und Theodosius).

14 Nörr 1969, bes. 16–25.

15 Zum Gesetz Justinians siehe dieses Kapitel Anm. 8.

16 Just. *Nov.* 143.*pr.* (563 n. Chr. = Just. *Nov* 150.*pr.*, mit leichten Änderungen; zur Datierung, die auch 543 n. Chr. lauten könnte, siehe Puliatti 1995, 505–506 Anm. 88), mit Puliatti 1995, 520–522; Botta 2004, 147–151. *Raptus* noch Kapitalverbrechen: *et capitis subiecisse supplicio non tantum raptores, verum comites etiam eorum nec non alios qui eis auxilium tempore invasionis contulisse noscuntur*. Die Vergewaltigten heiraten noch immer ihre Vergewaltiger und erben von ihnen: *sed mirati sumus, quod conati sunt aliqui dicere raptam mulierum sive volentem sive nolentem, etsi raptoris amplexa sit matrimonium contra nostrae constitutionis tenorem, debere tamen raptoris eam habere substantiam vel quasi legis praemium vel ex testamento forte*; Verfügung über das Vermögen des verstorbenen Vergewaltigers, Just. *Nov.* 143.1. Nach Justinian schwankte das östliche Recht weiterhin in der Frage der Heirat von Vergewaltigern mit ihren Opfern, die in der isaurischen *Ekloga* erlaubt ist, Karlin-Hayter 1992, 141.

17 *Raptor, nisi et suum et raptae patrem intra dies triginta exoraverit, pereat*, Sen. *Contr.* 2.3.*pr.*; *DMin.* 349; Quint. *Inst.* 9.2.90–91 mit leicht verändertem Wortlaut, mit Bornecque 1902, 61; Sprenger 1911, 203; Bonner 1949, 91; Desanti 1988, 326; Wycisk 2008, 275–276.

18 *Dig.* 48.6.5.2 (Marcian), *qui vacantem mulierem rapuit vel nuptam, ultimo supplicio punitur et, si pater iniuriam suam precibus exoratus remiserit, tamen extraneus sine quinquennii praescriptione reum postulare poterit, cum raptus crimen legis Iuliae de adulteriis potestatem excedit*. Zu *exorare* in beiden Kontexten Bonner 1949, 91; Grodzynski 1984, 721–722; Querzoli 2011a, und 2011b, von dem ich den Hinweis auf rhetorischen Einfluss auf Marcian entnehme; mit Botta 2004, 86–88 Anm. 17–18 und Querzoli 2013, 173–174 für neuere Dis-

kussionen und Literatur. Konstantin bestrafte sogar Eltern, die bereit waren, einem *raptor* zu verzeihen, *CTh.* 9.24.1.4. Aber die Vergebung durch die Eltern löschte das Verbrechen in den barbarischen Gesetzbüchern aus, Arjava 1996, 39.

19 *Rapta raptoris mortem aut bona optet*, *DMin.* 276.*pr.*; vgl. 252, 370, mit Rayment 1952, 227; Langer 2007, 69–70.

20 *Lex Iulia de adulteriis coercendis, Inst. Just.* 4.18.4; *lex Iulia de vi publica*, *Dig.* 48.6.10.2 (Ulpian) mit Santalucia 1998, 88; und auch unter der *lex Iulia de vi privata*, wenn es sich, wie viele Gelehrte meinen, tatsächlich um dieses Gesetz und nicht um die *vis publica* handelte, *Dig.* 48.7.1.*pr.* (Marcian). Vgl. *CTh* 9.8.1 (Konstantin, 326 n. Chr.), *universae eius facultates fisci viribus vindicentur*; *Const. Sirm.* 10 = *CTh* 9.25.3 (Honorius und Theodosius, 420 n. Chr.). Für Justinian, *CJ* 9.13.1.1f (Justinian, 533 n. Chr.); Just. *Nov.* 143.*pr.* (563 n. Chr. = Just. *Nov.* 150.*pr.*).

21 *Zum ius occidendi* des Ehemannes im Recht vor der *lex Iulia*, Cantarella 1972, 253–258; Astolfi 2000, 301–343; Fayer 1994–2005, 3.195–211 mit Literatur (197–198 Anm. 27); zur Pflicht, beide zu töten, Hor. *Sat.* 2.7.61–62; *sed contra* Treggiari 1991, 271–272, aber das republikanische Gesetz spielt für mein Argument keine Rolle.

22 Für das *ius occidendi* in der *lex Iulia de adulteriis coercendis*, insbesondere *Dig.* 48.5.21–25; *Coll.* 4.2–12; Rizzelli 1997, 9–66 mit einer Diskussion der eingeschränkten Rechte des betrogenen Ehemannes (11); Panero Oria 2001, 99–183; Fayer 1994–2005, 3.221–270; mit Rizzelli 2014a, 284 Anm. 271 für neuere Literatur. Eine kurze Darstellung in englischer Sprache bietet Treggiari 1991, 282–285. Die *lex Iulia* verlagerte die republikanische Forderung „muss beide töten" (falls sie überhaupt vorher bestand) auf die Väter, die unter äußerst begrenzten Umständen das Recht behielten, Töchter und ihre ehebrecherischen Liebhaber zu töten. Anfänge der umfangreichen Literatur zur augusteischen Ehegesetzgebung sind Rizzelli 1997; Santalucia 1998, 201–204; und Querzoli 2013, 210–211 Anm. 189.

23 Sen. *Contr.* 1.4.*pr.*, *adulterum cum adultera qui deprehenderit, dum utrumque corpus interficiat, sine fraude sit*; 9.1.*pr.*; *DMin.* 244.*pr.*, 277.1, 286.3, 347.*pr.*; Calp. Flacc. 49 (mit Betonung der Forderung, beide zu töten; vgl. Rizzelli 2014a, 293 Anm. 283); Quint. *Inst.* 7.1.7: *adulterum cum adultera occidere licet*; *DMin.* 284.*pr.* (beide müssen getötet werden, 284.4); Sulp. Vict. *Inst. Or.* 42 (*RLM* 339; beide müssen getötet werden); Fortunatus, *Ars Rhet.* 6 (*RLM* 85): *adulteros liceat occidere*; vgl. Quint. *Inst.* 5.10.104–105 (beide müssen getötet werden); *DMin.* 277.5 (beide müssen getötet werden), 291, 335, 379; mit Sprenger 1911, 199–200; Lanfranchi 1938, 439–442; Bonner 1949, 119–121, der feststellt, dass der Ehemann in allen Fällen der Mörder ist und dass die lateinische Deklamation nicht daran interessiert war, dass Väter Ehebrecher töten (119); Robinson 2002, der feststellt, dass die Deklamation die Beschränkungen der *lex Iulia* für das *ius occidendi* der Ehemänner ignoriert (636); cf. Robinson 2003, 64–65; Langer 2007, 70–76; Wycisk 2008, 250–253; Brescia und

Lentano 2016, 155–166; Lentano 2014a, 94–100; Lentano 2016, der feststellt, dass ein Zehntel der überlieferten lateinischen Deklamationen den Ehebruch betreffen (64) und dass die Deklamationen zu diesem Thema in der Regel von einer Welt ausgehen, in der die *lex Iulia de adulteriis coercendis* nicht existierte (69). Zum Ehebruch in der lateinischen Deklamation siehe auch Fantham 2011 [2004], 314–315; Brescia 2012, 31–52; 2015b, 75–81; Brescia und Lentano 2016. Im Griechischen, Penella 2014, 114, unter Hinweis auf [Libanios], *Decl.* 40, einen Fall, in dem der Vater der Mörder ist.

24 Die *lex Iulia de adulteriis coercendis* sah vor, dass diejenigen, die ihre Ehefrauen ermordeten, nach der *lex Cornelia de sicariis* (*Coll.* 4.10.1 mit Rizzelli 1997, 12) als Kapitalverbrechen bestraft wurden. Pius, Marcus Aurelius und Commodus: *Coll.* 4.3.6 (Paulus); *Dig.* 48.5.39(38).8 (Papinian); vgl. *Coll.* 4.12.4 (Paulus); *CJ* 9.9.4.1 (Alexander Severus), mit Rizzelli 2017, 93–96. Majorian, *LRB* 25 (mit Osaba García 1997, 110 Anm. 109); und man beachte auch *LRV PS* 2.27.1 (506 n. Chr.; mit Osaba García 1997, 107–108) zur Anpassung des klassischen *Sent. Paul.* 2.26.7 = *Coll.* 4.12.6, der dem Ehemann das Töten nicht erlaubte, dazu, dass er es tun durfte. Die Tötung der Frau durch den Ehemann wurde im Osten nicht legal, Just. *Nov.* 117.15. Zur Rechtsentwicklung nach der *lex Iulia*, Cantarella 1972, 258–263; Arjava 1996, 199–201; Osaba García 1997, 62–65, 106–117; Panero Oria 2001, 113–118; Fayer 1994–2005, 3.359–364 mit weiteren Belegen für die spätantike Rückkehr des Rechts des Manns, seine Frau zu töten.

25 Verbale Ähnlichkeiten zwischen dem Recht der Deklamation und dem römischen Recht des Ehebruchs sind ebenfalls angeführt worden: Lanfranchi 1938, 442–444 (mit Venturini 1988, 92–107) sieht in der Deklamation eine *accusatio adulterii ex suspicione* impliziert (insb. Sen. *Contr.* 2.7; zu dieser Deklamation vgl. Berti 2007, 44–77; Lentano 2012a, 12; und Rizzelli 2014a, 246 Anm. 205 für die Literatur), und findet eine ähnliche Formulierung in *CTh* 9.7.2 = *CJ* 9.9.29.2 (Konstantin, 326 n. Chr. mit Bettinazzi 2014, 115–118); Berti 2007, 51 Anm. 3 hält *ex suspicione* in der Deklamation aber für einen rein rhetorischen Kunstbegriff. Für eine Parallele zwischen *DMin.* 249.*pr.* und *Dig.* 48.5.2.*pr.* (Ulpian) für den Begriff *peragere* für die Anzeige eines Ehebruchs, Rizzelli 1997, 98–99; und für eine verbale Parallele zwischen Fortunatianus, *Ars Rhet.* 1.15 (*RLM* 93) und Victorinus, *In Lib.* 1.11 (*RLM* 191) mit *Dig.* 48.5.2.4 (Ulpian) zur *compensatio*, einer Behauptung eines Ehebrechers, dass der Ehemann sich des *lenocinium* schuldig gemacht habe und damit die eigene Schuld des Ehebrechers reduziert werde (eine Behauptung, die Ulpian nicht zulässt), Rizzelli 2001, 119, bes. Anm. 138. Zum üblichen Gebrauch von *dolor* für das Gefühl, das derjenige empfindet, der Ehebrecher tötet, *DMin.* 335.7 mit *Dig.* 48.5.39.8 (Papinian) und *Coll.* 4.12.4 (Paulus); Lentano 2016, 71.

26 Siehe Csillag 1976, 199–205 und Treggiari 1991 zur Unpopularität der augusteischen Gesetzgebung zur Ehe (77–80) und zum Ehebruch (294–298).

27 *Liceat adulterium in matre et filio vindicare*, Sen. *Contr.* 1.4 (der handlose Kriegsheld; siehe Casamento 2004 und Rizzelli 2017, 97–102 zu dieser De-

klamation); vgl. Calp. Flacc. 23, 31; Sopater, *Quaest. Div.* (Walz, *RG* 8.261 = Weißenberger XLV, 166 und 443); zu diesem Gesetz Bonner 1949, 121–122. Für die Verleugnung, *abdicatio*, Kapitel 10 Anm. 49–51.

28 *CJ* 9.9.4.*pr.* (Severus Alexander), *idemque filiis eius qui patri paruerunt praestandum est*; cf. *Coll.* 4.3.2.

29 *Sent. Paul.* 2.26.14 mit Mette-Dittman 1991, 39; Fayer 1994–2005, 3.337–341 mit Literatur; und Treggiari 1991, 290 in Englisch.

30 Kapitalverbrechen, *CTh* 9.40.1 = *CJ* 9.47.16 (Konstantin, 314 n. Chr.); *CJ* 9.9.29.4 (Konstantin, 326 n. Chr.); vgl. *CTh* 11.36.4 (Constantius und Constans, 339 n. Chr.); Arjava 1996, 195–199 und Fayer 1994–2005, 3.337–357 mit Literatur. Evans Grubbs 1995, 216–218 würde die Einführung der Todesstrafe auf die Regierungszeit der Söhne Konstantins datieren, aber das Datum hat keinen Einfluss auf das vorliegende Argument. Keine Berufung, *CTh* 11.36.1 (Konstantin, 314 n. Chr.); keine Amnestie, *CTh* 9.38.1 (Konstantin, 322 n. Chr.); vgl. *CTh* 9.38.2–8; *CJ* 1.4.3 (350–380 n. Chr.); zu diesen Bestimmungen Evans Grubbs 1995, 218; Puliatti 1995, 472–473; Rizzelli 1997, 273 Anm. 27; und Robinson 2001, der sich fragt, warum Ehebruch als eines der „unverzeihlichen Verbrechen" eingestuft werden sollte (124). Man beachte, dass Ehebruch, offenbar unregelmäßig, schon unter Augustus und hin und wieder auch vor Konstantin mit der Hinrichtung bestraft wurde, Treggiari 1991, 290, 295–296; Fayer 1994–2005, 3.342–343.

31 Konstantin, das Christentum und der Ehebruch, Bauman 1980, 212–218 mit Arjava 1996, zur Kontroverse (202); auch gegen den germanischen Einfluss (200). Verbrechen, die unter Konstantin härter bestraft wurden, Dupont 1955; Liebs 1985, 92–104; MacMullen 1990 [1986], 211–213; und Dillon 2012, passim.

32 14 Fälle, Pasetti 2015, 186–190 (Nr. 25, 36–48), und siehe z. B. Sen. *Contr.* 6.6 für das in allen außer in Nr. 25 beschriebene Szenario. *Veneficium* und Ehebruch, siehe dieses Kapitel Anm. 30 unter „keine Berufung" und „keine Amnestie". Die geistige Verbindung zwischen Ehebruch und Vergiftung war alt: Quint. *Inst.* 5.11.39 bietet ein Fragment von Cato, das sie verbindet. Zum Recht des *veneficium* in der Deklamation siehe Sprenger 1911, 248–249; Lanfranchi 1938, 483–488, der in der Deklamation Zitate, deutliche Anspielungen und sogar eine Ansprache an (Sen. *Contr.* 3.9) die *lex Cornelia de sicariis et veneficis*; Bonner 1949, 111–112; Hömke 2002, 181–185, 194–198; Langer 2007, 154; Wycisk 2008, 290–297; Longo 2008, 17–26. Ehebruch kann auch mit Mord anderer (oder nicht spezifizierter) Art verbunden sein, z. B. Hermog. *Stat.* 58 (Rabe).

33 Zum römischen Vergiftungsrecht Hömke 2002, 185–194; Rives 2011 [2003]; Pasetti 2011, 14–17 und Querzoli 2011b, 88–91 mit Literatur; und Rizzelli 2014a, 221 Anm. 143 weist auf den Zusammenhang zwischen Ehebruch und Vergiftung im spätantiken Recht hin; vgl. Querzoli 2011b, 89.

34 *Dig.* 48.8.3.*pr.*-3 (Marcian) mit Querzoli 2011b, 88–94. Marcian begrüßt die Rhetorik: Querzoli 2011a, 153–154 Anm. 8 und 154 Anm. 9 weist auf verbale Anklänge in anderen Passagen hin.

35 *Ingrati sit actio*, mit Sprenger 1911, 220–222; Bonner 1949, 87–88; Langer 2007, 185–186; Lentano 2014a, 33–34. Sen. *Ben.* 3.6.1–2; vgl. Sen. *Contr.* 3.*pr.*17 und Quint. *Inst.* 7.4.37–38, die alle darauf hindeuten, dass dieses Gesetz in der lateinischen Deklamation weit verbreitet war, auch wenn uns nur vier lateinische Fälle überliefert sind: Sen. *Contr.* 2.5, 9.1; *DMin.* 333, 368. Sprenger 1911, 220 Anm. 8 führt griechische Beispiele auf. Zum weiteren Thema der *gratia* und der Pflicht zur Gegenseitigkeit in der lateinischen Deklamation siehe Raccanelli 2000, 112–117; Lentano 2009a; Bernstein 2013, 78–113; und Brescia 2016, 325–333.

36 Signorini 2009, 22 Anm. 12 und Querzoli 2013, 205 Anm. 181 (= 2009, 207–208 Anm. 29) mit neuerer Literatur; *revocatio in servitutem* (Kaser 1971 [1955], 292–293) erscheint im Recht erst bei Commodus (*Dig.* 25.3.6.1 [Commodus in Modestinus], mit Mommsen 1899, 856) und dürfte erst später allgemein angewendet worden sein; andere (vgl. Koops 2014, 111–112) meinen, die *revocatio in servitutem* sei erst unter Konstantin zugelassen worden.

37 Claudius, Suet. *Claud.* 25.2, *ingratos et de quibus patroni quererentur reuocauit in seruitutem*; vgl. *Dig.* 37.14.5 (Ulpius Marcellus). 56 n. Chr., Tac. *Ann.* 13.26–27, aber die vorgesehene Rechtslage ist rätselhaft.

38 Nichts Unvermeidliches, Querzoli 2009; 2013, 198–232.

39 *DMin.* 259.9, 388.23; und, wenn auch selten, die nach römischem Recht geforderten postmanumissionalen Dienste (*operae*) als Ausdruck dieser Dankbarkeit zu leisten, Sen. *Contr.* 4.8; vgl. Knoch 2018, 155–160.

40 Caligula, Suet. *Calig.* 38.2, *ut ingrata rescidit*; Cass. Dio 59.15.2, der betont, dass es sich um einen außergesetzlichen Akt handelt. Über „undankbare" Testamente, Gaudemet 1953.

41 Nero, Suet. *Nero* 32.2, *ut ingratorum in principem testamenta ad fiscum pertinerent*. Dies mag sich vielleicht auf die gleiche Praxis beziehen wie Cass. Dio 63 (62 Cary).11.2, wo Nero von den Kindern und Freigelassenen der Hingerichteten verlangte, ihm die Hälfte ihres Besitzes zu überlassen.

42 Plinius, *Pan.* 43.4. Zu undankbaren Erblassern siehe auch *CJ* 3.28.37.1g (Justinian, 531 n. Chr.).

43 *CJ* 3.28.28.*pr.* (Konstantin, 321 n. Chr.; vgl. *CTh* 2.19.2 für eine Version desselben Gesetzes, in der erläutert wird, worin eine solche Dankbarkeit bestehen könnte); *CJ* 3.28.30.*pr.* (Justinian, 528 n. Chr.); 3.28.33.1 (Justinian, 529 n. Chr.); 3.28.34.1 (Justinian, 531 n. Chr.); das diokletianische Datum wird durch *CJ* 3.29.5 (Diokletian und Maximian, 286 n. Chr.), in dem es um das eng verwandte Thema der *inofficiosi donationes* geht, wird versucht, die Testamentsgesetze zu umgehen, indem vor dem Tod große Schenkungen gemacht werden, die ebenso wie Testamente angefochten werden können, jedoch nicht von „undankbaren" Kindern (*non ingratis liberis*). Zu dieser Regel der Dank-

barkeit siehe Renier 1942, 255. Zum Verfahren der Testamentsanfechtung, die auch das Ergebnis rhetorischer Beeinflussung sein kann, Kapitel 10 Anm. 12.

44 Für die gequälte Ehefrau, Sen. *Contr.* 2.5; vgl. für eine andere Ehefrau, *DMin.* 368; und Juv. 7.169 verweist auf den „*malus ingratusque maritus*" als deklamatorisches Thema, was darauf hindeutet, dass er üblich war. Schwiegervater gegen Schwiegersohn, Sen. *Contr.* 9.1 (allerdings mit namentlich genannten Figuren aus der griechischen Geschichte); Reicher Mann gegen armer Mann, *DMin.* 333. Zum Vorwurf der Undankbarkeit in der Deklamation siehe Querzoli 2009, 213–215; 2013, 217–223.

45 Sen. *Ben.* 3.6.1, *an haec lex, quae in scholis exercetur, etiam in civitate ponenda sit, qua ingrati datur actio*; dazu Manning 1986 und Lentano 2009b.

46 Hellegouarc'h 1963, 153–170; Saller 1982, 11–22; Lendon 1997b, 63–69.

47 *CTh* 8.14.1 = *CJ* 8.49.1 (Valens, Valentinian und Gratian, 367 n. Chr.), *de Ingratis Liberis*; vgl. *Frag. Vat.* 248 (330 n. Chr.). Evans-Grubbs 1989, 83 Anm. 118 macht hier den Einfluss der Rhetorik auf das Gesetz geltend.

48 *CJ* 8.55.10 (Justinian, 530 n. Chr.); vgl. Just. *Nov.* 115.3 (542 n. Chr.).

49 *Liberi parentes alant aut vinciantur*, Tivier 1868, 122; Bornecque 1902, 63; Sprenger 1911, 238–239, richtigerweise einschließlich der Negativformulierung des Deklamationsrechts, *liberi parentes in calamitate ne deserant*; Lanfranchi 1938, 274–282; Bonner 1949, 95–96; Langer 2007, 83–86; Wycisk 2008, 148–150; Breij 2015b, 226–236; und für das Beispiel, Sen. *Contr.* 1.7. Zu den an diesem Gesetz hängenden Deklamationen vgl. insb. Beltrami 1997 und die von Brescia 2016, 325 Anm. 12 gesammelte Literatur. Für die Abhängigkeit von *in calamitate parentes ne deserant*, Zinsmaier 2009, 33–38 = Zinsmaier 1993, 17–21; Santorelli 2012, 135–142 = 2014, 191–197.

50 Pflicht zur Unterstützung der Eltern, *CJ* 5.25.1–3 (Antoninus Pius, Marcus Aurelius und Lucius Verus); *Dig.* 25.3.5 (Ulpian, sehr ausführlich); *CJ* 8.46.5 (Diokletian und Maximian). Zum Gesetz: Albertario 1925 [1933] – die klassische Diskussion, die aber durch eine allzu große Neigung zur Interpolation getrübt ist); Fayer 1994–2005, 1.284–286; Evans Grubbs 2011, 382–383; Sandirocco 2013 mit älterer Literatur (2 Anm. 4); Lentano 2009a, 29 Anm. 40; Saccoccio 2014, 5–22 mit ausführlicher Literatur. Man beachte, dass das römische Recht manchmal eine Pflicht zur Unterstützung einer Reihe verschiedener Beziehungen behauptet (Halbwachs 2014, 371), die im rhetorischen Recht (wo es immer Eltern sind) nicht vorkommt und die daher vermutlich nicht aus der Rhetorik stammen kann.

51 Emanzipierter Sohn, *Dig.* 25.3.5.13 (Ulpian); Soldatensohn, *Dig.* 25.3.5.15 (Ulpian).

52 Santorelli 2012, 140 = 2014, 196; Lentano 2014a, 33–43.

53 *Expositum qui agnoverit, solutis alimentis recipiat*, Lanfranchi 1938, 269–271; Bonner 1949, 125–127; Wycisk 2008, 146–148; Bernstein 2009, 344–348. Bevorzugt die Familie, die ihn erzogen hat, Quint. *Inst.* 7.1.14–15. Im römischen Recht, *CJ* 5.4.16 (Diokletian und Maximian); vgl. *CJ* 8.51.1 (Alexander Severus); *CTh* 5.10.1 = *CJ* 4.43.2 (Konstantin); *Const. Sirm.* 5 (Honorius und Theo-

dosius, 419 n. Chr.); zum Gesetz Lanfranchi 1940; Fayer 1994–2005, 1.196–200. Evans-Grubbs 1989, 83 Anm. 118 argumentiert für den Einfluss der Rhetorik in diesen Gesetzen, ebenso Casmento 2019, bes. 10, der sowohl die deklamatorischen als auch die römischen Gesetze diskutiert und neuere Literatur angibt.

54 *Talio*, *DMin.* 358, *talionis sit actio*; 372; vgl. Sen. *Contr.* 10.4.9; *DMin.* 385.4; *DM* 11.5; *talio* für Blendung, Calp. Flacc. 9, 43; *DMin.* 297; *DM* 7.4, 11.5; Sen. *Contr.* 3.1; vgl. Sprenger 1911, 226–227; Bonner 1949, 96–97; Langer 2007, 159; Santorelli 2017b, 15 = Santorelli und Stramaglia 2017, 20. Kaster 2001, 329–331 bemerkt eine Symmetrie zwischen dem *talio* in der Deklamation und der *raptarum lex*, siehe oben. Allgemein zur Verblendung in der lateinischen Deklamation, Krapinger und Stramaglia 2015, 29–31.

55 Zwölftafelgesetz 1.13 (*RS*), *si membrum rupit, ni cum eo pacit, talio esto*. Zur *talio* im frühen römischen Recht, Scheibelreiter 2012, 23–26 mit Literatur.

56 Aul. Gell. 16.10.8; für die Veralterung der *lex talionis* vgl. Aul. Gell. 20.1.14–18, der die *talio* in den Zwölftafeln als eine Sache der primitiven Vergangenheit diskutiert.

57 Ätna, Strabo 6.2.6, und für weitere solche, Coleman 1990, bes. 46, 60–61.

58 *Calumniator idem pateretur quod reus, si convictus esset*, *DM* 11.*pr.* mit Santorelli 2014, 26–32; auch *DMin.* 313, 331; vgl. Sen. *Contr.* 5.4; mit Sprenger 1911, 214–215; Lanfranchi 1938, 560–569; Bonner 1949, 92 für Varianten und Diskussion.

59 Plinius, *Pan.* 34.5–35.3; vgl. Suet. *Aug.* 32.2; Suet. *Titus* 8.5; Cass. Dio 68.1.2; *HA Alex.* 45.6; *CJ* 4.21.2 (Alexander Severus, 223 n. Chr.); und vgl. für *praevaricatores*, *Dig.* 47.15.6 (Paulus).

60 Konstantin, *CTh* 9.10.3 = *CJ* 9.12.7.*pr.* (319 n. Chr.) mit Centola 1999, 120–121; Dillon 2012, 96 Anm. 15; vgl. *CTh* 9.14.2 = *CJ* 3.27.1 (Valentinian, Theodosius und Arcadius, 391 n. Chr.), Räubern auf Feldern oder Landstraßen darf mit Gewalt widerstanden werden, so dass *mortem quam minabatur excipiat et id quod intendebat incurrat*. Vgl. Just. *Nov.* 117.9.4 (542 n. Chr.), wo ein Ehemann, der eine falsche Anschuldigung des Ehebruchs vorbringt, *subdatur suppliciis, quae esset passa mulier, si huiusmodi fuisset accusatio comprobata*. *Calumnia* – falsche Anschuldigung – wurde nach römischem Recht immer bestraft, mindestens mit *infamia*, oft aber auch härter: Mommsen 1899, 491–498. Was uns hier ebenso wie Mommsen (496) interessiert, ist die Entwicklung der Idee, dass ein falscher Ankläger als schuldig an dem Verbrechen bestraft werden sollte, dessen er einen anderen fälschlicherweise beschuldigt hat; siehe insbesondere Mer 1953, 428–445.

61 *CTh* 9.5.1 = *CJ* 9.8.3 = *FIRA* 1.94 = *CIL* 5.2781 (Konstantin, oder vielleicht Galerius; Datum umstritten; siehe Dillon 2012, 14) mit Centola 1999, 122–123. Zu weiteren Beispielen für den *talio* im späteren römischen Recht siehe Genzmer 1942.

62 *CTh* 9.1.14 (Gratian, Valentinian und Theodosius, 383 n. Chr.); vgl. *CTh* 9.1.11 (Valentinian, Valens und Gratian, mit Centola 1999, 139–140 Anm. 68 für

das Datum); *CTh* 9.2.3 (Gratian, Valentinian und Theodosius, 380 n. Chr.); Symm. *Rel.* 49.1, 3 (384–385 n. Chr.). Inwieweit in der Spätantike die Strafe für eine durch *inscriptio* erhobene Anklage auf einen falschen Ankläger zurückfiel, und wenn ja, für welche Verbrechen, ist umstritten: siehe Coşkun 2001 mit Literatur. Zur *poena talionis* für falsche Anschuldigungen in der Spätantike, die meist auf Konstantin zurückgeführt wird, siehe auch Mer 1953, 212–228; Venturini 1988, 85 Anm. 57; Harries 1988, 167–168; Santalucia 1998, 283 Anm. 41; Giomaro 2003, 55–56, 194–195; Santorelli 2014, 30–32.

63 *CTh* 9.1.19.*pr.* = *CJ* 9.2.17.*pr.* = *CJ* 9.46.10 (Honorius und Theodosius, 423 n. Chr., mit Centola 1999, 149–150), *cum calumniantes ad vindictam poscat similitudo supplicii.* Vgl. *CTh* 9.37.4 (Arcadius und Honorius, 409 n. Chr.), *nec ante a iudice dimitti, quam in reum, probato crimine, vindicetur, aut in accusatorem pari forma sententiae damnatio referatur*, unter Anpassung eines früheren Gesetzes, *CJ* 9.42.3 (Valentinian, Valens und Gratian, 369 n. Chr.), das diese Bestimmung nicht gehabt zu haben scheint; vgl. *LRB* 7.4 (= *FIRA* 2.721); vielleicht auch *CTh* 9.1.9 = *CJ* 9.46.7 (Valentinian und Valens, 366 n. Chr.).

64 Fuß des Deserteurs, *CJ* 6.1.3 (Konstantin; Datum umstritten); Hände der unterwürfigen Beamten, *CTh* 1.16.7 (Konstantin, 331 n. Chr.; mit Dillon 2012, 139–146); Zunge desjenigen, der den Kaiser beleidigt, Amm. Marc. 28.6.20 (aus dem Text geht nicht ganz klar hervor, wen sie angeblich verleumdet hatten, aber ihr Verbrechen war eines der Rede: *invidiosa quaedam locutos*); Blei, für die Mitwirkung an *raptus* durch einen *nutrix*, *CTh* 9.24.1.1 (Konstantin; Datum umstritten); vgl. *Nov. Maj.* 4.1 (458 n. Chr.), Amputation der Hände derer, die öffentliche Gebäude beschädigen; alle mit Harries 1999, 136–138, der auch andere und frühere oder scheinbar frühere Beispiele anführt. Vgl. *HA Alex.* 28.4, 36.2, ein Werk der Phantasie aus dem späten 4. Jahrhundert n. Chr., das die Erwartung einer dem Verbrechen „angemessenen" Verstümmelung zeigt. Zur Verstümmelung im spätantiken Recht siehe Mommsen 1899, 982–983 mit weiteren Beispielen, von denen viele „zum Verbrechen passen"; MacMullen 1990 [1964], 102; MacMullen 1990 [1986], 212.

65 *CTh* 10.10.2 (Konstantin, 312 n. Chr.), *comprimatur unum maximum humanae vitae malum, delatorum exsecranda pernicies, et inter primos conatus in ipsis faucibus stranguletur, et amputata radicitus invidiae lingua vellatur* (mit Centola 1999, 132–133); die Interpretation folgt unmittelbar in der *CTh*.

66 In frühen Zeiten kann die Amputation der Hände auch eine militärische Strafe gewesen sein, für Diebstahl (Frontinus, *Str.* 4.1.16) und Desertion (Val. Max. 2.7.11: Fabius Maximus). Und vgl. bei den klassischen Juristen *Dig.* 5.2.8.14 (Ulpian) für eine angemessene, wenn auch nicht anatomisch angemessene Strafe: Wer eine erfolglose *querela inofficiosi testamenti* macht, verliert das, was er nach dem nicht aufgehobenen Testament hätte erhalten sollen; auch *Dig.* 48.19.28.12 (Callistratus), ein Brandstifter, der durch Verbrennen hingerichtet wurde (aber das war eine normale römische Gerichtsstrafe, wenn sie in diesem Fall angemessen war); *Dig.* 48.19.28.15 (Callistratus) legt fest, dass Räuber an dem Ort gekreuzigt werden sollen, an dem sie

gestohlen haben; 48.19.38.*pr.* (Paulus): Aus den Minen stehlen? Sie sollen in die Bergwerke verdammt werden. Und siehe *Dig.* 49.19.40 (Paulus) für einen Mann namens Philoctetes, der auf eine Insel verbannt wurde (dies könnte ein seltener Scherz in der *Digesten* sein).

67 *Excaecati dux sit*, Quint. *DMin.* 297.*pr.* Zu den Pflichten gegenüber Blinden in der lateinischen Deklamation, Santorelli und Stramaglia 2017, 15–21 mit Cal. Flacc. 9, 43. *qui patrem pulsaverit, manus ei praecidantur*, Sprenger 1911, 240; Bonner 1949, 96–97; Lentano 2009 [2005], 60 Anm. 40; Santorelli 2014, 32 Anm. 60. *sacrilegio manus praecidantur*, Sen. *Contr.* 8.2 mit Bonner 1949, 106.

68 Die Allgegenwart von verstümmelten Personen in der Deklamation wird von Gunderson 2003, 59–60, 75–79; Berti 2007, 325–337; Danesi Marioni 2011–2012 diskutiert.

10 Rechtsrätsel, bekannte Gesetze und vom römischen Recht abgelehnte Gesetze der Rhetorik

1 Sen. *Contr.* 10.1, *iniuriarum sit actio* (*pr.*); vgl. Bornecque 1902, 68–69; Sprenger 1911, 225; Lanfranchi 1938, 342–343; Bonner 1949, 115–116. Die Deklamatoren (in der Person des reichen Mannes) verdeutlichen den Zweck des Tragens der Trauerkleidung durch den Sohn als *in alienam invidiam facere* (10.1.9); *me quidam propter hoc suspectum habent* (10.1.11); *in convicium … sequitur* (10.1.12).

2 Sen. *Contr.* 10.1.9, *omnia iniuriae genera lege conprehensa sunt: pulsare not licet, convicium contra bonos mores non licet … nova formula iniuriarum componitur: „quod* ille *contra bonos mores flevit."*

3 *Zitat Dig.* 47.10.15.25–26 (Ulpian; cf. 28), *ait praetor: „ne quid infamandi causa fiat. si quis adversus ea fecerit, prout quaeque res erit, animaduertam." Hoc edictum supervacuum esse Labeo ait, quippe cum ex generali iniuriarum agere possumus.* Labeo gewann dieses Argument. Im klassischen Recht war eine Beleidigung, wie sie der Reiche erlitt, zweifellos eine *iniuria*, siehe Daube 1991 [1951], 465–466; Hagemann 1998, 64–71, 75–81, der auch zur Entwicklung des Rechts der *iniuria* im Allgemeinen konsultiert werden sollte. Zu Labeo und *iniuria*, Bryen 2018.

4 Dies ist die Kontroverse zwischen Daube 1991 [1951] und Birks 1976.

5 Suet. *Gramm. et Rhet.* 25.5 (Kaster) mit Kaster 1995 ad loc., der argumentiert, dass der historische Fall augusteisch oder später sein muss, obwohl Sueton ihn zu den *veteres controversiae* zählt; Sprenger 1911, 242 hielt dies zu Recht für ein reales Ereignis. Allgemein für Sklaven und Freigelassene in der lateinischen Deklamation, Knoch 2018.

6 *Qui voluntate domini in libertate fuerit, liber sit*, *DMin.* 340.*pr.*1 mit Winterbottom 1984 ad loc.; auch *DMin.* 342.*pr.*2. Zu diesem Deklamationsrecht: Sprenger 1911, 260; Lanfranchi 1938, 183–186; Bonner 1949, 19; Sirks 1988; Wycisk 2008, 53–59; Knoch 2018, 149–150.

7 Aus der praetorischen *tuitio*, Wlassak 1905, 374–378; Lanfranchi 1938, 183–185; Bonner 1949, 19; Wycisk 2008, 55–56 mit Literatur. Aus der *lex Junia*, Sirks 1983, 218–221 (immer noch die beste Arbeit zur junianischen Latinität); Sirks 1988, 347 (zeigt aber [354–355], dass *DMin.* 342, die das Deklamationsrecht verwendet, prominenten Elementen der *lex Junia* widerspricht; und vgl. für andere Probleme [356- 358]); und Wycisk 2008, 56 mit Literatur. Zur *lex Junia*, zum Stand der Frage, Bettinazzi 2014, 45–64; zur älteren Literatur zur *lex Junia* und ihrer Datierung, Rodríguez Alvarez 1978, 127–140 für einen *catalogue raisonné*, oder Sirks 1981, 250–251 Anm. 9 für eine Liste; zur neueren Literatur, Koops 2014.

8 *Dig.* 40.12.28 (Pomponius), *non videtur domini voluntate servus in libertate esse, quem dominus ignorasset suum esse: et est hoc verum: is enim demum voluntate domini in libertate est, qui possessionem libertatis ex voluntate domini consequitur*, mit Wlassak 1905, 397–401; cf. *Dig.* 40.12.24.3 (Paulus); Ulp. *Tit.* 1.12; *Frag. Dosith.* 4–5, 7 (= *FIRA* 2.618–619); *CJ* 7.4.4 (Alexander Severus, 222 n. Chr.?) für ähnliche Formulierungen; und vgl. Sirks 1983, 235–236 Anm. 51 für Beispiele, in denen diese *voluntas* impliziert ist, unter Hinzufügung von *CJ* 7.6.1.5 (Justinian, 531 n. Chr.), 12.33.6.*pr.* (Justinian, 529 n. Chr.), 12.33.7 (Justinian, 531 n. Chr.) aus Bettinazzi 2014, 147 Anm. 737.

9 Dem ist hinzuzufügen, dass die Kaiser in *CJ* 4.61.1 (Severus und Caracalla) entschieden, dass ein Sklave, der vor einer Zollangelegenheit *iure* entlassen wurde, nicht in die Sklaverei zurückversetzt werden kann, wenn es zu einer solchen Angelegenheit kommt, womit sie einen anderen Aspekt des Falles des Sklavenjungen von Brundisium zu regeln schienen, der vielleicht aufgrund der Deklamation lange im Bewusstsein der Öffentlichkeit blieb.

10 Cic. *Inv. Rhet.* 2.149; *Rhet. Her.* 1.23; Livius, *Per.* 68; Mommsen 1899, 921–923, mit Anm. 9 zu den schwarzen Ochsen; Cantarella 1991, 264–289 zur Diskussion der *poena cullei*; Di Ottavio 2012b, 51–52 und Carlà-Uhink 2017, 54 Anm. 143 für neuere Literatursammlungen zu dieser Hinrichtungsform. Meyer 2004 erörtert die besondere Macht der Wachstafeln im römischen Rechtsverkehr.

11 D'Ors 1995, 131–132 sammelt die Literatur zu Malleolus und seinem Testament; Calboli 2018 tut dasselbe und fasst die italienische Gelehrtenkontroverse in englischer Sprache zusammen, wobei er auf die deklamatorische Form der Berichte und auf den Gesetzeskonflikt hinweist.

12 *Querela inofficiosi testamenti*, Di Ottavio 2012a und 2012b, 1–24 bieten unschätzbare *catalogues raisonnés* der riesigen Gelehrsamkeit. Renier 1942 ist die klassische Studie.

13 *Dig.* 5.2.5 (Marcellus), *resque illo colore defenditur apud iudicem, ut videatur ille quasi non sanae mentis fuisse, cum testamentum inique ordinaret. Dig.* 5.2.2 (Marcian), *hoc colore inofficioso testamento agitur, quasi non sanae mentis fuerunt, ut testamentum ordinarent. et hoc dicitur non quasi vere furiosus vel demens testatus sit, sed recte quidem fecit testamentum, sed non ex officio pietatis: nam si vere furiosus esset vel demens, nullum est testamentum.*

Zu diesen Passagen und zur gesamten Literatur über die *querela inofficiosi testamenti* und Parallelen in der Deklamation siehe Renier 1942, 101–124; Querzoli 2000, 151–179; Di Ottavio 2009 = 2012b, 43–77; 2012a; 2012b, 1–41, 125–134; Querzoli 2013, 147–183; Rizzelli 2014b, 135–154; und Querzoli 2013 für die Tendenz von Ulpius Marcellus, Begriffe und Konzepte aus der Rhetorik zu verwenden. Wir haben uns hier auf die Interpretation von Di Ottavio gestützt. Was geschah, wenn die *querela* erfolgreich war, ist wunderbar kompliziert und reicht von der Ungültigerklärung des Testaments (und damit der Anwendung der Erbschaftsregeln bei Nichtvorliegen eines Testaments) bis zur Anpassung seiner Bestimmungen zugunsten des erfolgreichen Prozessführers: siehe Buckland 1963, 330–331 auf Englisch.

14 Für *dementiae sit actio* in Deklamationen, Bornecque 1902, 67–68; Sprenger 1911, 184–186; Bonner 1949, 93–94; Gunderson 2003, 115–149; Langer 2007, 90–92; Di Ottavio 2012b, 79–100; Rizelli 2014b, 7–79 = 2015. Siehe Longo 2016, 179–187 allgemein zum Wahnsinn in der lateinischen Deklamation und Querzoli 2013, 162–163 Anm. 43 zur Literatur zum Wahnsinn im römischen Recht. Quint. *Inst.* 7.4.29–31 (vgl. Sulpitius Victor 60 [*RLM* 351]) widmet diesem Gesetz eine spezielle Diskussion, die – zusätzlich zu den neun Fällen, die in der lateinischen Deklamation überlebt haben – andeutet, wie verbreitet das Thema war. Zur gleich zu nennenden Anklage gegen Sophokles Cic. *Sen.* 7,22.

15 Suet. *Gramm. et Rhet.* 30.1–2, 6 (Kaster) mit Grisé 1982, 142–143 Anm. 77; Kaster 1995 ad loc.

16 *Qui causas <voluntariae> mortis in senatu non reddiderit, insepultus abiciatur, DM 4.pr.* Stramaglia 2013, 84–86 Anm. 2–3 sammelt die vielen Fälle dieses Gesetzes und ähnlicher, die in der lateinischen und griechischen Deklamation bekannt sind; füge Penella 2014, 112 für weitere Fälle von προσαγγελία bei Libanios hinzu, dessen beliebtes Deklamationsgesetz dies war. Die Allgemeingültigkeit dieses Themas wird auch durch Quint. *Inst.* 7.4.39, 11.1.56 bestätigt. Zur Diskussion über die Strafe *insepultus abiciatur*, Zinsmaier 1993, 22–26, 33–39 = 2009, 38–43, 52–58.

17 Suet. *Gramm. et Rhet.* 30.4–5 (Kaster, mit Kaster 1995 ad loc.) und Sen. *Contr.* 7.*pr.*6–7 mit Berti 2007, 144–149.

18 Zum Deklamationsrecht, seinen Varianten und Ursprüngen, Sprenger 1911, 236–238; Lanfranchi 1938, 489–490; Langer 2007, 154–155; Pasetti 2011, 31–34.

19 Römisches Recht zum Suizid, Vandenbossche 1953 und Wacke 1980 mit Literatur, insbesondere zu den Testamenten von Selbstmördern, van Hooff 1990, 166–173; Langer 2007, 156; Pasetti 2011, 34–36.

20 Vorweggenommene Selbsttötung, Grisé 1982, 44–50. Zur gesetzlichen Haftung der Erben des Verurteilten, Brasiello 1971.

21 *Dig.* 48.21.3 (Marcian; zitiert Antoninus Pius); vgl. *Dig.* 28.3.6.7 (Ulpian); *Dig.* 29.5.1.23 (Ulpian); Dig. 49.14.45.2 (Paulus); und vielleicht gibt es eine Spur schon bei Trajan, *Dig.* 3.2.11.3 (Neratius in Ulpian; Vandenbossche 1953, 488–489). Diese Logik wurde auf Soldaten ausgedehnt, die einen Suizidversuch

unternahmen, aber daran scheiterten, und die normalerweise hingerichtet, aber nur mit *ignominia* aus dem Dienst entlassen werden sollten, wenn *impatientia doloris aut taedio vitae aut morbo aut furore aut pudore mori maluit*, *Dig.* 49.16.6.7 (Hadrian in Arrius Menander); vgl. *Dig.* 48.19.38.12 (Paulus); *Dig.* 48.21.3.6 (Marcian).

22 Hadrian, *Dig.* 48.21.3.5 (Marcian). Calp. Flacc. 38; *DMin.* 337; vgl. *DMin.* 335. Zur Tötung von Söhnen in der realen Welt, Carlà-Uhink 2017, 32–46 für die Literatur.

23 *Dig.* 48.9.8 (Ulpian), und in Deklamation, *DM* 4; vgl. *DMin.* 377. Zum Vatermord im Gesetz siehe dieses Kapitel, Anm. 32; in der Deklamation, Anm. 34.

24 *Dig.* 48.21.3.6 (Marcian), *et merito, si sine causa sibi manus intulit, puniendus est: qui enim sibi non pepercit, multo minus alii parcet*; Sen. *Contr.* 8.4, *nihil non ausurus fuit qui se potuit occidere. Dig.* 21.1.23.3 (Ulpian), *tamquam non nihil in alium ausurus, qui hoc adversus se ausus est.* Die Ähnlichkeit mit Seneca führte natürlich dazu, dass die marcianische Passage als Interpolation eingestuft wurde, als die Suche nach Interpolationen in Mode war: Levy und Rabel 1935, 550; Vandenbossche 1953, 503–505, 513–514.

25 *Dig.* 48.21.3.8 (Pius in Marcian) versus *CJ* 6.22.2 (Diokletian und Maximian, 290 n. Chr.). Um 364 n. Chr., um die Geschichte zu beenden, wurde dies überflüssig, da das Eigentum selbst der Verurteilten an ihre Kinder überging, außer im Fall von *maiestas*, *CTh* 9.42.6 (Valentinian und Valens, 364 n. Chr.); vgl. *CJ* 9.48.1 (Theodosius und Valentinian, 425 n. Chr.) und *CJ* 9.49.10 (Theodosius und Valentinian, 426 n. Chr.), in deren zweiter Fall die Hälfte des Vermögens an die Kinder übergeht.

26 Zu dieser Deklamation siehe Krapinger 2005; es handelt sich um die wohl berühmteste der *Großen Deklamationen*, die auch anderen Autoren in der Antike bekannt war (9 Anm. 1) und von der Forschung ausführlich kommentiert wurde; siehe insbesondere die Artikel von Tabacco (gesammelt bei Krapinger 2005, 165–166); Crook 1993, 74; und Krapinger 2007b, für Literatur (189 Anm. 3) und Nachleben.

27 *Coll.* 12.7.10, viel diskutiert: Frier 1982–1983 und 1994 sind gute Einführungen in englischer Sprache.

28 Mantovani 2007 [2006], dessen Ansicht wir uns hier anschließen: ähnliche Argumente (352–369); gemeinsame Wörter (369); verbale Ticks (374–376 mit Anm. 193, wobei weitere Parallelen zwischen Celsus und Quint. *Inst.* und der *DMin.*, dazu auch Scarano Ussani 1979, 139–155; 1989, 89–90); Schlussfolgerung (376–377). Dies alles setzt natürlich voraus, dass wir mit Mantovani (336–338) *DM* 13 am Ende des 1. oder zu Beginn des 2. Jahrhunderts n. Chr., der frühesten wahrscheinlichen Epoche, ansiedeln und hoffen, dass es sich um das echte Werk Quintilians handelt: Für diese Annahmen mache ich gerne den genialen Mantovani verantwortlich.

29 Intellektuelle Kinder: siehe Rodríguez González 2015; Rizzelli 2019. So Stagl 2012, vgl. *DMin.* 360 insb. mit *Dig.* 15.1.52.1 (Paulus); *Dig.* 24.3.22.13 (Ulpian);

Dig. 42.5.17.1 (Ulpian); *CJ* 7.74.1 (Severus und Caracalla, 209 n. Chr.). Zur Literatur über die *favor dotis* siehe Kleiter 2010, 185–190.

30 Bettinazzi 2012, etwa *DMin.* 302; aber siehe Avenarius 2015, 59–79 zum griechischen Einfluss auf die römische Sitzordnung im Theater. Ich erwähne diesen und den *favor dotis*-Fall mit Respekt, aber es ist beunruhigend, dass diese Argumente jeweils auf einer einzigen überlebenden Deklamation beruhen.

31 Moot Court, Daube 1991 [1951], 486, 497; Evans-Grubbs 1989, 82–83; Mantovani 2007 [2006]; Nörr 2009, 50–51; Bettinazzi 2012, bes. 543–544; Mantovani 2014, 1; Lentano 2016, 75; Casamento 2019, 10.

32 Für das römische Recht des Elternmordes, Mommsen 1899, 643–646, Nardi 1980 – mit einer ausführlichen Diskussion über die Tiere: wie viele und welche Arten? Santalucia 1998, 148–149, 161–162, 262, 292–293; Robinson 1995, 46–47; Carlà-Uhink 2017, 53–61 für Literatur.

33 Sonstige Sanktionen, *Sent. Paul.* 5.24, *hodie tamen vivi exuruntur vel ad bestias dantur*; *Dig.* 48.9.9.*pr.* (Modestinus zitiert Hadrian); *Dig.* 48.9.1 (Marcian); Konstantin, *CTh* 9.15.1 = *CJ* 9.17.1 (318–319 n. Chr.), der ausdrücklich die Hinrichtung durch das Schwert oder das Verbrennen bei lebendigem Leib durch den *culleus* ersetzt. Siehe La Bua 2006, 200–201; Robinson 1995, 47.

34 Zum Vatermord in der Deklamation: Pasetti 2011, 16–20; Lentano 2015c; Zinsmaier 2009, 208–209 sammelt Erwähnungen des *culleus* in der lateinischen Deklamation; Santorelli und Stramaglia 2017, 87–88 für weitere Literatur.

35 *Ius vitae necisque* selten im hohen und späten Kaiserreich verwendet, Thomas 1984 [2017] 545–548, „*La vitae necisque potestas n'est pas un fait d'histoire sociale*" (545); Saller 1994, 115–117; Arjava 1998, 153 Anm. 33; stattdessen vor Gericht gehen, Arjava 1998, 153 Anm. 37; vielleicht zwingend, *Dig.* 48.8.2 (Ulpian), *inauditum filium pater occidere non potest, sed accusare eum apud praefectum praesidemque provinciae debet*, mit Nótári 2013, 37–38, natürlich als interpoliert denunziert, als so etwas in Mode war; aber vgl. *CJ* 8.46.3 (Alexander Severus, 227 n. Chr.). *CTh* 4.8.6.*pr.* = *CJ* 8.46.10 (Konstantin, 323 n. Chr.) scheint sich auf das *ius vitae necisque* als ein historisches Phänomen zu beziehen, das zur Zeit Konstantins nicht mehr aktuell war. Und *CTh* 9.13.1 = *CJ* 9.15.1 (Valentinian und Valens, 365 n. Chr.) geht davon aus, dass sich die Macht des Vaters nicht auf die Exekution erstreckt, und fordert den Vater auf, in solchen Fällen einen Richter mit dem sündigen Kind verhandeln zu lassen, *quod si atrocitas facti ius domesticae emendationis excedit, placet enormis delicti reos dedi iudicum notioni*. Für das Gesetz siehe Fayer 1994–2005, 1.170–178; Carlà-Uhink 2017, 46–47.

36 Zum *ius vitae necisque* in der lateinischen Deklamation, siehe Kapitel 8 Anm. 48.

37 Juristische Unkenntnis römischer Beamter, Brunt 1975 [1990], 132–136; Peachin 1996, 14–65; für die Zusammensetzung der *consilia*, der Beratergremien des Statthalters, Weaver 2002 und Kantor 2017, 60–73, der die seltenen Rechtsexperten erwähnt (72), die alle, so vermuten wir, eher Experten

für lokales als für römisches Recht waren. Zu den unvollkommenen Rechtskenntnissen von Tacitus und Cassius Dio, beide hohe Beamte, siehe Rogers 1933; zu Aulus Gellius, der als *iudex* in Rom diente, siehe Holford-Strevens 2003 [1988], 294–301; Querzoli 2008. Für eine weniger pessimistische Einschätzung des Rechtswissens, das einem Statthalter durch seine Mitarbeiter zur Verfügung stand, siehe Lehne-Gstreinthaler 2016, 90–95. Zu Statthaltern, die *extra ordinem* agieren, s. die Einführung zu Abschnitt IV, Anm. 2. Starace 2007, 509 stellt eine nützliche Verbindung zwischen dem Einfluss der Rhetorik auf das Recht und den Statthaltern her, die *extra ordinem* handelten, und dem Spielraum, den sie dabei hatten.

38 Ulpians Werke in Ephesos, *I.Ephesos* II 217 mit Kantor 2009, 249–256; leider kann man die Inschrift nicht genau, sondern nur von den Severern bis Konstantin datieren. Zu Fragmenten römischer juristischer Texte, die in ägyptischen Papyri gefunden wurden, Taubenschlag 1955, 37–40.

39 Juristen um den Kaiser, Peachin 2016. Hat der Kaiser davon Notiz genommen? Manchmal: Peachin 2001. Für die Verwendung von Rechtsgutachten in konkreten Fällen sammelt Katzoff 1982 die wenigen Fälle, die aus den ägyptischen Papyri bekannt sind, was darauf hindeutet, dass die Verwendung von *Responsa* vor Gericht selten war. Für die Presse der kaiserlichen Arbeit gibt Buch 10 der Briefe des Plinius einen guten Eindruck, ebenso wie Millar 1977.

40 Die Verbreitung der Anwendung und Kenntnis des römischen Rechts in den römischen Provinzen, insbesondere vor der Einführung des römischen Bürgerrechts (und der nahezu universellen Einführung dieses Bürgerrechts nach 212 n. Chr.), ist umstritten. Die traditionelle Ansicht, dass das römische Recht nur römischen Bürgern zur Verfügung stand und in den Provinzen nur selten angewandt wurde, ist in jüngster Zeit von Wissenschaftlern iinfrage gestellt worden, die argumentieren, dass die römischen Statthalter die Anwendung des römischen Rechts auch durch Nicht-Römer akzeptierten und förderten, unabhängig davon, ob sie formell die *fictio civitatis* (Gaius, *Inst.* 4.37), derzufolge ein Nichtrömer zu Rechtszwecken als Römer behandelt wurde, anwandten oder nicht: Ando 2011a, 1–36; Kantor 2009, insb. 265; Kantor 2015, 15–18; Dolganov 2020; sed contra für eine viel begrenztere Durchdringung durch das römische Recht, Maehler 2005, der die ältere Literatur sammelt, die dasselbe behauptet (136–137); Yiftach-Firanko 2009, 553–557, Fournier 2010, 543–547; und Trajan in Plinius, *Ep.* 10.113, *quod semper tutissimum est, sequendam cuiusque civitatis legem puto*. Ich denke, dass die Argumente für eine weit verbreitete frühe Anwendung des römischen Rechts in den Provinzen noch nicht vollständig geklärt sind, aber das Ergebnis ist mir gleichgültig: Selbst in Rom war die Kenntnis des römischen Rechts immer eine Minderheitserrungenschaft, und der Streit geht zwischen denjenigen, die meinen, dass sie in den Provinzen lediglich selten war, und denjenigen, die meinen, dass sie verschwindend selten war, hin und her (der klassische Text über die juristische Unkenntnis der Prozessierenden ist *C. Tanta* 17). In jedem Fall wird die Ausbildung in Rhetorik, über die fast jeder Griechisch-

oder Lateinsprecher der Oberschicht verfügte, viel weiter verbreitet gewesen sein.

41 Quint. Inst. 7.4.10–11, 27–31; vgl. Sen. Contr. 2.3.13 für die actio dementiae der Deklamation als Parallele zur Bitte um einen curator.

42 Zur rhetorischen *actio dementiae* siehe dieses Kapitel Anm. 14. Zur Nichtanwendung der strengeren Aspekte der *patria potestas*, siehe dieses Kapitel Anm. 35.

43 Zum *curator furiosi* bietet *CJ* 5.70.7 (Justinian, 530 n. Chr.) eine Zusammenfassung der früheren Rechtsprechung, und siehe Diliberto 1984 – insbesondere zu den Grenzen der Macht des *curator*; Fayer 1994–2005, 1.559–582 mit Literatur zur Rechtstradition zu diesem Thema, die auf die Zwölftafeln zurückgeht. Sohn darf *curator* sein, *Dig.* 26.5.12.1 (Antoninus Pius, Marcus Aurelius und Lucius Verus in Ulpian), früher verboten *quasi indecorum sit patrem a filio regi*. Die Zulassung eines Sohnes als *curator* vielleicht unter rhetorischem Einfluss, Rizzelli 2019, 103–104.

44 Zur rhetorischen *actio malae tractationis*, Bornecque 1902, 67; Sprenger 1911, 192–194; Bonner 1949, 94–95; Stramaglia 1999, 94–95, 105–107; Hömke 2002, 164–181; Breij 2006b, 89–98 = Breij 2015a, 60–70; 2015b, 236–243. Das Gesetz wurde, so ist man sich einig, vom athenischen γραφὴ κακώσεως abgeleitet.

45 Sen. *Contr.* 3,7, 4,6, 5,3; Calp. Flacc. 51; *DM* 8, 18, 19; mit Bonner 1949, 94 für den Konflikt mit der *patria potestas*; Langer 2007, 160; Breij 2006b, 96 = 2015a, 68. Auch das Deklamationsrecht hatte einen größeren Anwendungsbereich: „das Vorenthalten von Schmuck, der zu einer *matrona* passt; die Weigerung, Diener zu stellen oder seine Frau in die Öffentlichkeit gehen zu lassen; körperliche Misshandlung; Untreue; das Vorenthalten sexueller Gefälligkeiten" (Breij 2006b, 95–96 = 2015a, 67–68).

46 Langer 2007, 158–160.

47 Quint. *Inst.* 7.4.11. Solazzi 1899 – das im Text erwähnte Buch; Söllner 1969; Treggiari 1991, 350–361; Hömke 2002, 166–167, mit einer Zusammenstellung der juristischen Literatur unter Anm. 393; Fayer 1994–2005, 2.698–714, 734–738; 3.79–81.

48 Die *lex Iulia et Papia* (zu der Astolfi 1996) taucht vielleicht einmal in Quint. *Inst.*, wenn auch nicht namentlich, auf. Siehe Tellegen-Couperus 2003.

49 Lucian, *Abdicatus* 8 gibt eine klare Darstellung des vorgesehenen Rechtsverfahrens; vgl. Wurm 1972, 25–39. Die Übersetzung von *abdicatio* mit dem englischen „repudiate" vermittelt die Kraft des Aktes und den Zorn, der gewöhnlich damit verbunden ist, und vermeidet eine Umschreibung wie „aus dem Haushalt ausschließen und enterben", ist aber nicht zu verwechseln mit dem Begriff *repudium* aus dem römischen Recht, der eine Stufe der Scheidung war (Kaser 1971 [1955], 81) und auch verwendet wurde, wenn eine Erbschaft (718) oder ein Vermächtnis (753) abgelehnt wurde.

50 Zur griechischen Rechtstradition: Sciortino 2003, 335 Anm. 6; Modrzejewski 2014, 334–336. Papyri: *P. Cair. Masp.* III 67353 = *Sel. Pap.* I 87 (569 n. Chr.; übers. nach Hunt und Edgar, angepasst) und *P. Cair. Masp.* I 67097 = *Jur. Pap.*

13 = *FIRA* 3.33–37 (560er oder 570er Jahre; übers. nach. Urbanik, angepasst) mit Migliorini 2001, 279–286, 320–328; Urbanik 2008. Guast 2018, 192 Anm. 17 listet Instanzen von ἀποκήρυξις im griechischen Deklamationsmaterial auf.

51 *CJ* 8.46.6 (Diokletian und Maximian, 287 n. Chr.): *abdicatio, quae Graeco more ad alienandos liberos usurpabatur et apokeryxis dicebatur, Romanis legibus non comprobatur*, mit Wurm 1972, 80–82. Zur *abdicatio* (das Verhältnis zwischen dem römischen und dem griechischen Recht und die Existenz der *abdicatio* außerhalb der Literaturwelt, bevor Diokletian und Maximian sie verboten, sind umstritten), Lanfranchi 1938, 254–267; Düll 1943, 71–116 – teilweise unzuverlässig; Bonner 1949, 101–103; Levick 1972; Wurm 1972; Migliorini 2001, 279–333; Sirks 2002b, 712–713; Sciortino 2003; Krapinger 2007a, 13–19; mit Lentano 2009 [2005], 61–64, bes. Anm. 44; 2014a, 43–50, 63–64, 79–83; Masi Doria 2012; und Rizzelli 2012b, 272–273 Anm. 5–7 für die gesamte Literatur.

52 *Relegatio*, Mommsen 1899, 968; Düll 1943, 66–67, 72, 96, 99–103 (stellt die Verbindung zur *abdicatio* her); Wurm 1972, 48–64. *Exheredatio*, Kaser 1971 [1955], 703–713 (unter Hinweis auf einige sehr technische Einschränkungen – siehe auch Buckland 1963, 321–332 –, von denen die wichtigste, die Gefahr der *querela inofficiosi testamenti*, oben diskutiert wird); Wurm 1972, 61, 69–77. In einigen Fällen, *DMin.* 374.*pr.*; Cal. Flacc. 14.*pr.*; Quint. *Inst.* 3.6.96, 98; und Iulius Victor, *Ars Rhet.* 4.9 (*RLM* 394), wird die Unfähigkeit des *abdicatus*, zu erben, konkretisiert (*abdicatus de bonis paternis nihil habeat*), was darauf hindeuten könnte, dass *abdicatio* nicht immer Enterbung einschloss, gäbe es nicht mehr Beispiele, in denen Enterbung angenommen wird, Lanfranchi 1938, 260, und besonders Quint. *Inst.* 7.4.11. Scheinbar überflüssige Gesetze (oft um den Deklamator zu leiten oder um einen klaren Konflikt mit einem anderen Gesetz zu schaffen) sind in der Deklamation kaum unbekannt, z. B. Quint. *Inst.* 3.6.96, *testamenta legibus facta rata sint: intestatorum parentium liberi heredes sint* und *in adoptionem dare liceat*, alle aus derselben Stelle bei Quintilian wie *abdicatus ne quid de bonis patris capiat*, mit Fantham 2011 [2004], 310.

53 Quint. *Inst.* 7.4.11, *nam quae in scholis abdicatorum, haec in foro exheredatorum a parentibus et bona apud centumviros repetentium ratio est.*

54 Langer 2007, 138 zählt 39 Fälle von *abdicatio* im lateinischen Deklamations-Corpus; vgl. Lanfranchi 1938, 254 Anm. 3; Wurm 1972, 25–26. Quint. *Inst.* 7.4.27–28 widmet der *abdicatio* eine eigene Diskussion und unterstreicht damit, wie verbreitet sie in der Deklamation war; vgl. Sulpitius Victor, *Inst. Or.* 59 (*RLM* 350); Cyrus, *Diaph. Stas.* 13 (Walz, *RG* 8.394–395). Zur Diskussion von lateinischen Deklamationen mit *abdicatio*, Thomas 1983, 126–132; Fantham 2011 [2004]; Brescia und Lentano 2009, 76–84; griechische Deklamationen mit ἀποκήρυξις, Russell 1983, 31–32; Johansson 2015 zu Libanios und Choricius; siehe auch Lucian, *Abdicatus*; Sopater, *Quaest. Div.* (Walz, *RG* 8.16 = Weißenberger III, S. 16, 281; Walz, *RG* 8.78 = Weißenberger XIII, S.

54, 322; Walz, *RG* 8.175 = Weißenberger XXVII, S. 112, 386; Walz, *RG* 8.227 = Weißenberger XXXVIII, S. 145, 421; Walz, *RG* 8.244 = Weißenberger XLII, S. 155, 431; Walz, *RG* 8.270 = Weißenberger XLVI, S. 171, 449; Walz, *RG* 8.336 = Weißenberger LXVIII, S. 214, 495); Cyrus, *Diaph. Stas.* 13 (Walz, *RG* 8.394–395); *Prob. Rhet.* 6, 23, 39 (Walz, *RG* 8.403, 406, 408–409).

55 Sen. *Contr.* 1.6.

56 Sen. *Contr.* 2.2, mit Ovid in 2.2.8–12; siehe Mastrorosa 2002 zu dieser Deklamation.

57 Lib. *Decl.* 27 und 34 mit Johansson 2015, 273–277.

58 Zu Hermogenes, Levick 1972, 688, der darauf hinweist, dass es sich auch um Aurelius Hermogenes handeln könnte, der 286–305 n. Chr. Statthalter von Asien war. Hermogenes könnte natürlich nach der Anwendung eines lebendigen Brauchs der ἀποκήρυξις im griechischen Osten gefragt haben (Humfress 2011, 41–42), wofür wir Papyrusbelege haben (Wurm 1972, 47–48; und siehe dieses Kapitel Anm. 50), aber bedeutsam ist, dass die Kaiser sich entschieden, über ein Gesetz der Deklamation, *abdicatio*, zu antworten.

59 Plinius, *HN* 7.150; Suet. *Aug.* 65.1 (*ferox;* vgl. Tac. *Ann.* 1.3.4); *Tib.* 15.2. Zu dieser Episode Levick 1972, bes. 675 Anm. 5, und 677 Anm. 17, 683 Anm. 44 für andere Verwendungen des Begriffs *abdicatio* außerhalb der Deklamation und der Autoren, die über Deklamation schreiben; auch Düll 1943, 96–101; Wurm 1972, 24.

60 Siehe dieses Kapitel Anm. 51.

61 Der *luxuriosus*, Sirks 2002b; für die *cura prodigi* im Gesetz, Fayer 1994–2005, 1.582–587; Wycisk 2008, 45–48 weist auf den Unterschied hin, wie ein *luxuriosus*-Kind in der Deklamation und im Gesetz behandelt wurde.

62 *Ultimum patriae potestatis fulmen*, *DM* 9.10; vgl. 9.2 und *DMin.* 376.3, wo die Anwendung der *maiestas patria* eher mit *abdicatio* als mit dem Tod droht; vgl. Lentano 2009 [2005], 63 Anm. 45; Santorelli 2019, 76.

63 Da sie auch, zumindest teilweise, weitaus stärkerem Druck, wie dem des Christentums, widerstanden, selbst in Bereichen wie Ehe und Scheidung, in denen das Christentum sehr starke Ansichten vertrat: siehe z. B. Wolff 1950.

64 Ando 2011a, 1–36, und siehe dieses Kapitel Anm. 40.

65 Nach Winterbottom 1984, 597–602, der die Gesetze in der *DMin.* auflistet, und die Gesetze aus der *DM*, Sen. *Contr.*, und Calp. Flacc. auflistet, aber für die Zwecke einer möglichen Aufnahme in das römische Recht ausschließt: (a) alle Gesetze, die eindeutig das bestehende römische Recht widerspiegeln; (b) alle Gesetze, die den Tyrannenmord, die Belohnungen der *vir fortis* und den Militärdienst auf andere Weise betreffen, einschließlich des Verrats im Krieg, von denen die meisten höchst phantasievoll sind; (c) Gesetze, die im Szenario der Deklamation implizit enthalten sind, aber nicht ausdrücklich als für die Deklamation geltende Gesetze angegeben werden (einige Deklamationen geben in ihren Vorworten keine Gesetze an, siehe z. B. Sen. *Contr.* 1.6.*pr.*, 2.1.*pr.*; *DMin.* 260.*pr.*).

Rhetorik macht die Welt

1 Philostr. *VS* 559–561 und *SEG* XXIX 127 = Oliver nr. 184 (EM 13366); mit Ameling 1983, 1.143–150, 2.182–211; Tobin 1997, 35–47; und insb. Kennell 1997.

2 Philostr. *VS* 559 mit Tobin 1997, 285–294 und Kennell 1997, 351–356 für Überlegungen dazu, was eine Anklage wegen Tyrannis bedeutet haben könnte. Der Abbruch der Beziehungen des Herodes zu den Athenern lässt sich unerwartet an den immer ausgefeilteren Schutzflüchen ablesen – nicht weniger als 25 sind überliefert –, die er auf den Sockeln der Statuen der toten Günstlinge anbringen ließ, mit denen er seine Ländereien übersäte (Tobin 1997, 113–160; Philostr. *VS* 559): Offensichtlich waren vorbeigehende Athener dazu übergegangen, sie zu verstümmeln.

3 Philostr. *VS* 547; Suet. *Vesp.* 13; mit Graindor 1930, 12–17 und Tobin 1997, 15–16. Unberechtigterweise konfisziert, zumindest teilweise, weil sein Sohn (Herodes' Vater) „zufällig" einen riesigen Schatz unter den Dielen eines seiner Häuser entdeckte, und so das Familienvermögen wiederhergestellt wurde, Philostr. *VS* 548.

4 Gebraucht in der Invektive, Kennell 1997, 353; und siehe Kapitel 2 Anm. 5–6; Kapitel 4 Anm. 55. „Tyrannen" in Papyri, Bryen 2013, 97–98, 159–160.

5 Selten in der Realität, siehe die spärliche Auswahl bei Plaß 1859, 2.189–190; Berve 1967, 1.412–416, 435–440, und Kennell 1997, 353–355. Jones 2017 fand keine zeitgenössischen Hinweise bei Strabo.

6 Für Eurykles von Sparta, Bowersock 1961; vgl. für vielleicht ähnliche Fälle Plinius, *Ep.* 6.31.3; Boatwright 1991; Ventoux 2017.

7 Zum Ausmaß, in dem sich hellenistische Städte bereits vor der Ankunft der Römer oder unter römischem Druck während der Republik zu *de facto* oder *de jure* Oligarchien entwickelt hatten, siehe van der Vliet 2012, Wiemer 2013 und die Aufsätze in Börm und Luraghi 2018 zum Stand der Frage (ich danke Nicholas Lindberg für diese Literatur). Für das Römische Reich siehe insbesondere Quaß 1993; Fernoux 2011; die Aufsätze in van Nijf und Alston 2011; und Brélaz 2016 zum Stand der Frage. Leider endet das Thema oft in einer fruchtlosen Debatte über die Bedeutung des Wortes „Demokratie".

8 Martin 2013.

9 Siehe insbesondere Paschidis 2008 für die hellenistische Zeit und für die römische Zeit insbesondere die Ämter des *curator civitatis* oder *rei publicae* und des *defensor civitatis*, *CTh* 1.29–30; Jones 1964, 145, 279–280, 479–480, 726–731, mit Burton 1979 für den *curator* und Frakes 2001, 2018 und Schmidt-Hofner 2014 für den *defensor*.

10 Für die Annahme der Deklamation, dass die Ereignisse in einer generischen *res publica* stattfinden, siehe Casamento 2018, 64–67.

11 Habinek 2005, 75–77. „In der Tat könnte man sagen, dass sowohl in der griechischsprachigen als auch in der römischsprachigen Welt die Rhetorik den Traum vom Stadtstaat im Kontext des Imperiums am Leben hielt" (76).

12 Drei der sieben überlieferten deliberativen Reden Senecas des Älteren, die unseren Bestand an lateinischen *suasoriae* bilden, richten sich an Monarchen: Alexander (*Suas.* 1 und *Suas.* 4) und Agamennon (*Suas.* 3); in zwei anderen richten sich die Redner an größere Gruppen, die 300 Spartaner (*Suas.* 2) und die athenische Versammlung (*Suas.* 5). Das griechische Material, von dem wir viel mehr wissen, da es sich auf das klassische Athen konzentriert, enthält mehr Ansprachen an Versammlungen, Kohl 1915, nr. 29, 30, 36, 38, et passim, als an die Monarchen, nr. 28, 33, 35, 37, 206A, 337–342, 344, 346–347, vor allem Xerxes und Alexander.

13 Binsenweisheiten, aber die Gewohnheit der Römer, ihre Gesellschaft in Begriffen des Rechts zu denken, die vor allem englischsprachige Gelehrte zu vergessen pflegen, wird in der neueren Forschung von Ando 2011a, 2011b und 2015 und für die Griechen unter römischer Herrschaft von Bryen 2012 in nützlicher Weise wieder aufgegriffen.

14 Zur Gewalt in den Papyri: Bryen 2013; allgemeiner zur römischen Welt: MacMullen 1974 und Fagan 2011.

15 *P.Yale* I 61 mit Kelly 2011, 112 Anm. 152; 269–270; Fournier 2010, 574–579.

16 Vgl. Kelly 2011, 75–122; Bryen 2013, 41–44, 126–164.

17 Sen. *Contr.* 3.*pr.* 13, *scholam quasi ludum esse, forum arenam.*

18 Kapitel 2 Anm. 18–23.

19 Lentano 2019 bezeichnet diese Welt als eine römische Utopie.

20 Die klassische Beschreibung der gemeinsamen fiktiven Gesellschaft, die durch die griechische rhetorische Ausbildung geschaffen wurde, findet sich bei Russell 1983, 21–39, und sein Begriff „Sophistopolis" wurde von vielen nachfolgenden Wissenschaftlern übernommen. Russell geht jedoch nicht auf den möglichen Einfluss der Sophistopolis auf die reale römische Welt ein.

21 Zum Konzept des „Imaginären", das von Jacques Lacan über Cornelius Castoriadis, Benedict Anderson, Bronislaw Baczko und Charles Taylor abstammt, siehe Strauss 2006 oder Rundell 2017, mit Bieger, Saldívar und Voelz 2013 für Beispiele der Verwendung des Konzepts durch Historiker und mit einer intellektuellen Geschichte der Theorie, wie sie von Historikern verwendet wird (x-xviii). Für Altertumswissenschaftler ist er weniger neu: Loraux 1986 [1981] führte sie in das Feld ein.

22 Petr. *Sat.* 1.1, *et ideo ego adulescentulos existimo in scholis stultissimos fieri, quia nihil ex his, quae in usu habemus, aut audiunt aut vident.* Vgl. Tac. *Dial.* 35.5, *materiae abhorrenti a veritate*; siehe Kapitel 1 Anm. 62 für eine Sammlung ähnlicher Kritiken.

23 Zitiert nach Bloomer (2015b) 347–348; vgl. die lapidare Formulierung von Cribiore (2001) 244: „Life imitated school."

24 Siehe Reardon 1971, 235–405 und Anderson 1990, 108–110 für das Überleben unabhängiger intellektueller Traditionen unter den Griechen während des Kaiserreichs.

25 Für Tacitus, Woodman 1988, 160–196; Frontinus, Peachin 2004, 151–154.

26 Zitat Parks 1945, 108.

Bibliographie

Abkürzungen antiker Autoren und ihrer Werke folgen den gängigen Konventionen des *Oxford Classical Dictionary* (4. Aufl. 2012), *Oxford Latin Dictionary* (1982) und Liddell/Scott/Jones' *Ancient Greek Lexicon* (1940).

D-Kl – C. Dorl-Klingenschmid, *Prunkbrunnen in kleinasiatischen Städten: Funktion im Kontext,* 168–260. München, 2001.

FGrHist – F. Jacoby, *Die Fragmente der griechischen Historiker.* Berlin und Leiden, 1923–1958.

FIRA – S. Riccobono, J. Baviera, C. Ferrini, J. Furlani und V. Arangio-Ruiz, Hgg. *Fontes iuris romani anteiustiniani.* 3 Bde. Florenz, 1. Aufl. 1909; Florenz, 2. Aufl. 1940–1943.

Gibson – C. A. Gibson. *Libanius' Progymnasmata. Model Exercises in Greek Prose Composition and Rhetoric.* Atlanta, 2008.

LSJ – H. G. Liddell, R. Scott und H. Stuart Jones. *A Greek-English Lexicon.* 9. Aufl. Oxford, 1940.

LTUR – E. M. Steinby, Hg. *Lexicon topographicum urbis Romae.* 6 Bde. Rom, 1993–2000.

MRR – T. R. S. Broughton. *Magistrates of the Roman Republic.* 3 Bde. New York und Atlanta, 1951–1986.

Oliver – J. H. Oliver. *Greek Constitutions of Early Roman Emperors from Inscriptions and Papyri.* Philadelphia, 1989.

PG – J.-P. Migne, Hg. *Patrologiae cursus completus. Series graeca.* 167 Bde. Paris, 1857–1866.

R – J. Richard. *Water for the City, Fountains for the People: Monumental Fountains in the Roman East. An Archaeological Study of Water Management,* 259–280. Turnhout, 2012.

RE – A. Pauly, G. Wissowa und W. Kroll, Hgg. *Realencyclopädie der classischen Altertumswissenschaft.* Stuttgart, 1894–1980.

RLM – K. Halm. *Rhetores Latini Minores.* Leipzig, 1863.

RRC – M. H. Crawford. *Roman Republican Coinage.* 2 Bde. Cambridge, 1974.

RS – M. H. Crawford, Hg. *Roman Statutes.* 2 Bde. London, 1996.

Walz, *RG* – C. Walz. *Rhetores Graeci.* 9 Bde. Stuttgart und Tübingen, 1832–1836.

Weißenberger – M. Weißenberger. *Sopatri Quaestionum Divisio. Sopatros. Streitfälle: Gliederung und Ausarbeitung kontroverser Reden.* Würzburg, 2010

Adams, J. N. 1982. *The Latin Sexual Vocabulary.* Baltimore.

–2003. *Bilingualism and the Latin Language.* Cambridge.

–2007. *The Regional Diversification of Latin 200 BC–AD 600.* Cambridge.

Agusta-Boularot, S. 2001. „Fontaines et fontaines monumentales en Grèce de la conquête romain à l'époque flavienne: permanence ou renouveau architectural?" In *Constructions publiques et programmes édilitaires en Grèce entre le IIe siècle av. J.-C. et le Ier siècle ap. J.-C.*, hg. v. J.-Y. Marc und J.-C. Moretti, 167–236. Paris.

Ahl, F. 1984. „The Art of Safe Criticism in Greece and Rome." *American Journal of Philology* 105: 174–208.

Akerraz, A. 2012 [2010]. „Les fortifications de la Maurétane Tingitane." In *Enceintes urbaines, sites fortifiés, forteresses d'Afrique du Nord*, hg. v. J. Leclant und F. Déroche, 75–96 (Paris, 2012). Nachdr. aus *Comptes rendus des séances de l'Académie des Inscriptions et Belles-Lettres* 154 (2010) 539–561.

Albertario, E. 1925 [1933]. *Sul diritto agli alimenti (Note di diritto romano)*, Pubblicazione della Università Cattolica del Sacro Cuore (scienze giudice) 7.2 (Mailand, 1925). Nachdr. in E. Albertario, *Studi di diritto romano*, Bd. 1, 250–279 (Mailand, 1933).

Alföldi, A. 1952. *A Conflict of Ideas in the Late Roman Empire*. Übers. von H. Mattingly. Oxford.

–1955. „Gewaltherrscher und Theaterkönig." In *Late Classical and Early Mediaeval Studies in Honor of Albert Mathias Friend, Jr.*, hg. v. K. Weitzmann, 15–55. Princeton.

–1985. Clementia Caesaris. In A. Alföldi, *Caesar in 44 v. Chr.*, hg. v. H. Wolff, E. Alföldi-Rosenbaum und G. Stumpf, Bd. 1, 173–386. Bonn.

Amande, C. 1993–1994. „Tradizione e attualità nella figura del tiranno nelle orazioni di Libanio." *Rendiconti della Accademia di Archeologia, Lettere e Belle Arti. Napoli: Società Nazionale di Scienze, Lettere ed Arti* n.s. 64: 535–567.

Amato, E. und J. Schamp, Hgg. 2005. *'ΗΘΟΠΟΙΙΑ. Le représentation de caractères entre fiction scolaire et réalité vivante à l'époque impériale et tardive*. Salerno.

Ameling, W. 1983. *Herodes Atticus*. 2 Bde. Hildesheim.

Amelotti, M. 2001. „Leggi greche in diritto romano." *Minima epigraphica et papyrologica* 4 (2001) 11–24. Auch in *Symposion 1997. Vorträge zur griechischen und hellenistischen Rechtsgeschichte / Communicazioni sul diritto greco ed ellenistico*, hg. v. E. Cantarella und G. Thür, 225–234 (Köln, 2001).

Anderson, G. 1989. „The *Pepaideumenos* in Action: Sophists and their Outlook in the Early Empire." *Aufstieg und Niedergang der römischen Welt* II.33.1: 79–208.

–1990. „The Second Sophistic: Some Problems of Perspective." In *Antonine Literature*, hg. v. D. A. Russell, 91–110. Oxford.

–1993. *The Second Sophistic. A Cultural Phenomenon in the Roman Empire*. London.

–1995. „*Ut ornatius et uberius dici posset*: Morals into Epigram in the Elder Seneca." In *Ethics and Rhetoric. Classical Essays for Donald Russell on his Seventy-Fifth Birthday*, hg. v. D. C. Innes, H. Hine und C. Pelling, 75–91. Oxford.

Ando, C. 2011a. *Law, Language, and Empire in the Roman Tradition*. Philadelphia.

–2011b. „Law and the Landscape of Empire." In *Figures d'empire, fragments de mémoire: Pouvoirs et identités dans le monde romain impérial, IIe s. av. n. è.-VIe s. de n. è*, hg. v. S. Benoist, A. Daguet-Gagey und C. Hoët-van Cauwenberghe, 25–47. Villeneuve d'Ascq.

–2015. *Roman Social Imaginaries. Language and Thought in Contexts of Empire.* Toronto.

André, L.-N. 2014. „L'image de la fluidité dans la construction du paysage urbain d'Antioche chez Libanios: proposition pour une poétique de 'l'effet retour.'" In ΕΝ ΚΑΛΟΙΣ ΚΟΙΝΟΠΡΑΓΙΑ. *Hommages à la mémoire de Pierre-Louis Malosse et Jean Boufartigue*, hg. v. E. Amato, 29–51. Nantes.

Arena, V. 2012. Libertas *and the Practice of Politics in the Late Roman Republic.* Cambridge.

Arenz, A. 2006. *Herakleides Kritikos. Über die Städte in Hellas. Eine Periegese Griechenlands am Vorabend des Chremonideischen Krieges.* München.

Aristodemou, G. [A.] 2008. „Miletus (Antiquity), Nymphaeum of Flavius." In *Encyclopedia of the Hellenic World, Asia Minor* (22.1.2013), http://www.ehw.gr/l.aspx?id=8190.

–2011a. „Theatre Façades and Façade Nymphaea. The Link Between." *Bulletin de correspondance hellénique* 135: 163–197.

–2011b. „Sculptured Decoration of Monumental Nymphaea at [*sic*] the Eastern Provinces of the Roman Empire." In *Roma y las provincias: modelo y difusión*, hg. v. T. Nogales und I. Rodà, Bd. 1, 149–160. Rom.

–2012. Ο γλυπτός διάκοσμος νυμφαίων και κρηνών, στο ανατολικό τμήμα της ρωμαϊκής αυτοκρατορίας. Thessaloniki.

–2014. „Monumental Fountain Structures: The Role of Nymphaea within the Urban Context of the Cities of the Graeco-Roman East." In *IWA Regional Symposium on Water, Wastewater and Environment: Traditions and Culture*, hg. v. I. K. Kalavrouziotis und A. N. Angelaki, 523–535. Patras.

–2017. „Fountain Culture in the Greek Provinces before Hadrian. Introducing the Concept of Luxury." In *Wasserwesen zur Zeit des Frontinus. Bauwerke – Technik – Kultur*, hg. v. G. Wiplinger und W. Letzner, 315–329. Löwen.

–2018a. „Fountain Sculptures and Personal Propaganda in Roman Greece." In Γλυπτική και κοινωνία στη ρωμαϊκή Ελλάδα: Καλλιτεχνικά προϊόντα, κοινωνικές προβολές, hg. v. P. Karanastasi, T. Stephanidou-Tiveriou und D. Damaskos, 351–366. Thessaloniki.

–2018b. „Fountain Figures from the Greek Provinces: Monumentality in Fountain Sculptures of Roman Greece as Revealed through their Sculptural Display Programs and their Patrons." In *Great Waterworks in Roman Greece. Aquaeducts and Monumental Fountain Structures. Function in Context*, hg. v. G. A. Aristodemou und T. P. Tassios, 193–217. Oxford.

Arjava, A. 1996. *Women and Law in Late Antiquity.* Oxford.

–1998. „Paternal Power in Late Antiquity." *Journal of Roman Studies* 88: 147–165.

Arruzza, C. 2019. *A Wolf in the City. Tyranny and the Tyrant in Plato's* Republic. New York.

Ash, R. 2018. *Tacitus,* Annals *Book XV.* Cambridge.

Asheri, D. 1971. „La declamazione 261 di Quintiliano." In *Studi in onore di Edoardo Volterra I*, 309–321. Mailand.

Astolfi, R. 1996. *La Lex Julia et Papia*, 4. Aufl. Padua.

–2000. *Il matrimonio nel diritto romano preclassico*. Padua.
–2012. *Studi sul matrimonio nel diritto romano postclassico e giustinianeo*. Neapel.
Atherton, C. 1996. „What Every Grammarian Knows?" *Classical Quarterly* 46: 239–260.
–1998. „Children, Animals, Slaves, and Grammar." In *Pedagogy and Power. Rhetorics of Classical Learning*, hg. v. Y. L. Too, 214–244. Cambridge.
Aupert, P. 1974. *Le nymphée de Tipasa et les nymphées et „septizonia" nord-africaines*. Rom.
Avenarius, M. 2015. „Vom théatron zur Bühne totalitärer Gesellschaftsstrukturen. Die Rezeption griechischer Elemente in die Theaterordnung des Prinzipats, deren Instrumentalisierung zur politischen Einvernahme der Gesellschaft und die staatsbezogene Ausgeltung des Ehe- und Familienrechts." In *Il diritto romano e le culture straniere. Influenze e dipendenze interculturali nell'antichità*, hg. v. F. Lamberti, P. Gröschler und F. Milazzo, 59–121. Lecce.
Azoulay, V. 2017 [2014]. *The Tyrant-Slayers of Ancient Athens. A Tale of Two Statues*. (New York, 2017). Übers. von J. Lloyd nach *Les tyrannicides d'Athènes* (Paris, 2014).
Babbitt, F. C. 1931. *Plutarch's* Moralia III, *172A-263C*. Cambridge MA.
Babusiaux, U. 2011. *Papinians* Quaestiones. *Zur rhetorischen Methode eines spätklassischen Juristen*. München.
–2014. „Funktionen der Etymologie in der juristischen Literatur." In Meditationes in iure et historia. *Essays in Honour of Laurens Winkel*, hg. v. R. van den Bergh, G. van Niekerk, P. Pichonnaz, P. J. Thomas, D. G. Kleyn, F. Lucrezi und J. Mutton, Bd. 1, 39–60. Pretoria.
–(in Vorbereitung) „Römische Rechtsrhetorik." In *Handbuch juristische Rhetorik*, hg. v. K. Gräfin von Schlieffen. Berlin.
Balbo, A. 2011. „Riflessi dell'oratoria reale nei discorsi sulla morte di Cesare: il caso di Bruto." *I Quaderni del Ramo d'Oro* 4: 152–167.
–2013. „Marcus Junius Brutus the Orator: Between Philosophy and Rhetoric." In *Community and Communication: Oratory and Politics in Republican Rome*, hg. v. C. Steel und H. van der Blom, 315–328. Oxford.
–2016. „Ri-leggere un retore: riflessioni lessicali su Calpurnio Flacco." In *Fabrique de la déclamation antique (controverses et suasoires)*, hg. v. R. Poignault und C. Schneider, 49–65. Lyon.
Balogh, E. 1951. „Adaptation of Law to Economic Conditions According to Roman Law." *Atti del congresso internazionale di diritto romano e di storia del diritto II*, 263–355. Mailand.
Balzarini, M. 1983. De iniuria extra ordinem statui. Padua.
Banchich, T. M. 2010. *Pseudo-Plutarch. About Rivers and Mountains and Things Found in Them*. Buffalo NY.
Bannard, P. 2015. „Military Training." In *A Companion to Ancient Education*, hg. v. W. M. Bloomer, 483–495. Chichester.
Bannert, H. 2015. „[Education in] Medicine." In *A Companion to Ancient Education*, hg. v. W. M. Bloomer, 413–429. Chichester.

Barnes, J. 1989 [1997]. „Antiochus of Ascalon." In Philosophia Togata. *Essays on Philosophy and Roman Society*, hg. v. J. Barnes und M. Griffin, 51–96 (Oxford, 1989). Nachdr. als Philosophia Togata *I. Essays on Philosophy and Roman Society*, 51–96 (Oxford, 1997).
Barrow, R. 2015. „The Persistence of Ancient Education." In *A Companion to Ancient Education*, hg. v. W. M. Bloomer, 281–291. Chichester.
Bauman, R. A. 1980. „The *'Leges iudiciorum publicorum'* and their Interpretation in the Republic, Principate and Later Empire." *Aufstieg und Niedergang der römischen Welt* II.13: 103–233.
Beard, M. 1993. „Looking (Harder) for Roman Myth: Dumézil, Declamation and the Problems of Definition." In *Mythos in mythenloser Gesellschaft: Das Paradigma Roms*, hg. v. F. Graf, 44–64. Stuttgart.
Becht, E. 1911. *Regeste über die Zeit von Cäsars Ermordung bis zum Umschwung in der Politik des Marcus Antonius (15 März bis 1 Juni anno 43 v. Chr.)*. Freiburg.
Bederman, D. J. 2001. *Classical Canons: Rhetoric, Classicism, and Treaty Interpretation*. Aldershot.
Bedon, R. 2008. „Les villes des Trois Gaules et leur recherche d'une proximité de l'eau: gestion des atouts et des difficultés créés par le presence de rivières et de marécages." In *Vers une gestion intégrée de l'eau dans l'empire romain*, hg. v. E. Hermon, 99–106. Rom.
Bejor, G. 1999. *Vie colonnate. Paesaggi urbani del mondo antico*. Rom.
Bekker Nielsen, T. 2008. *Urban Life and Local Politics in Roman Bithynia: The Small World of Dion Chrysostomos*. Aarhus.
Beltrami, L. 1997. „I doveri alimentari erga parentes." In Pietas *e allattamento filiale. La vicenda, l'*exemplum, *l'iconografia*, hg. v. R. Raffaelli, R. M. Danese und S. Lanciotti, 73–101. Urbino.
Benferhat, Y. 2013. „Tacite et le tyran en filigrane dans les *Histoires*." In *Le tyran et sa postérité dans la littérature latine de l'Antiquité à la Renaissance*, hg. v. H. Casanova-Robin und C. Lévy, 187–202. Paris.
Bengtson, H. 1970. *Zur Geschichte des Brutus*. München.
Berardi, F. 2017. *La retorica degli esercizi preparatori: glossario ragionato dei progymnásmata*. Hildesheim.
Berger, A. 1953. *Encyclopedic Dictionary of Roman Law*. Philadelphia.
Bernstein, N. W. 2009. „Adoptees and Exposed Children in Roman Declamation: Commodification, Luxury, and the Threat of Violence." *Classical Philology* 104: 331–353.
–2012. „'Torture Her until She Lies': Torture, Testimony, and Social Status in Roman Rhetorical Education." *Greece and Rome* 59: 165–177.
–2013. *Ethics, Identity, and Community in Later Roman Declamation*. New York.
Berry, D. H. und M. Heath. 1997. „Oratory and Declamation." In *Handbook of Classical Rhetoric in the Hellenistic Period, 330 B.C.–A.D. 400*, hg. v. S. E. Porter, 393–420. Leiden.
Berti, E. 2007. Scholasticorum Studia. *Seneca il Vecchio e la cultura retorica e letteraria della prima età imperiale*. Pisa.

Berve, H. 1967. *Die Tyrannis bei den Griechen*. 2 Bde. München.
Bettinazzi, M. 2012. „La *lex Roscia* e la declamazione 302 ascritta a Quintiliano. Sull'uso delle declamazioni come documento dell'esperienza giuridica romana." In Leges Publicae. *La legge nell'esperienza giuridica romana*, hg. v. J.-L. Ferrary, 515–544. Pavia.
Bettinazzi, M. 2014. *La legge nelle declamazioni quintilianee. Una nuova prospettiva per lo studio della* lex Voconia, *della lex* Iunia Norbana *e della* lex Iulia de adulteriis. Saarbrücken.
Bieger, L., R. Saldívar und J. Voelz, Hgg. 2013. *The Imaginary and Its Worlds. American Studies after the Transnational Turn*. Hanover NH.
Billows, R. A. 2009. *Julius Caesar: The Colossus of Rome*. Abingdon.
Birks, P. 1976. „*Infamandi causa facta* in Disguise?" *Acta Juridica* 83: 83–104.
Bispham, E. 2006. „*Coloniam Deducere*: How Roman was Roman Colonization during the Middle Republic?" In *Greek and Roman Colonization*, hg. v. G. Bradley und J.-P. Wilson, 73–160. Swansea.
Bloomer, W. M. 1993. „The Superlative *Nomoi* of Herodotus's Histories." *Classical Antiquity* 12: 30–50.
–1997a. „A Preface to the History of Declamation: Whose Speech? Whose History?" In *The Roman Cultural Revolution*, hg. v. T. Habinek und A. Schiesaro, 199–215 (Cambridge, 1997). Auch in W. M. Bloomer, *Latinity and Literary Society at Rome*, 110–153 (Philadelphia, 1997).
–1997b. „Schooling in *Persona*: Imagination and Subordination in Roman Education." *Classical Antiquity* 16: 57–78.
–2007. „Roman Declamation: The Elder Seneca and Quintilian." In *A Companion to Roman Rhetoric*, hg. v. W. Dominik und J. Hall, 297–306. Malden MA.
–2011a. *The School of Rome. Latin Studies and the Origins of Liberal Education*. Berkeley und Los Angeles.
–2011b. „Quintilian on the Child as a Learning Subject." *Classical World* 105: 109–137.
–Hg. 2015a. *A Companion to Ancient Education*. Chichester.
–2015b. „Quintilian on Education." In *A Companion to Ancient Education*, hg. v. W. M. Bloomer, 347–357. Chichester.
–2017. „*Latinitas*." In *The Oxford Handbook of the Second Sophistic*, hg. v. D. S. Richter und W. A. Johnson, 67–79. New York.
Boatwright, M. T. 1991. „Plancia Magna of Perge. Women's Roles and Status in Roman Asia Minor." In *Women's History and Ancient History*, hg. v. S. B. Pomeroy, 249–272. Chapel Hill.
Boesche, R. 1996. *Theories of Tyranny from Plato to Arendt*. University Park PA.
Börm, H. und N. Luraghi, Hgg. 2018. *The Polis in the Hellenistic World*. Stuttgart.
Boissier, G. 1875. *L'opposition sous les Césars*. Paris.
Bol, R. 1984. *Das Statuenprogramm des Herodes-Atticus-Nymphäums*. Berlin.
Bonetto, J. 1998. *Mura e città nella transpadana romana*. Portogruaro.
Bonner, S. F. 1949. *Roman Declamation in the Late Republic and Early Empire*. Liverpool.

–1977. *Education in Ancient Rome*. Berkeley und Los Angeles.
Bons, J. A. E. 2007. „Gorgias the Sophist and Early Rhetoric." In *A Companion to Greek Rhetoric*, hg. v. I. Worthington, 37–46. Malden MA.
Booth, A. D. 1978. „The Appearance of the *Schola Grammatici*." *Hermes* 106: 117–125.
–1979a. „The Schooling of Slaves in First-Century Rome." *Transactions of the American Philological Association* 109: 11–19.
–1979b. „Elementary and Secondary Education in the Roman Empire." *Florilegium* 1: 1–14.
Bornecque, H. 1902. *Les déclamations et les déclamateurs d'après Sénèque le Père*. Lille.
Botermann, H. 1968. *Die Soldaten und die römische Politik in der Zeit von Caesars Tod bis zur Begründung des zweiten Triumvirats*. München.
Botta, F. 1996. *Legittimazione, interesse ed incapacità all'accusa nei* publica iudicia. Cagliari.
–2004. Per vim inferre. *Studi su* stuprum *violento e* raptus *nel diritto romano e bizantino*. Cagliari.
–2016. „*Stuprum per vim illatum*. Violenza e crimini sessuali nelle fonti giuridiche dall'età classica a Giustiniano." In F. Lucrezi, F. Botta und G. Rizzelli, *Violenza sessuale e società antiche: profili storico-giuridici*, 3. Aufl., 87–157. Lecce.
Boudon-Millot, V. 2008. „Un étudiant sans école, un maître sans disciples: l'exemple paradoxal de Galien de Pergame." In *L'enseignement supérieur dans les mondes antiques et médiévaux*, hg. v. H. Hugonnard-Roche, 265–282. Paris.
Bouffartigue, J. 1996. „La tradition de l'éloge de la cité dans le monde grec." In *La fin de la cité antique et le début de la cité médiévale de la fin du IIIe siècle à l'avènement de Charlemagne*, hg. v. C. Lepelley, 43–58. Bari.
Bouyssou, G.-S. 2013. „Le tyran ou le banquet impossible." In *Le banquet du monarque dans le monde antique*, hg. v. C. Grandjean, C. Hugoniot und B. Lion, 71–86. Rennes.
Bowden, W. 2011. „'Alien Settlers Consisting of Romans': Identity and Built Environment in the Julio-Claudian Foundations of Epirus in the Century after Actium." In *Roman Colonies in the First Century of their Foundation*, hg. v. R. J. Sweetman, 101–116. Oxford.
Bowersock, G. W. 1961. „Eurycles of Sparta." *Journal of Roman Studies* 51: 112–118.
–1969. *Greek Sophists in the Roman Empire*. Oxford.
Bowie, E. [L.] 1970 [1974]. „The Greeks and their Past in the Second Sophistic." *Past and Present* 46 (1970) 3–41. Nachdr. in *Studies in Ancient Society*, hg. v. M. I. Finley, 166–209 (London, 1974).
–1982. „The Importance of Sophists." *Yale Classical Studies* 27: 29–59.
–2004. „The Geography of the Second Sophistic: Cultural Variations." In Paideia*: The World of the Second Sophistic*, hg. v. B. E. Borg, 65–75. Berlin.
–2009. „'*Quid Roma Athenis*?' How Far did Imperial Greek Sophists or Philosophers Debate the Legitimacy of Roman Power?" In *Ordine e sovversione nel mondo greco e romano*, hg. v. G. Urso, 223–240. Pisa.

Brasiello, U. 1971. „Sulla persecuzione degli eredi del colpevole nel campo criminale." In *Studi in onore di Edoardo Volterra*, Bd. 4, 325–345. Mailand.

Brasse, C. 2010. „Von der Stadtmauer zur Stadtgeschichte. Das Befestigungssystem von Antiochia am Orontes." In *Neue Forschungen zu antiken Stadtbefestigungen im östlichen Mittelmeerraum und im Vorderen Orient*, hg. v. J. Lorentzen, F. Pirson, P. Schneider und U. Wulf-Rheidt, 261–282. Istanbul.

–2016. „Antiochia am Orontes." In *Ancient Fortifications. A Compendium of Theory and Practice*, hg. v. S. Müth, P. I. Schneider, M. Schnelle und P. D. De Staebler, 261–266. Oxford.

Braund, S. M. 1996. „The Solitary Feast: A Contradiction in Terms?" *Bulletin of the Institute of Classical Studies* 41: 37–52.

Breij, B. 2006a. „*Vitae Necisque Potestas* in Roman Declamation." *Advances in the History of Rhetoric* 9: 55–79.

–2006b. „Pseudo-Quintilian's *Major Declamations* 18 and 19: Two *Controversiae Figuratae*." *Rhetorica* 24: 79–105.

–2009. „Pseudo-Quintilian's *Major Declamations*: Beyond School and Literature." *Rhetorica* 27: 354–369.

–2011. „Dilemmas of *Pietas* in Roman Declamation." In *Sacred Words: Orality, Literacy, and Religion*, hg. v. A. P. M. H. Lardinois, J. H. Blok und M. G. M. van der Poel, 329–348. Leiden.

–2015a. *[Quintilian] The Son Suspected of Incest with His Mother (Major Declamations 18–19)*. Cassino.

–2015b. „The Law in the *Major Declamations* Ascribed to Quintilian." In *Law and Ethics in Greek and Roman Declamation*, hg. v. E. Amato, F. Citti und B. Huelsenbeck, 219–248. Berlin.

–2016. „Rich and Poor, Father and Son in *Major Declamation 7*." In *Fabrique de la déclamation antique (controverses et suasoires)*, hg. v. R. Poignault und C. Schneider, 275–290. Lyon.

Breitenstein, N. 2009. *Petronius,* Satyrica *1–15. Text, Übersetzung, Kommentar*. Berlin.

Brélaz, C. 2005. *La sécurité publique en Asie Mineure sous le Principat (Ier-IIIème s. ap. J.-C.)*. Basel.

–2008. „L'adieu aux armes: la défense de la cité grecque dans l'empire romain pacifié." In *Sécurité collective et ordre public dans les sociétés anciennes*, hg. v. C. Brélaz und P. Ducrey, 155–196. Genf.

–2016. „Democracy and Civic Participation in Greek Cities under Roman Imperial Rule: Political Practice and Culture in the Post-Classical Period." *CHS Research Bulletin* 4, no. 2. https://research-bulletin.chs.harvard.edu/2016/11/01/democracy-civic-participation/.

Brescia, G. 2004. *Il miles alla sbarra. [Quintiliano] Declamazioni maggiori, III*. Bari.

–2012. *La donna violata. Casi di* stuprum *e* raptus *nella declamazione latina*. Lecce.

–2015a. „Declamazione e mito." In *La declamazione latina. Prospettive a confronto sulla retorica di scuola a Roma antica*, hg. v. M. Lentano, 59–88. Neapel.

–2015b. „Ambiguous Silence: *Stuprum* and *Pudicitia* in Latin Declamation." In *Law and Ethics in Greek and Roman Declamation*, hg. v. E. Amato, F. Citti und B. Huelsenbeck, 75–93. Berlin.

–2016. „*Rapta raptoris aut mortem optet aut nuptias*. Rischi ed equivoci della seduzione nella declamazione latina." In *Fabrique de la déclamation antique (controverses et suasoires)*, hg. v. R. Poignault und C. Schneider, 323–352. Lyon.

–und M. Lentano. 2009. *Le ragioni del sangue. Storie di incesto e fratricidio nella declamazione latina*. Neapel.

–und M. Lentano. 2016. „La norma nascosta. Storie di adulterio nella declama-zionelatina." In *Giuristi nati. Anthropologia e diritto romano*, hg. v. A. McClintock, 135–184. Bologna.

Bretone, M. 2008. Ius Controversum *nella giurisprudenza classica. Atti della Accademia Nazionale dei Lincei, Memorie* ser. 9, Bd. 23, fasc. 3: 755–880. Rom.

Bricker, B. L. 2016. *Virtue from Necessity in the Urban Waterworks of Roman Asia Minor.* Unveröffentlichte Dissertation, University of California at Santa Barbara. https://www.Alexandria.ucsb.edu/lib/ark:/48907/f3cf9q4k.

Brightbill, J. D. 2015. *Roman Declamation: Between Creativity and Constraints.* Unveröffentlichte Dissertation, University of Chicago. https://knowledge.uchicago.edu/record/492?ln=en.

Brink, C. O. 1989. „Quintilian's *de Causis corruptae eloquentiae* and Tacitus' *Dialogus de Oratoribus*." *Classical Quarterly* 39: 472–503.

Brodersen, K. 2008. „Die Geographie des Plinius." In *Gaius Plinius Secundus. Naturkunde (Auswahlausgabe in 5 Bänden)*, hg. v. G. Winkler und R. König, Bd. 2, 225–236. Düsseldorf.

–2014. *Solinus, Wunder der Welt.* Zweisprachige Ausgabe. Darmstadt.

–2016. „The Geographies of Pliny and his 'Ape' Solinus." In *Brill's Companion to Ancient Geography*, hg. v. S. Bianchetti, M. R. Cataudella und H.-J. Gehrke, 298–310. Leiden.

–2019. *Menandros (Menander Rhetor), Abhandlungen zur Rhetorik.* Zweisprachige Ausgabe. Stuttgart.

–2022. *Plutarch, de fluviis.* Zweisprachige Ausgabe, Opuscula 4. Speyer.

Brown, P. 1992. *Power and Persuasion in Late Antiquity: Towards a Christian Empire*. Madison WI.

Bru, H. 2011. *Le pouvoir impérial dans les provinces syriennes. Représentations et célébrations d'Auguste à Constantin (31 av. J.-C. – 337 ap. J.-C.)*. Leiden.

Brunt, P. A. 1975 [2013]. „Stoicism and the Principate." *Papers of the British School at Rome* 43 (1975) 7–35. Nachdr. in P. A. Brunt, *Studies in Stoicism*, hg. v. M. Griffin und A. Samuels, 275–304 (Oxford, 2013).

–1975 [1990]. „The Administrators of Roman Egypt." *Journal of Roman Studies* 65 (1975) 124–147. Nachdr. in P. A. Brunt, *Roman Imperial Themes*, 215–254 (Oxford, 1990).

Bryen, A. Z. 2012. „Judging Empire. Courts and Culture in Rome's Eastern Provinces." *Law and History Review* 30: 771–811.

–2013. *Violence in Roman Egypt. A Study in Legal Interpretation*. Philadelphia.

–2018. „Labeo's *iniuria*: Violence and Politics in the Age of Augustus." *Chiron* 48: 17–52.

Brzoska, J. 1899. „Cassius nr. 89." *RE* III.2 Sp. 1744–1747.

Buckland, W. W. 1963. *A Textbook of Roman Law from Augustus to Justinian*, 3. Aufl. Cambridge.

Bührig, C. 2016. „The Stage of Palmyra: Colonnaded Streets, Spaces for Communication and Activities in the Eastern Roman Empire." In *Palmyrena: City, Hinterland and Caravan Trade Between Orient and Occident*, hg. v. J. C. Meyer, E. H. Seland und N. Anfinset, 59–75. Oxford.

Burckhardt, J. 2013 [1853]. *Die Zeit Constantin's des Großen*. Kritische Gesamtausgabe, Bd. 1, München.

Burns, R. 2017. *Origins of the Colonnaded Streets in the Cities of the Roman East*. Oxford.

Burrell, B. 2004. Neokoroi: *Greek Cities and Roman Emperors*. Leiden.

–2012. Rezension von B. Longfellow, *Roman Imperialism and Civic Patronage: Form, Meaning, and Ideology in Monumental Fountain Complexes* (New York, 2011). *American Journal of Archaeology* 116.2. http://www.ajaonline.org/online-review-book/1107.

Burton, G. 1979. „The *Curator Rei Publicae*: Towards a Reappraisal." *Chiron* 9: 465–487.

Buti, I. 1982. „La '*cognitio extra ordinem*': da Augusto a Diocleziano." *Aufstieg und Niedergang der römischen Welt* II.14: 29–59.

Cabouret, B. 1999. „Sous les portiques d'Antioche." *Syria* 76: 127–150.

Cairns, F. 1972. *Generic Composition in Greek and Roman Poetry*. Edinburgh.

Calboli, G. 2010. „Quintilien et les déclamateurs." In *Quintilien ancien et moderne*, hg. v. P. Galand, F. Hallyn, C. Lévy und W. Verbaal, 11–28. Turnhout.

–2016. „*Rhetorica et ius*. Le declamazioni e l'attività giudiziaria a Roma." Rezension von M. Lentano, *Retorica e diritto. Per una lettura giuridica della declamazione latina* (Lecce, 2014). *Maia* 68: 807–818.

–2018. „Rhetorical Performance and Law: The First Example of How a Real or Invented Law Suited a Rhetorical Rule." In *Papers on Rhetoric XIV*, hg. v. L. Calboli Montefusco und M. Silvana Celentano, 19–42. Perugia.

Calboli Montefusco, L. 1979. Consulti Fortunatiani Ars Rhetorica. Bologna.

Calderón Dorda, E., A. De Lazzer und E. Pellizer. 2003. *Plutarcho Fiumi e Monti*. Neapel.

Callu, J.-P. 1984. „Le jardin des supplices au Bas-Empire." In *Du châtiment dans la cité. Supplices corporels et peine de mort dans le monde antique*, 313–359. Rom.

–1997. „Antioche la grande. La cohérence des chiffres." *Mélanges de l'École française de Rome* 109: 127–169.

Campagna, L. 2007. „Le recenti indagni al Ninfeo dei Tritoni (Regio II): nuovi dati per lo studio del monumento." In *Hierapolis di Frigia I. Le attività delle*

campagne di scavo e restauro 2000– 2003, hg. v. F. D'Andria und M. P. Caggia, 311–332. Istanbul.
–2011. „Le fontane nelle città dell'impero romano: ‘a monument indelibly associated with the emperor’?“ Rezension von B. Longfellow, *Roman Imperialism and Civic Patronage: Form, Meaning, and Ideology in Monumental Fountain Complexes* (New York, 2011). *Journal of Roman Archaeology* 24: 648–656.
Campbell, B. 2012. *Rivers and the Power of Ancient Rome*. Chapel Hill.
Canfora, L. 2001 [1999]. Caesar. Der demokratische Diktator. München. Übers. von R. Seuß nach *Giulio Cesare: Il dittatore democratico* (Rom, 1999).
Cantarella, E. 1972. „Adulterio, omicidio legittimo et causa d'onore in diritto romano.“ In *Studi in onore di Gaetano Scherillo*, hg. v. A. Biscardi und C. Castello, 243–274. Mailand.
–1991. *I supplizi capitali in Grecia e a Roma*. Mailand.
Capriglione, J. C. 2007. „La scuola dell'architecto, τεχνίτης ma non troppo.“ In *Escuela y literatura en Grecia Antigua*, hg. v. J. A. Fernández Delgado, F. Pordomingo und A. Stramaglia, 251–272. Cassino.
Carandini, A. Hg. 2017 [2012]. *The Atlas of Ancient Rome*. 2 Bde. (Princeton, 2017). Übers. von A.-C. Halavais nach *Atlante di Roma Antica* (Mailand, 2012).
Carlà-Uhink, F. 2017. „Murder among Relatives. Intrafamilial Violence in Ancient Rome and its Regulation.“ *Journal of Ancient History* 5: 26–65.
Casamento, A. 2002. Finitimus oratori poeta. *Declamazioni retoriche e tragedie senecane*. Palermo.
–2004. „Le mani dell'eroe. In nota a Sen. *Contr.* 1, 4.“ *Pan* 22: 243–253.
–2018. „Lo spazio della città nelle declamazioni in lingua latina.“ In *Papers on Rhetoric XIV*, hg. v. L. Calboli Montefusco und M. Silvana Celentano, 59–74. Perugia.
–2019. „*Patres non tantum natura*. L'*expositio* di minori nelle declamazioni in lingua latina: il caso di Ps. Quint. *Dec. Min.* 278.“ *Camenae* 23: 1–12.
Casella, M. 2012. „Les discours de Libanios (discours 33–64) et la topographie d'Antioche.“ In *Les sources de l'histoire du paysage urbain d'Antioche sur l'Oronte*, 57–67. Saint-Denis.
Casevitz, M., O. Lagacherie und C. Saliou. 2016. *Libanios discours tome III. Discours XI Antiochicos*. Paris.
Casinos Mora, F. J. 2009. „Sobre la verosimilitud de la llamada *Lex Raptarum* en las Declamationes de Calpurnio Flaco.“ In *Perfiles de Grecia y Roma. Actas del XII Congreso Español de Estudios Clásicos*, hg. v. J. F. González Castro, J. Siles Ruiz, J. de la Villa Polo, G. Hinojo Andrés, M. A. Almela Lumbreras und P. Cañizares Ferriz, Bd. 1, 981–988. Madrid.
–2011. „*Lex raptarum* y matrimonio expiatorio.“ In *Estudios jurídicos en homenaje al Profesor Alejandro Guzmán Brito*, hg. v. P.-I. Carvajal und M. Miglietta, Bd. 1, 595–623. Alessandria.

Cavallo, G. 1989. „Il segno della mura. L'iconografia della città nel libro antico." In *Storia di Roma IV. Caratteri e morfologie*, hg. v. E. Gabba und A. Schiavone, 267–300. Turin.
Centola, D. A. 1999. *Il* crimen calumniae. *Contributo allo studio del processo criminale romano*. Neapel.
Champlin, E. 2013. „The Odyssey of Tiberius Caesar." *Classica et Mediaevalia* 64: 199–246.
Chankowski, A. S. 2010. *L'éphébie hellénistique. Étude d'une institution civique dans les cités grecques des îles de la Mer Égée et de l'Asie Mineure*. Paris.
Chastagnol, A. 1981. „L'inscription constantinienne de Orcistus." *Mélanges de l'École française de Rome* 93: 381–416.
Chiron, P. 2007. „The Rhetoric to Alexander." In *A Companion to Greek Rhetoric*, hg. v. I. Worthington, 90–106. Malden MA.
–„Les *progymnasmata* de l'Antiquité gréco-latine." *Lustrum* 59: 7–130.
Christ, K. 1994. *Caesar. Annäherungen an einen Diktator*. München.
Christensen, J. P. 2015. „Trojan Politics and the Assemblies of *Iliad 7*." *Greek, Roman, and Byzantine Studies* 55: 25–51.
Citti, F. 2015. „*Quaedam iura non lege, sed natura*: Nature and Natural Law in Roman Declamation." In *Law and Ethics in Greek and Roman Declamation*, hg. v. E. Amato, F. Citti und B. Huelsenbeck, 95–131. Berlin.
Clark, D. L. 1949. „Some Values of Roman *Declamatio*. The *Controversia* as a School Exercise in Rhetoric." *Quarterly Journal of Speech* 35: 280–283.
Clarke, M. L. 1951. „The Thesis in the Roman Rhetorical Schools of the Republic." *Classical Quarterly* ns. 1: 159–166.
–1968. „Cicero at School." *Greece and Rome* 15: 18–22.
–1971. *Higher Education in the Ancient World*. London.
–1981. *The Noblest Roman. Marcus Brutus and his Reputation*. Ithaca NY.
–1996 [1953]. *Rhetoric at Rome. A Historical Survey* (3. Aufl., London, 1996 [1. Aufl., London, 1953]).
Classen, C. J. 1986. *Die Stadt im Spiegel der* Descriptiones *und* Laudes urbium *in der antiken und mittelalterlichen Literatur bis zum Ende des zwölften Jahrhunderts*. Hildesheim.
Cogitore, I. 2013. „Des tyrans 'de papier' dans les *Controverses* transmises par Sénèque le Père?" In *Le tyran et sa postérité dans le littérature latine de l'Antiquité à la Renaissance*, hg. v. H. Casanova-Robin und C. Lévy, 161–185. Paris.
Cole, T. 1991. *The Origins of Rhetoric in Ancient Greece*. Baltimore.
Coleman, K. M. 1990. „Fatal Charades: Roman Executions Staged as Mythological Enactments." *Journal of Roman Studies* 80: 44–73.
Colin, M.-G. Hg. 1987. *Les enceintes Augustéennes dans l'Occident romain (France, Italie, Espagne, Afrique du Nord)*. Nimes.
Collinet, P. 1934. „Le rôle des juges dans le formation du droit romain classique." In *Recueil d'études sur les sources du droit en l'honneur de François Gény*, hg. v. E. Lambert, Bd. 1, 23–31. Paris.

Connolly, J. 1998. „Mastering Corruption. Constructions of Identity in Roman Oratory." In *Women and Slaves in Greco-Roman Culture: Differential Equations*, hg. v. S. R. Joshel und S. Murnaghan, 130–151. London.
–2001a. „Problems of the Past in Imperial Greek Education." In *Education in Greek and Roman Antiquity*, hg. v. Y. L. Too, 339–372. Leiden.
–2001b. „Reclaiming the Theatrical in the Second Sophistic." *Helios* 28: 75–96.
–2007a. „The New World Order: Greek Rhetoric in Rome." In *A Companion to Greek Rhetoric*, hg. v. I. Worthington, 139–165. Malden MA.
–2007b. „Virile Tongues: Rhetoric and Masculinity." In *A Companion to Roman Rhetoric*, hg. v. W. Dominik und J. Hall, 83–97. Malden MA.
–2016. „Imaginative Fiction Beyond Social and Moral Norms." In *Reading Roman Declamation. The Declamations Ascribed to Quintilian*, hg. v. M. T. Dinter, C. Guérin und M. Martinho, 191–208. Berlin.
Connolly, S. 2010. *Lives Behind the Laws. The World of the Codex Hermogenianus*. Bloomington IN.
Corbeill, A. 2001. „Education in the Roman Republic: Creating Traditions." In *Education in Greek and Roman Antiquity*, hg. v. Y. L. Too, 261–287. Leiden.
–2007. „Rhetorical Education and Social Reproduction in the Republic and Early Empire." In *A Companion to Roman Rhetoric*, hg. v. W. Dominik und J. Hall, 69–82. Malden MA.
–2016. „A Student Speaks for Social Equality in the Roman Classroom (Quintilian, *Declamationes Minores* 260)." In *Reading Roman Declamation. The Declamations Ascribed to Quintilian*, hg. v. M. T. Dinter, C. Guérin und M. Martinho, 11–23. Berlin.
Coriat, J.-P. 1997. *Le prince législateur. La technique législative des Sévères et les méthodes de création du droit impérial à la fin du principat*. Rom.
Corrigan, K. 2015. *Brutus. Caesar's Assassin*. Barnsley.
Coşkun, A. 2001. „*Civiliter vel criminaliter agere de falso* – zu Inhalt und Bedeutung einer prozessrechtlichen Reform Gratians (*CTh* 9,19,4 A. 376 / 9,20,1 A. 378)." *Tijdschrift voor Rechtsgeschiedenis / Revue d'Histoire du Droit / The Legal History Review* 69: 21–41.
Cossa, G. 2012. „I giuristi e la retorica." In *Dogmengeschichte und historische Individualität der römischen Juristen / Storia dei dogmi e individualità storica dei giuristi romani*, hg. v. C. Baldus, M. Miglietta, G. Santucci und E. Stolfi, 299–363. Trent.
Coulton, J. J. 1987. „Roman Aqueducts in Asia Minor." In *Roman Architecture in the Greek World*, hg. v. S. Macready und F. H. Thompson, 72–84. London.
Courtils, J. des, L. Cavalier und S. Lemaître. 2015. „Le rempart de Xanthos. Recherches 1993– 2010." In *Turm und Tor. Siedlungsstrukturen in Lykien und benachbarten Kulturlandschaften*, hg. v. B. Beck-Brandt, S. Ladstätter und B. Yener-Marksteiner, 103–178. Wien.
Cracco Ruggini, L. 2003. „Iatrosofistica pagana, 'filosophia' christiana e medicina (IV-VI secolo)." In Consuetudinis Amor: *Fragments d'histoire romaine*

(IIe-VIe siècles) offerts à Jean-Pierre Callu, hg. v. F. Chausson und E. Wolff, 189–216. Rom.
Cribiore, R. 1996. *Writing, Teachers, and Students in Greco-Roman Egypt.* Atlanta.
–2001. *Gymnastics of the Mind. Greek Education in Hellenistic and Roman Egypt.* Princeton.
–2007. *The School of Libanius in Late Antique Antioch.* Princeton.
–2009. „The Value of a Good Education: Libanius and Public Authority." In *A Companion to Late Antiquity*, hg. v. P. Rousseau, 233–245. Chichester.
Cristofoli, R. 2002. *Dopo Cesare. La scena politica romana all'indomani del cesaricidio.* Neapel.
Crook, J. A. 1993. „Once Again the *Controversiae* and the Roman Law." In Multarum Artium Scientia: *A „Chose" for R. Godfrey Tanner Contributed by his Allies upon Rumours of his Retirement*, hg. v. K. Lee, C. Mackie und H. Tarrant, 68–76. Auckland.
–1995. *Legal Advocacy in the Roman World.* Ithaca NY.
Crow, J. 2012. „Water and Late Antique Constantinople: 'It Would be Abominable for the Inhabitants of this Beautiful City to be Compelled to Purchase Water.'" In *Two Romes. Rome and Constantinople in Late Antiquity*, hg. v. L. Grig und G. Kelly, 116–135. New York.
Csillag, P. 1976. *The Augustan Laws on Family Relations.* Budapest.
Czajkowski, K. und B. Eckhardt, Hgg. 2020. *Law in the Roman Provinces.* Oxford.
D'Andria, F. 2011. „Gods and Amazons in the Nymphaea of Hierapolis." In *Roman Sculpture in Asia Minor*, hg. v. F. D'Andria und I. Romeo, 150–172. Portsmouth RI.
Dagron, G. 1978. *Vie et miracles de Sainte Thècle.* Brüssel.
Dahlheim, W. 1996 [2005]. „Die Iden des März 44 v. Chr." In *Das Attentat in der Geschichte*, hg. v. A. Demandt, 39–59. (Köln, 1996). Nachdr. in W. Dahlheim, *Julius Caesar. Die Ehre des Kriegers und die Not des Staates*, 218–257 (Paderborn, 2005).
Daly, L. W. 1950. „Roman Study Abroad." *American Journal of Philology* 71: 40–58.
Danesi Marioni, G. 2011–2012. „Lo spettacolo della crudeltà. Mutilazioni e torture in due *Controversiae* (10, 4 e 5) di Seneca Retore (e nel cinema di oggi)." *Quaderni di Anazetesis* 9: 17–45.
Daniels, C. 1983. „Town Defences in Roman North Africa: A Tentative Historical Survey." In *Roman Urban Defences in the West*, hg. v. J. Maloney und B. Hobley, 5–19. London.
Daube, D. 1953. „Actions between *Paterfamilias* and *Filiusfamilias* with *Peculium Castrense.*" In *Studi in Memoria di Emilio Albertario*, hg. v. V. Arangio-Ruiz und G. Lavaggi, Bd. 1, 433–474. Mailand.
–1991 [1951]. „*Ne quid infamandi causa fiat.* The Roman Law of Defamation." In D. Daube, *Collected Studies in Roman Law*, hg. v. D. Cohen und D. Simon, Bd. 1, 465–500 (Frankfurt, 1991). Nachdr. aus *Atti del congresso internazio-*

nale di diritto romano e di storia del diritto: Verona 27-28-29-IX-1948, hg. v. G. Moschetti, Bd. 3, 413–450 (Mailand, 1951).

David, J.-M. 1992. *Le patronat judiciaire au dernier siècle de la république romaine*. Rom.

De Hoz, M. P. 2007. „Testimonios epigráficos sobre la educación griega de época imperial." In *Escuela y literatura en Grecia Antigua*, hg. v. J. A. Fernández Delgado, F. Pordomingo und A. Stramaglia, 307–332. Cassino.

De Salvo, L. 2001. „Libanio e i tiranni (a proposito di Lib. *or.* 57, 51 ss)." *Mediterraneo Antico* 4: 631–645.

De Staebler, P. D. 2007. *The City Wall of Aphrodisias and Civic Identity in Late Antique Asia Minor*. Unveröffentlichte Dissertation, New York University.

Del Corso, L. 2007. „Le pratiche scholastiche nelle testimonianze epigrafiche di età ellenistica." In *Escuela y literatura en Grecia Antigua*, hg. v. J. A. Fernández Delgado, F. Pordomingo und A. Stramaglia, 141–190. Cassino.

Della Valle, G. 1958. „Moenia." *Rendiconti della Accademia di Archeologia Lettere e Belle Arti di Napoli* 33: 167–176.

Delorme, J. 1960. Gymnasion. *Étude sur les monuments consacrés à l'éducation en Grèce*. Paris.

Desanti, L. 1986. „Costantino, il ratto e il matrimonio riparatore." *Studia et Documenta Historiae et Iuris* 52: 195–217.

–1987. „Giustiniano e il ratto." *Annali dell'Università di Ferrara; n.s.; sezione 5: scienze giuridiche* 1: 187–201.

–1988. „Osservazioni sul matrimonio riparatore nelle fonti retoriche e nelle fonti giuridice." *Atti del III seminario romanistico gardesano*, 319–330. Mailand.

Desbordes, F. 1993. „Le texte caché: problèmes figurés dans la déclamation latine." *Revue des études latines* 71: 73–86.

Dessales, H. 2004. „Les fontaines privées de la Gaule romaine. Le adoption de modèles venus de Rome?" *Dossiers d'archéologie* 295: 20–29.

Dettenhofer, M. H. 1992. Perdita Iuventus. *Zwischen den Generationen von Caesar und Augustus*. München.

Devreker, J. und M. Waelkens. 1984. *Les fouilles de la Rijksuniversiteit te Gent a Pessinonte, 1967–1973, I*. Brügge.

Dey, H. [W.] 2010. „Art, Ceremony, and City Walls: The Aesthetics of Imperial Resurgence in the Late Roman West." *Journal of Late Antiquity* 3: 3–37.

–2011. *The Aurelian Wall and the Refashioning of Imperial Rome, AD 271–855*. Cambridge.

–2012. „*Spolia*, Milestones and City Walls: The Politics of Imperial Legitimacy in Gaul." In *Patrons and Viewers in Late Antiquity*, hg. v. S. Birk und B. Poulsen, 291–310. Aarhus.

Di Ottavio, D. 2009. „Sui precedenti retorici della '*querela inofficiosi testamenti*' nel I sec. a.C." *Index* 37: 293–317.

–2012a. „Una bibliografia ragionata in tema di *querela inofficiosi testamenti*: schede di lettura." In *Scritti di storia del diritto e bibliografia giuridica offerti a Giuliano Bonfanti*, hg. v. U. Petronio und O. Diliberto, 81–220. Macerata.

-2012b. *Richerche in tema di* „querela inofficiosi testamenti“ *I. Le origini*. Neapel.
Dickey, E. 2012–2015. *The* Colloquia *of the* Hermeneumata Pseudodositheana. 2 Bde. Cambridge.
Diels, H. 1904. Laterculi Alexandrini *aus einem Papyrus ptolemäischer Zeit. Abhandlungen der königlich Preussischen Akademie der Wissenschaften. Phil.-Hist. Klasse* 2: 1–16.
Diliberto, O. 1984. *Studi sulle origini della* „cura furiosi.“ Neapel.
Dillon, J. N. 2012. *The Justice of Constantine: Law, Communication, and Control*. Ann Arbor.
Dingel, J. 1988. Scholastica Materia: *Untersuchungen zu den* Declamationes minores *und der* Institutio oratoria *Quintilians*. Berlin.
Dixon, S. 2001. „Rape in Roman Law and Myth.“ In S. Dixon, *Reading Roman Women. Sources, Genres and Real Life*, 45–55. London.
Dobesch, G. 1971 [2001]. „Nahm Caesar die ihm verliehene Leibwache von Senatoren und Rittern an? Zum Text von Dio XLIV 7,4.“ *Jahreshefte des Österreichischen Archäologischen Institutes in Wien, Beiheft* 49.2 (1971) 61–64. Nachdr. in G. Dobesch, *Ausgewählte Schriften*, hg. v. H. Heftner und K. Tomaschitz, Bd. 1, 427–432 (Köln, 2001).
-1978 [2001]. „Nikolaos von Damaskus und die Selbstbiographie des Augustus.“ *Grazer Beiträge. Zeitschrift für die klassische Altertumswissenschaft* 7 (1978) 91–174. Nachdr. in G. Dobesch, *Ausgewählte Schriften*, hg. v. H. Heftner und K. Tomaschitz, Bd. 1, 205–273 (Köln, 2001).
Dodds, E. R. 1959. *Plato* Gorgias. Oxford.
Dolganov, A. 2020. „*Nutricula causidicorum*. Legal Practitioners in Roman North Africa.“ In *Law in the Roman Provinces*, hg. v. K. Czajkowski und B. Eckhardt, 358–416. Oxford.
Dominik, W. und J. Hall, Hgg. 2007. *A Companion to Roman Rhetoric*. Malden MA.
Donadio, N. 2012. „*Iudicium domesticum*, riprovazione sociale e persecuzione pubblica di atti commessi da sottoposti alla *patria potestas*.“ *Index* 40: 175–195.
Donié, P. 1996. *Untersuchungen zum Caesarbild in der römischen Kaiserzeit*. Hamburg.
Dorl-Klingenschmid, C. 2001. *Prunkbrunnen in kleinasiatischen Städten: Funktion im Kontext*. München.
-2006. „Brunnenbauten als Medium des interkommunalen Wettbewerbs.“ In Cura Aquarum *in Ephesus*, hg. v. G. Wiplinger, Bd. 2, 381–386. Löwen.
D'Ors, X. 1995. „Una recapitulacion sobre XII Tablas V.7a: ‘*si furiosus escit*.’“ *Revista de Estudios Histórico-Juridicos (Sección Derecho Romano)* 17: 131–145.
Doukellis, P. N. 1995. *Libanios et la terre: discours et idéologie politique*. Beirut.
Downey, G. 1937. „The Architectural Significance of the Use of the Words *Stoa* and *Basilike* in Classical Literature.“ *American Journal of Archaeology* 41: 194–211.

–1938. „Imperial Building Records in Malalas.“ *Byzantinische Zeitschrift* 38: 1–15, 299–311.
–1959. „Libanius' *Oration in Praise of Antioch* (*Oration* XI).“ *Proceedings of the American Philosophical Society* 103: 652–686.
–1961. *A History of Antioch in Syria from Seleucus to the Arab Conquest*. Princeton.
Drecoll, C. 2004. „Sophisten und Archonten: *Paideia* als gesellschaftliches Argument bei Libanios,“ In Paideia: *The World of the Second Sophistic*, hg. v. B. E. Borg, 403–417. Berlin.
Drossart, P. 1970. „Le psychodrame des Ides de Mars.“ *Bulletin de l'Association Guillaume Budé*, 4. Ser. nr. 3: 375–389.
Drumann, W. und P. Groebe 1906 [1837]. *Geschichte Roms in seinem Übergange von der republikanischen zur monarchischen Verfassung oder Pompeius, Caesar, Cicero und ihre Zeitgenossen nach Geschlechtern und mit genealogischen Tabellen*, Bd. 3 (2. Aufl., Leipzig, 1906 [1. Aufl. Königsberg, 1837]).
Du Plessis, P. J., C. Ando und K. Tuori, Hgg. 2016. *The Oxford Handbook of Roman Law and Society*. Oxford.
Ducos, M. 2008. „L'enseignement du droit dans le monde romain.“ In *L'enseignement supérieur dans les mondes antiques et médiévaux*, hg. v. H. Hugonnard-Roche, 13–28. Paris.
–2014. *Les Romains et la loi. Recherches sur les rapports de la philosophie grecque et de la tradition romaine à la fin de la République*. Paris.
Ducrey, P. 1995. „La muraille est-elle un élément constitutif d'une cité?“ In *Sources for the Ancient Greek City-State*, hg. v. M. H. Hansen, 245–256. Copenhagen.
Düll, R. 1943. „*Iudicium domesticum, abdicatio* und *apoceryxis*.“ *Zeitschrift der Savigny-Stiftung für Rechtsgeschichte, Romanistische Abteilung* 63: 54–116.
–1971. „Bruchstücke verschollener römischer Gesetze und Rechtssätze.“ In *Studi in onore di Edoardo Volterra*, Bd. 1, 113–139. Mailand.
Dugan, J. 2005. *Making a New Man. Ciceronian Self-Fashioning in the Rhetorical Works*. Oxford.
–2007. „Modern Critical Approaches to Roman Rhetoric.“ In *A Companion to Roman Rhetoric*, hg. v. W. Dominik und J. Hall, 9–22. Malden MA.
Dunkle, J. R. 1967. „The Greek Tyrant and Roman Political Invective of the Late Republic.“ *Transactions of the American Philological Association* 98: 151–171.
–1971. „The Rhetorical Tyrant in Roman Historiography: Sallust, Livy, and Tacitus.“ *Classical World* 65: 12–20.
Dupont, C. 1955. *Le droit criminel dans les constitutions de Constantin: les peines*. Lille.
Durrell, G. 2018 [1956]. *Meine Familie und andere Tiere*. Übers. nach *My Family and Other Animals* (London, 1956) von A. Heese. München.
Eck, W. 2000. „Latein als Sprache politischer Kommunikation in Städten der östlichen Provinzen.“ *Chiron* 30: 641–660.
–2009. „The Presence, Role and Significance of Latin in the Epigraphy and Culture of the Roman Near East.“ In *From Hellenism to Islam. Cultural and Lin-*

guistic Change in the Roman Near East, hg. v. H. M. Cotton, R. G. Hoyland, J. J. Price und D. J. Wasserman, 15–42. Cambridge.

Edmondson, J. 2008. „Public Dress and Social Control in Late Republican and Early Imperial Rome." In *Roman Dress and the Fabrics of Roman Culture*, hg. v. J. Edmondson und A. Keith, 21–46. Toronto.

Eich, P. und A. Eich 2004. „Thesen zur Genese des Verlautbarungsstils der spätantiken kaiserlichen Zentrale." *Tyche* 19: 75–104.

Eisenberg, M. 2016. „Graeco-Roman *Poliorketics* and the Development of Military Architecture in Antiochia Hippos of the Decapolis as a Test Case." In *Focus on Fortifications. New Research on Fortifications in the Ancient Mediterranean and the Near East*, hg. v. R. Frederiksen, S. Müth, P. I. Schneider und M. Schnelle, 609–622. Oxford.

Engels, D. 2013. „'L'étendue de la cité est une objet que l'homme politique ne doit pas négliger'. Les critiques de la mégapole dans l'Antiquité méditerranéenne." *Latomus* 72: 1055–1085.

Epstein, D. F. 1987. „Caesar's Personal Enemies on the Ides of March." *Latomus* 46: 566–570.

Esmonde Cleary, S. 2003. „Civil Defences in the West under the High Empire." In *The Archaeology of Roman Towns. Studies in Honour of John S. Wacher*, hg. v. P. Wilson, 73–85. Oxford.

–2007. „Fortificación urbana en la *Britannia* Romana: ¿Defensa militar o monumento cívico?" In *Murallas de ciudades romanas en el occidente del Imperio: Lucus Augusti como paradigma*, hg. v. A. Rodríguez Colmenero und I. Rodá de Llanza, 155–165. Lugo.

Étienne, R. 1973. *Les Ides de Mars. L'assassinat de César ou de la dictature?* Paris.

Evans, R. 2005. „Geography without People: Mapping in Pliny *Historia Naturalis* Books 3–6." *Ramus* 34: 47–74.

Evans Grubbs, J. 1989. „Abduction Marriage in Antiquity: A Law of Constantine (*CTh* IX.24.1) and its Social Context." *Journal of Roman Studies* 79: 59–83.

Evans Grubbs, J. 1995. *Law and Family in Late Antiquity: The Emperor Constantine's Marriage Legislation*. Oxford.

–2011. „Promoting *Pietas* through Roman Law." In *A Companion to Families in the Greek and Roman Worlds*, hg. v. B. Rawson, 377–392. Chichester.

Fagan, G. G. 1999. *Bathing in Public in the Roman World*. Ann Arbor.

–2011. „Violence in Roman Social Relations." In *The Oxford Handbook of Social Relations in the Roman World*, hg. v. M. Peachin, 467–495. New York.

Fairweather, J. 1981. *Seneca the Elder*. Cambridge.

Fantham, E. 2002 [2011]. „Quintilian on the Uses and Methods of Declamation." In Hispania terris omnibus felicior. *Premesse ed esiti di un processo di integrazione*, hg. v. G. Urso, 271–280 (Pisa, 2002). Nachdr. in E. Fantham, *Roman Readings. Roman Response to Greek Literature from Plautus to Statius and Quintilian*, 320–330 (Berlin, 2011).

–2009. „Rhetoric and Ovid's Poetry." In *A Companion to Ovid*, hg. v. P. E. Knox, 26–44. Chichester.

–2011 [2004]. „Disowning and Dysfunction in the Declamatory Family." In E. Fantham, *Roman Readings: Roman Response to Greek Literature from Plautus to Statius and Quintilian*, 302–319 (Berlin, 2011). Nachdr. aus *Materiali e discussioni per l'analisi dei testi classici* 53 (2004) 65–82.

Favreau, A.-M. 2015. „Les pirates entre roman et déclamation." In *Présence de la déclamation antique (controverses et suasoires)*, hg. v. R. Poignault und C. Schneider, 257–284. Clermont-Ferrand.

Fayer, C. 1994–2005. *La familia romana. Aspetti giuridici antiquari*. 3 Bde. Rom.

Feddern, S. 2013. *Die Suasorien des älteren Seneca*. Berlin.

Felber, D. 1961. „Caesars Streben nach der Königswürde." In *Einzeluntersuchungen zur altitalischen Geschichte*, hg. v. F. Altheim und D. Felber, 211–284. Frankfurt.

Fenster, E. 1968. Laudes Constantinopolitanae. München.

Fernández Delgado, J. A. 2007. „Influencia literaria de los *progymnasmata*." In *Escuela y literatura en Grecia Antigua*, hg. v. J. A. Fernández Delgado, F. Pordomingo und A. Stramaglia, 273–306. Cassino.

Fernández López, J. 2005. „Mujeres en sofistópolis: estereotipos femeninos en la declamación romana." In *Las hijas de Pandora: historia, tradición y simbología*, hg. v. I. M. Calero Secall und V. Alfaro Bech, 241–254. Málaga.

Fernoux, H.-L. 2011. *Le demos et la cité. Communautés et assemblées populaires en Asie Mineure à l'époque impériale*. Rennes.

Festugière, A. J. 1959. *Antioche païenne et chrétienne. Libanius, Chrysostome et les moines de Syrie*. Paris.

Février, P. A. 1969. „Enceinte et colonie (de Nîmes à Vérone, Toulouse et Tipasa)." *Rivista di studi liguri* 35: 277–286.

Fiori, R. 2011. Bonus vir. *Politica filosofia retorica e diritto nel* de officiis *di Cicerone*. Neapel.

Fish, J. 2011. „Not all Politicians are Sisyphus: What Roman Epicureans were Taught about Politics." In *Epicurus and the Epicurean Tradition*, hg. v. J. Fish und K. R. Sanders, 72–104. Cambridge.

Flamerie de Lachapelle, G. 2011. Clementia. *Recherches sur la notion de clémence à Rome, du début du 1er siècle a.C. à la mort d'Auguste*. Paris.

Fleskes, W. 1914. *Vermischte Beiträge zum literarischen Porträt des Tyrannen im Anschluss an die Deklamationen*. Bonn.

Fleury, P. 2006. *Lectures de Fronton. Un rhéteur latin à l'époque de la Seconde Sophistique*. Paris.

Flinterman, J.-J. 1995. *Power*, Paideia *and Pythagoreanism. Greek Identity, Conceptions of the Relationship between Philosophers and Monarchs and Political Ideas in Philostratus'* Life of Apollonius. Amsterdam.

–2004. „Sophists and Emperors: A Reconnaissance of Sophistic Attitudes." In Paideia: *The World of the Second Sophistic*, hg. v. B. E. Borg, 359–376. Berlin.

Focke, F. 1923. „*Synkrisis*." *Hermes* 58: 327–368.

Fortenbaugh, W. W. 1996. „On the Composition of Aristotle's Rhetoric." In ΛΗΝΑΙΚΑ. *Festschrift für Carl Werner Müller*, hg. v. C. Mueller-Goldingen und K. Sier, 165–188. Stuttgart.

Fournier, J. 2010. *Entre tutelle romaine et autonomie civique. L'administration judiciaire dans les provinces hellénophones de l'empire romain (129 av. J.-C. – 235 apr. J.-C.)*. Paris.

Frakes, R. M. 2001. Contra potentium iniurias: *The* Defensor Civitatis *and Late Roman Justice*. München.

–2018. „The *Defensor Civitatis* and the Late Roman City." *Antiquité tardive* 26: 127–147.

Francesio, M. 2004. *L'idea di città in Libanio*. Stuttgart.

Franchet d'Espèrey, S. 2016. „La *controversia figurata* chez Quintilien (*Inst.* 9.2.65–99). Quelle figure pour quel plaisir?" In *Reading Roman Declamation. The Declamations Ascribed to Quintilian*, hg. v. M. T. Dinter, C. Guérin und M. Martinho, 51–90. Berlin.

Franco, C. 2005. *Elio Aristide e Smirne*. Rom.

–2008. „Aelius Aristides and Rhodes: Concord and Consolation." In *Aelius Aristides between Greece, Rome, and the Gods*, hg. v. W. H. Harris und B. Holmes, 217–249. Leiden.

Frazel, T. D. 2009. *The Rhetoric of Cicero's* In Verrem. Göttingen.

Frere, S. S. 1984. „British Urban Defences in Earthwork." *Britannia* 15: 63–74.

Friedel, H. 1937. *Der Tyrannenmord in Gesetzgebung und Volksmeinung der Griechen*. Stuttgart.

Friend, C. 1999. „Pirates, Seducers, Wronged Heirs, Poison Cups, Cruel Husbands, and other Calamities: The Roman School Declamations and Critical Pedagogy." *Rhetoric Review* 17.2: 300–320.

Frier, B. W. 1982–1983. „Bees and Lawyers." *Classical Journal* 78: 105–114.

–1994. „Why did the Jurists Change Roman Law? Bees and Lawyers Revisited." *Index* 22: 135–149.

Fron, C. 2017. „Der ewige Wettkampf. Zur Konkurrenz unter kaiserzeitlichen Sophisten." In *Sophisten in Hellenismus und Kaiserzeit. Orte, Methoden und Personen der Bildungsvermittlung*, hg. v. B. Wyss, R. Hirsch-Luipold und S.-J. Hirschi, 159–176. Tübingen.

Fuhrmann, C. J. 2015. „Dio Chrysostom as a Local Politician: A Critical Reappraisal." In *Aspects of Ancient Institutions and Geography. Studies in Honor of Richard J. A. Talbert*, hg. v. L. L. Brice und D. Slootjes, 161–176. Leiden.

Gaebel, R. E. 1969–1970. „The Greek Word-Lists to Vergil and Cicero." *Bulletin of the John Rylands Library* 52: 284–325.

Gaines, R. N. 2007. „Roman Rhetorical Handbooks." In *A Companion to Roman Rhetoric*, hg. v. W. Dominik und J. Hall, 163–180. Malden MA.

Galand, P., F. Hallyn, C. Lévy und W. Verbaal, Hgg. 2010. *Quintilien. Ancien et moderne*. Turnhout.

Gans, U.-W. 2005. „Zur Datierung der römischen Stadtmauer von Köln und zu den farbigen Steinornamenten in Gallien und Germanien." *Jahrbuch des Römisch-Germanischen Zentralmuseums Mainz* 52: 211–236.

Garofalo, L. 1992. *La persecuzione dello stellionato in diritto romano*. Padua.

–2008 [2000] [2001]. „*Stellionatus*: Storia di una parola." In L. Garofalo, *Piccoli scritti di diritto penale romano*, 125–153 (Mailand, 2008). Nachdr. aus *Archivio giuridico* 220 (2000) 415–452 und „Scientia Iuris" *e linguaggio nel sistema giuridico romano*, hg. v. F. Sini und R. Ortu, 195–229 (Mailand, 2001).

Gaudemet, J. 1953. „'*Testamenta ingrata et pietas Augusti*.' Contribution à l'étude du sentiment impérial." In *Studi in onore di Vincenzo Arangio-Ruiz nel XLV anno del suo insegnamento*, Bd. 3, 115–137. Neapel.

Gelzer, M. 1918. „M. Junius Brutus, der Caesarmörder [Junius nr. 53]," *RE* X.1 Sp. 973–1020.

–1960 [2008]. *Caesar, Politiker und Staatsmann*. Wiesbaden, 1960 (Neuausgabe Stuttgart 2008).

Genzmer, E. 1942. „Talion im klassischen und nachklassischen Recht? Erwägungen über Ursprung und Grundgedanken des Edikts *Quod quisque juris in alterum statuerit, ut ipse eodem jure utatur*." *Zeitschrift der Savigny-Stiftung für Rechtsgeschichte, Romanistische Abteilung* 62: 122–142.

Gering, J. 2012. *Domitian,* dominus et deus? *Herrschafts- und Machtstrukturen im römischen Reich zur Zeit des letzten Flaviers*. Rahden.

Gesche, H. 1976. *Caesar*. Erträge der Forschung 51. Darmstadt.

Gibson, C. A. 2008. *Libanius's* Progymnasmata: *Model Exercises in Greek Prose Composition and Rhetoric*. Atlanta.

–2013. „Doctors in Ancient Greek and Roman Rhetorical Education." *Journal of the History of Medicine* 68: 529–550.

–2014. „Better Living through Prose Composition? Moral and Compositional Pedagogy in Ancient Greek and Roman *progymnasmata*." *Rhetorica* 32: 1–30.

Gildenhard, I. 2006. „Reckoning with Tyranny: Greek Thoughts on Caesar in Cicero's *Letters to Atticus* in Early 49." In *Ancient Tyranny*, hg. v. S. Lewis, 197–209. Edinburgh.

–2011. *Creative Eloquence. The Construction of Reality in Cicero's Speeches*. Oxford.

Giltaij, J. 2016. „Greek Philosophy and Classical Roman Law, a Brief Overview." In *The Oxford Handbook of Roman Law and Society*, hg. v. P. J. Du Plessis, C. Ando und K. Tuori, 188–199. Oxford.

Giomaro, A. M. 2003. *Per lo studio della* calumnia. *Aspetti di „deontologia" processuale in Roma antica*. Turin.

Giorgini, G. 2009. „Plato and the Ailing Soul of the Tyrant." In *Le philosophe, le roi, le tyran*, hg. v. S. Gastaldi und J.-F. Pradeau, 111–127. Sankt Augustin.

Glaser, F. 1983. *Antike Brunnenbauten (KPHNAI) in Griechenland*. Wien.

Gleason, M. W. 1995. *Making Men. Sophists and Self-Presentation in Ancient Rome*. Princeton.

–2009. „Shock and Awe: The Performance Dimension of Galen's Anatomy Demonstrations." In *Galen and the World of Knowledge*, hg. v. C. Gill, T. Whitmarsh und J. Wilkins, 85–114. Cambridge.

Gliwitzky, C. 2010. *Späte Blüte in Side und Perge. Die pamphylische Bauornamentik des 3. Jahrhunderts n. Chr.* Bern.

Goffin, B. 2002. *Euergetismus in Oberitalien*. Bonn.

Goldhill, S. 2009. „Rhetoric and the Second Sophistic." In *The Cambridge Companion to Ancient Rhetoric*, hg. v. E. Gunderson, 228–241. Cambridge.

Gómez Araujo, L. 2010. „El agua y las termas en la ciudad romana: el caso de Itálica (Santiponce, Sevilla)." In *Actas del II Coloquio Internacional Irrigación, Energía y Abastecimento de Agua: La cultura del agua en el Arco Mediterráneo*, hg. v. J. Sobrino Simal und L. Cervera Pozo, 65–86. Alcalá de Guadaira.

Goodman, P. J. 2007. *The Roman City and its Periphery*. London.

Goria, F. 1987. „Ratto (dir. rom.)." In *Enciclopedia del diritto*, hg. v. F. Calasso, 38: 707–724. Mailand.

Gorrie, C. 2001. „The Septizodium of Septimius Severus Revisited: The Monument in its Historical and Urban Context." *Latomus* 60: 653–670.

Gotter, U. 1996. *Der Diktator ist tot! Politik in Rom zwischen den Iden des März und der Begründung des Zweiten Triumvirats*. Stuttgart.

Goudineau, C. 1980. „Les villes de la paix romaine." In *Histoire de la France urbaine*, hg. v. G. Duby, Bd. 1, 232–390. Paris.

Graindor, P. 1930. *Un milliardaire antique. Hérode Atticus et sa famille*. Cairo.

Grelle, F. 1980. „La *'correctio morum'* nella legislazione flavia." *Aufstieg und Niedergang der römischen Welt* II.13: 340–365.

Greschat, K. 2018. „'Early Impressions are Hard to Eradicate from the Mind.' The Lasting Influence of Domestic Education in Western Late Antiquity." In *Teachers in Late Antique Christianity*, hg. v. P. Gemeinhardt, O. Lorgeoux und M. Munkholt Christensen, 165–183. Tübingen.

Grey, C. 2008. „Two Young Lovers: An Abduction Marriage and its Consequences in Fifth-Century Gaul." *Classical Quarterly* 58: 286–302.

Griffin, J. 1985 [1976]. „Augustan Poetry and the Life of Luxury." In J. Griffin, *Latin Poets and Roman Life*, 1–31. (London, 1985). Nachdr. aus *Journal of Roman Studies* 66 (1976) 87–105.

–1985 [1981]. „Genre and Real Life in Latin Poetry." In J. Griffin, *Latin Poets and Roman Life*, 48–64 (London, 1985). Nachdr. aus *Journal of Roman Studies* 71 (1981) 39–49.

Griffin, M. 1976. *Seneca. A Philosopher in Politics*. Oxford.

–1989 [1997]. „Philosophy, Politics and Politicians at Rome." In Philosophia Togata. *Essays on Philosophy and Roman Society*, hg. v. M. Griffin und J. Barnes, 1–37 (Oxford, 1989). Nachdr. als Philosophia Togata *I. Essays on Philosophy and Roman Society*, 1–37 (Oxford, 1997).

Grimaldi, W. M. A. 1996. „How Do We Get From Corax-Tisias to Plato-Aristotle in Greek Rhetorical Theory?" In *Theory, Text, Context. Issues in Greek Rhetoric and Oratory*, hg. v. C. L. Johnstone, 19–43. Albany NY.

Grisé, Y. 1982. *Le suicide dans la Rome antique*. Montreal.
Grodzynski, D. 1984. „Ravies et Coupables. Un essai d'interprétation de la loi IX, 24, 1 du Code Théodosien." *Mélanges de l'École française de Rome* 96: 697–726.
Gros, P. 1992. „*Moenia*: aspects défensifs et aspects représentatifs des fortifications." In Fortificationes antiquae, hg. v. S. Van de Maele und J. M. Fossey, 211–225. Amsterdam.
–1996. *L'architecture romaine de début du IIIe siècle av. J.-C. à la fin du Haut-Empire I. Les monuments publics*. Paris.
–2016. „L'évergétisme édilitaire au temps de la seconde sophistique: le cas d'Éphèse." *Revue archéologique* 62: 329–360.
Gselle, S. 1894. *Essai sur le règne de l'empereur Domitien*. Paris.
Guast, W. 2018. „Lucian and Declamation." *Classical Philology* 113: 189–205.
–2019. „Greek Declamation Beyond Philostratus' Second Sophistic." *Journal of Hellenic Studies* 139: 172–186.
Guillaumet, J.-P. und A. Rebourg. 1987. „L'enceinte d'Autun." In *Les enceintes Augustéennes dans l'Occident romain (France, Italie, Espagne, Afrique du Nord)*, hg. v. M.-G. Colin, 41–49. Nîmes.
Gunderson, E. 1998. „Discovering the Body in Roman Oratory." In *Parchments of Gender: Deciphering the Bodies of Antiquity*, hg. v. M. Wyke, 169–189. Oxford.
–2000. *Staging Masculinity. The Rhetoric of Performance in the Roman World*. Ann Arbor.
–2003. *Declamation, Paternity, and Roman Identity*. Cambridge.
–2016. „Declamatory Play." In *Fabrique de la déclamation antique (controverses et suasoires)*, hg. v. R. Poignault und C. Schneider, 179–195. Lyon.
Haase, R. 1994. „Justinian I. und der Frauenraub (*raptus*)." *Zeitschrift der Savigny-Stiftung für Rechtsgeschichte, Romanistische Abteilung* 111: 458–470.
Habinek, T. 2005. *Ancient Rhetoric and Oratory*. Malden MA.
Hadot, I. 2005 [1984]. *Arts libéraux et philosophie dans la pensée antique* (2. Aufl., Paris, 2005 mit Addenda S. 309–494 [1. Aufl., Paris, 1984]).
Haehling, R. von 2000. „*Rex* und *Tyrannus*. Begriffe und Herrscherbilder der römischen Antike." In Basileus *und Tyrann. Herrscherbilder und Bilder von Herrschaft in der englischen Renaissance*, hg. v. U. Baumann, 13–33. Frankfurt.
Haensch, R. 2012. „*Arx imperii*? Der Palast auf dem Palatin als das politisch-administrative Zentrum in der Reichshauptstadt Rom nach dem Zeugnis der schriftlichen Quellen." In *Politische Räume in vormodernen Gesellschaften. Gestaltung – Wahrnehmung – Funktion*, hg. v. O. Dally, F. Fless, R. Haensch, F. Pirson und S. Sievers, 267–276. Rahden.
Hagel, S. und T. Lynch. 2015. „Musical Education in Greece and Rome." In *A Companion to Ancient Education*, hg. v. W. M. Bloomer, 401–412. Chichester.
Hagemann, M. 1998. Iniuria. *Von den XII-Tafeln bis zur Justinianischen Kodifikation*. Köln.
Håkanson, L. 1986. „Die quintilianischen Deklamationen in der neueren Forschung." *Aufstieg und Niedergang der römischen Welt* II.32.4: 2272–2306.

–2014. „Der Satzrhythmus der 19 Größeren Deklamationen und des Calpurnius Flaccus." In L. Håkanson, *Unveröffentlichte Schriften I*, hg. v. B. Santorelli, 47–130. Berlin.

Halbwachs, V. 2014. „*Haec disceptatio in factum constitit*: Bemerkungen zur *Pietas* im römischen Unterhaltsrecht." In Meditationes in iure et historia. *Essays in Honour of Laurens Winkel*, hg. v. R. van den Bergh, G. van Niekerk, P. Pichonnaz, P. J. Thomas, D. G. Kleyn, F. Lucrezi und J. Mutton, Bd. 1, 371–382. Pretoria.

Hall, J. 2014. *Cicero's Use of Judicial Theater*. Ann Arbor.

Hansen, M. H. und T. H. Nielsen. 2004. „City Walls as Evidence for *Polis* Identity." In *An Inventory of Archaic and Classical* Poleis, hg. v. M. H. Hansen und T. H. Nielsen, 135–137. Oxford.

Harries, J. 1988. „The Imperial Quaestor from Constantine to Theodosius II." *Journal of Roman Studies* 78: 148–172.

–1999. *Law and Empire in Late Antiquity*. Cambridge.

–2006. *Cicero and the Jurists. From Citizens' Law to the Lawful State*. London.

–2016. „Legal Education and Training of Lawyers." In *The Oxford Handbook of Roman Law and Society*, hg. v. P. J. Du Plessis, C. Ando und K. Tuori, 151–175. Oxford.

Harris, E. M. 2012. „*Hypotheca* in Roman Law and ὑποθήκη in Greek Law." In *Transferts culturels et droits dans le monde grec et hellénistique*, hg. v. B. Legras, 433–441. Paris.

Harris, W. V. 1986. „The Roman Father's Power of Life and Death." In *Studies in Roman Law in Memory of A. Arthur Schiller*, hg. v. R. S. Bagnall und W. V. Harris, 81–95. Leiden.

–1989. *Ancient Literacy*. Cambridge MA.

Hawley, R. 1995. „Female Characterization in Greek Declamation." In *Ethics and Rhetoric. Classical Essays for Donald Russell on his Seventy-Fifth Birthday*, hg. v. D. C. Innes, H. Hine und C. Pelling, 255–267. Oxford.

Hayne, L. 1971. „Lepidus' Role after the Ides of March." *Acta Classica* 14: 109–117.

Heath, M. 1994. „The Substructure of *Stasis*-Theory from Hermagoras to Hermogenes." *Classical Quarterly* 44: 114–129.

–1995. *Hermogenes*. On Issues. Oxford.

–2002. „Rhetoric in Mid-Antiquity." In *Classics in Progress. Essays on Ancient Greece and Rome*, hg. v. T. P. Wiseman, 419–439. Oxford.

–2002–2003. „Theon and the History of the *Progymnasmata*." *Greek, Roman, and Byzantine Studies* 43: 129–160.

–2004. *Menander: A Rhetor in Context*. Oxford.

Hedrick, C. W. 2011. „Literature and Communication." In *The Oxford Handbook of Social Relations in the Roman World*, hg. v. M. Peachin, 167–190. New York.

Heinle, M. 2009. „Stadtbilder im Hellenismus – Wahrnehmung urbaner Strukturen in hellenistischer Zeit." In *Stadtbilder im Hellenismus*, hg. v. A. Matthaei und M. Zimmermann, 41–69. Berlin.

Heintzeler, G. 1927. *Das Bild des Tyrannen bei Platon. Ein Beitrag zur Geschichte der griechischen Staatsethik.* Stuttgart.

Heinzelmann, M. 2003. „Städtekonkurrenz und kommunaler Bürgersinn. Die Säulenstraße von Perge als Beispiel monumentaler Stadtgestaltung durch kollektiven Euergetismus." *Archäologischer Anzeiger* 2003: 197–220.

Hellegouarc'h, J. 1963. *Le vocabulaire Latin des relations de partis politiques sous la République.* Paris.

Heller, A. 2006. *„Les bêtises des Grecs." Conflits et rivalités entre cités d'Asie et de Bithynie à l'époque romaine (129 a.C.-235 p.C.).* Bordeaux.

Herberger, M. 1981. *Dogmatik. Zur Geschichte von Begrif und Methode in Medizin und Jurisprudenz.* Frankfurt.

Hesberg, H. von 2005. *Römische Baukunst.* München.

Heusch, C. 2005. „Die Ethopoiie in der griechischen und lateinischen Antike: Von der rhetorischen *Progymnasma*-Theorie zur literarischen Form." In ἨΘΟΠΟΙΙΑ. *La représentation de caractères entre fiction scolaire et réalité vivante à l'époque impériale et tardive*, hg. v. E. Amato und J. Schamp, 11–33. Salerno.

Heuss, A. 1971. „Aristoteles als Theoretiker des Totalitarismus." *Antike und Abendland* 17: 1–44.

Higham, T. F. 1958. „Ovid and Rhetoric." In Ovidiana. *Recherches sur Ovide*, hg. v. N. I. Herescu, 32–48. Paris.

Hillard, T. 2013. „Graffiti's Engagement. The Political Graffiti of the Late Roman Republic." In *Written Space in the Latin West, 200 BC to AD 300*, hg. v. G. Sears, P. Keegan und R. Laurence, 105–122. London.

Hömke, N. 2002. *Gesetzt den Fall, ein Geist erscheint. Komposition und Motivik der ps-quintilianischen* Declamationes maiores *X, XIV, und XV*. Heidelberg.

–2007. „'Not to Win, but to Please': Roman Declamation Beyond Education." In *Papers on Rhetoric VIII. Declamation*, hg. v. L. Calboli Montefusco, 103–127. Rom.

Hoffman, A. 2000. „Die Stadtmauern der hellenistisch-römischen Dekapolisstadt Gadara. Zusammenfassender Bericht über die seit 1991 durchgeführten Ausgrabungen und Untersuchungen." *Archäologischer Anzeiger* 2000: 176–233.

Hohenlohe, C. 1937. *Einfluß des Christentums auf das* Corpus iuris civilis. Wien.

Hohmann, H. 1996. „Classical Rhetoric and Roman Law: Reflections on a Debate." *Rhetorik* 15: 15–41.

Holford-Strevens, L. 2003 [1988]. *Aulus Gellius. An Antonine Scholar and his Achievement.* (2. Aufl., Oxford 2003 [1. Aufl., London, 1988]).

Honig, R. M. 1960. Humanitas *und Rhetorik in spätrömischen Kaisergesetzen.* Göttingen.

Honoré, T. 2002. *Ulpian. Pioneer of Human Rights.* 2. Aufl. Oxford.

–1998. *Law in the Crisis of the Empire, 379–455 AD. The Theodosian Dynasty and its Quaestors.* Oxford.

Horsfall, N. 1974. „The Ides of March: Some New Problems." *Greece and Rome* 21: 191–199.
–1979. „*Doctus Sermones Utriusque Linguae.*" *Echos du monde classique/Classical News and Views* 23: 79–95.
Horster, M. 2001. *Bauinschriften römischer Kaiser. Untersuchungen zu Inschriftenpraxis und Bautätigkeit in Städten des westlichen Imperium Romanum in der Zeit des Prinzipats.* Stuttgart.
Hulls, J.-M. 2014. „The Mirror in the Text: Privacy, Performance, and the Power of Suetonius' Domitian." In *Suetonius the Biographer. Studies in Roman Lives*, hg. v. T. Power und R. K. Gibson, 178–196. Oxford.
Humfress, C. 2011. „Law and Custom under Rome." In *Law, Custom, and Justice in Late Antiquity and the Early Middle Ages*, hg. v. A. Rio, 23–47. London.
Hunt, D. 1993. „Christianizing the Roman Empire: The Evidence of the *Code.*" In *The Theodosian Code*, hg. v. J. Harries und I. Wood, 143–158. Ithaca NY.
Huskinson, J. 2005. „Rivers of Roman Antioch." In *Personification in the Greek World: From Antiquity to Byzantium*, hg. v. E. Stafford und J. Herrin, 247–264. Aldershot.
Imber, M. 2001. „Practised Speech. Oral and Written Conventions in Roman Declamation." In *Speaking Volumes. Orality and Literacy in the Greek and Roman World*, hg. v. J. Watson, 199–216. Leiden.
–2008. „Life Without Father. Declamation and the Construction of Paternity in the Roman Empire." In *Role Models in the Roman World: Identity and Assimilation*, hg. v. S. Bell und I. L. Hansen, 161–169. Ann Arbor.
Imhoof-Blumer, F. 1924 [1923]. *Fluss- und Meergötter auf griechischen und römischen Münzen* (Genf, 1924). Nachdr. aus *Revue Suisse de Numismatique* 23 (1923) 173–421.
Inglebert, H. 2004. „Éducation et culture chez les Chrétiens de l'Antiquité Tardive." In *Que reste-t-il de l'éducation classique? Relire 'le Marrou': Histoire de l'éducation dans l'Antiquité*, hg. v. J.-M. Pailler und P. Payen, 333–341. Toulouse.
Innes, D. C. 1985. „Theophrastus and the Theory of Style." In *Theophrastus of Eresus: On his Life and Work*, hg. v. W. W. Fortenbaugh, P. M. Huby und A. A. Long, 251–267. New Brunswick NJ.
Isaac, B. 1993. *The Limits of Empire: The Roman Army in the East.* Oxford.
Işkan, H., C. Schuler, Ş. Aktaş, D. Reitzenstein, A. Schmölder-Veit und M. Koçak, Hgg. 2016. *Patara. Lykiens Tor zur römischen Welt.* Darmstadt.
Jacobs, I. 2009. „Gates in Late Antiquity in the Eastern Mediterranean." *BABESCH* 84: 197–213.
–und J. Richard. 2012. „'We Surpass the Beautiful Waters of Other Cities by the Abundance of Ours': Reconciling Function and Decoration in Late Antique Fountains." *Journal of Late Antiquity* 5: 3–71.
Jacques, F. 1992. „Les moulins d'Orcistus. Rhétorique et géographie au IVe s." In *Institutions, société et vie politique dans l'empire romain au IVe siécle ap. J.-C.*,

hg. v. M. Christol, S. Demougin, Y. Duval, C. Lepelley und L. Pietri, 431–446. Rom.
Jakab, É. 2012. „Geld und Sport. Rezeption griechischer Topoi in der römischen Jurisprudenz." *Revue Internationale des droits de l'Antiquité* 59: 93–125.
Janiszewski, P., K. Stebnicka und E. Szabat. 2015. *Prosopography of Greek Rhetors and Sophists of the Roman Empire*. Oxford.
Jedrkiewicz, S. 2002. „Il tirannicidio nella cultura classica. *Hybris* tirannica e tirannicidio: realtà e rappresentazione." In *Antichità e rivoluzioni da Roma a Costantinopoli a Mosca*, hg. v. P. Catalano und G. Lobrano, 3–26. Rom.
Jehne, M. 1987. *Der Staat des Dictators Caesar*. Köln.
–1998. „Die Ermordung des Dictators Caesar und das Ende der römischen Republik." In *Große Verschwörungen. Staatsstreich und Tyrannensturz von der Antike bis zur Gegenwart*, hg. v. U. Schultz, 33–47, 256–261. München.
–2005. „History's Alternative Caesars. Julius Caesar and Current Historiography." In *Julius Caesar: New Critical Essays*, hg. v. H. Zander, 59–70. New York.
–2009. *Der große Trend, der kleine Sachzwang und das handelnde Individuum. Caesars Entscheidungen*. München.
–2014. *Caesar*, 5. Aufl. München.
Jenkyns, R. 2013. *God, Space, and City in the Roman Imagination*. Oxford.
Jerome, T. S. 1923. *Aspects of the Study of Roman History*. New York.
Johansson, M. 2015. „Nature over Law: Themes of Disowning in Libanius' Declamations." In *Law and Ethics in Greek and Roman Declamation*, hg. v. E. Amato, F. Citti und B. Huelsenbeck, 269–286. Berlin.
Johansson, T. und P. Lalander. 2012. „Doing Resistance – Youth and Changing Theories of Resistance." *Journal of Youth Studies* 15: 1078–1088.
Johnstone, M. A. 2015. „Tyrannized Souls: Plato's Depiction of the 'Tyrannical Man.'" *British Journal for the History of Philosophy* 23: 423–437.
Jolowicz, H. F. 1932. „Academic Elements in Roman Law." *The Law Quarterly Review* 48: 171–190.
Jones, A. H. M. 1964. *The Later Roman Empire, 284–602*. 2 Bde. Oxford.
Jones, B. und R. Ling. 1993. „6. The Great Nymphaeum." In *The Severan Buildings of Lepcis Magna: An Architectural Survey*, hg. v. J. B. Ward-Perkins, 79–87. London.
Jones, B. W. 1992. *The Emperor Domitian*. London.
–1996. *Suetonius* Domitian. London.
Jones, C. P. 1991. „Aelius Aristides, 'On the Water in Pergamon.'" *Archäologischer Anzeiger* 1991: 111–117.
–2004. „Multiple Identities in the Age of the Second Sophistic." In Paideia: *The World of the Second Sophistic*, hg. v. B. E. Borg, 13–21. Berlin.
–2006. „A Letter of Hadrian to Naryka (Eastern Locris)." *Journal of Roman Archaeology* 19: 151–162.
–2017. „Strabo and the 'Petty Dynasts.'" In *Auguste et l'Asie Mineure*, hg. v. L. Cavalier, M.-C. Ferriès und F. Delrieux, 349–356. Bordeaux.

Jones Hall, L. 2004. *Roman Berytus. Beirut in Late Antiquity*. Abingdon.
Jordović, I. 2011. „Aristotle on Extreme Tyranny and Extreme Democracy." *Historia* 60: 36–64.
–2019. *Taming Politics. Plato and the Democratic Roots of Tyrannical Man*. Stuttgart.
Jouffroy, H. 1986. *La construction publique en Italie et dans l'Afrique romaine*. Strasbourg.
Jung, K. 2006. „Das *Hydrekdocheion* des Gaius Laecanius Bassus in Ephesos." In Cura Aquarum *in Ephesus*, hg. v. G. Wiplinger, Bd. 1, 79–86. Löwen.
Kacprzak, A. 2016 „Rhetoric and Roman Law." In *The Oxford Handbook of Roman Law and Society*, hg. v. P. J. Du Plessis, C. Ando und K. Tuori, 200–213. Oxford.
Kah, D. und P. Scholz, Hgg. 2004. *Das hellenistische Gymnasion*. Berlin.
Kamash, Z. 2010. *Archaeologies of Water in the Roman Near East, 63 BC–AD 636*. Piscataway NJ.
Kamp, A. 1985. „Die aristotelische Theorie der Tyrannis." *Philosophisches Jahrbuch* 92: 17–34.
Kantor, G. 2009. „Knowledge of Law in Roman Asia Minor." In *Selbstdarstellung und Kommunikation. Die Veröffentlichung staatlicher Urkunden auf Stein und Bronze in der römischen Welt*, hg. v. R. Haensch, 249–265. München.
–2015. „Greek Law under the Romans." In *The Oxford Handbook of Ancient Greek Law*, hg. v. E. M. Harris und M. Canevaro. https://www.oxfordhandbooks.com/view/10.1093/oxfordhb/9780199599257.001.0001/oxfordhb-9780199599257-e-25.
–2017. „*Qui in consilio estis*: The Governor and his Advisors in the Early Empire." *Istoricheskij Vestnik* 19: 50–86.
Kapossy, B. 1969. *Brunnenfiguren der hellenistischen und römischen Zeit*. Zurich.
Karlin-Hayter, P. 1992. „Further Notes on Byzantine Marriage: *Raptus* – ἁρπαγή or μνηστεῖαι?" *Dumbarton Oaks Papers* 46: 133–154.
Karwiese, S. 2006. „*Polis Potamōn* – Stadt der Flüsse. Die Gewässer auf den ephesischen Münzen." In Cura Aquarum *in Ephesus*, hg. v. G. Wiplinger, Bd. 1, 17–22. Löwen.
Kaser, M. 1971 [1955]. *Das römische Privatrecht*, Bd. 1 (2. Aufl., München, 1971 [1. Aufl., München, 1955]).
Kaster, R. A. 1983. „Notes on 'Primary' and 'Secondary' Schools in Late Antiquity." *Transactions of the American Philological Association* 113: 323–346.
–1988. *Guardians of Language: The Grammarian and Society in Late Antiquity*. Berkeley und Los Angeles.
–1995. *C. Suetonius Tranquillus*. De Grammaticis et Rhetoribus. Oxford.
–1998. „Becoming 'CICERO.'" In *Style and Tradition. Studies in Honor of Wendell Clausen*, hg. v. P. Knox und C. Foss, 248–263. Stuttgart.
–2001. „Controlling Reason: Declamation in Rhetorical Education at Rome." In *Education in Greek and Roman Antiquity*, hg. v. Y. L. Too, 317–337. Leiden.

Katzoff, R. 1982. „'*Responsa Prudentium*' in Roman Egypt." In *Studi in onore di Arnaldo Biscardi*, hg. v. F. Pastori, Bd. 2, 523–535. Mailand.
Keeline, T. J. 2018. *The Reception of Cicero in the Early Roman Empire*. Cambridge.
Keitel, E. 2007. „Feast Your Eyes on This: Vitellius as a Stock Tyrant (Tac. *Hist.* 3.36–39)." In *A Companion to Greek and Roman Historiography*, hg. v. J. Marincola, Bd. 2, 441–446. Malden MA.
Kelly, B. 2011. *Petitions, Litigation, and Social Control in Roman Egypt*. Oxford.
Kennedy, G. [A.] 1972. *The Art of Rhetoric in the Roman World, 300 B.C. – A.D. 300*. Princeton.
–1983. *Greek Rhetoric under Christian Emperors*. Princeton.
–2003. Progymnasmata. *Greek Textbooks of Prose Composition and Rhetoric*. Atlanta.
Kennell, N. M. 1997. „Herodes Atticus and the Rhetoric of Tyranny." *Classical Philology* 92: 346–362.
–2015. „The *Ephebeia* in the Hellenistic Period." In *A Companion to Ancient Education*, hg. v. W. M. Bloomer, 172–183. Chichester.
Keyt, D. 1999. *Aristotle* Politics: *Books V and VI*. Oxford.
Kienzle, E. 1936. *Der Lobpreis von Städten und Ländern in der älteren griechische Dichtung*. Basel.
Kim, L. 2017. „Atticism and Asianism." In *The Oxford Handbook of the Second Sophistic*, hg. v. D. S. Richter und W. A. Johnson, 41–66. New York.
Kleiter, T. 2010. *Entscheidungskorrekturen mit unbestimmter Wertung durch die klassische römische Jurisprudenz*. München.
Klementa, S. 1993. *Gelagerte Flußgötter des Späthellenismus und der römischen Kaiserzeit*. Köln.
Klodt, C. 2001. *Bescheidene Größe. Die Herrschergestalt, der Kaiserpalast und die Stadt Rom: Literarische Reflexionen monarchischer Selbstdarstellung*. Göttingen.
Kneepkens, C. H. 1994. „*Comparatio*." In *Historisches Wörterbuch der Rhetorik*, hg. v. G. Ueding, Bd. 2, 293–299. Tübingen.
Knoch, S. 2018. *Sklaven und Freigelassene in der lateinischen Deklamation*. Hildesheim.
König, J. 2011. „Competitiveness and Anti-Competitiveness in Philostratus' *Lives of the Sophists*." In *Competition in the Ancient World*, hg. v. N. Fisher und H. Van Wees, 279–300. Swansea.
Köster, R. 2004. *Die Bauornamentik von Milet 1. Die Bauornamentik der frühen und mittleren Kaiserzeit*. Berlin.
Kohl, R. 1915. De scholasticarum declamationum argumentis ex historia petitis. Paderborn.
Kolb, F. 1993. „Bemerkungen zur urbanen Ausstattung von Städten im Westen und im Osten des römischen Reichs anhand von Tacitus, *Agricola* 21 und der Konstantinischen Inschrift von Orkistos." *Klio* 75: 321–341.

–2015. „Alföldi, Caesar and the German Tradition of Research on Caesar." In *Andreas Alföldi in the Twenty-First Century*, hg. v. J. H. Richardson und F. Santangelo, 153–165. Stuttgart.

Kondoleon, C. 2000. „Mosaics of Antioch." In *Antioch: The Lost Ancient City*, hg. v. C. Kondoleon, 63–77. Princeton.

Koops, E. 2014. „Masters and Freedmen: Junian Latins and the Struggle for Citizenship." In *Integration in Rome and in the Roman World*, hg. v. G. de Kleijn und S. Benoist, 105–126. Leiden.

Korenjak, M. 2000. *Publikum und Redner. Ihre Interaktion in der sophistischen Rhetorik der Kaiserzeit*. München.

Kraft, K. 1969. *Der goldene Kranz Caesars und der Kampf um die Entlarvung des „Tyrannen."* Darmstadt.

Krapinger, G. 2005. *[Quintilian] Die Bienen des armen Mannes (Größere Deklamationen, 13)*. Cassino.

–2007a. *[Quintilian] Der Gladiator (Größere Deklamationen, 9)*. Cassino.

–2007b. „Die Bienen des armen Mannes in Antike und Mittelalter." In Theatron. *Rhetorische Kultur in Spätantike und Mittelalter / Rhetorical Culture in Late Antiquity and the Middle Ages*, hg. v. M. Grünbart, 189–201. Berlin.

–und A. Stramaglia. 2015. *[Quintilian] Der Blinde auf der Türschwelle (Größere Deklamationen, 2)*. Cassino.

Kraus, M. 2005. „*Progymnasmata, Gymnasmata*." In *Historisches Wörterbuch der Rhetorik*, hg. v. G. Ueding, Bd. 7, 159–191. Tübingen.

–2013. „Rhetoric or Law? The Role of Law in Late Ancient Greek Rhetorical Exercises." In *The Purpose of Rhetoric in Late Antiquity: From Performance to Exegesis*, hg. v. A. J. Quiroga Puertas, 123–137. Tübingen.

–2016. „Rhetorik und Macht: Theorie und Praxis der deliberativen Rede in der Dritten Sophistik – Libanios und Aphthonios." In *La rhétorique du pouvoir. Une exploration de l'art oratoire déliberatif grec*, hg. v. P. Derron, 299–331. Genf.

Kremmydas, C. 2013. „Hellenistic Oratory and the Evidence of Rhetorical Exercises." In *Hellenistic Oratory: Continuity and Change*, hg. v. C. Kremmydas und K. Tempest, 139–163. Oxford.

–und K. Tempest. 2013. „Introduction: Exploring Hellenistic Oratory." In *Hellenistic Oratory: Continuity and Change*, hg. v. C. Kremmydas und K. Tempest, 1–17. Oxford.

Kühnert, F. 1961. *Allgemeinbildung und Fachbildung in der Antike*. Berlin.

Kuhn, C. T. 2013. „Der Rangstreit der Städte im römischen Kleinasien: Anmerkungen zu Kontext und Datierung von *I.Laodikeia* 10." *Zeitschrift für Papyrologie und Epigraphik* 186: 195–204.

Kunkel, W. 1967 [1951]. *Herkunft und soziale Stellung der römischen Juristen* (2. Aufl., Graz, 1967 [1. Aufl., Weimar, 1951]).

Kunzig, R. 2019. „Rethinking Cities." *National Geographic* 235.4 (April): 73–97.

La Bua, G. 2006. „Diritto e retorica: Cicerone *Iure Peritus* in Seneca Retore e Quintiliano.“ In *Atti del XII Colloquium Tullianum*. Rom. = *Ciceroniana*, n.s. 12: 181–203.
–2019. *Cicero and Roman Education. The Reception of the Speeches and Ancient Scholarship*. Cambridge.
Laes, C. 2015. „Masters and Apprentices.“ In *A Companion to Ancient Education*, hg. v. W. M. Bloomer, 474–482. Chichester.
–und J. Strubbe. 2014 [2008]. *Youth in the Roman Empire. The Young and Restless Years?* (Cambridge, 2014). Übers. nach *Jeugd in het Romeinse Rijk: Jonge jaren, wilde haren?* (Löwen, 2008).
Lamare, N. 2016. „Architecture et motif littéraire de la fontaine, Orient-Occident.“ In *Parure monumentale et paysage dans le poésie épigraphique de l'Afrique romaine*, hg. v. C. Hamdoune, 263–273. Bordeaux.
–2019. *Les fontaines monumentales en Afrique romaine*. Rom.
Lamberti, F., P. Gröschler und F. Milazzo, Hgg. 2015. *Il diritto romano e le culture straniere. Influenze e dipendenze interculturali nell'antichità*. Lecce.
Lamoureux, J. und N. Aujoulet. 2004. *Synésios de Cyrène, Tome 4: Opuscules 1*. Paris.
Lanciotti, S. 1977–1978. „Silla e la tipologie del tiranno nella letteratura latina repubblicana (I)“ und „(II).“ *Quaderni di Storia* 6 (1977) 129–153 und 8 (1978) 191–225.
Lanfranchi, F. 1938. *Il diritto nei retori Romani. Contributo alla storia dello sviluppo del diritto romano*. Mailand.
–1940. „'*Ius exponendi*' e obbligo alimentare nel diritto romano-classico.“ *Studia et Documenta Historiae et Iuris* 6: 5–69.
Langer, V. I. 2007. Declamatio Romanorum. *Dokument juristischer Argumentationstechnik, Fenster in Gesellschaft ihrer Zeit und Quelle des Rechts?* Frankfurt.
Langlands, R. 2006. *Sexual Morality in Ancient Rome*. Cambridge.
Lanza, D. 1977. *Il tiranno e il suo pubblico*. Turin.
Lassus, J. 1972. *Antioch-on-the-Orontes V. Les portiques d'Antioche*. Princeton.
Laurence, R., S. Esmonde Cleary und G. Sears. 2011. *The City in the Roman West, c. 250 BC – c. AD 250*. Cambridge.
Lausberg, H. 1990. *Handbuch der literarischen Rhetorik*. 3. Aufl., Stuttgart.
Lécrivain, C. 1891. „Le droit grec et le droit romain dans les *Controverses* de Sénèque le Père et dans les *Déclamations* de Quintilien et de Calpurnius Flaccus.“ *Nouvelle revue historique de droit français et étranger* 15: 680–691.
Leesen, T. G. 2010. *Gaius Meets Cicero: Law and Rhetoric in the School Controversies*. Leiden.
Lefèvre, E. 2008. *Philosophie unter der Tyrannis. Ciceros* Tusculanae Disputationes. Heidelberg.
Lehmann-Hartleben, E. 1929. „Städtebau Italiens und des römischen Reichs.“ *RE* IIIA.2 Sp. 2016–2124.

Lehne-Gstreinthaler, C. 2016. „'Jurists in the Shadows': The Everyday Business of the Jurists of Cicero's Time." In *Cicero's Law. Rethinking Roman Law of the Late Republic*, hg. v. P. J. Du Plessis, 88–99. Edinburgh.
Lehnert, G. 1920. „Bericht über die Literatur zu den lateinischen Deklamationen bis 1914." *Jahresbericht über die Fortschritte der klassischen Altertumswissenschaft* 183: 204–267.
Leigh, S. 2018. „The Monumental Fountain in the Athenian Agora: Reconstruction and Interpretation." In *Great Waterworks in Roman Greece. Aqueducts and Monumental Fountain Structures. Function in Context*, hg. v. G. A. Aristodemou und T. P. Tassios, 218–234. Oxford.
Lendon, J. E. 1997a. „Spartan Honor." In Polis *and* Polemos. *Essays on Politics, War, and History in Ancient Greece in Honor of Donald Kagan*, hg. v. C. D. Hamilton und P. Krentz, 105–126. Claremont CA.
–1997b. *Empire of Honour: The Art of Government in the Roman World*. Oxford.
–2002. „Primitivism and Ancient Foreign Relations." *The Classical Journal* 97: 375–384.
–2005. *Soldiers and Ghosts. A History of Battle in Classical Antiquity*. New Haven.
–2006. „The Legitimacy of the Roman Emperor: Against Weberian Legitimacy and Imperial 'Strategies of Legitimation.'" In *Herrschaftsstrukturen und Herrschaftspraxis. Konzepte, Prinzipien und Strategien der Administration im römischen Kaiserreich*, hg. v. A. Kolb, 53–63. Berlin.
–2009. „Historians without History: Against Roman Historiography." In *The Cambridge Companion to the Roman Historians*, hg. v. A. Feldherr, 41–61. Cambridge.
–2015. „Rhetoric and Nymphaea in the Roman Empire." *Chiron* 45: 123–149.
Lenel, O. 1907. *Das* Edictum Perpetuum. Leipzig.
Lentano, M. 1998. *L'eroe va a scuola. La figura del* vir fortis *nella declamazione latina*. Neapel.
–1999. „La declamazione latina. Rassegna di studi e stato delle questioni (1980–1998)." *Bollettino di Studi Latini* 29: 571–621.
–2009 [2005]. „Padri alla sbarra." In M. Lentano, *Signa Culturae. Saggi di antropologia e letteratura latina*, 44–79 (Bologna, 2009). Nachdr. aus M. Lentano, „'Un nome più grande di qualsiasi legge.' Declamazione latina e *patria potestas*." *Bollettino di Studi Latini* 35 (2005) 558–589.
–2009a. „Il beneficio impossibile." In M. Lentano, *Signa Culturae. Saggi di antropologia e letteratura latina*, 15–43. Bologna.
–2009b. „La gratitudine e la memoria. Una lettura del *de Beneficiis*." *Bollettino di Studi Latini* 39: 1–28.
–2011 [2009]. „Die Stadt der Gerichte. Das Öffentliche und das Private in der römischen Deklamation." In *Römische Werte und römische Literatur im frühen Prinzipat*, hg. v. A. Haltenhoff, A. Heil und F.-H. Mutschler, 209–232 (Berlin, 2011). Übers. und bearb. von C. O. Mayer nach „La città dei giudici." In M. Lentano, *Signa Culturae. Saggi di antropologia e letteratura latina*, 189–210 (Bologna, 2009).

–2012a. „Non è un paese per donne. Notizie sulla condizione femminile a Sofistopoli." In G. Brescia, *La donna violata: casi di* stuprum *et* raptus *nella declamazione latina*, 5–27. Lecce.
–2012b. „Il vascello del parricida. Un tema declamatorio tra mito e retorica (Seneca, *Controversiae*, 7, 1)." *Bollettino di Studi Latini* 42: 1–14.
–2013–2014. „L'etopea prefetta. I declamatori e il prestito delle voce." *I Quaderni del Ramo d'Oro on-line* 6: 66–77. http://www.qro.unisi.it/frontend/node/166.
–2014a. *Retorica e diritto. Per una lettura giuridica della declamazione latina*. Lecce.
–2014b. „Musica per orecchie romane. Nota a ps.-Quint. *decl. mai.* 4, 7." *Bollettino di Studi Latini* 44: 166–177.
–Hg. 2015a. *La declamazione latina. Prospettive a confronto sulla retorica di scuola a Roma antica*. Neapel.
–2015b. „Declamazione e antropologia." In *La declamazione latina. Prospettive a confronto sulla retorica di scuola a Roma antica*, hg. v. M. Lentano, 149–173. Neapel.
–2015c. „*Parricidii sit actio*: Killing the Father in Roman Declamation." In *Law and Ethics in Greek and Roman Declamation*, hg. v. E. Amato, F. Citti und B. Huelsenbeck, 133–153. Berlin.
–2016. „*Auribus vestris non novum crimen*. Il tema dell'adulterio nelle *Declamationes minores*." In *Le Declamazioni minori dello Pseudo-Quintiliano*, hg. v. A. Casamento, D. van Mal-Maeder und L. Pasetti, 63–80. Berlin.
–2017a. *La declamazione a Roma. Breve profilo di un genere minore*. Palermo.
–2017b. „Le declamazioni pseudo-quintilianee (1986–2014)." *Lustrum* 59: 131–191.
–2018a. „'Onde si immolino tre vergini o più.' Un motivo mitologico nella declamazione latina." *Maia* 70: 10–27.
–2018b. „Cose dell'altro mondo. La figura del pirata nella cultura latina." In Latrocinium maris. *Fenomenologia e repressione della pirateria nell'esperienza romana e oltre*, hg. v. I. G. Mastrorosa, 173–192. Rom.
–2019. „A scuolo di utopia. La città dei sofisti e l'impero della legge." In *Il volto umano del diritto*, hg. v. F. Casucci, 65–73. Neapel.
Leonard, I. A. 1949. *Books of the Brave. Being an Account of Books and of Men in the Spanish Conquest and Settlement of the Sixteenth-Century New World*. Cambridge MA.
Letzner, W. 1990. *Römische Brunnen und Nymphaea in der westlichen Reichshälfte*. Münster.
Levick, B. M. 1972. „Abdication and Agrippa Postumus." *Historia* 21: 674–697.
Lévy, C. 2012. „Other Followers of Antiochus." In *The Philosophy of Antiochus*, hg. v. D. Sedley, 290–306. Cambridge.
Levy, E. 1951. *West Roman Vulgar Law: The Law of Property*. Philadelphia.
–1956. *Weströmisches Vulgarrecht. Das Obligationenrecht*. Weimar.
–und E. Rabel. 1935. Index Interpolationum quae in Iustiniani Digestis inesse dicuntur, Bd. 3. Weimar.

Lewis, A. D. E. 2000. „The Autonomy of Roman Law." In *The Moral World of the Law*, hg. v. P. Coss, 37–47. Cambridge.
Lewis, S. 2009. *Greek Tyranny*. Exeter.
Leyerle, B. 1994. „John Chrysostom on Almsgiving and the Use of Money." *Harvard Theological Review* 87: 29–47.
–2018. „Imagining Antioch, or the Fictional Space of Alleys and Markets." In *Antioch II. The Many Faces of Antioch: Intellectual Exchange and Religious Diversity, CE 350–450*, hg. v. S.-P. Bergjan und S. Elm, 255–278. Tübingen.
Lichtenberger, A. und R. Raja. 2015. „New Archaeological Research in the Northwest Quarter of Jerash and its Implications for the Urban Development of Roman Gerasa." *American Journal of Archaeology* 119: 483–500.
Liebeschuetz, J. H. W. G. 1972. *Antioch. City and Imperial Administration in the Later Roman Empire*. Oxford.
Liebs, D. 1985. „Unverhohlene Brutalität in den Gesetzen der ersten christlichen Kaiser." In *Römisches Recht in der europäischen Tradition. Symposion aus Anlaß des 75. Geburtstags von Franz Wieacker*, hg. v. O. Behrends, M. Diesselhorst und W. E. Voss, 89–116. Ebelsbach.
–2008. „Roman Vulgar Law in Late Antiquity." In *Aspects of Law in Late Antiquity Dedicated to A. M. Honoré on the Occasion of the Sixtieth Year of His Teaching in Oxford*, hg. v. B. Sirks, 35–53. Oxford.
Lintott, A. 1968. *Violence in Republican Rome*. Oxford.
–1970. „The Tradition of Violence in the Annals of the Early Roman Republic." *Historia* 19: 12–29.
–2009. „The Assassination." In *A Companion to Julius Caesar*, hg. v. M. Griffin, 72–82. Chichester.
Lohner-Urban, U. und P. Scherrer. 2016. „Hellenistische Prunktore – Ein wissenschaftlicher Irrtum? Vorläufige Grabungsergebnisse vom Osttor von Side aus der Kampagne 2012." In *Focus on Fortifications. New Research on Fortifications in the Ancient Mediterranean and the Near East*, hg. v. R. Frederiksen, S. Müth, P. I. Schneider und M. Schnelle, 232–243. Oxford.
Longfellow, B. 2009. „The Legacy of Hadrian: Roman Monumental Civic Fountains in Greece." In *The Nature and Function of Water, Baths, Bathing, and Hygiene from Antiquity through the Renaissance*, hg. v. C. Kosso und A. Scott, 211–232. Leiden.
–2011. *Roman Imperialism and Civic Patronage: Form, Meaning, and Ideology in Monumental Fountain Complexes*. New York.
–2018. „Reflecting the Past: The Nymphaeum near the so-called Praetorium at Gortyn." In *Great Waterworks in Roman Greece. Aqueducts and Monumental Fountain Structures. Function in Context*, hg. v. G. A. Aristodemou und T. P. Tassios, 246–258. Oxford.
Longo, G. 2008. *[Quintiliano] La pozione dell'odio (Declamazioni maggiori, 14–15)*. Cassino.

–2016. „La medicina nelle *Declamazioni maggiori* pseudo-quintilianee." In *Reading Roman Declamation. The Declamations Ascribed to Quintilian*, hg. v. M. T. Dinter, C. Guérin und M. Martinho, 167–187. Berlin.

Loraux, N. 1986 [1981]. *The Invention of Athens. The Funeral Oration in the Classical City* (Cambridge MA, 1986). Übers. von A. Sheridan nach *L'invention d'Athènes: histoire de l'oraison funèbre dans la „cité classique"* (Paris, 1981).

Luciani, S. 2009. „Cypsélos, Pisistrate, Phalaris, Denys et les autres: la figure du tyran dans l'oeuvre philosophique de Cicéron." In *Pouvoirs des hommes, pouvoir des mots, des Gracques à Trajan. Hommages au Professeur Paul Marius Martin*, hg. v. O. Devillers und J. Meyers, 153–165. Löwen.

MacDonald, W. L. 1982–1986 [1965]. *The Architecture of the Roman Empire: An Introductory Study*. 2 Bde. (2. Aufl., New Haven, 1982–1986 [1. Aufl. New Haven, 1965]).

MacMullen, R. 1966. *Enemies of the Roman Order*. Cambridge MA.

–1974. *Roman Social Relations, 50 BC – AD 284*. New Haven.

–1976. *Roman Government's Response to Crisis, AD 235–337*. New Haven.

–1988. *Corruption and the Decline of Rome*. New Haven.

–1990 [1962]. „Roman Bureaucratese." In R. MacMullen, *Changes in the Roman Empire: Essays in the Ordinary*, 67–77 (Princeton, 1990). Nachdr. aus *Traditio* 18 (1962) 364–378.

–1990 [1964]. „Some Pictures in Ammianus Marcellinus." In R. MacMullen, *Changes in the Roman Empire: Essays in the Ordinary*, 78–106 (Princeton, 1990). Nachdr. aus *Art Bulletin* 46 (1964) 435–455.

–1990 [1986]. „Judicial Savagery in the Roman Empire." In R. MacMullen, *Changes in the Roman Empire: Essays in the Ordinary*, 204–217 (Princeton, 1990). Nachdr. aus *Chiron* 16 (1986) 147–166.

Mägele, S., J. Richard und M. Waelkens. 2007. „A Late-Hadrianic Nymphaeum at Sagalassos (Pisidia, Turkey): A Preliminary Report." *Istanbuler Mitteilungen* 57: 469–504.

Maehler, H. 2005. „Greek, Egyptian and Roman Law." *Journal of Juristic Papyri* 35: 121–140.

Magnaldi, G. 1991. *L'οἰκείωσις peripatetica in Ario Didimo e nel 'de Finibus' di Cicerone*. Florenz.

Malitz, J. 2003. *Nikolaos von Damaskus. Leben des Kaisers Augustus*. Darmstadt.

Malosse, P.-L. 2006. „Sophistiques et tyrannies." In *Approches de la Troisième Sophistique. Hommages à Jacques Schamp*, hg. v. E. Amato, 157–178. Brüssel.

Mancini, G. 2011. „*Pro tam magna sui confidentia.*" In *I diritti degli altri in Grecia e a Roma*, hg. v. A. Maffi und L. Gagliardi, 152–190. Sankt Augustin.

Manning, C. 1986. „'*Actio Ingrati*' (Seneca, *de Benef.* 3, 6–17): A Contribution to Contemporary Debate?" *Studia et Documenta Historiae et Iuris* 52: 61–72.

Mantovani, D. 2007 [2006]. „I giuristi, il retore e le api. *Ius controversum* e natura nella *Declamatio maior XIII*." In *Testi e problemi del giusnaturalismo romano*, hg. v. D. Mantovani und A. Schiavone, 323–385 (Pavia, 2007). Nachdr. aus *Seminarios complutenses de derecho romano* 19 (2006) 205–283.

–2014. „Declamare le Dodici Tavole: una parafrasi di *XII Tab.* V, 3 nella *Declamatio Minor* 264." In Meditationes in iure et historia. *Essays in Honour of Laurens Winkel*, hg. v. R. van den Bergh, G. van Niekerk, P. Pichonnaz, P. J. Thomas, D. G. Kleyn, F. Lucrezi und J. Mutton, Bd. 2, 597–605. Pretoria.

–2018. *Les juristes écrivains de la Rome antique. Les oeuvres des juristes comme littérature.* Paris.

Mar, R. 2009. „La *Domus Flavia*, utilizzo e funzioni del palazzo di Domiziano." In Divus Vespasianus. *Il bimillenario dei Flavi*, hg. v. F. Coarelli, 250–263. Rom.

Marek, C. 2000. „Der Dank der Stadt an einen *comes* in Amisos unter Theodosius II." *Chiron* 30: 367–387.

Marrou, H.-I. 1938. *Saint Augustin et la fin de la culture antique*. Paris.

–1949. *Saint Augustin et la fin de la culture antique*. Retractatio. Paris.

–1977. *Geschichte der Erziehung im klassischen Altertum* (München). Übers. von Ch. Beumann nach *Histoire de l'education dans l'Antiquité* (Paris, 1948, 7. Aufl. Paris, 1976).

Martin, J. 1974. *Antike Rhetorik. Technik und Methode*. München.

Martin, K. 2013. Demos, Boule, Gerousia. *Personifikationen städtischer Institutionen auf kaiserzeitlichen Münzen aus Kleinasien*. 2 Bde. Bonn.

Martin, P. M. 1982–1994. *L'idée de royauté à Rome*. 2 Bde. Clermont-Ferrand.

–1988. *Tuer César!* Brüssel.

Martini, W. 2015. „Nymphäum und Tor. Zur Wasserkultur in Perge in Pamphylien." In *Turm und Tor. Siedlungsstrukturen in Lykien und benachbarten Kulturlandschaften*, hg. v. B. Beck-Brandt, S. Ladstätter und B. Yener-Marksteiner, 279–289. Wien.

–2016. „Form, Funktion und Bedeutung der Stadtmauern von Perge in Pamphylien." In *Focus on Fortifications. New Research on Fortifications in the Ancient Mediterranean and the Near East*, hg. v. R. Frederiksen, S. Müth, P. I. Schneider und M. Schnelle, 220–231. Oxford.

Masi Doria, C. 2011. „Principii e regole. Valori e razionalità come forme del discorso giuridico." In *Tra retorica e diritto. Linguaggi e forme argomentative nella tradizione giuridica*, hg. v. A. Lovato, 19–41. Bari.

–2012. „'*Libertorum bona ad patronos pertineant*': su Calp. Flacc. *decl. exc.* 14." *Index* 40: 313–325.

Mastrorosa, I. [G.] 2002. „Rhetoric between Conjugal Love and *patria potestas*: Seneca the Elder, *Contr.* 2.2." In *Papers on Rhetoric IV*, hg. v. L. Calboli Montefusco, 165–190. Rom.

–2013. „Aspirations tyranniques et *adfectio regni* dans la Rome archaïque et dans la première époque républicaine. Cicéron et Tite-Live." In *Le tyran et sa postérité dans le littérature latine de l'Antiquité à la Renaissance*, hg. v. H. Casanova-Robin und C. Lévy, 123–139. Paris.

Matijević, K. 2006. *Marcus Antonius. Consul – Proconsul – Staatsfeind. Die Politik der Jahre 44 und 43 v. Chr.* Rahden.

Mattern, S. [P.] 1999. *Rome and the Enemy. Imperial Strategy in the Principate.* Berkeley und Los Angeles.
–2013. *The Prince of Medicine: Galen in the Roman Empire.* New York.
Maupai, I. 2003. *Die Macht der Schönheit. Untersuchungen zu einem Aspekt des Selbstverständnisses und der Selbstdarstellung griechischer Städte in der römischen Kaiserzeit.* Bonn.
Maurice, L. 2013. *The Teacher in Ancient Rome: The* Magister *and his World.* Plymouth.
May, J. 1996. „Cicero and the Beasts." *Syllecta Classica* 7: 143–153.
Mayer, R. 2001. *Tacitus.* Dialogus de Oratoribus. Cambridge.
Mayer, W. 2012. „The Topography of Antioch Described in the Writings of John Chrysostom." In *Les sources de l'histoire du paysage urbain d'Antioche sur l'Oronte*, hg. v. B. Cabouret, J.-M. Carrié, D. Feissel, C. Saliou, 81–100. Saint-Denis.
Mayor, J. E. B. 1878. *Thirteen Satires of Juvenal.* 2. Aufl. 2 Bde. London.
McCall, J. B. 2002. *The Cavalry of the Roman Republic.* London.
McNamee, K. 1998. „Another Chapter in the History of *Scholia.*" *Classical Quarterly* 48: 269–288.
Meier, M. 2012. „(K)ein Tyrannenmord: Der Tod des Iulius Caesar 44 v. Chr." In *Politische Morde in der Geschichte. Von der Antike bis zur Gegenwart*, hg. v. G. Schild und A. Schindling, 11–36. Paderborn.
–2014. *Caesar und das Problem der Monarchie in Rom.* Heidelberg.
Mentxaka, R. 1988. „*Stellionatus.*" *Bullettino dell'Istituto di diritto romano* 91: 277–335.
Mer, L. 1953. *L'accusation dans la procédure pénale du Bas-Empire Romain.* Unveröffentlichte Dissertation, Rennes.
Merkelbach, R. und J. Stauber. 1998–2004. *Steinepigramme aus dem griechischen Osten.* 5 Bde. Stuttgart, Leipzig und München.
Mertens, J. 1969. „Sondages dans la grande colonnade et sur l'enceinte." In *Apamée de Syrie. Bilan des recherches archéologiques 1965–1968*, hg. v. J. Balty, 61–73. Brüssel.
Mette-Dittmann, A. 1991. *Die Ehegesetze des Augustus.* Stuttgart.
Metzger, E. 2004. „Roman Judges, Case Law, and Principles of Procedure." *Law and History Review* 22: 243–275.
Meulder, M. 2008. „Un monstre platonicien: le tyran." *Revue de philosophie ancienne* 26: 79–100.
Meyer, E. 1922. *Caesars Monarchie und das Principat des Pompeius.* 3. Aufl. Stuttgart.
–1951. „Die Quaestionen der Rhetorik und die Anfänge juristischer Methodenlehre." *Zeitschrift der Savigny-Stiftung für Rechtsgeschichte, Romanistische Abteilung* 68: 30–73.
Meyer, E. A. 2004. *Legitimacy and Law in the Roman World:* Tabulae *in Roman Belief and Practice.* Cambridge.

Michelfeit, J. 1964. „Der König und sein Gegenbild in Ciceros 'Staat.'" *Philologus* 108: 262–287.
Migeotte, L. 2014. *Les finances des cités grecques aux périodes classique et hellénistique*. Paris.
Migliario, E. 1989. „Luoghi retorici e realità sociale nell'opera di Seneca il Vecchio." *Athenaeum* 67: 525–549.
–2007. *Retorica e storia. Una lettura delle* Suasoriae *di Seneca Padre*. Bari.
Migliorini, M. 2001. *L'adozione tra prassi documentale e legislazione imperiale nel diritto del tardo Impero Romano*. Mailand.
Mihailov, G. 1961. „La fortification de la Thrace par Antonin le Pieux et Marc Aurèle." *Studi Urbinati* 35: 42–56.
Milazzo, A. M. 1996. „L'elogio della retorica nell'*Antiochicus* di Libanio." *Cassiodorus* 2: 73–97.
Millar, F. 1969. „P. Herennius Dexippus: The Greek World and the Third Century Invasions." *Journal of Roman Studies* 59: 12–29.
–1977. *The Emperor in the Roman World*. London.
Mitchell, S. 1987. „Imperial Building in the Eastern Roman Provinces." *Harvard Studies in Classical Philology* 91: 333–365.
Mitteis, L. 1891. *Reichsrecht und Volksrecht in den östlichen Provinzen des römischen Kaiserreichs*. Leipzig.
Modrzejewski, J. M. 2014. *Loi et coutume dans l'Égypte grecque et romaine*. Warschau.
Moles, J. [L.] 1987. „The Attacks on L. Cornelius Cinna, Praetor in 44 BC." *Rheinisches Museum für Philologie* 130: 124–128.
–1997. „Plutarch, Brutus and Brutus' Greek and Latin Letters." In *Plutarch and his Intellectual World. Essays on Plutarch*, hg. v. J. Mossman, 141–168. London.
–2017 [1979]. *A Commentary on Plutarch's* Brutus. Hg. v. C. Pelling (*Histos* Supplement 7, Newcastle, 2017): Postume Publikation der Oxforder Dissertation des Autors (1979) mit aktualisierter Bibliographie. https://research.ncl.ac.uk/histos/documents/SV07.MolesBrutus.pdf.
Momigliano, A. 1941. „II. Epicureans in Revolt." In A. Momigliano, Rezension von Benjamin Farrington, *Science and Politics in the Ancient World*. *Journal of Roman Studies* 31: 149–157 at 151–157.
Mommsen, Th. 1887–1888. *Römisches Staatsrecht*. 3. Aufl. 3 Bde. Leipzig.
–1899. *Römisches Strafrecht*. Leipzig.
Morgan, T. 1998. *Literate Education in the Hellenistic and Roman Worlds*. Cambridge.
–2007. „Rhetoric and Education." In *A Companion to Greek Rhetoric*, hg. v. I. Worthington, 303–319. Malden MA.
Morstein-Marx, R. 2004. *Mass Oratory and Political Power in the Late Roman Republic*. Cambridge.
–2012. „Political Graffiti in the Late Roman Republic: 'Hidden Transcripts' and 'Common Knowledge.'" In *Politische Kommunikation und öffentliche Meinung in der antiken Welt*, hg. v. C. Kuhn, 191–217. Stuttgart.

Moses, D. C. 1993. „Livy's Lucretia and the Validity of Coerced Consent in Roman Law." In *Consent and Coercion to Sex and Marriage in Ancient and Medieval Societies*, hg. v. A. E. Laiou, 39–81. Washington.

Müth, S. 2016a. „Urbanistic Functions and Aspects." In *Ancient Fortifications. A Compendium of Theory and Practice*, hg. v. S. Müth, P. I. Schneider, M. Schnelle und P. D. De Staebler, 159–172. Oxford.

–2016b. „Functions and Semantics of Fortifications: An Introduction." In *Focus on Fortifications. New Research on Fortifications in the Ancient Mediterranean and the Near East*, hg. v. R. Frederiksen, S. Müth, P. I. Schneider und M. Schnelle, 183–192. Oxford.

–, A. Sokolicek, B. Jansen und E. Laufer. 2016. „Methods of Interpretation." In *Ancient Fortifications. A Compendium of Theory and Practice*, hg. v. S. Müth, P. I. Schneider, M. Schnelle und P. D. De Staebler, 1–23. Oxford.

–, E. Laufer und C. Brasse. 2016. „Symbolische Funktionen." In *Ancient Fortifications. A Compendium of Theory and Practice*, hg. v. S. Müth, P. I. Schneider, M. Schnelle und P. D. De Staebler, 126–158. Oxford.

Najock, D. 2007. „Unechtes und Zweifelhaftes unter den Deklamationen des Libanios – die statistische Evidenz." In Theatron. *Rhetorische Kultur in Spätantike und Mittelalter / Rhetorical Culture in Late Antiquity and the Middle Ages*, hg. v. M. Grünbart, 305–355. Berlin.

Nardi, E. 1980. *L'otre dei parricidi e le bestie incluse*. Mailand.

Neri, V. 1997. „L'usurpatore come tiranno nel lessico politico della tarda antichità." In *Usurpationen in der Spätantike*, hg. v. F. Paschoud und J. Szidat, 71–86. Stuttgart.

Neuerburg, N. 1965. *L'architettura delle fontane e dei ninfei nell'Italia antica*. Neapel.

Nicolet, C. 2000. „Fragments pour une géographie urbaine comparée: à propos d'Alexandrie." In *Mégapoles méditerranéennes. Géographie urbaine rétrospective*, hg. v. C. Nicolet, R. Ilbert und J.-Ch. Depaule, 245–252. Paris.

Nielsen, I. 1993. Thermae et Balnea. *The Architecture and Cultural History of Roman Public Baths*. 2. Aufl. 2 Bde. Aarhus.

Nilsson, M. P. 1955. *Die hellenistische Schule*. München.

Nippel, W. 2017. „Zur Monarchie in der politischen Theorie des 5. und 4. Jahrhunderts v. Chr." In *Monarchische Herrschaft im Altertum*, hg. v. S. Rebenich, 245–261. Berlin.

Nocchi, F. R. 2015. „Declamazione e Teatro." In *La declamazione latina. Prospettive a confronto sulla retorica di scuola a Roma antica*, hg. v. M. Lentano, 175–209. Neapel.

–2019. „*Ambigua signa* e *signa animi*: le lacrime del tiranno." *Camenae* 23: 1–18.

Nock, A. D. 1954. „The Praises of Antioch." *Journal of Egyptian Archaeology* 40: 76–82.

Nörr, D. 1969. *Die Entstehung der* longi temporis praescriptio. *Studien zum Einfluß der Zeit im Recht und zur Rechtspolitik in der Kaiserzeit*. Köln.

–1976. „Der Jurist im Kreis der Intellektuellen: Mitspieler oder Aussenseiter? (Gellius, *Noctes Atticae* 16. 10).“ In *Festschrift für Max Kaser zum 70. Geburtstag*, hg. v. D. Medicus und H. H. Seiler, 57–90. München.
–1978. „Cicero-Zitate bei den klassischen Juristen.“ *Ciceroniana* n.s. 3: 111–150.
–1986a. Causa Mortis. *Auf den Spuren einer Redewendung*. München.
–1986b. „*Causam Mortis Praebere*.“ In *The Legal Mind: Essays for Tony Honoré*, hg. v. N. MacCormick und P. Birks, 203–217. Oxford.
–2003 [1972]. *Divisio und partitio. Bemerkungen zur römischen Rechtsquellenlehre und zur antiken Wissenschaftstheorie*. In D. Nörr, Historiae Iuris Antiqui. *Gesammelte Schriften*, hg. v. T. J. Chiusi, W. Kaiser und H.-D. Spengler, Bd. 2, 705–774 (2. Aufl., Goldbach, 2003 [1. Aufl., Berlin, 1972]).
–2009. „*Exempla nihil per se valent*. Bemerkungen zu Paul. 15 *quaest. D.* 46, 3, 98, 8; 72 *ad Ed. D.* 45, 1, 83, 5).“ *Zeitschrift der Savigny-Stiftung für Rechtsgeschichte, Romanistische Abteilung* 126: 1–54.
Nollé, J. 1993a. „Die feindlichen Schwestern – Betrachtungen zur Rivalität der pamphylischen Städte.“ In *Die epigraphische und altertumskundliche Erforschung Kleinasiens: Hundert Jahre Kleinasiatische Kommission der Österreichischen Akademie der Wissenschaften*, hg. v. G. Dobesch und G. Rehrenböck, 297–317. Wien.
–1993b. *Side im Altertum. Geschichte und Zeugnisse I*. Bonn.
Norman, A. F. 2000. *Antioch as a Centre of Hellenic Culture as Observed by Libanius*. Liverpool.
North, H. 1952. „The Use of Poetry in the Training of the Ancient Orator.“ *Traditio* 8: 1–33.
Nótári, T. 2013. „Remarks on Two Aspects of *patria potestas* in Roman Law.“ *Fiat Iustitia* 2: 29–49.
Nowak, M. 2010. „*Titius heres esto*. The Role of the [*sic*] Legal Practice in the [*sic*] Law-Creation in Late Antiquity.“ *Journal of Juristic Papyri* 41: 161–184.
Ogilvie, R. M. 1965. *A Commentary on Livy Books 1–5*. Oxford.
Opelt, I. 1965. *Die lateinischen Schimpfwörter und verwandte sprachliche Erscheinungen*. Heidelberg.
Orions, G. H. 1941. „Walter Scott, Mark Twain, and the Civil War.“ *South Atlantic Quarterly* 40: 342–359.
Ortmann, U. 1988. *Cicero, Brutus und Octavian – Republikaner und Caesarianer. Ihr gegenseitiges Verhältnis im Krisenjahr 44/43 v. Chr.* Bonn.
Osaba García, E. 1997. *El adulterio uxorio en la* Lex Visigothorum. Madrid.
Owens, E. J. und M. Taşlialan. 2009. „‘Beautiful and Useful’: The Water Supply of Pisidian Antioch and the Development of the Roman Colony.“ In *The Nature and Function of Water, Baths, Bathing, and Hygiene from Antiquity through the Renaissance*, hg. v. C. Kosso und A. Scott, 301–317. Leiden.
Packman, Z. M. 1999. „Rape and Consequences in the Latin Declamations.“ *Scholia* 8: 17–36.
Pagán, V. E. 2004. *Conspiracy Narratives in Roman History*. Austin.

–2007–2008. „Teaching Torture in Seneca *Controversiae* 2.5.“ *Classical Journal* 103: 165–182.
Pageau, V. 2015. „L'empereur déclamateur dans l'*Histoire Auguste*.“ In *Présence de la déclamation antique (controverses et suasoires)*, hg. v. R. Poignault und C. Schneider, 57–73. Clermont-Ferrand.
Palma, A. 1992. Humanior Interpretatio. „Humanitas“ *nell'interpretazione e nella normazione da Adriano ai Severi*. Turin.
Panero Oria, P. 2001. Ius occidendi et ius accusandi *en la* lex Iulia de adulteriis coercendis. Valencia.
Paoli, U. E. 1953 [1976]. „Droit attique et droit romain dans les rhéteurs Latins.“ *Revue historique de droit français et étranger* 31 (1953) 175–199. Nachdr. in U. E. Paoli, *Altri studi di diritto greco e romano* (Mailand, 1976) 79–101.
Parker, E. R. 1946. „The Education of Heirs in the Julio-Claudian Family.“ *American Journal of Philology* 67: 29–50.
Parks, E. P. 1945. *The Roman Rhetorical Schools as a Preparation for the Courts under the Early Empire*. Baltimore.
Parry, R. D. 2007. „The Unhappy Tyrant and the Craft of Inner Rule.“ In *The Cambridge Companion to Plato's Republic*, hg. v. G. R. F. Ferrari, 386–414. Cambridge.
Paschidis, P. 2008. *Between City and King. Prosopographical Studies on the Intermediaries between the Cities of the Greek Mainland and the Aegean and the Royal Courts in the Hellenistic Period (322–190 BC)*. Athens.
Pasetti, L. 2008. „Filosofia e retorica di scuola nelle *'Declamazioni Maggiori'* pseudoquintilianee.“ In *Retorica ed educazione delle élites nell'antica Roma*, hg. v. F. Gasti und E. Romano, 113–147. Pavia.
–2011. *[Quintiliano] Il veleno versato (Declamazioni maggiori, 17)*. Cassino.
–2015. „Cases of Poisoning in Greek and Roman Declamation.“ In *Law and Ethics in Greek and Roman Declamation*, hg. v. E. Amato, F. Citti und B. Huelsenbeck, 155–199. Berlin.
–2016. „Lingua e stile dell''io' nella declamazione latina.“ In *Fabrique de la déclamation antique (controverses et suasoires)*, hg. v. R. Poignault und C. Schneider, 135–159. Lyon.
Patillon, M. 1988. *La theorie du discours chez Hermogene le rheteur*. Paris.
–2002a. *Pseudo-Aelius Aristide Arts rhétoriques, Tome I*. Paris.
–2002b. *Apsinès Art rhétorique. Problèmes à faux-semblant*. Paris.
–2007. „Les modèles littéraires dans l'apprentissage de la rhétorique.“ In *Escuela y literatura en Grecia Antigua*, hg. v. J. A. Fernández Delgado, F. Pordomingo und A. Stramaglia, 511–521. Cassino.
–2009. Corpus Rhetoricum, *Tome II. Hermogène. Les états de cause*. Paris.
–2012. Corpus Rhetoricum, *Tome IV. Prolégomènes au* de Ideis. *Hermogéne, Les catégories stylistiques du discours* (de Ideis); *Synopses des exposés sur les* Ideai. Paris.
–und G. Bolognesi. 1997. *Aelius Théon*. Progymnasmata. Paris.

Peachin, M. 1996. Iudex vice Caesaris. *Deputy Emperors and the Administration of Justice during the Principate*. Stuttgart.

–2001. „Jurists and the Law in the Early Roman Empire." In *Administration, Prosopography and Appointment Policies in the Roman Empire*, hg. v. L. de Blois, 109–120. Amsterdam.

–2004. *Frontinus and the* curae *of the* curator aquarum. Stuttgart.

–2016. „Lawyers in Administration." In *The Oxford Handbook of Roman Law and Society*, hg. v. P. J. Du Plessis, C. Ando und K. Tuori, 164–175. Oxford.

–2017. „In Search of a Roman Rule of Law." *Legal Roots* 6: 19–64.

–2019. „Rome's Emperor of Law." Rezension von Kaius Tuori, *The Emperor of Law. The Emergence of Imperial Jurisdiction* (Oxford, 2016). *Iura* 67: 81–117.

Pédech, P. 1971. „La géographie urbaine chez Strabon." *Ancient Society* 2: 234–253.

Peirano, I. 2013. „*Non subripiendi causa sed palam mutuandi:* Intertextuality and Literary Deviancy between Law, Rhetoric, and Literature in Roman Imperial Culture." *American Journal of Philology* 134: 83–100, 133–148.

Pelling, C. 2011. *Plutarch* Caesar. Oxford.

Penella, R. J. 2011. „Menelaus, Odysseus, and the Limits of Eloquence in Libanius, *Declamations* 3 and 4." In *Libanios, le premier humaniste. Études en hommage à Bernard Schouler*, hg. v. O. Lagacherie und P.-L. Malosse, 93–105. Alessandria.

–2014. „Libanius' *Declamations*." In *Libanius: A Critical Introduction*, hg. v. L. Van Hoof, 107–127. Cambridge.

–2015. „The *Progymnasmata* and Progymnasmic Theory in Imperial Greek Education." In *A Companion to Ancient Education*, hg. v. W. M. Bloomer, 160–171. Chichester.

Pérez Galicia, G. 2011. „Las cartas de Libanio como claves de la nueva retórica de la *paideia*." In *Libanios, le premier humaniste. Études en hommage à Bernard Schouler*, hg. v. O. Lagacherie und P.-L. Malosse, 79–91. Alessandria.

Pernot, L. 1981. „Topique de topographie: l'espace dans la rhétorique épidictique grecque à l'époque impériale." In *Arts et légendes d'espaces: figures du voyage et rhétoriques du monde*, hg. v. C. Jacob und F. Lestringant, 99–109. Paris.

–1993. *La rhétorique de l'éloge dans le monde gréco-romain*. 2 Bde. Paris.

–2000 [2005]. *La rhétorique dans l'Antiquité* (Paris, 2000). Übers. von W. E. Higgins als *Rhetoric in Antiquity* (Washington DC, 2005).

–2008. „Aspects méconnus de l'enseignement de la rhétorique dans le monde grécoromaine à l'époque impériale." In *L'enseignement supérieur dans les mondes antiques et médiévaux*, hg. v. H. Hugonnard-Roche, 283–306. Paris.

–2015. *Epideictic Rhetoric. Questioning the Stakes of Ancient Praise*. Austin.

Petit, C. 2018. *Galien de Pergame ou le rhétorique de la Providence*. Leiden.

Petit, P. 1957. *Les étudiants de Libanius*. Paris.

Petsalis-Diomidis, A. 2008. „The Body in the Landscape: Aristides' *Corpus* in Light of the *Sacred Tales*." In *Aelius Aristides between Greece, Rome, and the Gods*, hg. v. W. V. Harris und B. Holmes, 131–150. Leiden.

Pina Polo, F. 1996. Contra arma verbis. *Der Redner vor dem Volk in der späten römischen Republik*. Übers. von E. Liess. Stuttgart.

–2006. „The Tyrant Must Die: Preventive Tyrannicide in Roman Political Thought.“ In *Repúblicas y ciudadanos: Modelos de participación cívica en el mundo antiguo*, hg. v. F. Marco Simón, F. Pina Polo, J. Remesal Rodríguez, 71–101 (Barcelona, 2006). Spanische Version: „El Tirano debe morir: el tiranicidio preventivo en el pensamiento político romano.“ *Actas y Comunicaciones del Instituto de Historia Antigua y Medieval* 2 (2006) 1–24.

–2017. „The ‘Tyranny’ of the Gracchi and the *Concordia* of the Optimates: An Ideological Construct.“ In *Costruire la memoria. Uso e abuso della storia fra tarda repubblica e primo principato*, hg. v. R. Cristofoli, A. Galimberti und F. Rohr Vio, 5–33. Rom.

Pinder, I. 2011. „Constructing and Deconstructing Roman City Walls: The Role of Urban Enceintes as Physical and Symbolic Borders.“ In *Places in Between. The Archaeology of Social, Cultural and Geographical Borders and Borderlands*, hg. v. D. Mullin, 67–79. Oxford.

Pingoud, J. und A. Rolle. 2016. „*Noverca et mater crudelis*. La perversion féminine dans les *Grandes Déclamations* à travers l’intertextualité.“ In *Reading Roman Declamation. The Declamations Ascribed to Quintilian*, hg. v. M. T. Dinter, C. Guérin und M. Martinho, 147–166. Berlin.

Plaß, H. G. 1859. *Die Tyrannis in ihren beiden Perioden bei den alten Griechen*. 2 Bde. Leipzig.

Plattner, G. A. und A. Schmidt-Colinet. 2005. „Beobachtungen zu drei kaiserzeitlichen Bauten in Ephesos.“ In Synergia. *Festschrift für Friedrich Krinzinger*, hg. v. B. Brandt, V. Gassner und S. Ladstätter, Bd. 1, 243–255. Wien.

Pölönen, J. 2016. „Framing ‘Law and Society’ in the Roman World.“ In *The Oxford Handbook of Roman Law and Society*, hg. v. P. J. Du Plessis, C. Ando und K. Tuori, 8–20. Oxford.

Poignault, R. und C. Schneider, Hgg. 2015. *Présence de la déclamation antique (controverses et suasoires)*. Clermont-Ferrand.

Pollitt, J. J. 2015. „Education in the Visual Arts.“ In *A Companion to Ancient Education*, hg. v. W. M. Bloomer, 375–386. Chichester.

Pont, A.-V. 2010. *Orner la cité. Enjeux culturels et politiques du paysage urbain dans l’Asie grécoromain*. Bordeaux.

Pope, S. 2016. „Protection and Trade: Girding the City.“ In *A Companion to Greek Architecture*, hg. v. M. M. Miles, 254–272. Chichester.

Popkin, M. L. 2016. *The Architecture of the Roman Triumph. Monuments, Memory, and Identity*. Cambridge.

–2018. „Urban Images in Glass from the Late Roman Empire: The Souvenir Flasks of Puteoli and Baiae.“ *American Journal of Archaeology* 122: 427–461.

Pordomingo, F. 2007. „Ejericios preliminares de la composición retórica y literaria en papiro: el encomio.“ In *Escuela y literatura en Grecia Antigua*, hg. v. J. A. Fernández Delgado, F. Pordomingo und A. Stramaglia, 405–453. Cassino.

Portmann, W. 1988. *Geschichte in der spätantiken Panegyrik*. Frankfurt.

Porter, S. E. Hg. 1997. *Handbook of Classical Rhetoric in the Hellenistic Period, 330 B.C.-A.D. 400*. Leiden.
Price, M. J. und B. L. Trell. 1977. *Coins and their Cities. Architecture on the Ancient Coins of Greece, Rome, and Palestine*. London.
Pritchard, D. M. 2015. „[Education in] Athens." In *A Companion to Ancient Education*, hg. v. W. M. Bloomer, 112–122. Chichester.
Puech, B. 2002. *Orateurs et sophistes grecs dans les inscriptions d'époque impériale*. Paris.
Pugliese, G. 1966. „L'autonomia del diritto rispetto agli altri fenomeni e valori sociali nella giurisprudenza romana." In *La storia del diritto nel quadro delle scienze storiche*, 161–192. Florenz.
Puliatti, S. 1995. „La dicotomia *vir-mulier* e la disciplina del ratto nelle fonti legislative tardoimperiali." *Studia et Documenta Historiae et Iuris* 61: 471–529.
–2011. „Alla ricerca della verità. La discrezionalità del giudice tra retorica e diritto." In *Tra retorica e diritto. Linguaggi e forme argomentative nella tradizione giuridica*, hg. v. A. Lovato, 43–84. Bari.
Quaß, F. 1993. *Die Honoratiorenschicht in den Städten des griechischen Ostens. Untersuchungen zur politischen und sozialen Entwicklung in hellenistischer und römischer Zeit*. Stuttgart.
Querzoli, S. 2000. *I* testamenta *e gli* officia pietatis. *Tribunale centumvirale, potere imperiale e giuristi tra Augusto e i Severi*. Neapel.
–2008. „Il sapere giuridico nella cultura del *civiliter eruditus* secondo Gellio." In *Cultura letteraria e diritto nei primi due secoli del Principato*, hg. v. S. Querzoli und G. Calboli, 31–54. Rovigo.
–2009. „Il *beneficium* della *manumissio* del pensiero di Ulpio Marcello." *Ostraka* 18: 203–220.
–2011a. „La *puella rapta*: paradigmi retorici e apprendimento del diritto nelle Instituzioni di Elio Marciano." *Annali Online Lettere-Ferrara* 1–2: 153–169. http://annali.unife.it/lettere/article/view/242.
–2011b. „About *Raptus* and *Veneficium* in Marcian's Institutions." *Ostraka* 20: 83–94.
–2013. *Scienza giuridica e cultura retorica in Ulpio Marcello*. Neapel.
Rababeh, S., R. Al Rabady und S. Abu-Khafajah. 2014. „Colonnaded Streets within the Roman Cityscape: A 'Spatial' Perspective." *Journal of Architecture and Urbanism* 38: 293–305.
Rabe, H. 1931. Prolegomenon Sylloge. Leipzig.
Raccanelli, R. 2000. „Parenti e amici a confronto. Per un sistema degli affetti nelle declamazioni latine (Ps.Quint. *decl.mai.* 9 e 16; *decl.min.* 321)." *Bollettino di Studi Latini* 20: 106–133.
Raja, R. 2012. *Urban Development and Regional Identity in the Eastern Roman Provinces, 50 BC-AD 250. Aphrodisias, Ephesos, Athens, Gerasa*. Copenhagen.
Ramsey, J. 2008. „At What Hour did the Murderers of Julius Caesar Gather on the Ides of March 44 B.C.?" In *In Pursuit of Wissenschaft: Festschrift für Wil-*

liam M. Calder III zum 75. Geburtstag, hg. v. S. Heilen, R. Kirstein, R. S. Smith, S. M. Trzaskoma, R. L. Van der Wal und M. Vorwerk, 351–363. Hildesheim.

Raschle, C. R. 2011. „Thémistios et la Seconde Sophistique: le thème du tyran." In *Perceptions of the Second Sophistic and its Times – Regards sur la Seconde Sophistique et son époque*, hg. v. T. S. Schmidt und P. Fleury, 216–234. Toronto.

Rathmayr, E. 2011. „Die Skulpturenausstattung der C. Laecanius Bassus Nymphaeum in Ephesos." In *Roman Sculpture in Asia Minor*, hg. v. F. D'Andria und I. Romeo, 130–149. Portsmouth RI.

Rawson, B. 2003. *Children and Childhood in Roman Italy*. Oxford.

Rawson, E. 1975 [1991]. „Caesar's Heritage: Hellenistic Kings and their Roman Equals." *Journal of Roman Studies* 65 (1975) 148–159. Nachdr. in E. Rawson, *Roman Culture and Society*, 169–188 (Oxford, 1991).

–1985. *Intellectual Life in the Late Roman Republic*. Baltimore.

–1986 [1991]. „Cassius and Brutus: The Memory of the Liberators." In *Past Perspectives: Studies in Greek and Roman Historical Writing*, hg. v. I. S. Moxon, J. D. Smart und A. J. Woodman, 101–119 (Cambridge, 1986). Nachdr. in E. Rawson, *Roman Culture and Society*, 488–507 (Oxford, 1991).

–1994. „Caesar: Civil War and Dictatorship." In *The Cambridge Ancient History*. 2. Aufl. *Volume IX, The Last Age of the Roman Republic*, hg. v. J. A. Crook, A. Lintott und E. Rawson, 424–467. Cambridge.

Rayment, C. S. 1952. „Three Notes on the [*sic*] Roman Declamation." *Classical Weekly* 45: 225–228.

Reardon, B. P. 1971. *Courants littéraires grecs des IIe et IIIe siècles après J.-C.* Paris.

Rebuffat, R. 1974. „Enceintes urbaines et insécurité en Maurétanie Tingitane." *Mélanges de l'École française de Rome* 86: 501–522.

–1986. „Les fortifications urbaines du monde romain." In *La fortification dans l'histoire du monde grec*, hg. v. P. Leriche und H. Tréziny, 345–361. Paris.

–2012. „Qui va payer l'enceinte urbaine?" In *Enceintes urbaines, sites fortifiés, forteresses d'Afriquc du Nord*, hg. v. J. Leclant und F. Déroche, 25–74. Paris.

Reeves, H. S. 2014. *The Stock Tyrant and the Roman Emperors. The Influence of the Traditional Portrait of Tyranny on Suetonius'* Caesares. Unveröffentlichte Dissertation, University of Virginia.

Reinhardt, T. und M. Winterbottom. 2006. *Quintilian*, Institutio Oratoria. *Book* 2. Oxford.

Reiter, W. M. N. 1992. *Die Säulenstraßen Kleinasiens*. Unveröffentlichte Magisterarbeit, Universität Wien.

Renier, E. 1942. Étude sur l'histoire de la querela inofficiosi *en droit romain*. Liége.

Rice Holmes, T. 1923. *The Roman Republic and the Founder of the Empire*. 3 Bde. Oxford.

Richard, J. 2011. „In the Élites' Toolkit. Decoding the Initiative and Reference System Behind the Investment in the Architecture and Decoration of Roman Nymphaea." *Facta* 5: 65–100.

–2012. *Water for the City, Fountains for the People. Monumental Fountains in the Roman East: An Archaeological Study of Water Management*. Turnhout.

–2016. „Where Do We Go Now? The Archaeology of Monumental Fountains in the Roman and Early Byzantine East.“ In *Fountains and Water Culture in Byzantium*, hg. v. B. Shilling und P. Stephenson, 15–35. Cambridge.
Richlin, A. 1997. „Gender and Rhetoric: Producing Manhood in the Schools.“ In *Roman Eloquence: Rhetoric in Society and Literature*, hg. v. W. J. Dominik, 90–110. London.
–2011. „Old Boys: Teacher-Student Bonding in Roman Oratory.“ *Classical World* 105: 91–107.
Richter, D. S. und W. A. Johnson, Hgg. 2017. *The Oxford Handbook of the Second Sophistic*. New York.
Riese, A. 1878. Geographi latini minores. Heilbronn.
Riggsby, A. M. 2015. „Roman Legal Education.“ In *A Companion to Ancient Education*, hg. v. M. W. Bloomer, 444–451. Chichester.
Rives, J. B. 2011 [2003]. „Magic in Roman Law. The Reconstruction of a Crime.“ In *The Religious History of the Roman Empire*, hg. v. J. A. North und S. R. F. Price, 71–108 (Oxford, 2011). Nachdr. aus *Classical Antiquity* 22 (2003) 313–339.
Rizzelli, G. 1997. Lex Iulia de adulteriis. *Studi sulla disciplina di* adulterium, lenocinium, stuprum. Lecce.
–2001. „Agostino, Ulpiano e Antonino.“ In Iuris Vincula. *Studi in onore di Mario Talamanca*, Bd. 7, 71–120. Neapel.
–2012a. „La violenta sessuale su donne nell'esperienza di Roma antica. Note per una storia degli stereotypi.“ In *El cisne II. Violencia, proceso y discurso sobre género*, hg. v. E. Höbenreich, V. Kühne und F. Lamberti, 295–377. Lecce.
–2012b. „Sen. *contr.* 2.4 e la legislazione matrimoniale augustea. Qualche considerazione.“ *Index* 40: 271–312.
–2014a. „*Adulterium*, immagini, etica, diritto.“ In Ubi tu Gaius. *Modelli familiari, pratiche sociali, e diritti delle persone nell'età del principato*, hg. v. F. Milazzo, 145–322. Mailand.
–2014b. *Modelli di „follia“ nella cultura dei giuristi romani*. Lecce.
–2015. „Declamazione e diritto.“ In *La declamazione latina. Prospettive a confronto sulla retorica di scuola a Roma antica*, hg. v. M. Lentano, 211–270. Neapel.
–2017. *Padri romani. Discorsi, modelli, norme*. Lecce.
–2019. „Fra giurisprudenza e retorica scolastica. Note sul *ius* a Sofistopoli.“ Iura *and Legal Systems* 6: 102–114.
Robert, L. 1977 [1989]. „La titulature de Nicée et de Nicomédie: La gloire et la haine.“ *Harvard Studies in Classical Philology* 81 (1977) 1–39. Nachdr. in L. Robert, *Opera Minora Selecta* 6 (Amsterdam, 1989) 211–249.
–1980. À travers l'Asie Mineure. Poètes, prosateurs, monnaies grecques, voyageurs et géographie. Athens.
Robinson, B. A. 2005. „Fountains and the Formation of Cultural Identity at Roman Corinth.“ In *Urban Religion in Roman Corinth: Interdisciplinary Approaches*, hg. v. D. N. Schowalter und S. J. Friesen, 111–140. Cambridge MA.
–2011. *Histories of Peirene: A Corinthian Fountain in Three Millennia*. Princeton.

–2013. „Playing in the Sun: Hydraulic Architecture und Water Displays in Imperial Corinth." *Hesperia* 82: 341–384.

Robinson, O. F. 1995. *The Criminal Law of Ancient Rome*. Baltimore.

–2000. „Roman Criminal Law: Rhetoric and Reality. Some Forms of Rhetoric in the Theodosian Code." In *Au-delà des frontières. Mélanges de droit romain offerts à Witold Wołodkiewicz*, hg. v. M. Zabłocka, J. Krzynówek, J. Urbanik und Z. Służewska, Bd. 2, 765–785. Warschau.

–2001. „Unpardonable Crimes: Fourth Century Attitudes." In *Critical Studies in Ancient Law, Comparative Law and Legal History*, hg. v. W. Cairns und O. F. Robinson, 117–126. Oxford.

–2002. „Quintilian and Adultery." In Iurisprudentia universalis. *Festschrift für Theo Mayer-Maly zum 70. Geburtstag*, hg. v. M. J. Schermaier, J. M. Rainer und L. C. Winkel, 631–638. Köln.

–2003. „Quintilian (book III) and his Use of Roman Law." In *Quintilian and the Law*, hg. v. O. Tellegen-Couperus, 59–66. Löwen.

Rochette, B. 1997. *Le latin dans le monde grec. Recherches sur la difusion de la langue et des lettres latines dans les provinces hellénophones de l'Empire romain*. Brüssel.

Roda, S. 1995. „La polis ellenistica e la *civitas romana:* gli spazi della civiltà." In Graecia capta. *De la conquista de Grecia a la helenización de Roma*, hg. v. E. Falque und F. Gascó, 83–103. Huelva.

Rodríguez Alvarez, L. 1978. *Las leyes limitadoras de las manumisiones en epoca augustea*. Oviedo.

Rodríguez González, A. M. 2015. „Las declamaciones quintilianeas y la experiencia jurídica romana." *Seminarios Complutenses de Derecho Romano* 28: 941–957.

Rogers, A. 2013. *Water and Roman Urbanism: Towns, Waterscapes, Land Transformation and Experience in Roman Britain*. Leiden.

Rogers, D. K. 2018a. „Water Culture in Roman Society." *Ancient History* 1: 1–118.

–2018b. „Shifting Tides: Approaches to the Public Water-Displays of Roman Greece." In *Great Waterworks in Roman Greece. Aqueducts and Monumental Fountain Structures. Function in Context*, hg. v. G. A. Aristodemou und T. P. Tassios, 173–192. Oxford.

Rogers, J. 2009. *Kung Fu Monkey* blog http://kfmonkey.blogspot.com/2009/03/ephemera-2009-7.html.

Rogers, R. S. 1933. „Ignorance of the Law in Tacitus and Dio: Two Instances from the History of Tiberius." *Transactions of the American Philological Association* 64: 18–27.

Roisman, H. M. 2007. „Right Rhetoric in Homer." In *A Companion to Greek Rhetoric*, hg. v. I. Worthington, 429–446. Malden MA.

Romano, E. 1990. *La capanna e il tempio. Vitruvio o dell'architettura*. 2. Aufl. Palermo.

Roskam, G. 2007. *Live Unnoticed* (λάθε βιώσας). *On the Vicissitudes of an Epicurean Doctrine*. Leiden.

Rossi, R. F. 1953. „Bruto, Cicerone et la congiura contro Cesare.“ *La parola del passato* 8: 26–47.

Roueché, C. 1989. „*Floreat Perge.*“ In *Images of Authority: Papers Presented to Joyce Reynolds on the Occasion of her 70th birthday*, hg. v. C. Roueché und M. M. Mackenzie, 206–228. Cambridge.

Rüfner, T. 2016. „Imperial *Cognitio* Process.“ In *The Oxford Handbook of Roman Law and Society*, hg. v. P. J. Du Plessis, C. Ando und K. Tuori, 257–269. Oxford.

Rundell, J. 2017. *Imaginaries of Modernity: Politics, Cultures, Tensions*. Abingdon.

Ruppe, U. 2010. „Die Stadtmauer von Priene – Zweckbau, Identifikationsobjekt oder Machtsymbol?“ In *Neue Forschungen zu antiken Stadtbefestigungen im östlichen Mittelmeerraum und im Vorderen Orient*, hg. v. J. Lorentzen, F. Pirson, P. Schneider und U. Wulf-Rheidt, 141–163. Istanbul.

Russell, D. A. 1983. *Greek Declamation*. Cambridge.

–und N. G. Wilson. 1981. *Menander Rhetor*. Oxford.

Rutherford, I. 1998. *Canons of Style in the Antonine Age:* Idea-*Theory in its Literary Context*. Oxford.

Ryan, G. 2018. „Building Order: Unified Cityscapes and Elite Collaboration in Roman Asia Minor.“ *Classical Antiquity* 37: 151–185.

Sablayrolles, R. 1994. „Domitien, l'Auguste ridicule.“ *Pallas* 40: 113–144.

Saccoccio, A. 2014. „Dall'obbligo alla prestazione degli alimenti alla *obligatio ex lege*.“ *Roma e America. Diritto romano comune* 35: 3–40.

Sahlins, M. 1996. *Waiting for Foucault*. 2. Aufl. Cambridge.

Saïd, S. 1994. „The City in the Greek Novel.“ In *The Search for the Ancient Novel*, hg. v. J. Tatum, 216–236. Baltimore.

Saliou, C. 1996. „Du portique à la rue à portiques. Les rues à colonnades de Palmyre dans le cadre de l'urbanisme romain impérial: originalité et conformisme.“ *Annales archéologiques arabes syriennes* 42: 319–330.

–2006a. „Antioche décrite par Libanios. La rhétorique de l'espace urbain et ses enjeux au milieu du quatrième siècle.“ In *Approches de la Troisième Sophistique. Hommages à Jacques Schamp*, hg. v. E. Amato, 273–285. Brüssel.

–2006b. „Rhétorique et réalités: l'eau dans l'Éloge d'Antioche (Libanios, *Or.* XI).“ *Chronos. Revue d'Histoire de l'Université de Balamand* 13: 7–27.

–2009. „Le palais impériale d'Antioche et son contexte à l'époque de Julien. Réflexions sur l'apport des sources littéraires à l'histoire d'un espace urbain.“ *Antiquité Tardive* 17: 235–250.

–2011. „Jouir sans entraves? La notion de τρυφή dans l'Éloge d'Antioche de Libanios.“ In *Libanios, le premier humaniste. Études en hommage à Bernard Schouler*, hg. v. O. Lagacherie und P.-L. Malosse, 153–165. Alessandria.

–2013. „La forme mouvante d'une ville: Antioch au fil de l'Oronte.“ In *Architectures urbains, formes et temps: Mélanges offerts à Pierre Pinon*, hg. v. M. Lambert-Bresson und A. Térade, 284–290. Paris.

–2014. „Bains et histoire urbaine. L'exemple d'Antioche sur l'Oronte dans l'Antiquité.“ In *25 siècles de bain collectif en Orient. Proche-Orient, Égypte et pénin-*

sule Arabique, hg. v. M. F. Boussac, S. Denoix, T. Fornet und B. Redon, 657–685. Cairo.
–2016. „Malalas' Antioch." In *Die Weltchronik des Johannes Malalas*, hg. v. M. Meier, C. Radtki und F. Schulz, 59–76. Stuttgart.
–2018. „Libanius' *Antiochicus*, Mirror of a City? Antioch in 356, Praise and Reality." In *Antioch II. The Many Faces of Antioch: Intellectual Exchange and Religious Diversity, CE 350– 450*, hg. v. S.-P. Bergjan und S. Elm, 35–52. Tübingen.
Saller, R. P. 1982. *Personal Patronage under the Early Empire*. Cambridge.
–1994. *Patriarchy, Property and Death in the Roman Family*. Cambridge.
Sandirocco, L. 2013. „*Non solum alimenta praestari debent*." *Rivista di diritto romano* 13 https:// www.ledonline.it/rivistadirittoromano/allegati/dirittoromano13Sandirocco-Alimenta.pdf.
Santalucia, B. 1998. *Diritto e processo penale nell'antica Roma*. 2. Aufl. Mailand.
Santorelli, B. 2012. „Il tiranno e il *corpus vicarium* nella *XVI Declamazione maggiore* pseudoquintilianea." *Materiali e discussioni per l'analisi dei testi classici* 69: 119–144.
–2014. *[Quintiliano] Il ricco accusatto di tradimento (Declamazioni maggiori, 11). Gli amici garanti (Declamazioni maggiori, 16)*. Cassino.
–2017a. „Metrical and Accentual Clausulae as Evidence for the Date and Origin of Calpurnius Flaccus." In *Reading Roman Declamation. Calpurnius Flaccus*, hg. v. M. T. Dinter, C. Guérin und M. Martinho, 129–140. Berlin.
–2017b. „Cecità e insegamento retorico antico." *Lexis* 35: 10–27.
–2019. „*Poteram quidem fortiter dicere: 'Pater iussi'*. L'autorità paterna a scuola, tra retorica e diritto." In L. Capogrossi Colognesi, F. Cenerini, F. Lamberti, M. Lentano, G. Rizzelli und B. Santorelli, *Anatomie della paternità. Padri e famiglia nella cultura romana*, hg. v. A. Atorino, R. D'Alessio und L. Parenti, 73–88. Lecce.
–und A. Stramaglia. 2015. „La declamazione perduta." In *La declamazione latina. Prospettive a confronto sulla retorica di scuola a Roma antica*, hg. v. M. Lentano, 271–304. Neapel.
–und A. Stramaglia. 2017. *[Quintiliano] Il muro con le impronte di una mano (Declamazioni Maggiori, 1)*. Cassino.
Saradi, H. [G.] 1995. „The *Kallos* of the Byzantine City: The Development of a Rhetorical *Topos* and Historical Reality." *Gesta* 34: 37–56.
–2006. *The Byzantine City in the Sixth Century. Literary Images and Historical Reality*. Athens.
–2011. „The Monuments in the Late Byzantine *Ekphraseis* of Cities." *Byzantinoslavika – Revue Internationale des Études Byzantines* 69 supp. 3: 179–192.
Scacchetti, M. G. 1984. „Note sulle differenze di metodo fra Sabiniani e Proculiani." In *Studi in onore di Arnaldo Biscardi*, hg. v. F. Pastori, Bd. 5, 369–404. Mailand.
Scafoglio, G. 2014. „Città e acque nell'*Ordo Urbium Nobilium* di Ausonio." In ΕΝ ΚΑΛΟΙΣ ΚΟΙΝΟΠΡΑΓΙΑ. *Hommages à la mémoire de Pierre-Louis Malosse et Jean Bouffartigue*, hg. v. E. Amato, 405–419. Nantes.

Scarano Ussani, V. 1979. *Valori e storia nella cultura giuridica fra Nerva e Adriano. Studi su Nerazio e Celso.* Neapel.
–1989. *Empiria e dogmi. La scuola proculiana fra Nerva e Adriano.* Turin.
–1997. *L'Ars dei Giuristi. Considerazione sullo statuto epistemologico della giurisprudenzia romana.* Turin.
–2012. Disciplina iuris *e altri saperi. Studi sulla cultura di alcuni giuristi romani fra tarda repubblica e secondo secolo d. C.* Neapel.
Schamberger, M. 1917. De declamationum Romanorum argumentis observationes selectae. Halle.
Scheibelreiter, P. 2012. „*Pharmakos, aries* und *talio*. Rechtsvergleichende Überlegungen zum frühen römischen und griechischen Strafrecht." In *Strafe und Strafrecht in den antiken Welten*, hg. v. R. Rollinger, M. Lang und H. Barta, 23–47. Wiesbaden.
Scheid, J. 1984. „La mort du tyran. Chronique de quelques morts programmées." In *Du châtiment dans la cité. Supplices corporels et peine de mort dans la monde antique*, 177–190. Rom.
Scherrer, P. 2006. „Die Fernwasserversorgung von Ephesos in der römischen Kaiserzeit: Synopse der epigraphischen Quellen." In Cura Aquarum *in Ephesus*, hg. v. G. Wiplinger, Bd. 1, 45–58. Löwen.
Schiesaro, A. 2002. „Ovid and the Professional Discourses of Scholarship, Religion, Rhetoric." In *The Cambridge Companion to Ovid*, hg. v. P. Hardie, 62–75. Cambridge.
Schiller, A. A. 1978. *Roman Law: Mechanisms of Development.* Den Haag.
Schindler, K.-H. 1966. *Justinians Haltung zur Klassik. Versuch einer Darstellung an Hand seiner Kontroversen entscheidenden Konstitutionen.* Köln.
Schmidt, W. A. 1847. *Geschichte der Denk- und Glaubensfreiheit im ersten Jahrhundert der Kaiserherrschaft und des Christenthums.* Berlin.
Schmidt-Hofner, S. 2014. „Der *Defensor Civitatis* und die Entstehung des Notabelnregiments in den spätrömischen Städten." In *Chlodwigs Welt. Organization von Herrschaft um 500*, hg. v. M. Meier und S. Patzold, 487–522. Stuttgart.
Schmitthenner, W. C. G. 1958. *The Armies of the Triumviral Period: A Study of the Origins of the Roman Imperial Legions.* Unveröffentlichte Dissertation, University of Oxford.
–1962. „Das Attentat auf Caesar am 15 März 44 v. Chr." *Geschichte in Wissenschaft und Unterricht* 11: 685–695.
Schmitz, T. [A.] 1997. *Bildung und Macht. Zur sozialen und politischen Funktion der zweiten Sophistik in der griechischen Welt der Kaiserzeit.* München.
–1999. „Performing History in the Second Sophistic." In *Geschichtsschreibung und politischer Wandel im 3. Jh. n. Chr. Kolloquium zu Ehren Karl-Ernst Petzold*, hg. v. M. Zimmermann, 71–92. Stuttgart.
–2017. „Professionals of *Paideia*? The Sophists as Performers." In *The Oxford Handbook of the Second Sophistic*, hg. v. D. S. Richter und W. A. Johnson, 169–180. New York.

–2006. „Die Macht über die Sprache: Kommunikation, Politik und soziale Ordnung in Sparta." In *Das frühe Sparta*, hg. v. A. Luther, M. Meier und L. Thommen, 89–111. Stuttgart.

Schmölder-Veit, A. 2009. *Brunnen in den Städten des westlichen römischen Reichs*. Wiesbaden.

Schneider, C. 2000. „Quelques réflexions sur la date de publication de *'Grandes Déclamations'* pseudo-quintiliennes." *Latomus* 59: 614–632.

–2016. „L'oeil à l'oeuvre dans le *Tombeau ensorcelé* du pseudo-Quintilien (*Decl.* 10)." In *Reading Roman Declamation. The Declamations Ascribed to Quintilian*, hg. v. M. T. Dinter, C. Guérin und M. Martinho, 109–125. Berlin.

Schofield, M. 1986. „*Euboulia* in the *Iliad*." *Classical Quarterly* 36: 6–31.

–2012. „Antiochus on Social Virtue." In *The Philosophy of Antiochus*, hg. v. D. Sedley, 173–187. Cambridge.

–2015. „Seneca on Monarchy and the Political Life: *De Clementia, De Tranquillitate Animi, De Otio*." In *The Cambridge Companion to Seneca*, hg. v. S. Bartsch und A. Schiesaro, 68–81. Cambridge.

Schulz, F. 1934. *Prinzipien des römischen Rechts*. München.

Schwartz, P. 2015. „Forensic Intrusion into the Schools of Rhetoric: A Reading of Cassius Severus' Attack on Cestius Pius." In *Law and Ethics in Greek and Roman Declamation*, hg. v. E. Amato, F. Citti und B. Huelsenbeck, 63–74. Berlin.

–2016. „Tyrans et tyrannicides dans les *Petites déclamations*." In *Reading Roman Declamation. The Declamations Ascribed to Quintilian*, hg. v. M. T. Dinter, C. Guérin und M. Martinho, 267–278. Berlin.

Schwartz, S. 2016. *From Bedroom to Courtroom. Law and Justice in the Greek Novel*. Groningen.

Schwartz Frydman, P. 2016. „Cestio Pío, lector de Cicerón y de Virgilio." In *Fabrique de la déclamation antique (controverses et suasoires)*, hg. v. R. Poignault und C. Schneider, 245–255. Lyon.

Sciortino, S. 2003. „C. 8.46.6: Brevi osservazioni in tema di *abdicatio* ed *apokhruxis*." *Annali del Seminario Giuridico della Università di Palermo* 48: 333–378.

Sedley, D. 1997. „The Ethics of Brutus and Cassius." *Journal of Roman Studies* 87: 41–53.

–2010. „Philosophy." In *The Oxford Handbook of Roman Studies*, hg. v. A. Barchiesi und W. Scheidel, 701–712. Oxford.

–Hg. 2012. *The Philosophy of Antiochus*. Cambridge.

Seeck, O. 1902. *Kaiser Augustus*. Bielefeld.

Seel, O. 1939. „Caesar und seine Gegner." *Erlanger Universitäts-Reden* 24. Erlangen.

Seelye, J. D. 2001. „Ivan Who?: A Second Look at the Other Book that is Supposed to Have Started the Civil War." In *Finding Colonial Americas. Essays Honoring J. A. Leo Lemay*, hg. v. C. Mulford und D. S. Shields, 415–433. Cranbury NJ.

Seemann, L. 2019. „Die Tyrannenmörder auf dem Kapitol." *Historia* 68: 95–114.

Segal, A. 1997. *From Function to Monument. Urban Landscapes of Roman Palestine, Syria, and* Provincia Arabia. Oxford.
Seston, W. 1966. „Les murs, les portes et les tours des enceintes urbaines et le problème des *res sanctae* en droit romain.“ In *Mélanges d'archéologie et d'histoire offerts à André Piganiol*, hg. v. R. Chevallier, Bd. 3, 1489–1498. Paris.
Settis, S. 1973. „'Esedra' e 'ninfeo' nella terminologia architettonica del mondo romano. Dall'età repubblicana alla tarda antichità.“ *Aufstieg und Niedergang der römischen Welt* I.4: 661–745.
Shackleton Bailey, D. R. 1980. *Cicero* Epistulae ad Quintum fratrem et M. Brutum. Cambridge.
Sidoli, N. 2015. „Mathematics Education.“ In *A Companion to Ancient Education*, hg. v. W. M. Bloomer, 387–400. Chichester.
Sigismund, S. 2008. *Der politische Mord in der späten römischen Republik*. Hamburg.
Sigmund, C. 2014. *„Königtum“ in der politischen Kultur des spätrepublikanischen Rom*. Berlin.
Signorini, R. 2009. Adsignare Libertum. *La disponibilità del patronatus tra normazione senatoria ed interpretatio giurisprudenziale*. Mailand.
Sinclair, P. 1993. „The *Sententia* in *Rhetorica ad Herennium*: A Study in the Sociology of Rhetoric.“ *American Journal of Philology* 114: 561–580.
–1995. „Political Declensions in Latin Grammar and Oratory 55 BCE–CE 39.“ In *Roman Literature and Ideology*. Ramus *Essays for J. P. Sullivan*, hg. v. A. J. Boyle, 92–109. Bendigo, Australia.
Sirago, V. 1956. „Tyrannus. Teoria e prassi antitirannica in Cicerone e suoi contemporanei.“ *Rendiconti dell'Accademia di Archeologia Lettere e Belle Arti di Napoli* n.s. 31: 179–225.
Sirks, A. J. B. 1981. „Informal Manumission and the *Lex Junia*.“ *Revue internationale des droits de l'antiquité* 3. ser. 28: 247–276.
–1983. „The *lex Junia* and the Effects of Informal Manumission and Iteration.“ *Revue internationale des droits de l'antiquité* 3. ser. 30: 211–292.
–1988. „Juridical Rationality in Rhetorics [*sic*]: The Roman Law in the Minor Declamations Ascribed to Quintilian, nos. 340 and 342.“ In *Atti del III Seminario Romanistico Gardesano. Promosso dall'Istituto Milanese di diritto Romano et storia dei diritti Antichi*, 332–359. Mailand.
–2002a. „Sailing in the Off-Season with Reduced Financial Risk.“ In Speculum Iuris. *Roman Law as a Reflection of Social and Economic Life in Antiquity*, hg. v. J.-J. Aubert und [A. J.] B. Sirks, 134–150. Ann Arbor.
–2002b. „Der Playboy im römischen Recht.“ In Iurisprudentia Universalis. *Festschrift für Theo Mayer-Maly zum 70. Geburtstag*, hg. v. M. J. Schermaier, J. M. Rainer und L. C. Winkel, 709–718. Köln.
Smith, C. 2006. „*Adfectio Regni* in the Roman Republic.“ In *Ancient Tyranny*, hg. v. S. Lewis, 49–64. Edinburgh.
Smith, C. F. 1907. „What Constitutes a State?“ *Classical Journal* 2: 299–302.
Söllner, A. 1969. *Zur Vorgeschichte und Funktion der* Actio Rei Uxoriae. Köln.

Solazzi, S. 1899. *La restituzione della dote nel diritto romano*. Città di Castello.
Soverini, P. 2002. „*Saevitia* tirannica e regime imperiale in Seneca e in Tacito." In ΤΕΡΨΙΣ. *In ricordo di M. L. Coletti*, hg. v. M. S. Celentano, 173–195. Alessandria.
Speidel, M. A. 2017. „Antoninus Pius, das Militär und der Krieg. Epigraphische Korrekturen zur literarischen Überlieferung." In *Jenseits des Narrativs. Antoninus Pius in den nicht-literarischen Quellen*, hg. v. C. Michels und P. F. Mittag, 255–268. Stuttgart.
Sprenger, J. 1911. Questiones in rhetorum romanorum declamationes iuridicae. Halle.
Stagl, J. F. 2012. „La *'lis de dotibus socrus et nurus'* e il potere del *'favor dotis'* (Quint. *Decl.* 360)." *Index* 40: 326–341.
Starace, P. 2007. „Venuleio, il parricidio, i servi, la natura." In *Testi e problemi del giusnaturalismo romano*, hg. v. D. Mantovani und A. Schiavone, 497–518. Pavia.
Starr, C. G. 1949. „Epictetus and the Tyrant." *Classical Philology* 44: 20–29.
Stein, P. 1966. Regulae Iuris. *From Juristic Rules to Legal Maxims*. Edinburgh.
–1972. „The Two Schools of Jurists in the Early Roman Principate." *Cambridge Law Journal* 31: 8–31.
–1990. „The Origins of *Stellionatus*." *Iura* 41: 79–89.
–1993. „The Crime of Fraud in the Uncodified Civil Law." *Current Legal Problems* 46: 135–147.
Steinwenter, A. 1947. „Rhetorik und römischer Zivilprozeß." *Zeitschrift der Savigny-Stiftung für Rechtsgeschichte, Romanistische Abteilung* 65: 69–120.
Stenger, J. 2009. *Hellenische Identität in der Spätantike. Pagane Autoren und ihr Unbehagen an der eigenen Zeit*. Berlin.
Stevens, S. 2016. „*Candentia Moenia*. The Symbolism of Roman City Walls." In *Focus on Fortifications. New Research on Fortifications in the Ancient Mediterranean and the Near East*, hg. v. R. Frederiksen, S. Müth, P. I. Schneider und M. Schnelle, 288–299. Oxford.
–2017. *City Boundaries and Urban Development in Roman Italy*. Löwen.
Stevenson, T. 2015. *Julius Caesar and the Transformation of the Roman Republic*. Abingdon.
Stewens, W. 1963. *Marcus Brutus als Politiker*. Zurich.
Stinson, P. 2007. „Imitation and Adaptation in Architectural Design: Two Roman Basilicas at Ephesus and Aphrodisias." In *Neue Zeiten – Neue Sitten. Zu Rezeption und Integration römischen und italischen Kulturguts in Kleinasien*, hg. v. M. Meyer, 91–100. Wien.
Stolfi, E. 2011. „*'Argumentum auctoritatis*,' citazioni e forme di approvazione nella scrittura dei giuristi romani." In *Tra retorica e diritto. Linguaggi e forme argomentative nella tradizione giuridica*, hg. v. A. Lovato, 85–135. Bari.
Storch, R. H. 1995. „Relative Deprivation and the Ides of March: Motive for Murder." *Ancient History Bulletin* 9: 45–52.

Stramaglia, A. 1999. *[Quintiliano] I gemelli malati: un caso di vivisezione (Declamazioni maggiori, 8)*. Cassino.
–2010. „Come si insegnava a declamare? Riflessioni sulle '*routines*' scholastiche nell'insegamento retorico antico." In *Libri di scuola e pratiche didattiche. Dall'Antichità al Rinascimento*, hg. v. L. Del Corso und O. Pecere, 111–151. Cassino.
–2013. *[Quintiliano] L'astrologo (Declamazioni maggiori, 4)*. Cassino.
–2015. „Temi 'sommersi' e trasmissione dei testi nella declamazione antica (con un regesto di papiri declamatorî)." In *Nel segno del testo. Edizioni, materiali e studi per Oronzo Pecere*, hg. v. L. Del Corso, F. De Vivo und A. Stramaglia, 147–178. Florenz.
Strasburger, H. 1968 [1953]. *Caesar im Urteil seiner Zeitgenossen* (Darmstadt, 1968). Nachdr. aus *Historische Zeitschrift* 175 (1953) 225–264.
–1990. *Ciceros philosophisches Spätwerk als Aufruf gegen die Herrschaft Caesars*. Hildesheim.
Strauss, B. 2015. *The Death of Caesar*. New York.
Strauss, C. 2006. „The Imaginary." *Anthropological Theory* 6: 322–344.
Strobel, C. 2009. „The Lexica of the Second Sophistic: Safeguarding Atticism." In *Standard Languages and Language Standards: Greek, Past and Present*, hg. v. A. Georgakopoulou und M. Silk, 93–107. Farnham.
Stroh, W. 2003. „*Declamatio*." In Studium declamatorium. *Untersuchungen zu Schulübungen und Prunkreden von der Antike bis zur Neuzeit*, hg. v. J. Dingel, B.-J. Schröder und J.-P. Schröder, 5–34. München.
Stroup, S. C. 2007. „Greek Rhetoric Meets Rome: Expansion, Resistance und Acculturation." In *A Companion to Roman Rhetoric*, hg. v. W. Dominik und J. Hall, 23–37. Malden MA.
Stroux, J. 1949 [1926]. „*Summum ius summa iniuria*. Ein Kapitel aus der Geschichte der *Interpretatio Iuris*." In J. Stroux, *Römische Rechtswissenschaft und Rhetorik*, 7–66 (Potsdam, 1949). Nachdr. aus *Festschrift Paul Speiser-Sarasin zum 80. Geburtstag am 16. Oktober 1926*, 115–158 (Basel, 1926).
Sumi, G. S. 2005. *Ceremony and Power. Performing Politics in Rome Between Republic and Empire*. Ann Arbor.
Suolahti, J. 1955. *The Junior Officers of the Roman Army in the Republican Period*. Helsinki.
Sussman, L. A. 1984. „The Elder Seneca and Declamation Since 1900: A Bibliography." *Aufstieg und Niedergang der römischen Welt* II.32.1: 557–577.
–1994. *The Declamations of Calpurnius Flaccus*. Leiden.
–1995. „Sons and Fathers in the *Major Declamations* Ascribed to Quintilian." *Rhetorica* 13: 179–192.
Swain, S. 1996. *Hellenism and Empire. Language, Classicism, and Power in the Greek World, AD 50–250*. Oxford.
Swist, J. J. 2017. „Sophistry and Sorcery in Libanius' *Declamations*." *Greek, Roman, and Byzantine Studies* 57: 431–453.
Syme, R. 1939. *The Roman Revolution*. Oxford.

–1980 [1984]. „No Son for Caesar?" *Historia* 29 (1980) 422–437. Nachdr. in R. Syme, *Roman Papers*, hg. v. A. R. Birley, Bd. 3, 1236–1250 (Oxford, 1984).
Tabacco, R. 1978. „Povertà e ricchezza. L'unità tematica della declamazione XIII dello Pseudo-Quintiliano." *Materiali e contributi per la storia della narrativa greco-latina* 2: 37–70.
–1979. „*Apes pauperis* [ps.-Quint. XIII]. Articolazione tematica ed equilibri strutturali." *Atti dell'Accademia Pontaniana* 28: 81–104.
–1980. „Le declamazioni maggiori pseudoquintilianee (Rassegna critica degli studi dal 1915 al 1979)." *Bollettino di Studi Latini* 10: 82–112.
–1985. „Il tiranno nelle declamazioni di scuola in lingua latina." *Memorie della Accademia delle Scienze di Torino II. Classe di Scienze Morali, Storiche, Filologiche* ser. 5, v. 9 (1–2): 1–141.
Tabaczek, M. 2002. *Zwischen Stoa und Suq: Die Säulenstraßen im Vorderen Orient in römischer Zeit unter besonderer Berücksichtigung von Palmyra.* Unveröffentliche Dissertation, Universität zu Köln. https://kups.ub.uni-koeln.de/1380.
Tarver, T. 1997. „Varro and the Antiquarianism of Philosophy." In Philosophia Togata *II. Plato and Aristotle at Rome*, hg. v. J. Barnes und M. Griffin, 130–164. Oxford.
Tatum, W. J. 2008. *Always I am Caesar*. Malden MA.
Taubenschlag, R. 1934 [1959]. „Der Einfluss der Provinzialrechte auf das römische Privatrecht." *Atti del Congresso Internazionale di Diritto Romano*, Bd. 1, 281–315 (Pavia, 1934). Nachdr. in R. Taubenschlag, *Opera Minora*, Bd. 1, 421–460 (Warschau, 1959).
–1955. *The Law of Greco-Roman Egypt in the Light of the Papyri, 332 B.C.–640 AD.* 2. Aufl. Warschau.
–1959 [1919–1920]. „Le droit local dans les *Digesta* et *responsa* de Cervidius Scaevola." In R. Taubenschlag, *Opera Minora*, Bd. 1, 505–517 (Warschau, 1959). Nachdr. aus *Bulletin de l'Académie Polonaise des Sciences et des Lettres, Classe de philologie, Classe d'histoire et de philosophie* (1919–1920): 45–55.
–1959 [1926]. „Le droit local dans les constitutions prédioclétiennes." In R. Taubenschlag, *Opera Minora*, Bd. 1, 519–533 (Warschau, 1959). Nachdr. aus *Mélanges de droit romain dédiés à Georges Cornil*, hg. v. F. de Zulueta und J. Van Kan, Bd. 2, 497–512 (Paris, 1926).
Teegarden, D. A. 2014. *Death to Tyrants! Ancient Greek Democracy and the Struggle against Tyranny*. Princeton.
Teitler, H. C. 1985. Notarii *and* Exceptores. Amsterdam.
Tellegen, J. W. 1982. *The Roman Law of Succession in the Letters of Pliny the Younger*, Bd. 1. Zutphen.
–und O. Tellegen-Couperus. 2000. „Law and Rhetoric in the *Causa Curiana*." *Orbis Iuris Romani* 6: 171–202.
Tellegen-Couperus, O. 2003. „A Clarifying *Sententia* Clarified: On *Institutio Oratoria* VIII.5.19." In *Quintilian and the Law. The Art of Persuasion in Law and Politics*, hg. v. O. Tellegen-Couperus, 213–221. Löwen.

–und J. W. Tellegen. 2013. „*Artes Urbanae*: Roman Law and Rhetoric." In *New Frontiers. Law and Society in the Roman World*, hg. v. P. J. Du Plessis, 31–50. Edinburgh.
–und J. W. Tellegen. 2016. „Reading a Dead Man's Mind: Hellenistic Philosophy, Rhetoric and Roman Law." In *Cicero's Law. Rethinking Roman Law of the Late Republic*, hg. v. P. J. Du Plessis, 26–49. Edinburgh.
Tempest, K. 2017. *Brutus. The Noble Conspirator*. New Haven.
Theocharaki, A. M. 2020. *The Ancient Circuit Walls of Athens*. Berlin.
Thomas, E. 2007. *Monumentality and the Roman Empire: Architecture in the Antonine Age*. Oxford.
–2014. „On the Sublime in Architecture." In *Art and Rhetoric in Roman Culture*, hg. v. J. Elsner und M. Meyer, 37–88. Cambridge.
Thomas, H. 2014. *World Without End. Spain, Philip II, and the First Global Empire*. New York.
Thomas, Y. 1978. „Le droit entre les mots et les choses. Rhétorique et jurisprudence à Rome." *Archives de philosophie de droit* 23: 93–114.
–1983. „Paura dei padri e violenza dei figli: immagini retoriche e norme di diritto." In *La paura dei padri nella società antica e medievale*, hg. v. E. Pellizer und N. Zorzetti, 113–140. Rom.
–1984 [2017]. „*Vitae necisque potestas*. Le père, la cité, la mort." In *Du châtiment dans la cité. Supplices corporels et peine de mort dans le monde antique*, 499–548 (Rom, 1984). Nachdr. mit Zusätzen als „Le puissance de vie et de mort." In Y. Thomas, *La mort du père. Sur le crime de parricide à Rome*, hg. v. P. Napoli, 165–200, 271–288 (Paris, 2017).
Tivier, H. 1868. De arte declamandi et de romanis declamatoribus. Paris.
Tobin, J. 1997. *Herodes Attikos and the City of Athens. Patronage and Conflict under the Antonines*. Amsterdam.
Toher, M. 2005. „Tillius and Horace." *Classical Quarterly* 55: 183–189.
–2006. „The Earliest Depiction of Caesar and the Later Tradition." In *Julius Caesar in Western Culture*, hg. v. M. Wyke, 29–44. Malden MA.
–2017. *Nicolaus of Damascus. The Life of Augustus and the Autobiography*. Cambridge.
Tomassi, G. 2014. „Continuità e innovazione nel *Tirannicida* di Coricio di Gaza (*op*. XXVI [*decl*. 7] F./R.)." In *Discorso pubblico e declamazione scolastica a Gaza nella tarda antichità. Coricio di Gaza e la sua opera*, hg. v. E. Amato, L. Thévenet und G. Ventrella, 204–229. Bari.
–2015. „Tyrants and Tyrannicides: Between Literary Creation and Contemporary Reality in Greek Declamation." In *Law and Ethics in Greek and Roman Declamation*, hg. v. E. Amato, F. Citti und B. Huelsenbeck, 249–267. Berlin.
–2017. „La pratica declamatoria nella scuola di Gaza: il caso del *Tirannicida* di Coricio." In *L'École de Gaza: espace littéraire de identité culturelle dans l'Antiquité tardive*, hg. v. E. Amato, A. Corcella und D. Lauritzen, 339–366. Löwen.
Trabucco della Torretta, M. 2018. „New Water from Old Spouts: The Case of the Arsinoe Fountain of Messene." In *Great Waterworks in Roman Greece. Aque-*

ducts and Monumental Fountain Structures. Function in Context, hg. v. G. A. Aristodemou und T. P. Tassios, 235–245. Oxford.
Trampedach, K. 2006. „Die Tyrannis als Wunsch- und Schreckbild." In *Gewalt und Ästhetik. Zur Gewalt und ihrer Darstellung in der griechischen Klassik*, hg. v. B. Seidensticker und M. Vöhler, 3–27. Berlin.
Treggiari, S. 1991. *Roman Marriage.* Iusti Coniuges *from the Time of Cicero to the Time of Ulpian*. Oxford.
–2015. „The Education of the Ciceros." In *A Companion to Ancient Education*, hg. v. W. M. Bloomer, 240–251. Chichester.
Treu, M. 1948. „Zur *clementia* Caesars." *Museum Helveticum* 5: 197–217.
Tuori, K. 2004 [2007]. „The *ius respondendi* and the Freedom of Roman Jurisprudence." *Revue internationale des droits de l'antiquité* 51 (2004) 295–337. Nachdruck. in K. Tuori, *Ancient Roman Lawyers and Modern Legal Ideals*, 73–111 (Frankfurt, 2007).
–2007. *Ancient Roman Lawyers and Modern Legal Ideals*. Frankfurt.
Turchetti, M. 2001. *Tyrannie et tyrannicide de l'Antiquité à nos jours*. Paris.
Turner, V. 1974. *Dramas, Fields, and Metaphors. Symbolic Action in Human Society*. Ithaca NY.
–und E. Turner. 1978. *Image and Pilgrimage in Christian Culture. Anthropological Perspectives*. New York.
Tuttahs, G. 2007. *Milet und das Wasser – Ein Leben in Wohlstand und Not in Antike, Mittelalter und Gegenwart*. Siegburg.
Twain, M. 2001 [1883]. *Leben auf dem Mississippi*. Übers. von L. Krüger. Berlin.
Ürögdi, G. 1980. „Caesar, Marcus Antonius und die im Tempel der Ops aufbewahrten öffentlichen Gelder." In *Les 'dévaluations' à Rome: époque républicaine et impériale*, hg. v. G. Vallet, Bd. 2, 49–57. Rom.
Uğurlu, N. B. 2009. *The Roman Nymphaea in the Cities of Asia Minor: Function in Context.* Saarbrücken.
Unruh, D. B. 2015. „The Predatory Palace: Seneca's *Thyestes* and the Architecture of Tyranny." In *Urban Dreams and Realities in Antiquity*, hg. v. A. M. Kemezis, 246–272. Leiden.
Urbanik, J. 2008. „Dioskoros and the Law (on Succession): *Lex Falcidia* Revisited." In *Les archives de Dioscore d'Aphrodité cent ans après leur découverte. Histoire et culture dans l'Égypte byzantine*, hg. v. J.-L. Fournet, 117–142. Paris.
Ureña Bracero, J. 2007. „Algunas consideraciones sobre la autoría de los *progymnasmata* atribuidos a Libanio." In *Escuela y literatura en Grecia Antigua*, hg. v. J. A. Fernández Delgado, F. Pordomingo und A. Stramaglia, 645–690. Cassino.
Valachova, C. 2018. „The Garden and the Forum. Epicurean Adherence and Political Affiliation in the Late Republic." In *Institutions and Ideology in Republican Rome*, hg. v. H. van der Blom, C. Gray und C. Steel, 147–164. Cambridge.
Van Dam, R. 2007. *The Roman Revolution of Constantine*. New York.
van den Berg, C. S. 2014. *The World of Tacitus'* Dialogus de Oratoribus. *Aesthetics and Empire in Ancient Rome*. Cambridge.

van der Poel, M. 2007. „Material for a History of the Latin Declamation in the Renaissance." In *Papers on Rhetoric VIII: Declamation*, hg. v. L. Calboli Montefusco, 267–291. Rom.

van der Vliet, E. C. L. 2012. „The Durability and Decline of Democracy in Hellenistic *Poleis*." *Mnemosyne* 65: 771–786.

Van Hoof, L. 2010. „Greek Rhetoric and the Later Roman Empire. The Bubble of the 'Third Sophistic.'" *Antiquité Tardive* 18: 211–224.

van Hooff, A. J. L. 1990. *From* Autothanasia *to Suicide. Self-Killing in Classical Antiquity*. London.

van Mal-Maeder, D. 2003 [2007]. „L'autre voix. Représentations de femmes dans les déclamations latines." In *Gender Studies in Altertumswissenschaften: Rollenkonstrukte in der antiken Texten*, hg. v. T. Fuhrer und S. Zinsli, 93–105 (Trier, 2003). Nachdr. in D. van Mal-Maeder, *La fiction de déclamations*, 97–107 (Leiden, 2007).

–2007. *La fiction des déclamations*. Leiden.

van Nijf, O. [M.] 2001. „Local Heroes: Athletics, Festivals, and Elite Self-Fashioning in the Roman East." In *Being Greek under Rome. Cultural Identity, the Second Sophistic and the Development of Empire*, hg. v. S. Goldhill, 306–334. Cambridge.

–und R. Alston, Hgg. 2011. *Political Culture in the Greek City after the Classical Age*. Löwen.

Vandenbossche, A. 1953. „Recherches sur le suicide en droit romain." In *ΠΑΓΚΑΡΠΕΙΑ. Mélanges Henri Grégoire*, hg. v. J. Moreau, Bd. 4, 471–516. Brüssel.

Vander Waerdt, P. A. 1994. „Philosophical Influence on Roman Jurisprudence? The Case of Stoicism and Natural Law." *Aufstieg und Niedergang der römischen Welt* II.36.7: 4851–4900.

Vanderspoel, J. 2007. „Hellenistic Rhetoric in Theory and Practice." In *A Companion to Greek Rhetoric*, hg. v. I. Worthington, 124–138. Malden MA.

Ventoux, O. 2017. „Le premier des citoyens à Pergame sous les Haut-Empire: C. Antius Aulus Iulius Quadratus." In *The Politics of Honour in the Greek Cities of the Roman Empire*, hg. v. A. Heller und O. M. van Nijf, 339–369. Leiden.

Ventrella, G. 2016. „Da esercizio retorico a realtà vivente. La declamazione contro i tiranni nella polemica anti-Domizianea di Dione di Prusa (*Or.* 6)." In *Fabrique de la déclamation antique (controverses et suasoires)*, hg. v. R. Poignault und C. Schneider, 393–410. Lyon.

Ventura da Silva, G. 2011. „Qualche riflessione sull'idea di città nell'*Oratio* XI di Libanio." In *Libanios, le premier humaniste. Études en hommage à Bernard Schouler*, hg. v. O. Lagacherie und P.-L. Malosse, 133–140. Alessandria.

Venturini, C. 1988. „'*Accusatio Adulterii*' e politica costantiniana (per un riesame di *CTh* 9, 7, 2)." *Studia et Documenta Historiae et Iuris* 54: 66–109.

Ver Eecke, M. 2008. *La République et le roi. Le mythe de Romulus à la fin de la République romaine*. Paris.

Viehweg, T. 1953 [1993]. *Topik und Jurisprudenz. Ein Beitrag zur rechtswissenschaftlichen Grundlagenforschung* (München, 1953). Übers. von W. C. Durham, Jr. als *Topics and Law. A Contribution to Basic Research in Law* (Frankfurt, 1993).
Vinthagen, S. und A. Johansson 2013. „'Everyday Resistance': Exploration of a Concept and its Theories." *Resistance Studies* 1: 1–46.
Vix, J.-L. 2010. *L'enseignement de la rhétorique au IIe siècle ap. J.-C. à travers les discours 30–34 d'Aelius Aristide*. Turnhout.
Vössing, K. 1995. „*Non scholae sed vitae* – der Streit um die Deklamationen und ihre Funktion als Kommunikationstraining." In *Kommunikation durch Zeichen und Wort*, hg. v. G. Binder und K. Ehlich, 91–136. Trier.
–1997. *Schule und Bildung im Nordafrika der Römischen Kaiserzeit*. Brüssel.
–2004. Mensa Regia. *Das Bankett beim hellenistischen König und beim römischen Kaiser*. München.
–2010. „Der Kaiser und die Deklamationen." In *Neronia VIII. Bibliothèques, livres et culture écrite dans l'empire romain de César à Hadrian*, hg. v. Y. Perrin, 301–314. Brüssel.
Voigt, M. 1856–1876. *Das* ius naturale, aequum et bonum, *und* ius gentium *der Römer*. 4 Bde. Leipzig.
Volterra, E. 1929 [1999]. „*Stellionatus*." *Studi Sassaresi* 7 (1929) 107–143. Nachdr. in E. Volterra, *Diritto criminale e diritti dell'antico oriente mediterraneo* (= *Scritti guiridici* 7), 21–57 (Neapel, 1999).
Vonderstein, M. Hg. 2007. *Die Kaiserpaläste auf dem Palatin in Rom. Neue deutsche Forschungen / I palazzi imperiali sul Palatino a Roma. Le nuove ricerche tedesche*. Berlin.
Voss, W. E. 1982. *Recht und Rhetorik in den Kaisergesetzen der Spätantike. Eine Untersuchung zum nachklassischen Kauf- und Übereignungsrecht*. Frankfurt.
Wacke, A. 1980. „Der Suizid im römischen Recht und in der Rechtsentwicklung." *Zeitschrift der Savigny-Stiftung für Rechtsgeschichte, Romanistische Abteilung* 97: 26–77.
Walker, B. 1960. *The* Annals *of Tacitus: A Study in the Writing of History*. 2. Aufl. Manchester.
Walker, S. E. C. 1979. *The Architectural Development of Roman Nymphaea in Greece*. Unveröffentlichte Dissertation, University of London.
Walter, G. 1938. *Brutus et la fin de la République*. Paris.
Walters, J. 1997. „Soldiers and Whores in a Pseudo-Quintilian Declamation." In *Gender and Ethnicity in Ancient Italy*, hg. v. T. Cornell und K. Lomas, 109–114. London.
Wassmann, H. 1996. *Ciceros Widerstand gegen Caesars Tyrannis. Untersuchungen zur politischen Bedeutung der philosophischen Spätschriften*. Bonn.
Watson, A. 1995. *The Spirit of Roman Law*. Athens GA.
Weaver, P. 2002. „*Consilium Praesidis*: Advising Govenors." In *Thinking like a Lawyer: Essays on Legal History and General History for John Crook on his Eightieth Birthday*, hg. v. P. McKechnie, 43–62. Leiden.

Webb, R. 2001. „The *Progymnasmata* as Practice." In *Education in Greek and Roman Antiquity*, hg. v. Y. L. Too, 289–316. Leiden.
–2009. Ekphrasis, *Imagination and Persuasion in Ancient Rhetorical Theory and Practice*. Farnham.
Weiss, C. F. 2011. *Living Fluidly: Uses and Meanings of Water in Asia Minor (Second Century BCE – Second Century CE)*. Unveröffentlichte Dissertation, Brown University.
Weiss, D. 2020. „The Founder's Tomb. Frescoes Discovered in a Jordanian Village Narrate the Early Days of a Once-Cosmopolitan City on the Eastern Edge of the Roman Empire." *Archaeology* 73.2 (March / April): 38–41.
Weiß, P. 1991. „*Auxe Perge*: Beobachtungen zu einem bemerkenswerten städtischen Dokument des späten 3. Jahrhunderts n. Chr." *Chiron* 21: 353–393.
Welch, K. 2015. „Programme and Narrative in *Civil Wars* 2.118–4.138." In *Appian's Roman History. Empire and Civil War*, hg. v. K. Welch, 277–304. Swansea.
Westlake, H. D. 1994. „Dion and Timoleon." In *The Cambridge Ancient History*. 2. Aufl. *Volume VI, The Fourth Century B.C.*, hg. v. D. M. Lewis, J. Boardman, S. Hornblower und M. Ostwald, 693–722. Cambridge.
Wheeler, E. L. 1993. „Methodological Limits and the Mirage of Roman Strategy Part I" und „Part II." *Journal of Military History* 57: 7–41 und 215–240.
Whitmarsh, T. 2001. *Greek Literature and the Roman Empire: The Politics of Imitation*. Oxford.
–2005. *The Second Sophistic*. Oxford.
Wibier, M. 2016. „Cicero's Reception in the Juristic Tradition of the Early Empire." In *Cicero's Law. Rethinking Roman Law in the Late Republic*, hg. v. P. J. Du Plessis, 100–122. Edinburgh.
–2020. „Legal Education and Legal Culture in Gaul during the Principate." In *Law in the Roman Provinces*, hg. v. K. Czajkowski und B. Eckhardt, 462–485. Oxford.
Wickert, L. 1954. „*Princeps (civitatis)*," *RE* XXII.2 Sp. 1998–2296.
Wieacker, F. 1988. *Römische Rechtsgeschichte*, Bd. 1. München.
–2006. *Römische Rechtsgeschichte*, Bd. 2, hg. v. J. G. Wolf. München.
Wiemer, H.-U. 2003. „Vergangenheit und Gegenwart im *Antiochikos* des Libanios." *Klio* 85: 442–468.
–2013. „Hellenistic Cities: The End of Greek Democracy?" In *A Companion to Ancient Greek Government*, hg. v. H. Beck, 54–69. Chichester.
Wilde, O. 1921 [1889]. „The Decay of Lying," *Intentions*. 14. Aufl. 1–54 (London, 1921). Nachdr. aus *The Nineteenth Century. A Monthly Review* 25 (January-June, 1889): 35–56.
Williams, C. J. 1979. *The Development of Monumental Street Architecture with Special Emphasis on Roman Asia Minor*. Unveröffentlichte Dissertation, University of London (https://discovery.ucl.ac.uk/id/eprint/1349557).
Williams, G. 1978. *Change and Decline. Roman Literature in the Early Empire*. Berkeley und Los Angeles.
–1980. *Figures of Thought in Roman Poetry*. New Haven.

Wilson, A. 2007. „Urban Development in the Severan Empire." In *Severan Culture*, hg. v. S. Swain, S. Harrison und J. Elsner, 290–326. Cambridge.
Winter, E. 1996. *Staatliche Baupolitik und Baufürsorge in den römischen Provinzen des kaiserzeitlichen Kleinasien*. Bonn.
Winterbottom, M. 1982 [2019]. „Cicero and the Silver Age." In *Éloquence et rhétorique chez Cicéron*, hg. v. W. Ludwig, 237–266 (Genf, 1982). Nachdr. in M. Winterbottom, *Papers on Quintilian and Ancient Declamation*, hg. v. A. Stramaglia, F. Romana Nocchi und G. Russo, 66–86 (Oxford, 2019).
–1982. „Schoolroom and Courtroom." In *Rhetoric Revalued. Papers from the International Society for the History of Rhetoric*, hg. v. B. Vickers, 59–70. Binghamton NY.
–1984. *The Minor Declamations Ascribed to Quintilian*. Berlin.
–1998 [2019]. „Quintilian the Moralist." In *Quintiliano: historia y actualidad de la retórica*, hg. v. E. del Río Sanz, J. A. Caballero López und T. Albaladejo Mayordomo, 317–334 (Calahorra, 1998). Nachdr. in M. Winterbottom, *Papers on Quintilian and Ancient Declamation*, hg. v. A. Stramaglia, F. Romana Nocchi und G. Russo, 176–190 (Oxford, 2019).
Wirszubski, Ch. 1950. Libertas *as a Political Idea at Rome during the Late Republic and Early Principate*. Cambridge.
Wiseman, T. P. 2009. *Remembering the Roman People: Essays on Late-Republican Politics and Literature*. Oxford.
Witschel, C. 2006. „Verrückte Kaiser? Zur Selbststilisierung und Außenwahrnehmung nonkonformer Herrscherfiguren in der römischen Kaiserzeit." In *Einblicke in die Antike: Orte – Praktiken – Strukturen*, hg. v. C. Ronning, 87–129. München.
Wlassak, M. 1905. „Die prätorischen Freilassungen." *Zeitschrift der Savigny-Stiftung für Rechtsgeschichte, Romanistische Abteilung* 26: 367–431.
Woerther, F. 2012. *Hermagoras: fragments et témoignages*. Paris.
Wolff, C. 2015. *L'éducation dans le monde romain*. Paris.
Wolff, H. J. 1950. „Doctrinal Trends in Postclassical Roman Marriage Law." *Zeitschrift der Savigny-Stiftung für Rechtsgeschichte, Romanistische Abteilung* 67: 261–319.
Wolsfeld, A. 2014. „Der Kaiser im Panzer. Die bildliche Darstellung Neros und Domitians im Vergleich." In *Nero und Domitian. Mediale Diskurse der Herrscherrepräsentation im Vergleich*, hg. v. S. Bönisch-Meyer, L. Cordes, V. Schulz, A. Wolsfeld und M. Ziegert, 181–216. Tübingen.
Woodman, A. J. 1983. *Velleius Paterculus. The Caesarian and Augustan Narrative (2.41–93)*. Cambridge.
–1988. *Rhetoric in Classical Historiography*. London.
–2017. *The* Annals *of Tacitus Books 5 and 6*. Cambridge.
–2018. *The* Annals *of Tacitus Book 4*. Cambridge.
Worthington, I., Hg. 2007. *A Companion to Greek Rhetoric*. Malden MA.

Wülfing, P. 2003. „Classical and Modern Gesticulation Accompanying Speech: An Early Theory of Body Language by Quintilian." In *Quintilian and the Law*, hg. v. O. Tellegen-Couperus, 265–275. Löwen.

Wulf-Rheidt, U. 2012a. „Der Palast auf dem Palatin – Zentrum im Zentrum. Geplanter Herrschersitz oder Produkt eines langen Entwicklungsprozesses?" In *Politische Räume in vormodernen Gesellschaften. Gestaltung – Wahrnehmung – Funktion*, hg. v. O. Dally, F. Fless, R. Haensch, F. Pirson und S. Sievers, 277–289. Rahden.

–2012b. „Nutzungsbereiche des flavischen Palastes auf dem Palatin in Rom." In *Orte der Herrschaft. Charakteristika von antiken Machtzentren*, hg. v. F. Arnold, A. Busch, R. Haensch und U. Wulf-Rheidt, 97–112. Rahden.

–2015. „The Palace of the Roman Emperors on the Palatine in Rome." In *The Emperor's House. Palaces from Augustus to the Age of Absolutism*, hg. v. M. Featherstone, J.-M. Spieser, G. Tanman und U. Wulf-Rheidt, 3–18. Berlin.

Wurm, M. 1972. Apokeryxis, Abdicatio *und* Exheredatio. München.

Wyatt-Brown, B. 2001. *The Shaping of Southern Culture. Honor, Grace, and War, 1760s-1890s*. Chapel Hill.

Wycisk, T. 2008. Quidquid in foro fieri potest – *Studien zum römischen Recht bei Quintilian*. Berlin.

Wylie, G. 1998. „The Ides of March and the Immovable Icon." In *Studies in Latin Literature and Roman History IX*, hg. v. C. Deroux, 167–185. Brüssel.

Xenophontos, S. 2015. „[Education in] Plutarch." In *A Companion to Ancient Education*, hg. v. W. M. Bloomer, 335–346. Chichester.

Yegül, F. 1992. *Baths and Bathing in Classical Antiquity*. Cambridge MA.

–2000. „Baths and Bathing in Roman Antioch." In *Antioch: The Lost Ancient City*, hg. v. C. Kondoleon, 146–151. Princeton.

Yiftach-Firanko, U. 2009. „Law in Graeco-Roman Egypt: Hellenization, Fusion, Romanization." In *The Oxford Handbook of Papyrology*, hg. v. R. Bagnall, 541–560. Oxford.

Yon, J.-B. 2017. „Le reflet des honneurs." In *The Politics of Honour in the Greek Cities of the Roman Empire*, hg. v. A. Heller und O. M. van Nijf, 496–526. Leiden.

Zachos, K. L. und L. Leontaris. 2018. „The Aqueduct of Actian Nicopolis." In *Great Waterworks in Roman Greece. Aqueducts and Monumental Fountain Structures. Function in Context*, hg. v. G. A. Aristodemou und T. P. Tassios, 26–49. Oxford.

Zadorojnyi, A. V. 2019. „Competition and Competitiveness in Pollux's *Onomasticon*." In Eris *vs.* Aemulatio. *Valuing Competition in Classical Antiquity*, hg. v. C. Damon und C. Pieper, 324–342. Leiden.

Zanker, P. 1993. „The Hellenistic Grave Stelai from Smyrna: Identity and Self-Image in the Polis." In *Images and Ideologies: Self-Definition in the Hellenistic World*, hg. v. A. Bulloch, E. S. Gruen, A. A. Long und A. Stewart, 212–231. Berkeley und Los Angeles.

–2002 [2004]. „Domitian's Palace on the Palatine and the Imperial Image." In *Representations of Empire: Rome and the Mediterranean World*, hg. v. A. K.

Bowman, H. M. Cotton, M. Goodman und S. Price, 105–130 (Oxford, 2002). Nachdr. in deutscher Version als „Domitians Palast auf dem Palatin als Monument kaiserlicher Selbstdarstellung." In *Die Kaiserpaläste auf dem Palatin in Rom*, hg. v. A. Hoffmann und U. Wulf, 86–99 (Mainz, 2004).

Zecchini, G. 2001. *Cesare e il* mos maiorum. Stuttgart.

Ziebarth, E. 1914. *Aus dem griechischen Schulwesen. Eudamos von Milet und Verwandtes*. 2. Aufl. Leipzig.

Zilletti, U. 1961. „Annotazioni sul *crimen stellionatus*." *Archivio giuridico* 161: 72–107.

Zinsmaier, T. 1993. *Der von Bord geworfene Leichnam. Die sechste der neunzehn größeren pseudoquintilianischen Deklamationen*. Frankfurt.

–2009. *[Quintilian] Die Hände der blinden Mutter (Größere Deklamationen, 6)*. Cassino.

–2015. „Truth by Force? Torture as Evidence in Ancient Rhetoric und Roman Law." In *Law and Ethics in Greek and Roman Declamation*, hg. v. E. Amato, F. Citti und B. Huelsenbeck, 201–218. Berlin.

Zuiderhoek, A. 2009. *The Politics of Munificence in the Roman Empire*. Cambridge.

Register